企业人力资源管理师
(三级)资格考试冲刺必备

主编 许惠

南京大学出版社

图书在版编目(CIP)数据

企业人力资源管理师(三级)资格考试冲刺必备 / 许惠主编. — 南京：南京大学出版社，2016.3
ISBN 978-7-305-16596-2

Ⅰ.①企… Ⅱ.①许… Ⅲ.①企业管理—人力资源管理—资格考试—自学参考资料 Ⅳ.①F272.92

中国版本图书馆 CIP 数据核字(2016)第 051866 号

出版发行	南京大学出版社
社　　址	南京市汉口路 22 号　　邮 编 210093
出 版 人	金鑫荣

书　　名	企业人力资源管理师(三级)资格考试冲刺必备
主　　编	许惠
责任编辑	方巧真　单 宁　　编辑热线 025-83596923
照　　排	南京南琳图文制作有限公司
印　　刷	扬中市印刷有限公司
开　　本	787×1092　1/16　印张 23.50　字数 280 千
版　　次	2016 年 3 月第 1 版　2016 年 3 月第 1 次印刷
ISBN	978-7-305-16596-2
定　　价	48.00 元

网　　址：http://www.njupco.com
官方微博：http://weibo.com/njupco
官方微信号：njupress
销售咨询热线：(025) 83594756

＊版权所有，侵权必究

＊凡购买南大版图书，如有印装质量问题，请与所购图书销售部门联系调换

目 录

模块1 知识点梳理 ………………………………………………………… 1
  第一章 人力资源规划 ………………………………………………… 1
  第二章 招聘与配置 …………………………………………………… 13
  第三章 培训与开发 …………………………………………………… 26
  第四章 绩效管理 ……………………………………………………… 44
  第五章 薪酬管理 ……………………………………………………… 56
  第六章 劳动关系管理 ………………………………………………… 75

模块2 理论知识（选择题部分） ………………………………………… 92
  第一章 人力资源规划 ………………………………………………… 92
    一、真题回顾 ……………………………………………………… 92
    二、新增预测题 …………………………………………………… 106
  第二章 人员招聘与配置 ……………………………………………… 115
    一、真题回顾 ……………………………………………………… 115
    二、新增预测题 …………………………………………………… 133
  第三章 培训与开发 …………………………………………………… 135
    一、真题回顾 ……………………………………………………… 135
    二、新增预测题 …………………………………………………… 149
  第四章 绩效管理 ……………………………………………………… 164
    一、真题回顾 ……………………………………………………… 164
    二、新增预测题 …………………………………………………… 174
  第五章 薪酬管理 ……………………………………………………… 179
    一、真题回顾 ……………………………………………………… 179
    二、新增预测题 …………………………………………………… 188
  第六章 劳动关系管理 ………………………………………………… 196
    一、真题回顾 ……………………………………………………… 196
    二、新增预测题 …………………………………………………… 210

模块3 专业能力（技能题部分） ………………………………………… 219
  第一章 人力资源规划 ………………………………………………… 219
    一、真题分析 ……………………………………………………… 219
    二、真题讲解 ……………………………………………………… 220
    三、新增预测题 …………………………………………………… 225
  第二章 人员招聘与配置 ……………………………………………… 227
    一、真题分析 ……………………………………………………… 227
    二、真题讲解 ……………………………………………………… 228

三、新增预测题 ……………………………………………………………… 238
　第三章　培训与开发 …………………………………………………………… 240
　　一、真题分析 ……………………………………………………………… 240
　　二、真题讲解 ……………………………………………………………… 241
　　三、新增预测题 …………………………………………………………… 248
　第四章　绩效管理 ……………………………………………………………… 251
　　一、真题分析 ……………………………………………………………… 251
　　二、真题讲解 ……………………………………………………………… 252
　　三、新增预测题 …………………………………………………………… 257
　第五章　薪酬管理 ……………………………………………………………… 260
　　一、真题分析 ……………………………………………………………… 260
　　二、真题讲解 ……………………………………………………………… 261
　　三、新增预测题 …………………………………………………………… 269
　第六章　劳动关系管理 ………………………………………………………… 271
　　一、真题分析 ……………………………………………………………… 271
　　二、真题讲解 ……………………………………………………………… 271
　　三、新增预测题 …………………………………………………………… 280

模块 4　基础知识 ……………………………………………………………… 282
　第一章　劳动经济学 …………………………………………………………… 282
　　一、考点梳理 ……………………………………………………………… 282
　　二、强化题 ………………………………………………………………… 287
　第二章　劳动法 ………………………………………………………………… 292
　　一、考点梳理 ……………………………………………………………… 292
　　二、强化题 ………………………………………………………………… 294
　第三章　现代企业管理 ………………………………………………………… 299
　　一、考点梳理 ……………………………………………………………… 299
　　二、强化题 ………………………………………………………………… 303
　第四章　管理心理与组织行为 ………………………………………………… 308
　　一、考点梳理 ……………………………………………………………… 308
　　二、强化题 ………………………………………………………………… 311
　第五章　人力资源开发和管理 ………………………………………………… 317
　　一、考点梳理 ……………………………………………………………… 317
　　二、强化题 ………………………………………………………………… 322

模块 5　职业道德 ……………………………………………………………… 327
　一、考试时间把握 …………………………………………………………… 327
　二、考试主题与考试维度 …………………………………………………… 327
　三、考试题型详解 …………………………………………………………… 327
　四、知识提纲 ………………………………………………………………… 332

2015 年 5 月人力资源管理师三级真题及答案 …………………………… 350
参考文献 ……………………………………………………………………… 368

前　言

《企业人力资源管理师(三级)资格考试冲刺必备》一书是根据2014年最新版第三版"国家职业资格培训教程"《企业人力资源管理师(三级)》和《企业人力资源管理师(基础知识)》编写的。本书涵盖人力资源管理师三级资格考试的所有知识点和题型。五大模块为考生备考复习提高效率,使其在最短的时间里能够轻松通过。本书适合使用的人群:企业人力资源管理师应试人员、在校大学生、研究生、培训师。

5大模块说明

模块1　知识点梳理(蓝皮书)

按照国家职业资格培训教程《企业人力资源管理师三级(第三版)》的知识体系"六大专业模块"进行详细知识点梳理,每个知识点都有教材页码,方便复习;此外对技能大题在知识点中都编注了预测的大题方向。

模块2　理论知识(选择题部分)

《企业人力资源管理师三级(第三版)》与旧版教材相比有了不少变化,2014年5月之前的真题对考生来说不能直接复习,因为很多知识点新版都有删减。第三版教材比老版教材多出100多页,这部分内容考生通过往年的真题没有办法强化练习。模块2针对以上问题分为两部分,一部分是保留知识点的真题回顾,把涉及删去知识点的考题删去了;另一部分是新增预测题。

模块3　专业能力(技能题部分)

教材中有知识要求和能力要求,技能大题(计算题、案例分析和方案设计)主要出现在能力要求部分;选择题通常两部分都会考。计算题一般出现在教材的例题中,基本上是改一下数字。往年真题中的计算题必须要掌握,会重复考。计算题答题时需要写文字公式,否则扣分,所以公式一定要背。往年真题的案例分析需要看参考答案,了解答题的思路。模块3分为真题分析、真题讲解、新增预测题等三部分,为考生顺利通过专业能力测试保驾护航。

模块4　基础知识

按照国家职业资格培训教程《企业人力资源管理师三级(第三版)(基础知识)》的知识体系五章内容进行详细知识点梳理,每个知识点都有教材页码,方便复习;每章都有预测题练习。基础知识部分只有20道选择题,建议放在后面复习,不要花太多精力。

模块5　职业道德

共有25道题目,职业道德的题目难度并不高,关键是结合自己的实际情况,以一个具有良好就业心态的人的身份回答。模块5中给了基本的参照知识点和练习题,复习时看一遍有大致印象就可以。建议放在后面复习,不要花太多精力。

复习和考试建议

一、注意考前的复习时间规划

模块1　知识点梳理复习两轮

模块2　理论知识(选择题部分)做两遍

模块3　专业能力(技能题部分)配合知识梳理复习时有意识地理解和记忆

模块4和模块5　考前2周再复习(详见表3:考前复习时间规划表)

二、注意选择题命题视角

① 考察对基本概念的理解程度,主要考察的是常识性的概念、定义。

② 考察一些相近(并列)的概念,内涵差别不十分明显,其外延也不容易区别,容易混淆的词或句。

③ 考察对基本概念的类属关系的掌握程度。包含于一个命题中的并列从属项。多见于一些并列的"性质"、"方法"等。

④ 考察对基本技术(流程)的一般程序的掌握程度,会排序。

⑤ 考察对基本技术(流程)的适用情境的掌握程度。

⑥ 考察基本原则。

⑦ 考察方法的优缺点、适用范围。

⑧ 考察对解决情境性问题的多种方法的掌握和选择能力。

三、注意考试题型、题量与时间把握

卷册1选择题部分90分钟(8:30~10:00)

卷册2操作技能提部分120分钟(10:30~12:30)

表1　卷册一试题结构

卷册一		题量	单选	多选	分值权重
共100题	职业道德	25	9	16	10%
	基础知识	20	12	8	90%
	人力资源规划	15	9	6	
	招聘与配置	15	9	6	
	培训与开发	15	9	6	
	绩效管理	10	6	4	
	薪酬管理	10	6	4	
	劳动关系管理	15	9	6	

表2 卷册一试题结构

卷册二	操作技能共100分	题型描述
人力资源规划	1题	1. 简答题 2. 计算题 3. 综合题(案例分析) 4. 方案设计前三种题型每年必考,方案设计有时没有
招聘与配置	1题	
培训与开发	1题	
绩效管理	1题	
薪酬管理	1题	
劳动关系管理	1题	

表3 考前复习时间规划表

	人力资源规划	招聘与配置	培训与开发	绩效管理	薪酬管理	劳动关系管理		劳动经济学	劳动法	现代企业管理	管理心理	人力资源开发		职业道德
春3月 秋9月	2天	2天	2天	2天	2天	2天	知识梳理1轮							
	2天	2天	2天	2天	2天	2天	选择题1轮							
	1天	1天	1天	1天	1天	1天	技能题强化							
	2天	2天	2天	2天	2天	2天	知识梳理2轮							
春4月 秋11月	1	1	2	1	1	1	选择题2轮							
								1天	1天	1天	1天	1天	知识梳理	
								1天	1天	1天	1天	1天	选择题	
春5月 秋11月	(1) 难点、重点回顾 (2) 错题整理、重点记忆 (3) 真题模拟													2~3天

由于时间仓促,不足之处请广大考生和读者提出宝贵意见。

模块 1　知识点梳理

第一章　人力资源规划

第一节　企业组织结构图的绘制

1. [1]P1　**广义的人力资源规划**是企业所有人力资源计划的总称,是<u>战略规划和战术计划</u>的统一。

狭义的人力资源规划是指:为了实现企业的发展战略,完成企业的生产经营目标,根据企业内外环境和条件的变化,运用科学的方法,对企业人力资源的<u>需求和供给进行预测</u>,制定相宜的政策和措施,从而使企业人力资源供给和需求达到<u>平衡</u>,实现人力资源的<u>合理配置</u>,有效激励员工的过程。

2. P1　**人力资源规划可分为**:长期规划(<u>5 年以上的计划</u>)、中期计划(规划期限在<u>1 年至 5 年的</u>)、短期规划(<u>1 年及以内的计划</u>)。

3. P1　**人力资源规划的内容**:<u>战略</u>规划、<u>组织</u>规划、<u>制度</u>规划、<u>人员</u>规划、<u>费用</u>规划。

① 战略规划。对企业人力资源开发和利用的<u>大致方针</u>、政策和策略的规定,是各种人力资源具体计划的<u>核心</u>,是事关全局的<u>关键性</u>规划。

② 组织规划。组织规划是对企业<u>整体框架</u>的设计,主要包括组织信息的采集、处理和应用,组织结构图的绘制,组织调查、诊断和评价,组织设计与调整,以及组织机构的设置等。

③ 制度规划。企业人力资源管理制度规划是<u>人力资源总规划目标实现的重要保证</u>,包括人力资源管理制度体系建设的程序、制度化管理等内容。

④ 人员规划。人员规划是对企业人员<u>总量</u>、<u>构成</u>、<u>流动</u>的整体规划,包括<u>人力资源现状分析</u>、企业定员、人员需求与供给预测和人员供需平衡等。

⑤费用规划。人力资源费用规划是对企业人工<u>成本</u>、人力资源管理<u>费用</u>的整体规划,包括人力资源费用<u>预算</u>、<u>核算</u>、<u>审核</u>、<u>结算</u>(三算一审一控),以及人力资源费用<u>控制</u>。

4. P2　**人力资源规划与企业其他规划企业管理活动的系统关系**

① 是企业规划中起<u>决定性</u>作用的规划;② 人力资源规划具有先导性、战略性,是 HR 管理活动的<u>纽带</u>;③ <u>工作分析</u>、劳动定员定额等基础工作是人力资源规划的<u>重要前提</u>;④ 人力资源规划为招聘、培训、绩效等的各个环节提供了详尽的安排。

5. P2　**企业组织机构**是保障期在生产经营活动正常进行所设置各类<u>职能与业务部门</u>的总称。是对组织机构内涵的性质和特点及其存在形式的概括。

6. P2　**组织机构可以分为两个层次**:第一个层次是由经营决策者、风险承担者和收益

---

[1]　P 代表《企业人力资源管理师(三级)》(第三版)国家培训教程中对应的页码,下同。

· 1 ·

分享者构成经营主体和规定其相互关系的经营制度所组成的企业高层组织,即**经营体制**。第二个层次是负责筹集和优化资源(人力、物力、财力)的配置、产品研发、生产、技术、销售、服务及日常管理职能的机构及其相关的制度,即**职能体制**。

7. P3 所谓"体",指企业各个层级、各类具体部门的设置。
所谓"制",指具有不同性质和特征的组织制度模式在企业中的实际选择和应用。

8. P3 企业组织设置的原则:① **任务目标**原则(组织设计大前提);② **分工协作**原则;③ **统一领导、权力制衡**原则(一个上级、不能越级请示,职能部门只参谋无权对下属下达命令和指挥,专设监督机构与生产执行分开);④ **权责对应**原则;⑤ **精简及有效跨度**原则(直接指挥、分级管理呈反比、10人);⑥ **稳定性与适应性相结合**原则。

9. P5 现代企业组织机构的类型:直线制、职能制、直线职能制、事业部制。

(一) **直线制**组织结构又称**军队式**组织结构,是一种最简单的集权式组织结构形式。

优点:① 结构简单、指挥系统清晰、统一;② 责权明确;③ 横向联系少、内部协调容易;④ 沟通迅速、解决问题及时,管理效率高。

缺点:① 组织结构缺乏弹性;② 组织内部缺乏横向交流;③ 缺乏专业化分工,不利于管理水平提高;④ 经营管理依赖于少数几个人,要求企业领导必须是管理全才。

适用范围:规模较小或业务活动简单、稳定的企业。

(二) **职能制**是在厂长(总经理)下面设置**职能部门**,各部门在其业务分工范围内都有权向下级下达命令和指示,直接指挥下属单位,下属既服从直线领导的指挥,又服从上级各职能部门的指挥。

优点:① 提高了企业管理的专业化程度和专业化水平;② 可充分发挥专家的作用;③ 减轻了直线领导的工作负担;④ 有利于提高专家自身水平;⑤ 有利于职能管理者的选拔、培训和考核的实施。

缺点:① 形成多头领导不利于统一指挥;② 直线人员和职能部门责权不清;③ 机构复杂,增加管理费用;④ 不利于培养全面型的管理人才;⑤ 难以适应环境变化。

适用范围:适用于经济体制下的企业,例如高校、医院等单位。

(三) **直线职能制**是厂长对业务与职能部门均实行垂直领导,并承担全部责任;职能部门没有直接指挥权,它与业务部门的关系只是一种指导关系,而非领导关系。

优点:① 既保证统一指挥,又可以发挥职能部门的作用;② 是集权与分权相结合的组织形式。

缺点:① 企业横向联系和协调变得非常困难;② 高层管理人员无暇顾及企业面临的重大问题。

适用范围:用标准化技术进行常规化、大批量生产的企业。

(四) **事业部制**遵循"**集中决策、分散经营**"的总原则,实行集中决策指导下的分散经营,按产品、地区和顾客等标志将企业划分为若干相对独立的经营单位,分别组成事业部。

优点:① 权力下放;② 有助于增强事业部管理者的责任感;③ 可以实现高度专业化;④ 各事业部经营责任和权限明确,物质利益与经营状况紧密挂钩。

缺点:① 容易造成组织机构重叠、管理人员膨胀现象;② 各事业部独立性强,考虑问题时容易忽略企业整体利益。

适用范围:经营规模庞大、生产经营业务多元化、市场环境差异大、要求较强适应性的企业。

10. P8 组织结构设计后的实施要则
① 管理系统一元化;② 明确责任和权限原则(责任和权限的定义,明确责任和权限);③ 先定岗再定员(定编—定岗—定员);④ 合理分配职责。

11. P9 组织结构图绘制的**基本图示**:① 组织机构图;② 组织职务图;③ 组织职能图;④ 组织功能图(五种图示:参谋、上级、降格、分担、脱离)。

12. P11 绘制组织结构图的前期准备【简答】
① 应明确企业各级机构的职能;② 将所管辖的业务内容一一列出;③ 将相似的工作综合归类;④ 将已分类的工作逐项分配给下一个层次,并按所管业务的性质划分出执行命令的实际工作部门或者参谋机构。

13. P12 绘制组织结构图的基本方法【简答】
① 框图一般要画四层,从中心层计算,其上画一层,其下画两层,用框图表示。
② 功能、职责、权限相同机构(岗位或职务)的框图大小应一致,并列在同一水平线上。
③ 表示接受命令指挥系统的线,从上一层垂下来与框中间或两端横向引出线相接。其高低位置,表示所处的级别。
④ 命令系统用实线,彼此有协作服务关系的用虚线。
⑤ 具有参谋作用的机构、岗位的框图,用横线与上一层垂线相连,并画在左、右上方。

14. P12 绘制组织结构图实例【案例】

第二节 工作岗位分析

15. P13 工作岗位分析是对各类工作岗位的**性质任务**、**职责权限**、**岗位关系**、**劳动条件和环境**,以及员工承担本岗位任务应具备的**资格条件**所进行的系统研究,并制定出**工作说明书**等岗位人事规范的过程。

16. P13 工作岗位分析的内容
① **岗位**:名称、性质、任务、权责、程序、工作对象、工作资料、联系与制约等。
② **员工**:知识水平、工作经验、道德标准、心理品质、身体状况等。
③ **成果**:工作说明书、岗位规范等。

17. P14 工作岗位分析的作用【简答】
① 为招聘、选拔、任用合格的员工奠定了基础;
② 为员工考评、晋升提供了依据;
③ 是企业单位改进工作设计、优化劳动环境的必要条件;
④ 制定有效的人力资源规划,人才供给和需求预测的重要前提;
⑤ 它是工作岗位评价的基础,为企业单位建立对外具有竞争力、对内具有公平性、对员工具有激励性的薪酬制度奠定了基础;
⑥ 有利于员工"量体裁衣",结合自身的条件制定职业生涯规划。

18. P15 工作岗位分析信息的主要来源:① 书面资料(岗位职责、招聘广告);② 任职者的报告(访谈、工作日志);③ 同事的报告;④ 直接的观察;⑤ 其他,如下属、顾客和用户等。

19. P15 **岗位规范**亦称劳动规范、岗位规则或岗位标准,它是对组织中各类岗位某一专项事物或对某类员工劳动行为、素质要求等所作的统一规定。
主要内容:① **岗位劳动规则**:时间规则、组织规则、岗位规则、协作规则、行为规则;② **定员定额标准**:编制定员标准、各岗位人员标准、时间定额标准、产量定额标准和双重定额标准等;③ 岗位培训规范;④ 岗位员工规范:在岗位系统分析基础上,对岗位所需要素质的统一规定。【简答】

20. P15 **岗位劳动规则**:员工在劳动过程中必须遵守的各种行为规范。包含:
① 时间规则:作息、考勤、请假;
② 组织规则:权责关系;
③ 岗位规则:岗位名称、技术要求、上岗标准;
④ 协作规则:工种、工序、岗位、上下级;
⑤ 行为规则:举止、用语、礼貌。

21. P16 **岗位规范的结构模式**
(1) **管理岗位知识能力规范**:知识、能力、经历的要求。
(2) **管理岗位培训规范**:指导性培训计划、参考性培训大纲和推荐教材。
(3) **生产岗位技术业务能力规范**:应知、应会、工作实例。
(4) **生产岗位操作规范**:亦称生产岗位工作规范(标准):岗位的职责和主要任务;岗位各项任务的数量和质量要求与完成期限;程序和操作方法;与相关岗位的协调配合程度。
(5) **其他种类的岗位规范**:如管理岗位考核规范、生产岗位考核规范。

22. P17 **工作说明书概念**:是对各类岗位的性质和特征(识别信息)、工作任务、职责权限、岗位关系、劳动条件和环境,以及任职资格条件等事项所作的统一规定。

23. P17 **工作说明书分类**:岗位工作说明书、部门工作说明书、公司工作说明书

24. P17 **工作说明书的内容**(7个对工作+5个对人员)【简答或方案设计】
① 基本资料(岗位名称、岗位等级、编码、定员标准、直接上下级和分析日期);② 岗位职责;③ 监督与岗位关系;④ 工作内容与要求;⑤ 工作权限;⑥ 劳动条件与环境;⑦ 工作时间;⑧ 资历;⑨ 身体条件;⑩ 心理品质要求;⑪ 专业知识和技能要求;⑫ 绩效考评。

25. P18 **岗位规范和工作说明书的区别**
① 内容:岗位规范更广泛,但有所交叉。② 主题:所突出的主题不同,岗位规范是工作说明书的一个重要部分。③ 结构形式:工作说明书更多样化,内容可繁可简;岗位规范按标准化原则,统一制定发布。

26. P18 **工作岗位分析的程序**
① 准备阶段:了解情况,建立联系,设计岗位调查方案,规定调查的范围、对象和方法;
② 调查阶段根据调查方案灵活运用访谈、问卷、观察、小组集体讨论等调查方法;
③ 总结分析阶段进行深入细致的分析,采用文字、图表的格式进行归纳总结。

27. P18 **工作岗位分析准备阶段步骤**【简答】
① 根据工作岗位分析总目标、总任务,对企业各类岗位的现状进行初步了解,掌握各种基础数据和资料。② 设计岗位调查方案。③ 做好员工的思想工作,说明该工作岗位分析的目的和意义,建立友好合作的关系,使有关员工对岗位分析有良好的心理准备。④ 根据工作岗位分析的任务、程序,分解成若干工作单元和环节,以便逐项完成。⑤ 组织有关人

员,学习并掌握调查的内容,熟悉具体的实施步骤和调查方法。

28. P18 岗位调查方案的构成【简答】
① 明确岗位调查的目的;② 确定调查的对象和单位;③ 确定调查项目;④ 确定调查表格和填写说明;⑤ 确定调查的时间、地点和方法(保证质量的前提下,采取抽样、重点调查)。

29. P20 起草和修改工作说明书的具体步骤:① 初稿;② 订正、修改;③ 颁布执行。

第三节 企业劳动定额定员管理

30. P24 劳动定额是一项生产技术性和经济性很强的管理性工作,它包括<u>定额的制定、贯彻执行、统计分析和修订</u>等四个重要环节。

P24 劳动定额的制定是劳动定额管理的首要环节,是搞好定额管理的基本前提。

P25 劳动定额的贯彻执行评价和衡量贯彻实施的情况,采用的标准:① 劳动定额面的大小;② 企业的各职能部门是不是按劳动定额管理的;③ 是否按劳动定额进行了考核;④ 为了推行新定额是不是采取了有效措施。

P25 劳动定额的修订 这是劳动管理的最后一个环节,又标志着新的定额产生,它使企业的劳动定额水平向前推进了一步。

31. P26 巴克制的特点:① 根据科学的标准时间测定员工的工作效率;② 发挥基层管理人员的主观能动性,弱化物质刺激;③ 有具体明确的职责范围和岗位责任,按岗位核定工作效率;④ 提出分析工作效率的分析报告,不断提高工作效率;⑤ 保证各部门人员配备的合理化,减少人力消耗。

32. P26 工作效率＝工人作业效率×开工率

工人作业效率＝定额工时/工人实耗工时(工人努力程度)

开工率＝工人实耗工时/实际可利用工时(管理人员努力程度)

实耗工时＝实际可利用工时－各级管理责任造成的浪费工时

开工率高低受管理人员的管理水平、指挥、监督、协调、组织等管理能力以及工作态度等因素影响;重视"人"

33. P27 劳动定额的发展趋势
① 逐步实现科学化、标准化和现代化;② 单一管理转向全员、全面、全过程的系统化管理;③ 分散管理转向一体化管理。

34. P28 劳动定额水平是在一定的生产技术组织条件下,行业或企业规定的劳动定额在数值上表现的高低松紧程度。

按综合程度分为:工序定额水平、工种定额水平、零件或者产品定额水平。

按所考察范围分为:车间定额水平、企业定额水平、行业或部门定额水平。

35. P28 劳动定额水平是定额管理的核心企业劳动定额管理的各个环节,包括劳动定额的制定、贯彻执行、统计分析以及修订等,都是围绕劳动定额水平这一核心问题展开的。保证定额水平既先进又合理,使其作用得到充分发挥,应当是确定定额水平的基本原则。

36. P29 衡量劳动定额水平的方法① 用实耗工时来衡量;② 用实测工时来衡量;③ 用标准工时来衡量;④ 通过现行定额之间的比较来衡量;⑤ 用标准差来衡量。

37. P29 衡量劳动定额水平的方法【简答(可以不写优缺点)】

(1) 用**实耗工时**来衡量**实耗工时**和定额**工时**相比,能反映生产员工**实际完成定额**的情况。

优点:① 可以判断定额水平的**高低**;② 资料取得比较**方便**;③ 对定额水平进行**综合分析**。

缺点:① 实耗工时的准确性、可靠性较难保证;② **准确性较差**。

(2) **实测工时**就是选择具有平均技术熟练程度的员工,在正常的生产技术组织条件下,经过现场测定及必要的评定而获得的工时。

优点:① 比较直接和可靠;② 容易了解生产的实际潜力。

缺点:工作量大,只能有重点地选择典型的、关键的工序、工种进行。

(3) **标准工时**是指依据时间定额标准制定的工时。在衡量企业现行定额水平时,应选择经过国家有关部门**正式颁布或**标准时间定额标准作依据

优点:① 衡量标准客观,反应现行定额状况比较真实;② 反映出企业之间以及企业内部定额水平的高低和先进程度。

缺点:工作量大,只能有重点地选择典型的、关键的工序、工种进行。

(4) **现行定额之间的比较**:与条件相同的企业的定额水平,或本企业历史上先进的定额水平相比。

优点:① 比较简便;② 有利于同行业的企业之间开展竞赛和评比。**缺点**:适用面窄。

(5) **用标准差来衡量**

38. P30 **制定劳动定额注意事项**:① 保持适当的工时强度;② 脑力或体力的支出,应达到或接近国家或部门的劳动卫生标准;③ 初期贯彻新定额可能存在困难,到中后期,会积极努力达到超过定额。

39. P31 **劳动定额的定期修订**

① **新产品的定额**;

② 新产品小批试制后要转入成批生产时;

③ 专业生产或成批轮番生产的产品,修订间隔期一般是 1 年;

④ 老产品、标准件以及质量较好较高、工时定额比较稳定的时间标准,可每年定期修订一次;

⑤ 由于定额制定质量不高,水平参差不齐,可以先进行内部调整,这种调整也应列入定期修订的计划内。

40. P32 **劳动定额的不定期修订**

① 产品设计结构发生变动;② 原材料材质、规格变动;③ 工艺方法改变;④ 设备或工艺装置改变;⑤ 劳动组织和生产组织变更;⑥ 个别定额存在明显不合理。

41. P32 **劳动定额定期修订的步骤**:① 准备阶段(思想、组织准备);② 修订阶段;③ 审查平衡和总结阶段。

42. P33 **压缩率**是指对工时定额水平的调整幅度

$$压缩率 = \frac{原产品台份定额 - 计划产品台份定额}{原产品台份定额} \times 100\%$$

计划产量定额 = 现行产量定额 × 计划定额完成系数

$$计划工时定额 = \frac{现行工时定额}{计划定额完成系数}$$

计划定额完成系数是指在计划期内所要执行的劳动定额提高的幅度。

43. P33 修改劳动定额的方法（没给出年制度日就写 250 天、月工作日 28.3）
【计算P34例题】

$b=a/(1+y)$　b——零部件的实耗工时　a——修订前的定额工时　y——平均超额的百分比

$y=(a_1/a_2)-1$　a_1——实际完成定额工时数　a_2——应出勤工时数

$x=(1+k)b$　x——修订后新的单件工时定额　k——允许超额幅度

44. P35 劳动定额统计工作的任务：① 通过原始记录和统计台账收集资料；② 计算各类指标；③ 评价、修订和改进。

45. P35 实耗工时，也称实作工时、实动工时、实用工时等，它是指在一定的生产技术组织条件下，生产工人为完成生产任务或生产合格产品实际耗用的劳动时间。

P35　实耗工时**按照范围**的不同，分为<u>总产品</u>的实耗工时和<u>单位产品</u>的实耗工时。

按照<u>生产单位和工艺过程</u>的不同，分为<u>车间或者班组</u>的实耗工时、<u>工种</u>的实耗工时、<u>工序</u>的实耗工时等。

实耗工时统计资料可以<u>衡量</u>现行劳动定额水平是否先进合理，同时它又是企业核算产品的实际成本的<u>基本依据</u>。

46. P36 产品实耗工时统计的方法【简答】

工时消耗的原始记录，可分为<u>生产工人工时记录单（卡）</u>和<u>产品工时记录单（卡）</u>两种原始记录。也可采用<u>抽样调查</u>的方法：

（1）以各种<u>原始记录</u>为依据的产品实耗工时统计（注意不同的适用情况）：
① 按产品零件逐道工序汇总实耗工时**适用**生产稳定、产品品种少、生产周期短；
② 按产品投入批量统计汇总实耗工时**适用**生产周期短、投入批量不大；
③ 按重点产品、重点零部件和主要工序统计汇总实耗工时**适用**生产周期长、产品结构和工艺加工过程比较复杂；
④ 按生产单位和生产者个人统计汇总实耗工时**适用**生产稳定、大批大量生产。

实耗工时＝制度工时－缺勤工时－停工工时－非生产工时＋停工被利用工时＋加班加点工时

（2）以**现场测定**为基础的产品实耗工时统计：工作日写实、测时、瞬间观察法都属于<u>非全面调查</u>。

47. P38 企业统计产品实耗工时指标，一般应以<u>原始记录、工时统计台账和厂内报表</u>为基础。

48. P38 劳动定额完成指标的计算方法【表 1-1　计算】

① **按产量定额计算**
产量定额完成程度指标＝单位时间内实际完成的合格产品产量/产量定额×100%

② **按工时定额计算**
工时定额完成程度指标＝单位产品的工时定额/单位产品实耗工时×100%

③ **生产多种产品**

$$\text{劳动定额完成程度指标}=\frac{\text{完成定额工时总数}}{\text{实耗工时总数}}=\frac{\sum Q_1 t_n}{\sum Q_1 t_1}$$

Q_1——某产品的实际产量

t_n——某单位产品的工时定额

t_1——某单位产品的实耗定额

49. P39 产品产量和工时定额的统计范围即及要求

（1）报告期产品产量的统计范围

一般来说,废品不计算,无效劳动是指非因个人过失而造成的废品消耗的工时非因工人。班组,车间过失而造成的废品应计算除外协件加工时发生料费,其他都不得计算。

（2）劳动定额完成情况的分析

① **分组法**分析集体劳动定额完成情况【P41 表1-2 计算】。

② 分析劳动条件**不正常**和工时利用**不充分**对劳动定额的影响【P41 计算】、区分基本定额和追加或补充定额的概念、区分工人劳动定额完成程度和企业劳动定额完成程度。

50. P38 劳动定员适用范围：包括从事各类活动的一般员工,也包括各类初、中级经营管理人员和专业技术人员,乃至高层领导者。定员范围与用工形式无关。

"定员"与"编制"存在密切的关系,企业定员也称劳动定员或人员编制。

编制：机构编制和人员编制按照社会实体单位的性质和特点,可分为行政编制、企业编制、军事编制等。

51. P43 劳动定员和劳动定额的区别联系（劳动定员是劳动劳动定额的一种重要的发展形式）

① 从内涵上：完全一致；

② 从计量单位上：长度不同。劳动定员"人·年""人·月""人·季"；劳动定额"工日""工时"；

③ 从实施和应用范围看：定员使用更广,实行劳动定额的人员约占全体员工的40%~50%；

④ 从制定方法上：企业定员的方法（按劳动效率定员、按设备定员、按岗位定员、按比例定员、按组织机构、职责范围和业务分工定员）；劳动定额（前三种与定额有直接联系,后两种是基本方法）。

注：内涵一致,都是对人力消耗所规定的限额；仅计量单位不同、应用范围不同。劳动定员是劳动定额的重要发展形势。

52. P44 企业定员管理的作用

① 企业用人的科学标准；② 人力资源计划的基础；③ 员工调配的主要依据；④ 有利于提高员工队伍的素质。

53. P45 企业定员原则核心：保持先进合理的定员水平,各类人员定员数量的高低宽紧程度。

具体原则：

（1）必须以**企业生产经营目标**为依据；

（2）必须以**精简、高效、节约**为目标（产品方案设计科学、提倡兼职、工作有明确的分工和职责划分）；

（3）各类人员的**比例关系**要协调（直接生产 & 非直接生产、基本生产工人 & 辅助生产工人、非直接生产人员内部各类人及基本生产工人 & 辅助生产工人内部各工种）；

（4）要做到**人尽其才,人事相宜**（数量、质量；基本状况和岗位分析）；

(5) 要创造一个贯彻执行定员标准的良好**环境**(内外部环境);

(6) 定员标准要适时**修订**。

54. P46 核定用人数量的基本方法【计算】

基本依据:制度时间内规定的总工作任务量和各类人员的工作(劳动)效率。

某类岗位用人数量=某类岗位制度时间内计划工作任务总量/某类人员工作(劳动)效率。

(1) P46 【计算】**按劳动效率定员**:根据生产任务和工人的劳动效率以及出勤率来计算定员人数适合以手工操作为主的企业。

定员人数=计划期生产任务总量/(工人劳动效率×出勤率)

工人劳动效率=劳动定额×定额完成率

劳动定额的**基本形式**:工时定额和产量定额

如果计划按年规定的,**产量定额**是按班规定的,则公式为:

定员人数= $\sum$(每种产品年总产量×单位产品工时定额)/年制度工作日×8×定额完成率×出勤率

定员人数= $\sum$(每种产品年总产量×单位产品工时定额)/年制度工作日×定额完成率×出勤率(1-计划期废品率)

(2) P47 【计算】**按设备定员**根据设备需要开动的台数和开动的班次、工人看管定额,以及出勤率来计算定员人数。

定员人数=(需要开动设备台数×每台设备开动班次)/工人看管定额×出勤率

适用性:适用于机械操作为主,使用同类型设备,采用多机床看管的工种。

(3) P48 【计算】**按岗位定员**根据岗位的多少,以及岗位的工作量大小来计算定员人数,**适用性**:适用于连续性生产装置组织生产的企业。分为设备岗位定员与工作岗位定员

A. 设备岗位定员需考虑因素:看管的岗位量;岗位的负荷量;每一岗位危险和安全的程度,员工需走动的距离等;生产班次、倒班及替班的方法。

多人一机共同进行操作的岗位,定员人数计算公式:

班定员人数=共同操作的各岗位生产工作时间的总和/(工作班时间-一个人需要与休息宽放时间)

B. 工作岗位定员:**适用性**适用于有一定岗位,但没有设备,而又不能实行定额的人员如检修工、检验工、值班电工、茶炉工、警卫员、清洁工、文件收发员、信任人员等。

(4) P49 **按照比例定员适用性**适用于企业食堂工作人员,托幼工作人员、卫生保健人员等服务人员的定员。

(5) P49 **按组织机构、职责范围和业务分工定员适用性**适用于企业管理人员和工程技术人员的定员

55. P50 企业定员的新方法

(1) 运用**数理统计方法**:对管理人员进行定员【简答】

① 将管理人员按职能分类;对管理人员进行分类,了解各类管理人员工作量的影响因素。

② 用回归分析方法求出管理人员与其工作量各影响因素的关系;利用历年统计资料进

行回归分析,建立回归方程。
③ 掌握影响因素的准确数据,回归方程,计算定员人数。
总结:掌握准确数据,充分了解该类管理人员工作量的影响因素是关键。
(2) 运用**概率推断**方法:对医务人员进行定员【计算】
① 根据统计调查掌握企业医务所(院)全年员工诊病的人数资料。选择诊病人次数最多的月份,求出平均每天诊病的人次数和标准差;
② 测定每位医务人员每天准备工作,接待每一位患者,以及必要的休息时间;
③ 测定必要的医务人员数;按照一定比例配备辅助人员、勤杂人员及值夜班医务人员数;初步核算医务人员总数;
④ 经济评价。进一步确定经济合理的医务人员定员人数。要掌握以下资料:5类工时损失,确定最小值和最大值。
(3) 运用**排队法**:对工具保管人员进行定员。
(4) **零基定员法**:对二、三线人员进行定员【简答】。
原理:根据零基预算法(零基计划法)的原理,打破常规,以岗位劳动量为依据,一切从零点开始,按工作负荷量和岗位负荷标准(系数)决定岗位设置,对工作量不饱和的岗位实行并岗或者由一人兼职兼岗,使定员水平趋于合理,劳动效率大幅度提高。
具体步骤:① 按月核定各岗位工作量;② 核定各岗位工作量负荷系数;③ 建立各岗位工作量负荷系数标准;④ 初步核定定员人数。
最关键环节:核定各岗位的工作任务量,可采用工时抽样、工作日写实等方法。
56. P55　**概念**:劳动定额定员标准化主管机构批准、发布,在一定范围内对劳动定员所作的统一规定。劳动定员标准作为劳动定额标准体系的重要组成部分,属于劳动定额工作标准,即以人力(活劳动)消耗、占用为对象制定的标准。
特征:科学性、技术性、先进性、可行性、法定性、统一性(不具有强制性)。
分级:国家、行业、地方、企业。
57. P55　按**综合程度**,可分为:
① **单项**定员标准,亦称**详细**定员标准。是以某类岗位、设备、产品或工序和对象制定的标准。② **综合**定员标准,亦称**概略**定员标准。是以某类人员乃至企业全部人员为对象制定的标准。
58. P55　按定员标准的**具体形式**,可分为:
① **效率**定员标准。根据生产任务量、每个劳动者的工作效率、出勤率因素确定的定员标准。② **设备**定员标准。根据设备性能、生产组织状况、技术要求、工作范围、劳动者负荷量等因素确定的定员标准。③ **岗位**定员标准。根据工作岗位的性质和特点、工作流程和任务总量,以及劳动者的负荷量等因素确定的定员标准。④ **比例**定员标准。按与员工总数或某类人员总数的比例,确定另一类人员人数的定员标准。⑤ **职责分工**定员标准。根据生产规模、技术复杂程度、管理方式,以及工作人员的业务能力要求等因素,按组织机构、职责范围和业务分工确定的定员标准。
59. P56　**企业定员标准的内容**:素质要求和数量界限。行业定员还包含不同企业的机构设置、管理层次、出勤率、设备开动率等要求。
企业定员标准根据生产规模、加工方法、工艺流程、设备类型和性能、岗位工作内容、职责范围等生产技术、劳动组织条件,明确规定各类人员的数量和比列。

行业定员标准还应对企业的机构设置、管理层次、轮休轮班、作业率、出勤率和设备开动率。

劳动定员标准采用绝对指标、相对指标和控制幅度(低限,高限)。

60. P56 定员标准的原则
① 定员标准水平要科学、先进、合理;② 依据要科学;③ 方法要先进;④ 计算要统一;⑤ 形式要简化;⑥ 内容要协调。

61. P57 定员标准总体编排 严格按照国家以及各级标准化行政主管和归口部门的要求,编写格式完全符合《标准化工作细则》。包括:① 概述:封面、目次、前言、首页。② 标准正文:一般要素:标准名称;范围;引用标准·技术要素:包括定义、符号、缩略语、各工种、岗位、设备、各类人员的用人数量和质量要求。③ 补充:附录、脚注、图注等。

62. P58 定员标准的层次划分:按篇、章、条段排列
行业定员标准应包括9项内容:【简答】
① 企业管理体制以及机构设置的基本要求和规范,按照不同生产能力和生产规模,提出年实物劳动生产率和全员劳动生产率的原则要求,规定出编制总额以及各类人员员额控制幅度。
② 根据不同生产类型和生产环境、条件,提出不同规模企业各类人员比例控制幅度。
③ 规定各类人员划分的方法和标准。
④ 对本标准涉及的新术语给出确切定义。
⑤ 企业各工种、岗位的划分,其名称、代号、工作程序、范围、职责和要求。
⑥ 各工种、工序的工艺流程及作业要求。
⑦ 采用的典型设备与技术条件。
⑧ 用人的数量与质量要求。
⑨ 人员任职的国家职业资格标准(等级)。

63. P58 劳动定员标准表的格式设计【案例】
① 表的编号;② 表的接排;③ 表格的画法,采用封闭式;④ 表头的项目设计(序号、编码、工种或岗位名称、主要指标、工作职责要求、形式要求标准、人员素质要求)。

第四节 人力资源费用预算的审核与支出控制

64. P60 人力资源费用包括人工成本和人力资源管理费用:
人工成本:指企业一个生产经营周期内,支付给员工的全部费用。包括:
① 工资:主要由计时工资、基础工资、职务工资、计件工资、奖金、津贴和补贴、加班工资等组成。② 保险福利:主要指五险一金。③ 其他:如"其他社会费用"、"非奖励基金的奖金"、"其他退休费用"等。
人力资源管理费用:指企业一个生产经营周期内,人力资源部门的全部管理活动的费用支出,它是计划期内人力资源管理活动得以正常运行的资金保证。包括:
① 招聘费用:招聘前、招聘中、招聘后的各类费用;② 培训费用:培训前、培训中、培训后等各项费用;③ 劳动争议处理费用:如律师咨询费。

65．P61　审核人力资源费用预算的基本要求：① 确保人力资源费用预算的**合理性**；② 确保人力资源费用预算的**准确性**；③ 确保人力资源费用预算的**可比性**。

66．P62　审核人力资源费用预算的基本程序【简答】

<u>人资费用预算</u>：是企业在一个生产经营周期（一般为一年）内，人力资源全部管理活动预期费用支出的计划。<u>审核下一年度的人工成本预算应考察的因素</u>：① 检查项目是否齐全，尤其是子项目；② 注意国家有关政策的变化，是否涉及人员费用项目的增加或废止；③ 工资项目与基金项目必须严格分开。

67．P62　审核人工成本预算的方法

(1) 注重内外部环境变化，进行动态调整

① 关注政府有关部门发布的年度企业工资指导线，用三条线（**基准线、预警上线和控制下线**）来衡量本企业生产经营状况，以确定工资涨幅。② 定期进行劳动力工资水平市场调查。③ 关注消费者物价指数。

(2) 审核下一年度的人工成本预算时，从预算与结算的比较结果，分析费用使用趋势。

(3) 保证企业支付能力和员工利益的实现。人工成本总预算是由<u>人力资源规划</u>和<u>企业人员工资水平</u>两个因素决定的

68．P65　审核人力资源管理费用预算的方法（分头预算、总体控制和个案执行）

① 认真分析人力资源管理各方面的活动及其过程；② 确定在这些活动及其过程中，都需要哪些资源，多少资源给予支持。

69．P66　人力资源费用支出控制的作用

① 保证员工切身利益，使企业顺利达成人工成本目标；② 降低招聘、培训、劳动争议等HRM费用的重要途径；③ 为防止滥用管理费用提供了保证。

70．P66　费用支出控制原则：① 及时性；② 节约性；③ 适应性；④ 权责利相结合。

71．P66　人资费用支出控制的程序：① 制定控制标准；② 人力资源费用支出控制的实施；③ 差异的处理。

第二章 招聘与配置

第一节 员工招聘活动的实施

1. P69-72 人员招募方法的选择【案例】

渠道	定义	优点	缺点	方法
内部招募	内部晋升 工作调换 工作轮换 人员重聘	1. 准确性高 2. 适应性快 3. 激励性强 4. 费用较低	1. 处理不当,可能引发矛盾,造成不和谐现象 "挖人才" "不求有功,但求无过" 2. 容易造成近亲繁殖 "团体思维"抑制个体创新 3. 裙带关系(损害公平公正,"小团体主义") 4. 培训不经济 5. 不利于创新	推荐法 布告法 档案法
外部招募	从企业外部获取需要的人才	1. 带来新思想、新办法(鲶鱼效应) 2. 利于招聘一流人才 3. 树立组织新形象	1. 筛选难度大、时间长 2. 进入角色慢 3. 招募成本大 4. 决策风险大 5. 影响内部员工工作积极性	发布广告 借助中介 校园招聘 网络招聘 熟人推荐

2. P70 冒险和创新是处于新的经济环境下组织发展至关重要的两个要素。
3. P72 实施内部招募与外部招募的原则:① 高级管理人才选拔应遵守内部有限原则;② 外部环境剧烈变化时,组织必须采取内外结合的人才选拔方式;③ 处于成长期的组织,应当广开外部渠道。【案例】
4. P72 选择招聘渠道的主要步骤:① 分析单位的招聘要求;② 分析潜在应聘人员的特点;③ 确定适合的招聘来源;④ 选择适合的招聘方法。【简答】
5. P73 参加招聘会的主要程序:① 准备展位;② 准备资料和设备;③ 招聘人员的准备;④ 与协作方沟通联系;⑤ 招聘会的宣传工作;⑥ 招聘会后的工作。【简答、案例】
6. P74 内部招募的主要方法:① 推荐法;② 布告法;③ 档案法。【案例】

(一) 推荐法:内部招聘和外部招聘都可用。在企业内部最常见的推荐法是主管推荐。
优点:① 成功的概率较大;② 具有一定的可靠性。
缺点:在于这种推荐会比较主观,容易受个人因素的影响。

(二) 布告法
常用于非管理层人员,适用于普通人员的招聘。
优点:① 为企业员工提供更多机会;② 有效地避免人才的流失。

缺点：① 花费时间长，导致岗位空缺，影响正常运营；② 而员工可能因转换工作丧失优势。

(三) 档案法

从员工在<u>教育、培训、经验、技能、绩效</u>等方面的信息，帮助用人部门与人力资源部门寻找合适的人员补充岗位空缺(信息系统比较完善)。

7. P75-77　外部招募的主要方法： ① 发布广告；② 借助中介(人才交流中心、招聘洽谈会、猎头公司)；③ 校园招聘；④ 网络招聘；⑤ 熟人介绍。【案例】

(一) 发布广告

发布广告有两个关键的问题，其一是<u>广告媒体如何选择</u>，其二是<u>广告内容如何设计</u>。

优点： ① 传播范围广；② 信息发布迅速；③ 应聘者数量大、层次丰富；④ 单位的选择余地大；⑤ 宣传企业形象。

(二) 借助中介　双重角色：既为单位择人，也为求职者择业。

<u>人才交流中心</u>　优点：① 建有人才资料库；② 人才资源检索方便；③ 针对性强，费用低。

缺点是对热门、高级人才效果不理想。

招聘洽谈会： 专业化趋势明显。优点：① 应聘者集中，选择余地大；② 了解当地、行业人力资源走向。

缺点：很难招到合适的高级人才和<u>猎头公司</u>：① 综合计算，经济、高效；② 双方信息掌握，供需匹配慎重，成功率高，费用较高(年薪25%～35%)适用于高级人才。

(三) 校园招聘

校园招聘亦称上门招聘，适用专业化初级水平人员。

(四) 网络招聘

优点：① 成本低，方便快捷，选择余地大，涉及范围广；② 不受地点、时间限制；③ 求职申请书、简历便于储存、检索。

(五) 熟人推荐

优点：① 了解准确可信度高；② 录用人工作努力；招募成本低，容易形成裙带关系不利制度执行；③ 适用的范围比较广，既适用于一般人员，也适用于企业单位专业人才的招聘。

8. P77　采用校园招聘方式应注意的问题【简答、案例】

① 要注意了解大学生在就业方面的一些政策和规定。② 一部分大学生在就业中有脚踩两只船或几只船的现象(方法：签署就业意向协议。A、明确双方责任 B、特别注明违约责任 C、留有备选名单)。③ 学生往往对走上社会的工作有不切实际的估计，对自己的能力也缺乏准确性。④ 对学生感兴趣的问题做好准备。

9. P78　采用招聘洽谈会方式时应关注的问题【简答、案例】

① 了解招聘会的档次。首先要收集信息(规模有多大，都有哪些单位参加，场地在哪里)。

② 了解招聘会面对的对象，以判断是否有你所要招聘的人。如果一场招聘会主要是面对大学毕业生的，而你们公司并不需要大学毕业生，这场招聘会可能对你们的用处就不大。

③ 注意招聘会的组织者。要关注招聘会组织者的组织能力如何，社会影响力有多大，因为这将决定招聘会的规模和参加的人员。

④ 注意招聘会的信息宣传。

10. P78 笔试：笔试是测试应聘者**基础知识和素质能力**的差异，判断该应聘者对招聘岗位的**适应性**。基础知识和素质能力一般包括**一般知识能力**和**专业知识能力**

一般知识能力包括社会文化知识、智商、语言理解能力、数字才能、推理能力、理解速度和记忆能力等。**专业知识能力包括**与**应聘岗位相关的知识和能力**，如财务会计知识、管理知识、人际关系能力、观察能力等。

P79 笔试的**优点**：考核面**广**、内容**多样**；规模**大**、效率**高**；对应聘者心理**压力较小**，成绩也比较客观。**缺点**：**不能全面考察应聘者**如工作态度、品德修养，以及管理能力、口头表达能力和操作能力等。

P81 笔试的应用：① 注意命题是否恰当；② 确定评阅积分规则；③ 阅卷及成绩复核（关键要客观公平不徇私情）。

11. P79 筛选简历的方法【简答、案例】
① 分析简历结构（分析简历结构一般不超过两页，重点突出）；
② 审察简历的客观内容（简历主体只分主观和客观两部分，侧重看客观。
客观内容：个人信息、受教育经历、工作经历、个人成绩等四部分。主观：自我评价）；
③ 判断是否符合岗位技术和经验要求；
④ 审查简历中的逻辑性；
⑤ 看简历的整体印象。

12. P80 筛选申请表：① 判断应聘者的态度（填写是否认真等）；② 关注与职业相关的问题（离职原因、求职动机）；③ 注明可疑之处（要注意高职低就、高薪）。【简答、案例】

初选工作在费用和时间允许的情况下应坚持**面广**的原则，应尽量让更多的人员参加复试。

13. P81 判断面试应聘者是否符合应聘岗位的标准和要求：① 相关知识的掌握程度；② 判断、分析问题的能力；③ 衣着外貌、风度气质；④ 应变能力。

P82 使用人单位全面了解**应聘者的社会背景**，以及**语言表达能力、反应能力、个人修养、逻辑思维能力**等；应聘者了解单位未来的发展前景，找到最好的结合点。

14. P82 面试的内容：以问答＋答辩式、演讲式、讨论式、案例分析、模拟操作等多种形式，由表及里了解应聘者**业务知识水平、外貌风度、工作经验、求职动机、表达能力、反应能力、个人修养、逻辑性思维**。

15. P82-83 面试的目标：面试考官主导

面试考官的目标	应聘者的目标
创造一个融洽的会谈气氛	展现自己的实际水平
让应聘者更清楚地了解应聘单位的现实状况	说明自己具备的条件
了解应聘者的专业知识、岗位技能和非智力素质	希望被尊重、被理解，得到公平对待
决定应聘者是否通过本次面试	充分的了解自己关心的问题
	决定是否愿意来该单位工作

从双方面试目标可以看出：① 双方目标不完全相同；② 双向关系；③ 面试考官始终处于主导地位。

16. P83 面试的基本程序【简答,案例】

（1）面试前的准备阶段

包括确定<u>面试的目的</u>、科学地设计面试的问题、选择合适的<u>面试类型</u>、<u>确定面试的时间和地点</u>，面试考官要事先确定需要面试的<u>事项和范围</u>，写下提纲，详细了解<u>应聘者的资料</u>，发现应聘者的个性、社会背景及对工作的态度，有无发展潜力等。

（2）面试开始阶段

创造和谐的面谈气氛，简单介绍从应聘者可以预料到的问题开始发问，如工作经历、文化程度等。

（3）正式面试阶段

采用灵活的提问和多样化的形式，交流信息，进一步观察和了解应聘者。

（4）结束面试阶段

在结束之前，在面试考官确定问完了所有的预计的问题之后，应该给应聘者一个机会，询问他是否有问题要问。

（5）面试评价阶段

可用**评语式评估**，即可对应聘者的不同侧面进行深入的评价，能反映出每个应聘者的特征，但不能进行横向比较；也可以**评分式评估**，即对每个应聘者相同的方面进行比较。

17. P85 面试的环境布置【案例】

A. 圆桌会议形式：适合多个面试官对一个应聘者；B. 一对一形式：相对而坐距离较近；C. 一对一形式：相对而坐距离较远；D. 一对一形式：桌子有斜度相对而坐距离较近。

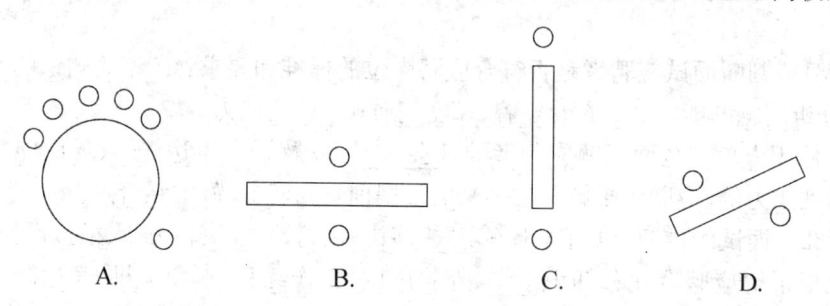

18. P85 面试的方法：① 面试效果分：初步面试和诊断面试；② 面试结构化程度分：结构化面试和非结构化面试。

P86 结构化面试特点：有固定的框架或问题清单。

优点：① 按照统一标准进行；② 便于分析减少主观性；③ 有利于提高面试效率；④ 对面试官的要求比较低。

缺点：① 谈话方式过于程序化；② 收集信息的范围受限制。

P86 非结构化面试 特点：无固定模式、事先无需太多准备、漫谈式。

优点：① 灵活自由；② 问题可因人而异；③ 可得到较深的信息。

缺点：① 缺乏统一的标准；② 易带来偏差。

P86-87 面试问题的设计【案例】

19. P89 面试提问时应关注的问题【案例】

① 尽量避免提出引导性的问题；② 有意提问一些相互矛盾的问题；③ 了解应聘者的求职动机；④ 所提问题要直截了当，语言简练；⑤ 观察他的非语言行为。

20. P88 **面试提问的技巧**：① 开放式提问；② 封闭式提问；③ 清单式提问；④ 假设式提问；⑤ 重复式提问；⑥ 确认式提问；⑦ 举例式提问。【简答】

开放式	主要是让应聘者**自由的**发表意见或看法，避免被动 无限开放式和有限开放式
封闭式	是让应聘者对某一问题做出**明确**答复
清单式	主要是让应聘者在**众多选项中进行优先选择**，以检验他的判断、分析和决策能力
假设式	是鼓励应聘者从**不同的角度来考虑问题**，发挥他的想象力，以探明他的态度或观点
重复式	主要是让应聘者知道你**接收**到了他的信息，以及检验获得信息的**准确性**
确认式	其实是鼓励应聘者与你**继续**交流，表达你对他的关心、肯定和理解
举例式	这是面试的意向核心技巧，又称为**行为描述提问**

21. P90 **心理测试包括**：① 人格测试；② 兴趣测试；③ 能力测试；④ 情境模拟测试。

(1) **人格测试包括**：领导者失败的原因，往往不在于智力、能力和经验不足，而在于人格的不成熟。

(2) **兴趣测试**：霍华德兴趣分为：现实型、智慧型、常规型、企业型、社交型、艺术型。

(3) **能力测试的内容**：普通能力倾向测试、特殊职业能力测试、心理运动机能测试。

(4) **情境模拟测试**：针对被试者的明显的行为、实际的操作以及工作效率进行测试比较适合在**招聘服务人员**、**事务性工作人员**、**管理人员**、**销售人员**时使用。目前在招聘**中高层管理人员**时使用较多。

情景模拟测试的分类：① **语言表达**测试侧重于考察语言表达能力，如演讲、介绍、说服、沟通；② **组织能力**测试侧重于考察协调能力，如会议主持、部门利益协调、团队组建；③ **事务处理**能力侧重于考察事务处理能力，如公文处理、冲突处理、行政工作处理。

缺点：设计复杂、费时耗资，多用在中高层管理人员时使用较多。

优点：多角度全面观察、分析、判断、评价；可直接上岗，或只需有针对性地培训，节省了大量的培训费用。

22. P91 **情景模拟测试的方法**：公文处理模拟法、无领导小组讨论法、决策模拟法、访谈法、角色扮演。

(1) **公文处理模拟法**【简答，案例】

公文处理模拟法，也叫做公文筐测试，是一种很有效的管理干部测评方法。其具体方法为：

① 向每一被测评者发给一套(15~25份)文件，包括下级呈来的报告、请示，同级的备忘录，上级的指示、外界用户的函电等。

② 向应试者介绍有关的背景材料，然后告诉应试者，他(她)现在就是这个职位上的任职者，负责全权处理文件篓里的所有公文材料。每个应试者都留下一沓笔记、备忘录、信件等，这是每个应试者工作成效的最好记录。

③ 处理结果将交由测评组，按既定的考评维度与标准进行考评。常见的考评维度有个

人自信心、企业领导能力、计划安排能力、书面表达能力、分析决策能力、敢担风险倾向与信息敏感性。

（2）无领导小组讨论法【简答，案例】

方法：由4~6人组成的小组，不指定谁担当主持讨论的人，也不布置议题与议程；给一个简短案例，其中隐含着一个或数个待决策和助理的问题，以引导小组展开讨论；考评者旁观。测评过程：根据每个人在讨论中的表现，考评其主动性、宣传鼓励与说服力、口头沟通能力、人际协调能力。

实施步骤：

① 无领导小组讨论法是对一组人同时进行测试的方法；

② 讨论小组一般有4~6人组成；

③ 不指定谁充当主持讨论的组长，也不布置议题与议程；

④ 在小组讨论的过程中，测评者不出面干预；

⑤ 测评过程中有几位观察者给每一个测试者评分；

⑥ 评分的维度通常是主动性、沟通能力、人际协调能力、自信、心理承受能力等；

⑦ 要考察的素质和能力可以通过被测者在讨论中所扮演角色（主动发起者、指挥者、鼓动者、协调者）的行为来表现的。

（3）角色扮演法【简答，案例】

① 角色扮演法是一种主要用来测评被测者人际关系处理能力的情境模拟测试法。

② 要求被测者扮演一个特定的管理角色来处理日常管理问题，借此可以了解被测者的心理素质和潜在能力。在这种活动中，主考官设置一系列管理背景中的尖锐的人际矛盾与人际冲突，要求被测者扮演某一角色并进入角色情境，去处理各种问题和矛盾。

③ 考官通过被测者在不同人员角色的情境中所表现出来的言语和非言语行为及行为的有效性进行观察和记录，并对行为的有效性进行评定，从而测评其相关素质。

23. P92 应用心理测试法的基本要求：① 要注意对应聘者的隐私加以保护；② 要有严格的程序；③ 结果不能作为唯一的评定依据。【案例】

24. P94 人员录用的主要策略：① 多重淘汰式；② 补偿式；③ 结合式。【计算，案例】

① 多重淘汰式中每种测试方法都是淘汰性的，应聘者必须在每种测试中都达到一定水平，方能合格。该方法是将多种考核与测验项目依次实施，每次淘汰若干低分者。全部通过考核项目者，再按最后面试或测验的实得分数，排出名次，择优确定录用名单。

② 补偿式中不同测试的成绩可以互为补充，最后根据应聘者在所有测试中的总成绩作出录用决策。【计算题P94】

③ 结合式中，有些测试是淘汰性的，有些是可以互为补偿的，应聘者通过淘汰性的测试后，才能参加其他测试。

25. P95 做出录用决策应注意：① 尽量使用全面衡量的方法；② 减少作出录用决策的人员；③ 不能求全责备。

第二节　员工招聘活动的评估

26．P96　招聘成本及其相关概念

招聘成本是为吸引和确定企业所需要的人力资源而发生的费用，主要包括招聘人员的直接或间接劳务费用、直接或间接业务费用、其他相关费用等。

招聘单位成本是招聘总成本与实际录用人数之比。

招聘成本的形式：① 招募成本；② 选拔成本；③ 录用成本；④ 安置成本；⑤ 离职成本；⑥ 重置成本。

招聘成本效益评是指对招聘中的费用进行调查、核实，并对照预算进行评价的过程。它是招聘效率的一个重要指标。

27．P97　成本效益评估

当招聘完成比大于100%时，则说明在数量上完成或者超额完成了招聘任务。应聘比说明招募效果，比例越大，说明招聘信息发布效果越好。

成本效益评估	招聘成本【简答】	1. 招募成本　2. 选拔成本　3. 录用成本　4. 安置成本　5. 离职成本　6. 重置成本
	成本效益评估	总成本效益＝录用人数/招聘总成本 招募成本效益＝应聘人数/招募期间的费用 选拔成本效益＝被选中人数/选拔期间的费用 人员录用效益＝正式录用的人数/录用期间的费用
数量与质量评估	录用数量评估	录用比＝录用人数/应聘人数×100% 招聘完成比＝录用人数/计划招聘人数×100% 应聘比＝应聘人数/计划招聘人数×100%
	录用质量评估	录用合格比＝(已录用胜任岗位人数/实际录用总人数)×100% 录用基础比＝(原有人员胜任岗位人数/原有人员总数)×100%

P98　表2-2　表2-3读懂表中的指标【计算】

28．P98　信度与效度评估：是对招聘过程中的方法的正确性和有效性进行的检验。

信度主要是指测试结果的可靠性或一致性。可靠性是指一次又一次的测试总是得出同样的结论，它或者不产生错误，或者产生同样的错误，分稳定系数、等值系数、内在一致性系数、评分者信度。

① **稳定系数**：用同一种测试方法对一组应聘者在两个不同时间进行测试的结果的一致性。一致性可用两次结果之间的相关系数来测定。

② **等值系数**：是指对同一应聘者使用两种对等的、内容相当的测试其结果之间的一致性。

③ **内在一致性系数**：是指把同一(组)应聘者进行的同一测试分为若干部分加以考察，各部分所得结果之间的一致性。可用各部分结果之间的相关系数来判断。

④ **评分者信度**：是指不同评分者对同样对象进行评定时的一致性。

29．P98　效度：效度即有效性或精确性，是指实际测到应聘者的有关特征与想要测的特征的符合程度。有预测效度、内容效度、同侧效度。

① **预测效度**:是测试能预测将来行为的有效性的程度。它是考虑选拔方法是否有效的一个常用的指标。将应聘者在选拔中得到的分数与他们被录用后的相比较,两者的相关性越大,则说明所选的测试方法、选拔方法越有效。

② **内容效度**:即测试方法能真正测出想要测定的内容的程度。它主要是与想测试的特征有关。主要用于知识测试与实际操作测试,不适用于对能力和潜力测试。

③ **同侧效度**:是指对现在员工实施某种测试,然后将测试结果与员工的实际工作绩效考核得分相比较,若两者的相关系数很大,则说明此测试效度就很高。

30. P100 **公平程度**该指标反映的是测评题目对所有被测者是否具有相同的难度。

31. P100 **企业人员招聘的过程**主要由招募、甄选、录用等三个基本环节组成。

① 招募环节的评估主要是对招聘广告、招聘申请表、招聘渠道的吸引力的评估;

② 甄选环节的评估主要是对甄选方法的质量评估;

③ 录用环节的评估主要是对职位填补的及时性的评估以及对录用员工的评估。

环节的评估	招募渠道的吸引力招募渠道有效性的评估
甄选环节的评估 主要采用效度信度评估 【案例】	**1. 面试方法的评估** ① 提问的有效性;② 面试考官是否做到有意识地避免各种心理偏差的出现;③ 面试考官在面试过程中对技巧使用情况的评价 **2. 无领导小组讨论的评估** ① 无领导小组讨论题目的有效性;② 对考官表现的综合评价(自我评价的方式和"一对一"的面谈方式)
录用环节的评估 【案例】	1. 录用员工的质量(业绩、出勤率等)录用比和应聘比反映录用质量 2. 职位填补的及时性 3. 用人单位或部门对招聘工作的满意度 4. 新员工对所在岗位的满意度 对应聘者进行两方面的调查: 1. 招聘工作的有效性 2. 选拔程序的合理性

第三节 人力资源的有效配置

32. P104 **企业人力资源空间配置**主要包括组织结构的设计、劳动分工协作形式的选择、工作地的组织和劳动环境优化等内容。

企业人力资源的时间配置主要是指建立工时工作制度、工作轮班的组织等管理活动。

33. P105 **人员配置的原理**:要素有用、能位对应、互补增值、动态适应、弹性冗余。

① **要素有用**根本目的是为所有人找到和创造其发挥作用的条件。

对于那些没有用好之人,问题之一:没有找到他的可用之处,因此正确地识别人是合理配置人员的基础。问题之二:没有创造人员可用的条件。如双向选择、公开招聘、竞争上岗等政策。

② **能位对应原理**:人与人之间不仅存在能力特点的不同,而且在能力水平上也是不同

的,应安排在要求相应特点和层次的职位上,使个人能力水平与岗位要求相适应。

就个体能力来说,这种差异包括两方面:一是能力性质、特点的差异,即能力的特殊性不同。个人能力的特殊性,形成他的专长、特长,即他能干什么,最适合干什么。二是能力水平的差异,在人力资源的利用上坚持能级层次原则,大才大用,小才小用,各尽所能,人尽其才。

一个单位有**决策层**、**管理层**、**执行层**、**操作层**。能级依次递减,应该配备具有相应能力等级的人来承担。

③ **互补增值原理**:以己之长补他人之短,形成整体优势,实现组织目标最优化的目标。

互补产生的合力比之单个人的能力简单相加而形成的合力要大得多,团队的整体功能就会正向放大;选择互补的一组人必须有共同的理想、事业和追求,而互补增值原理最重要的是"增值"。

④ **动态适应原理**:不适应是绝对的,适应相对的,从不适应到适应。

⑤ **弹性冗余原理**:避免不饱和和过劳。

34. P107 **劳动分工三种层次**:一般分工、特殊分工和个别分工。

① **一般分工**:是按社会生产的大类划分的,如农业、工业、建筑业,交通运输,商业等。

② **特殊分工**:是一般分工的再分解、再细化,将上述各大部门分解成许多行业,如农业分为种植业、林业、畜牧业、渔业等。

③ **个别分工**:是企业范围内的分工,是每个企业内部各部门以及每个生产者之间的分工,它是把生产、服务过程分解为若干局部的劳动,各局部的劳动及相互联系,有各自独立,具有专门的职能。

35. P107 **劳动分工的作用**:它对促进企业生产发展,提高劳动效率具有极其重要的作用。

① 劳动分工一般表现为工作简化和专门化。它有利于劳动者较快地提高熟练程度,提高劳动效率。

② 它能不断地改革劳动工具,使劳动工具专门化,产生了通用劳动工具和专用工具。

③ 有利于配备工人,发挥每个劳动者的专长。

④ 劳动分工大大扩展了劳动空间,使产品生产过程有更多的劳动者同时参与,因而有利于缩短产品的生产周期,加快生产速度。

⑤ 劳动分工可以防止因劳动中经常转换工作岗位而造成的工时浪费。

36. P108 **企业劳动内部分工的形式**:职能分工、专业分工、技术分工。

37. P108 **企业劳动分工的原则【案例】**

① 把直接生产工作和管理工作,服务工作分开;② 把不同的工艺阶段和工种分开;③ 把准备性工作和执行性工作分开;④ 把基本工作和辅助工作分开;⑤ 把技术高低不同的工作分开;⑥ 防止劳动分工过细带来的消极影响。

38. P109 **企业劳动协作**

协作以分工为**前提**,分工以协作为**条件**。企业劳动协作的**形式**:① 简单协作;② 复杂协作。

内部劳动协作的基本要求:

① 尽可能地固定各种协作关系,并在企业管理制度中,对协作关系的建立、变更,解除的程序、方法,审批权限等内容作出严格的规定;

② 实行经济合同制：协作双方通过签订经济合同，保证协作任务按质、按量、按期完成；
③ 全面加强计划、财务、劳动人事等项管理，借用各种经济杠杆和行政手段，保证协作关系的实现。

39．P110　作业组是企业中最基本的协作关系和协作形式，是企业里最基本的组织形式。作业组的规模一般以10～20人为宜。车间是企业劳动协作的中间环节，起着承上启下的重要作用。

40．P110　以下几种情况需要组成作业组：【案例】
（1）生产作业需员工共同完成，如石油化工企业里的设备检修组；
（2）看管大型复杂的机器设备，如机械制造企业的锻压作业组；
（3）员工的工作彼此密切相关，如流水生产线，各道工序联系十分密切，为了加强全线各道工序的协作配合，需要组成作业组；
（4）为了便于管理和相互交流，如机械制造企业的车工组、铣工组；
（5）为了加强工作联系，如建筑企业中砌砖瓦工和运送灰、浆、瓦的工人组成一个作业组；
（6）在员工没有固定的工作地，或者没有固定工作任务的情况下，为了便于调动和分配他们的工作，需要组成作业组。如电工组、水暖工组。

41．P111　作业组分工：
（1）按工种组成情况分为：
A．专业作业组：由同工种工人组成
B．综合作业组：由不同工种的工人组成
（2）按轮班工人的组成情况分：
A．轮班作业组：按照横班组织作业组
B．圆班作业组：按照早、中、夜三班组成一个作业组

42．P111　工作地组织的基本内容
（1）合理装备和布置工作地：装备工作地主要是确定使用的各种设备、工具和必要的辅助设备。其中生产设备是工作地装备的主体部分。
（2）保持工作地的正常秩序和良好的工作环境。
（3）正确组织工作地的供应和服务工作，包括及时供应原材料、半成品，防止停工待料；按计划检修机器设备，防止发生设备事故；按时供应各种工具、图纸和有关的技术资料；指导操作工人按技术规范操作。

43．P112　工作地组织的要求：① 有利于工人进行生产劳动；② 有利于发挥装备及辅助器具的效能；③ 有利于工人的身心健康；④ 为企业所有人员创造良好的劳动环境。

44．P112　对过细的劳动分工进行改进【简答、案例】
① 扩大业务法。将同一性质（技术水平相当）的作业，由纵向分工改为横向分工。
② 充实业务法。将工作性质与负荷不完全相同的业务重新进行分工。
③ 工作连贯法。将紧密联系的工作交给一个人（组）连续完成。例如将研究、试验、设计、工艺和制造等密切相关的各项工作交由一名技术人员担任，使其参与完整的工作过程。
④ 轮换工作法。将若干项不同内容的工作交给若干人去完成，每人每周轮换一次，实行工作轮换制。

⑤ 小组工作法。将若干延续时间较短的作业合并,由几名工人组成的作业小组共同承担,改变过去短时间内一人只干一道工序的局面。

⑥ 兼岗兼职。例如安排生产工人负担力所能及的维修工作。

⑦ 个人包干负责。例如可由一个人负责装配、检验、包装整台产品,并挂牌署名,以便由用户直接监督。

45. P113 **员工配置的基本方法**:① 以人为标准(按每人得分最高的一项安排岗位);② 以岗位为标准(每个岗位都挑选最好的人来做);③ 以双向选择为标准(人要选合适的岗位,岗位要选合适的人)。【案例】

46. P115-117 **匈牙利法** 【计算】

使用匈牙利的两个条件:员工数与任务数相等、求解的是最小化的问题。

步骤:

(1) 以各个员工完成各项任务的时间构造矩阵一进行行约减,即每一行数据减去本行数据中的最小数,得矩阵二。

(2) 检查矩阵二,若矩阵二各行各列均有"0",则跳过此步,否则进行列约减,即每一列数据减去本列数据中的最小数,本例属于后一种情况,经变换得矩阵三。矩阵三各行各列均有"0",可以开始约减。

(3) 画"盖0"线。即画最少的线将矩阵三中的0全部覆盖。操作技巧:从含"0"最多的行或列开始画"盖0"线。

(4) 数据转换。若"盖0"线的数目等于矩阵的维数则直接跳到第7步,若盖"0"线得数目小于矩阵得维数则进行数据转换,本例属于后一种情况,应进行转换。

(5) 操作步骤如下:找出未被"盖0"线覆盖的数中的最小值,例中 λ=1。① 将未被"盖0"线覆盖住的数减去 λ;② 将"盖0"线交叉点的数加上 λ;③ 只有一条"盖0"线的,数值不变。操作步骤如下:找出未被"盖0"线覆盖的数中的最小值,例中 λ=3。

(6) 重复上述步骤,得出新的矩阵六。

(7) 求最优解。对 n 维矩阵,找出不同行、不同列的 n 个"0",每个"0"的位置代表一队配置关系,具体步骤如下:

① 先找只含有一个"0"的行(或列)。将该行(或列)中的"0"打"√"。

② 将带"√"的"0"所在列(或行)中的其余"0"打"×"。

③ 重复(1)步和(2)步至结束若所有行列均含有多个"0"则从"0"数目最少行或列中任选一个"0"打"√"。

47. P118 **匈牙利法推广应用**:① 员工数目与任务数目不一致的情况;② 求最大化问题。

48. P120 **加强现场管理的"5s"活动**:整理、整顿、清扫、清洁、素养

5S活动的具体介绍:【简答】

整理:改善和增加作业面积,使现场无杂物,提高工作效率。具体步骤:

(1) 确定现场需要什么物品,需要多少数量;

(2) 将现场物品区分为需要和不需要的,将不需要的物品清理出现场。

整顿:是指对现场需要留下的物品进行科学合理的布置和摆放。从而有利于提高工作效率。其步骤为:

(1) 物品摆放要有固定的地点和区域,以便寻找;
(2) 物品摆放方式要规范化、条理化,以提高工作效率;
(3) 物品摆放目视化,使定量装载的物品做到过目知数;
(4) 要求做到现场整齐、紧凑、协调。

清扫:是指在进行清洁工作的同时进行自我检查生产过程会产生灰尘、油污、铁屑、垃圾等,从而使现场变脏,使设备精度降低故障多发,影响产品质量。其步骤为:
(1) 自己使用的物品要自己清扫;
(2) 在清扫的过程中,检查物品,设备有无异常,定期对设备进行维护保养;
(3) 在清扫的过程中,发现为题,要查明原因,并采取措施加以改善。

清洁:是对整理、整顿、清扫的成果的巩固和维持,使之制度化,应做到以下几点:
(1) 现场环境整齐、清洁、美观,有利于员工健康;
(2) 用具、设备干净、无烟尘噪音;
(3) 员工着装干净、整洁,焕发出积极向上的精神面貌。

素养:即教养,努力提高员工的素养,养成良好的作业习惯,严格遵守行为规范,而不需要别人督促,不需要领导检查,这是5S活动的核心。
具体实施方法如下:
(1) 继续推动前4S活动;(2) 建立共同遵守的规章制度;(3) 将各种规章制度目视化;(4) 实施各种教育培训;(5) 违反规章制度而要及时给予纠正;(6) 受批评指责的应立即改正。

49. P121 **5S活动内在联系**:
前3个S直接针对现场,后两个S则从规范化和人的素养高度巩固5S活动效果。

50. P122 **5S活动的目标**:【简答】① 工作变化时,寻找工具、物品的时间为零;② 整顿现场时,不良品为零;③ 努力降低成本,减少消耗,浪费为零;④ 缩短生产时间,交货延期为零;⑤ 无泄漏、危害,安全整齐,事故为零;⑥ 各员工积极工作,彼此间团结友爱,不良行为为零。

51. P122 **劳动环境优化包括**:① 照明与色彩(一般以人眼观察物体舒适度为标准,在劳动环境中选用适当色彩不仅可调节人的恶情绪还降低疲劳);② 噪声;③ 温度和湿度(35度降温5度保暖);④ 绿化。

52. P124 **工时制度**可以分为:标准工时制度、综合工时制度、不定时工时制度。
① 标准工时工作制:员工每日工作8小时,每周工作40小时。
② 综合工时工作制:主要适用于交通、铁路、邮电、水运、航空、渔业等企业中因工作性质特殊、需要连续作业的员工;地质、石油及资源勘探、建筑、制盐、制糖、旅游等受季节和自然条件限制的企业中的部分员工;以及其他特殊生产经营情况的企业员工。
③ 不定时工作制:企业中从事高级管理、推销、货运、装卸、长途运输驾驶、押运、非生产性值班和特殊工作形式的个体工作岗位的员工、出租驾驶员等。

53. P125 **工作轮班制**作为企业工作时间组织的基本形式,是指在工作日内组建不同班次的作业组,在同一工作地轮番进行生产的劳动协作形式。

54. P126 **工作轮班的组织形式有**:两班制、三班制和多班制(四班制)。【简答、计算】
① 两班制:早班和中班,不上夜班,每隔一周轮换一下;

② 三班制：间断性三班制和连续性三班制（四班三运转，循环周期有4天、8天、12天，每月安排轮休补付每周超出的时间）；

③ 多班制：

1）四八交叉：24小时内组织四个班生产，每班工作8小时。

2）四六工作制：工作时间为每周6小时。

3）五班轮休制（五班四运转）：是一种新的轮班制度，保证员工某月平是一种新的轮班制度，保证员工某月平均工作时间不超过166.64小时，适用于大中型连续生产的企业。10天一个循环。

55. P129　组织工作轮班应注意的问题　【案例】

① 工作轮班的组织，应从生产的具体情况出发，以便充分利用工时和节约人力。

② 要平衡各个轮班人员的配备。

③ 建立健全交接班制度。

④ 适当组织各班员工交叉上班。

⑤ 工作轮班制度对人的生理、心理会产生一定的影响，特别是夜班对人的影响最大。

为了解决夜班疲劳、员工生理心理不适应和工作效率下降的问题，解决办法：

1）适当增加夜班前后的休息时间。

2）缩短上夜班的次数，例如采用四班三运转的倒班方法。

第三章　培训与开发

第一节　培训项目设计与有效性评估

1. P131　**培训需求分析**的含义：在计划与设计活动<u>之前</u>，采取方法和技术，对组织及成员的目标、知识、技能等方面进行研究，以<u>确定是否需要</u>培训和培训内容的过程。

培训需求分析的作用：① 确定培训目标；② 制订培训计划；③ 有效实施培训前提；④ 现代培训活动的首要环节；⑤ 培训评估的基础。

2. P131　**培训需求分析的调查与确认**　目的是确定<u>谁</u>需要培训和需要培训<u>什么</u>即确定培训对象和培训内容。步骤如下：

① <u>提出需求意向</u>：根据理想与现实差距，提出需求意向。

② <u>需求分析</u>：确定培训方向。包括<u>排他分析</u>和<u>因素确定</u>，排他分析：对产生差距的原因作全面的分析，确定影响因素，工具、结构、人为因素等。因素确认：确认哪些问题是可以通过培训解决的。

③ <u>需求确认</u>：通过确认哪些岗位的员工需要培训，需要提高的是知识、技能，还是能力素质。

3. P132　**培训需求分析**是现代培训活动的**首要环节**，具有**指导性**，是确定培训目标、设计培训计划的**前提**，是培训评估的**基础**，是决定培训效果**首要决定因素**。

4. P132－135　**培训需求分析的技术模型**

常见的培训需求**分析模型**：<u>前瞻性培训需求评估模型、Goldstein组织培训需求分析模型、培训需求循环评估模型、三维培训需求分析模型</u>。

(1) Goldstein <u>组织培训需求分析模型</u>P132

考虑培训需求**原因**或"压力点"有：<u>法律和法规、基本技能欠佳、工作业绩差、新技术应用、客户要求、新产品、高绩效标准、新的工作</u>。

需求评估**结果**：<u>学些什么、谁接受培训、培训类型、培训次数、购买或自行培训、借助培训或其他方式</u>。

培训需求应从<u>组织分析</u>、任务分析和人员分析等三个方面着手：

① **组织**分析是根据组织机构经营战略判断组织内部哪些员工或部门需要培训，确保需求分析符合组织整体目标，是其他两项分析的**前提**。

② **任务**分析是分析该任务所需的各类知识，从而确定所需的技能培训(侧重<u>职业理想</u>情况)。

③ **人员**分析是分析员工的绩效差距，即理想和现实的差距(侧重<u>个人主观特征</u>)。

(2) **培训需求循环评估模型**P132(**连续、周而复始**，前瞻性分析，为未来发展做准备)

① <u>组织层面分析</u>：它是指确定组织范围内的培训需求，以保证培训计划**符合**组织**目标和战略**要求。**关键**问题是发现组织目标与培训需求之间的关系。**需要分析**有**产业政策**、生

产率、事故率、辞职率、缺勤率、员工行为等。

② **作业层面分析**：确定培训的内容，即员工达到理想的工作绩效所必须掌握的技术和能力。需要收集反映**工作特性数据的信息**有<u>工作分析、绩效评价、质量控制报告、顾客反映等</u>。

③ **个人层面分析的**：将员工现有技能水平与预期未来的要求进行对比，寻找差距。信息来源：<u>业绩考核记录、员工技能测试、个人填写的培训需求问卷</u>。

优点：全面（避免发生错漏），循环（长期制度）；

缺点：工作量大，专门人员定期进行，需要管理者与员工的积极参与。

（3）**前瞻性培训需求评估模型**P133　为工作调动准备的需求

优点：培训更主动，员工归属感提升；

缺点：预测会有差距，难把握培训的度，员工或跳槽。

适用：企业未来需要的高层管理与技术人才。

（4）**三维培训需求分析模型**P134

基于岗位胜任力和人力测评，更客观准确地分析被测者的培训需求。

优点：以胜任力可塑性、胜任力的重要性和测评差距大小为坐标轴；

缺点：操作比较复杂，成本比较高，企业中高层管理者，核心员工。

适用：企业中高层管理者，核心员工。

5. P136　**培训项目设计的原则**

总的原则是"满足需求、重点突出、立足当前、讲求实用、考虑长远、提高素质"。

① 因材施教原则；② 激励性原则；③ 实践性原则；④ 反馈及强化性原则；⑤ 目标性原则；⑥ 延续性原则；⑦ 职业发展性原则。

6. P137　**培训项目规划的内容**【简答，案例】：

（1）培训项目的确定

① 列出各种培训需求的优先顺序，优先满足那些排在前面的需求。

② 明确培训的目标群体及其规模。

③ 确定培训目标群体的培训目标，要考虑到个体的差异性和培训的互动性，对培训预期达到的结果、完成任务的条件、达到目的的标准（即完成任务的速度或工作规范）给予明确、清晰的描述。

（2）培训内容的开发

培训内容的开发要坚持培训需求设计的原则

（3）实施过程的设计

① 合理安排培训进度；② 合理选择教学方式；③ 全面分析培训环境。

（4）评估手段的选择

① 如何考核培训的成败；② 如何进行中间效果的评估；③ 如何评估培训结束时受训者的学习效果；④ 如何考察在工作中的运用情况。

（5）培训资源的筹备

培训需要的资源，包括人、财、物、时间、空间和信息等的筹备与使用，是采取企业内部培训还是外部委托的方式培训，又或是与外部机构进行合作培训。

（6）培训成本的预算

成本预算也是对培训实施过程中各项支出的一个参考。

7. P138-140　基于培训需求分析的培训项目设计【简答或案例】

(1) **明确员工培训目的**：以实现企业战略与经营目标为目的；既要考虑短期目标，又要考虑长期目标；正确认识智力投资和人才开发的长期性、持续性和战略性。

(2) **对培训需求分析结果的有效整合**

做好培训需求调查与分析包括：① 组织层面：当前＋未来；②员工层面：问卷调查法、面谈法，调查员工的工作感受，理想与现实岗位的差距，问题原因、解决途径。

(3) **界定清晰的培训目标**：

① 培训目标要解决员工培训要达到什么样标准的问题。

② 将培训目标具体化、数量化、指标化、标准化。

③ 培训目标要能有效地指导培训者和受训者。（培训资源分为内部资源——领导、业务骨干；外部资源——培训机构、学校、研讨会、学术讲座）

培训目标是培训项目计划和培训方案制定与实施的导航灯。

(4) **制订培训项目计划和培训方案**

制定培训完整培训方案三个**基本要求**：① 培训目标对受训者传达的意图。包括培训后应表现出的行为、工作业绩，评估培训后产生业绩的标准。② 组织对受训者的希望：培训后能做什么、在哪些特定的情形下表现哪些行为、业绩达到什么标准。③ 受训者如何将培训项目要求与自身情况结合。培训目的、目标；受训人员和内容、培训师；培训范围、规模、时间、地点、费用、方法。

(5) **培训项目计划的沟通和确认**（获得支持、说明报告的内容）

8. P140　培训项目计划的内容：① 培训目的；②培训目标；③ 培训时间；④ 培训地点；⑤ 了受训人员和内容；⑥ 培训师；⑦ 培训费用；⑧ 培训范围；⑨ 培训规模；⑩ 培训方法。

【简答或案例】

9. P141　培训项目的开发与管理【简答】：① 培训项目材料的开发；② 进行培训活动的设计与选择；③ 建立和培养内部培训师资队伍；④ 统筹协调培训活动；⑤ 实现培训资源的共享；⑥ 构建配套的培训制度与文化。

10. P141　培训项目材料的开发

P141　项目材料具体包括【简答】：① 课程描述；②课程的具体计划；③ 学员用书；④ 培训师教学资料；⑤ 小组活动设计与说明。

表3-2的描述表P141　【方案设计】

表3-3的培训课程计划的内容P142　【方案设计】

11. P141　进行培训活动的设计与选择（12分钟聚焦，形式：讲授、多媒体、案例讨论、角色扮演、问卷、商业游戏、小组讨论）

表3-4　培训方式的选择P143　【选择题】

12. P142　各级管理者应肩负起发现、推荐、培养内部培训师的职责。**各类职业业务骨干是企业内部培训师资的重点。**

内部培训师选拔与培养制度（选拔对象、流程、标准、上岗认证、任职资格管理、培训、激励约束，具体，可操作）【案例】

外部培训师选拔（申请、试讲、资格认证、评价、聘用、晋级等，外培师助手）【案例】

13. P144　统筹协调培训活动：① 制定系统内开展培训的指导性意见；② 制定年度培训计划；③ 了解掌握各部门的培训情况。

14. P144 实现培训资源的共享【案例】　内部培训资源：① 标准化培训产品；② 企业内部培训师；③ 经理人作为培训资源；④ 成立员工互助学习小组。
    外部培训资源：① 专业培训公司；② 咨询公司；③ 商学院校、建立配套的培训制度和文化（制度、档案、激励、时间、文化）。

15. P146　构建配套的培训制度与文化【简答】　① 建立配套制度,规范培训流程；② 建立培训档案,针对性培训,避免重复和无效培训；③ 建立培训奖惩制度和激励保障体系；④ 建立培训时间保证制度,使活动系统化、规范化开展；⑤ 营造培训文化,建立学习型组织。

16. P146　培训项目的开发与管理应注意的问题
    ① 系统动态地对培训需求进行分析。
    ② 培训项目的设计充分考虑员工的自我发展需要。（马斯洛模型）

17. P149　培训有效性指的是培训为什么发挥作用及培训实施其目标的程度。
    组织：利润的增加、成本的下降、扩大市场占有率。
    个人：专业素质的提升、知识的增长、技能的提高。
    培训评估：最后环节、评价总结、提供重要信息。

18. P149　培训有效性评估的作用
    从企业培训的一般角度看培训评估,培训评估的作用主要体现在以下方面：【案例】
    ① 是否达到原定的目标和要求；② 提高或行为表现的改变是否直接来自培训本身；③ 找出不足,归纳教训,改进今后培训；④ 发现新的需求,为下一轮培训提供依据,提高受训者的兴趣激发积极性和创造性；⑤ 检查出培训的费用效益；⑥ 客观地评价培训者的工作；⑦ 为管理者决策提供所需的信息。
    从企业的战略角度看培训有效性评估
    ① 用作战略的培训要有细致的目标定位、可选方案的系统评价、成效的严格评价等,是一种分析方法；② 一个置于企业战略角度下的有效培训应该是不仅要知道对培训人有多少好处,还要了解能为组织及其成员带来什么好处和多少好处；③ 从战略角度看培训有效性评估,要用更高、统一、具有战略意义的培训目标来进行指导,同时也是对组织和部门行为进行约束和激励,此时培训目标已经成为组织目标的而一部分,而不再仅是培训部门的部门目标。

19. P151　培训有效性内容培训成果是培训有效性评估的主要内容,包括：
    ① 认知成果：衡量受训者学到了什么（知识）？判断熟悉程度。
    ② 技能成果：评估受训者的技术和运动技能水平及其行为（技能获得与应用）。
    ③ 情感成果：受训者的态度、动机；受训者对培训项目的反应、对多元化的容忍度、学习的动机、对安全的态度、客户服务中的定向。
    ④ 效果性成果：培训项目给企业的回报。
    ⑤ 投资净收益：企业获得的价值,即培训产生的货币收益与培训成本的差。

20. P151　培训有效性信息的种类：
    ① 培训的及时性（实施与需求是否对应、前瞻性、不能太提前）；

② 培训目标设定的合理性(目标源于需求、目标满足需求、有形与无形需求、长期与短期需求);
③ 培训课程设置与培训内容安排的适用性(达到目标的关键环节、保障有效的基础);
④ 培训教材的选用与开发;
⑤ 培训老师的选派;
⑥ 培训时间的安排(培训时机的选择是否得当、具体时间的确定、培训时限的设定、影响培训参与率、学习情绪、决定培训效果);
⑦ 培训场地的选定;
⑧ 受训群体的选择(受训人员在素质、知识水平、经验的不同,培训效果和接受能力);
⑨ 培训形式的选择;
⑩ 培训组织与管理状况(后勤保障,影响满意度)。

21. P152 培训效果评估的一般程序:【简答、案例】
① 评估目标确定(是否展开、可行性分析、评估项目、评估目标等)。
② 评估方案制订(评估的时间、地点、人员、标准、步骤等)。
③ 评估方案实施(信息收集、整理)。
④ 评估工作总结(评估报告)。

22. P153 培训有效性评估的方法:【简答】
① 观察法;② 问卷调查法(最常用,开放式、封闭式问题较好);③ 测试法(知识、技能);④ 情境模拟测试(角色扮演、公文筐);⑤ 绩效考核法;⑥ 360考核(上下级、同级、客户);⑦ 前后对照法(选取2个小组,一组培训,一组未培训);⑧ 时间序列法(多次测量,分析效果转移程度);⑨ 收益评价法。

23．P153 培训有效性评估的技术:① 泰勒模式;② 层次评估法;③ 目标导向模型法。

24．P153 泰勒模式 泰勒原理内容:① 评价活动的原理;② 课程编制的原理。
对培训评估的理论指导:培训评估的首要任务就是确定是否达到培训目标(依据泰勒的目标评估模式)。

泰勒模式评价步骤:【简答】
① 确定教育方案的目标;② 根据行为和内容对每个目标加以定义;③ 确定应用目标的情景;④ 确定应用目标情景的途径;⑤ 设计取得记录的途径;⑥ 决定评定方式;⑦ 决定获取代表性样本的方法。

特点:以目标为中心,结构紧密,具有计划性,简单易行,主要用于学生评估。
缺点:① 没有对目标本身进行评估;② 注重预期效果的评估、忽略非预期目标的评估;③ 重视结果评估,忽视过程评估,不能得到及时的反馈;④ 目标的制定大多是教育者的意见,较少注意学生的意见(三个注重,三个忽视)。

25. P154 层次评估法(最为完善、最为广泛)
特点:① 层次分明,由易到难,循序渐进;② 定性和定量相结合;③ 对个人素质能力的提高转移到整个组织绩效提高的评估上来。
主要贡献:① 把培训效果具体化、形象化、分为若干层次;② 菲利普斯五层评估模式在柯氏四级评估模式上不断完善。
缺点:① 考虑因素不够全面、带有一定主观性;② 数据的取得根据个人的描述取得,容易造成混乱；③ 不能形成一个有机的整体。

26. P155　柯克帕特里克四层评估模式【简答、案例】

层级	评估内容	评估方法	评估时间	特点
反应	评估最低级别 四个满意（对培训者、对培训管理过程、对测试过程、对课程材料） 问卷项目	问卷调查、抽样访谈	培训现场或课程一结束	柯氏模型是应用最广泛的评估模型。 **优势**：适用于不同项目、不同层次的评估； **劣势**：在评估级别上缺少有效衡量的价值体系。
学习	培训课程中涉及的知识、技能和态度的	课堂现场测试、笔试、对比测试、设定基准分的测评、能力测评、情景模拟等书面测验、模拟情境、操作测验、学前与学后比较	培训现场或结束之后	
行为	工作行为是否因为培训而有所改发	问卷调查法、面谈法、观察法、行动计划法	培训结束后3个月	
结果	被培训内容直接相关的绩效指标	培训前后绩效周期的绩效结果对比	培训结束后半年或一年	

27. P157　菲利普斯五层评估模型（菲利普斯五级投资回报率模型）
五级分别为：① **反应和既定活动**：评估学员对评估项目的反应以及实施的明确计划；
② **学习活动**：评估技能、知识和观念的变化；
③ **在工作中应用**：评估工作中行为的变化以及对培训资料的确切应用；
④ **业务结果**：评估培训项目对业务的影响；
⑤ **投资回报率**：评估培训结果的货币价值以及培训项目的成本，往往用百分比表示。
投资回报率＝（项目净收益/项目成本）×100%
在柯氏四级的基础上增加了第五级评估，即投资回报率。弥补了四级评估不对培训效益定量评估的不足。**缺点**：难以区分什么因素带来改变，变量众多，具体运作存在很大困难。

28. P158　目标导向型模型法
精髓：① 关注受训者而非培训者的动机；② 评估受训者个人素质能力的提高；③ 把培训效果的测量和确定作为优先考虑的因素；④ 培训者和公司的其他人员是培训的执行者和评估者。
重点：在受训者而非培训者，最大**贡献**：① 弹性和适应性；② 定性和定量相结合；③ 落脚点是受训者的能力或行为；④ 适用各种类型的企业。
缺点：① 时间上要一个完整的过程；② 要求有显著的可信性；③ 花费很长的时间和精力。

29. P158-159　培训效果评估方案的设计【简答】
步骤：① 明确培训评估的**目的**（解决3个问题，可行性分析、明确评估目的、明确评估的操作者和参与者）；② 培训评估**方案的制订**（核心内容是评估方法选择、评估设计方案、评估策略选择）；③ 培训评估**信息的收集**（数据有效性、可靠性、简单易行性和经济的特点；防止数据错漏；通过资料/观察/访问/参与/培训调查收集信息）；④ 培训评估信息的整理与分析;⑤ 撰写培训评估报告。

30. P159　培训评估效果信息的收集【简答】
① 收集培训效果信息的目的;② 不同类型培训效果信息的采集;③ 培训效果信息的收集渠道;④ 培训评估信息的处理;⑤ 信息收集过程中的沟通技巧。

31. P160　不同类型培训效果信息的采集
全面的信息采集是做好培训评估的保证
① **主观信息**:正面采集和非正式采集相结合。
② **客观信息**:包括一切可用数据衡量的信息,如员工知识水平的提升、操作水平的改变等;正式采集之前可采用多次非正式的测试排除偶然因素的干扰,不能忽视时间对结果的影响,应在不同时间间隔多重检测,确定信息的稳定性。
③ **信息之间的对比分析**:对不同主体之间的信息进行对比分析。

32. P160-161　培训效果信息的收集渠道　【简答或案例】
① **资料收集**(方案、批示、录音录像、问卷分析、会议记录现场记录、教程);
② **观察收集**(准备、实施、参加情况、反应、变化);
③ **访问收集**(对象、实施者、组织者、学员领导下属);
④ **调查收集**(需求、组织、内容形式、效果、培训师)。

33. P161　培训评估信息的处理【案例】
培训评估需要的信息不同收集渠道和信息形式都会有所不同:① 信息分类;② 信息归档;③ 专用表格统计,得出各类趋势。

P161-162　信息收集过程中的沟通技巧【案例】
访谈前做好充足准备,包括了解访谈者相关信息、设计访谈方案、合理安排时间和地点;根据访谈对象的实际情况,有针对性的访谈。访谈是一个耗费时间的过程。
① 培训结束到工作岗位后的访谈(通过工作效益、访问主管或下属,工作效率比较);
② 培训结束时的个人访谈和集体会谈(了解受训者的收获及培训满意度、对培训的改进建议、培训期间出席人员的变动情况)。

34. P162　培训效果的跟踪与反馈包括四个方面【案例】
(1) 培训前对培训效果的分析(对训前情况摸底,目的是为了与培训后的状况进行比较以测定培训的效果)
(2) 培训中对培训效果的监控与评估
① 受训者与培训内容**相关性**(2种衔接方式);
② 受训者对培训项目的**认知程度**(宣传培训目的、调整态度与行为、监测参与热情、持久性、出勤率、态度等);
③ 培训**内容**(培训内容出现差错的原因:培训管理机构;受训人员;不同项目交叉影响;外部环境);
④ 培训的**进度**和中间**效果**;
⑤ 培训**环境**　根据学习转换理论,规划时使培训环境与工作环境相似;
⑥ 培训机构和培训人员(评估管理人员工作积极性、合作精神、领导能力和沟通能力培训教师教学经验、能力、方法培训)。
(3) 培训后的效果评估

① 掌握知识;② 工作改进;③ 业绩改进。
(四)培训后的管理效率评估
① 向高层管理人汇报;② 获得领导支持有效方式;③ 有助于提高培训效率;④ 找出差距提高培训质量。

35. P164　培训效果评估的实施【案例】
① 培训效果综合评估要求;② 培训效果的评估工具;③ 培训效果四层次评估应用。

36. P165　培训效果综合评估要求
培训有效性的要求【简答或案例】
① 明确评估目的(目标合理? 达成预期? 补救措施?);
② 确定评估项目及评估内容(受训者的满意度、受训者的知识收获、工作绩效的改善、对组织绩效的贡献);
③ 评估方式的设计(前测试、后测试、控制群体)。
设计培训工作和考虑评估细节主要两点:① 把尽可能多的评估放到培训过程中进行,可降低事后评估重要性;② 在决定实施培训时就确定评估方法。

37. P165　培训效果的评估工具　【简答】:问卷评估法、360度评估、访谈法、测试法。
(1) 问卷评估法
一份优秀的问卷具备【简答】:① 以工作目标为基础;② 与培训目标紧密相连;③ 与受训者的培训内容有关;④ 关注培训中的主要因素;⑤ 评价结果容易数量化;⑥ 鼓励受训者真实反映情况。
(2) 360度评估
核心特征:① 全方位、多角度;② 动态地检查发展效果;③ 重视信息反馈和双向交流的理念;④ 减少误差、可评估行为胜任素质。
(3) 访谈法
访谈的程序　【简答】① 明确需要采集的信息;② 设计访谈方案;③ 测试访谈方案;④ 全面实施;⑤ 进行资料分析。
(4) 测试法
① 前测和后测;② 利用对照组,避免霍桑效应。

38. P167　培训效果四层次评估应用【案例或方案设计】
(1) 反应层面的评估　对培训效果的<u>最基本评估</u>:问卷调查。
(2) 学习层面的评估　特点:<u>简单易行、成本低、效果较好</u>。
注意:① 试题库建设(1:10,随机抽取,每年30%更新);② 教考分离;③ 考评等级;④ 培训目标。
(3) 行为层面的评估　评估<u>知识、技能和态度的转移</u>,设计调查问卷,自评、他评的方法。
(4) 结果层面的评估　特点:<u>最困难的测评,需要大量的时间,短期内很难有结果,缺乏必要的技术和经验</u>。
(5) 培训成本收益的计算成本收益评估困难的原因:① 培训效果很难分解;② 培训后的效果大多隐性且难以量化、用货币价值衡量收益成本往往比较复杂、花费较长时间计算货币价值。

P168　表3-7　员工培训满意度测评表【方案设计】大致了解表格的结构和内容
P168　表3-8　表3-9　管理人员培训行为测评表【方案设计】大致了解表格的结构和内容

39. P170　表3-10【选择】
管理人员培训的测评指标：① 产量增加；② 缺勤和怠工减少；③ 成本下降；④ 离职率降低；⑤ 员工建议数增加；⑥ 士气和员工态度改变。
营销培训的测评指标：① 销售量提高；② 平均销售规模扩大；③ 新客户数目增加；④ 按期付款比率上升；⑤ 销售费用下降；⑥ 货品数量增加。
客户关系培训测评指标：① 出错率下降；② 订单数增加；③ 每日交易数增加；④ 回访次数增加；⑤ 失去的顾客数减少；⑥ 顾客投诉数量下降。

40. P171　【计算】培训投资回报
培训投资净回报率＝（培训项目收益－培训项目成本）/培训项目成本×100％
培训投资回报率＝培训项目收益/培训项目成本×100％
培训直接成本包括：① 参与培训的所有员工的**工资和福利**（受训者、培训师、咨询人员和项目设计人员）；② 培训使用的**材料和设施**费用；③ 设备或教室的**租金或购买**费用；④ **交通费用**。
培训间接成本：① 一般的办公用品、设施设备及相关费用；② 与培训没有直接关系的交通费用及各种支出；③ 与培训没有直接关系的培训部管理人员、行政人员和服务人员工资等。

第二节　培训课程的设计

41. P174-175　培训课程设计的基本原则
（1）根据培训项目的类别和层次确立培训目标
课程设计首要任务：课程定位
培训课程目标分为三个领域：
① 认知领域（知识掌握、理解与智力发展）；② 情感领域（兴趣、态度、价值观、正确判断力、适应性）；③ 精神运动领域（技能和运动技能）。
现代培训按其性质分为五个层次：① 知识培训；② 技能培训；③ 态度培训；④ 观念培训；⑤ 心理培训。
培训目标两个转化：
① 重视知识和技能培训的基础⇒加强态度、观念和心理培训；② 注重目标的单一性和专业化⇒重视目标的综合性和多样化。
（2）充分考虑组织特征和学习风格以制定培训策略
课程设置与组织经营发展紧密结合
培训策略充分考虑组织特征和学习者的风格
学习型组织培训战略制定四原则：① 系统地学习经验；② 鼓励使用量化的基准进行反馈；③ 参与者的支持为进步的依据；④ 促进各个主体的联系，实现资源共享。

42. P175　培训课程设计的程序【简答】
（1）培训课程设计的任务

培训课程设计的程序：① 从培训需求的调查与分析出发，明确课程目标；② 根据目标要求，进行课程设计。

设计内容包括【简答】：① 安排课程内容；② 确定培训模式；③ 组织课程执行者；④ 准备培训教材；⑤ 选择课程策略；⑥ 编制课程评价方案；⑦ 预设分组计划；⑧ 分配培训课时。

培训课程设计过程的阶段：① 定位；② 目标；③ 策略；④ 模式；⑤ 评价。

（2）**培训课程设计的要素**：① 培训课程目标；② 培训课程内容；③ 培训课程模式；④ 培训课程策略；⑤ 培训课程评价；⑥ 教材；⑦ 学习者；⑧ 执行者；⑨ 时间；⑩ 空间。

43. P176 **培训课程的设计策略** 【简答、案例】

（1）基于**学习风格**的课程设计

基点：最大限度地调动受训者主动参与培训的积极性

① **主动型**学习：以经验和感觉为基础，倾向于亲身参与。以小组学习的方式，通过<u>头脑风暴、游戏法、演讲法、角色扮演</u>施行。管理培训和工商管理人士培训经常采用。

② **反思型**学习：以多维思考和归纳推理为基础，倾向于观察与思考。通过教师为主，以<u>理论讲授、报告会</u>为主施行。

③ **理论型**学习：以逻辑推理和演绎分析为基础，倾向于假设思维、系统分析和理论模型。通过以培训者为主，以<u>座谈会、案例教学、计算机辅助教学</u>实施。

④ **应用型**学习：以理论实践结合为基础，倾向于实践，适合<u>案例教学、角色扮演、团队演戏、个人汇报</u>。

（2）基于资源整合的课程设计

对一切利用的培训资源充分利用加以开发和利用是课程设计发挥的一个重要舞台

① 培训者的选择：因材施教；② 对时间和空间的设计；③ 教材的选择；④ 教学技术手段和媒体的应用：听觉、嗅觉、触觉等；⑤ 培训方法的优选：基于心理学的研究成果，包括<u>成人学习特点、教育观念、学习风格分类</u>。

（3）对课程设计效果的事先控制

课程教学设计的结果是形成好的教学计划和方案

① 对授课内容充满自信；② 在预定时间达到培训目的；③ 控制授课时间；④ 可应用于各种对象；⑤ 有利于培训者的自我启发。

44. P178-183 **培训课程设计的项目与内容【简答（只要答6个标题）】**

（一）培训**课程分析** P178

（1）课程目标分析：① 受训人员分析；② 任务分析；③ 课程目标分析。

（2）培训环境分析：① 实际环境；② 限制条件；③ 引进与整合；④ 器材与媒体可用性；⑤ 先决条件；⑥ 报名条件；⑦ 课程报名与结业程序。【案例】

（二）培训**教学设计的内容** P179

（1）期望学员学习什么；（2）如何进行培训和学习；（3）如何安排时间；（4）如何及时反馈信息。

P179 图3-4：① 确定学习内容；② 选择教学策略和媒体；③ 合理安排教学进度；④ 教学过程的实施与分析；⑤ 评价结果的分析；⑥ 形成优化的教学方案。

（三）撰写培训**课程大纲** P180 【案例】

(1) 撰写培训大纲流程(确定主题、搭建框架、每项内容、授课方式、修改)
(2) 设计适用的内容(最具创造性、最耗时)
(3) 决定内容的优先级(互为依据的课题、问题由易到难、问题出现频率/紧迫性/重要性)
(4) 选择授课方式方法

设计适合的学习课程包含以下几点:【案例】
对于受训人员：① 需要知道学习的目的和原因；② 感觉有现实或迫切的需要；③ 对学习内容的实用性和结果尤为关注；④ 将新知识与经验作比较；⑤ 按自己的方式和进度学习，期望知道效果；⑥ 在轻松愉悦的环境下学习效度好；⑦ 易产生精神疲劳。

(四)培训课程**价值的评估**   P181 【简答、案例】
① 课程评估的设计；② 学员的反映；③ 学员的掌握情况；④ 培训后学员的工作情况；⑤ 经济效果。

(五)培训课程**材料的设计**   P181 【案例】
(1) 整理教学资料(整理资料、课题资料、资讯资料、摘要)
(2) 培训课程内容的制作(理论知识、相关案例、测试题、游戏、课外阅读材料)

(六)培训课程的**修订与更新**   P182 【简答】
程序：① 确定修订流程的频率；② 确定修订流程的范围；③ 公布修订流程；④ 征求变更内容；⑤ 将修订通知存档；⑥ 巧妙应答各种建议；⑦ 培训课程编码。【简答】

45. P183   培训教学设计程序：① 肯普教学设计程序；② 迪克和凯里的教学设计程序；③ 现代常用的教学设计程序。【简答】

46. P184   现代常用的教学设计程序：① 确定教学目的；② 阐明教学目标；③ 分析教学对象的特征；④ 选择教学策略；⑤ 选择教学媒体；⑥ 实施具体的教学计划；⑦ 评价学生的学习情况，进行反馈修正。【简答】

47. P185   形成培训教学方案：① 确定教学目的；② 确定教学名称；③ 检查培训内容；④ 确定教学方法；⑤ 选定教学工具；⑥ 设计教学方式；⑦ 分配教学实践。【简答】

48. P185   实施培训教学活动的注意事项：① 做好充分准备；② 讲求授课效果；③ 动员学员参与；④ 预设培训考核(结束时考核、结束后工作评价)。

第三节 培训方法的选择与组织实施

49. P186   培训方法的选择与应用

适宜**知识**类培训的**直接传授**培训方法	① 讲授法 ② 专题讲座法 ③ 研究法
以掌握**技能**为目的的**实践性**培训方法	① 工作指导法工作轮换法 ② 特别任务法 ③ 个别指导法
参与式培训方法	① 自学 ② 案例研究法 ③ 头脑风暴法 ④ 模拟训练法 ⑤ 敏感性训练法 ⑥ 管理者训练法
适宜**行为调整**和**心理**训练的培训方法	① 角色扮演法 ② 拓展训练
科技时代的培训方式	① 网上培训 ② 虚拟培训

50. P186 **适宜知识类培训的直接传授培训方法（最基本）**
（1）**讲授法**：按照讲稿系统地传授知识的方法，讲师是成败的关键。
分类：灌输式、启发式、画龙点睛式。
优点：知识传授系统、全面，利于老师发挥，互动好，费用低。
缺点：不利于消化吸收，老师水平制约，单向传授不利于互动。
（2）**专题讲座法**：适用于管理/技术人员了解专业技术或当前热点知识。
特点：针对某一专题，一般只安排一次培训。
优点：不占用大量时间、灵活，印象深刻。
缺点：不具备系统性。
（3）**研讨法**
分类：A. 以教师为中心的研讨和以学生为中心的研讨
以老师为中心（老师提问、学生作答、老师总结）
以学生为中心（分组讨论：① 老师布置任务，学生提出解决办法；② 不定具体任务，学生自由讨论；③ 某一组织举办：以平等的身份展开讨论。）
B. **任务**取向的研讨与**过程**取向的研讨。
任务取向：通过讨论一个或几个问题，达到事先确定某个目标。
过程取向：学生间相互影响，互相启发，增进感情。
最佳：任务和过程的结合。
优点：多向式信息交流、要求学员积极参与、加深理解、形式多样、适应强。
难点：对研讨题目、指导老师要求高。研讨法选题注意事项：代表性、启发性、难度适当、事先提供给学员。

51. P188 **以掌握技能为目的的实践性培训方法（最普遍）**
（1）**工作指导法**，也称为教练法、实习法：是由一位有经验的工人或直接主管在工作岗位上对受训者进行培训的方法。
优点：应用广泛（基层、各级管理者）。
注意的**培训要点**：关键工作环节的要求，做好工作的原则，避免和防止为问题与错误。
（2）**工作轮换法**：是让受训者在预定时间内变化工作岗位，使其获得不同岗位的工作经验的培训方法。（见轮岗五步骤）
优点：丰富工作经验，找到适合自己的位置，改善部门间合作（适用一线管理人员，不适用职能管理人员）。
缺点：不适用职能管理人员。
（3）**特别任务法**：指企业通过为某些员工分派特别任务对其进行培训的方法，**常见管理培训**。
形式：A. 委员会或初级董事会（由10～12名中层组成，来自各部门，针对高层次问题如部门间冲突、组织机构等提出建议并提交董事会；为发展前途的中层管理人员；为管理人员提供分析高层问题的机会）。
B. 行动学习（由4～5人组成，分析解决其他部门的问题，定期开会讨论，提高分析解决问题、制定计划的能力；为受训者提供解决实际问题的真实经验，提高分析、解决问题和制订计划的能力）。

(4) **个别指导法**：类似师傅带徒弟。
优点：① 新员工在师傅指导下开始工作，可以避免盲目摸索；② 有利于新员工尽快融入团队；③ 可以消除紧张感；④ 有利于企业传统优良工作作风的传递；⑤ 新员工可从指导人处获取丰富的经验。
缺点：① 指导者可能会有意保留自己的经验、技术，从而使指导浮于形式；② 指导者本身水平对新员工的学习效果有极大影响；③ 不良的工作习惯会影响新员工；④ 不利于工作创新。

52. P190　**参与式培训方法（互动）**
(1) **自学**（岗前/在岗、新人/老人）
优点：① 费用低；② 不影响工作；③ 学习者自主性强；④ 可体现学习的个别差异；⑤ 有利于培养员工的自学能力。
缺点：① 学习的内容受到限制；② 学习效果可能存在很大差异；③ 学习中遇到疑问和难题往往得不到解答；④ 容易使自学者感到单调乏味。
(2) **案例研究法**：信息双向交流的方式，是真实场景的典型化处理。
A. 案例分析法　要求：内容真实、有管理道理、目的明确。
类型：a. 描述评价型：描述解决某种问题的全过程，学员做事后分析；
　　　b. 分析决策型：只介绍某一待解决的问题，由学员分析提对策。
解决问题的七个环节：找问题、分主次、查原因、提方案、权衡、决策、实施。
B. 事件处理法：学员自行收集亲身经历的案例，进行分析讨论，并用讨论结果来处理日常工作中可能出现的问题。
事件处理法的适用范围：① 适宜各类员工了解解决问题时收集各种情报及分析具体情况的重要性；② 了解工作中相互倾听、相互商量、不断思考的重要性；③ 提高学员理论联系实际的能力、分析解决问题的能力，以及表达、交流能力；④ 培养员工间的人际关系。
优点：① 参与性强；② 提高融入知识传授中；③ 教学方式生动具体，直观易学；④ 通过案例分析达到交流的目的。
缺点：① 案例准备的时间较长且要求高；② 需要较多时间，对学员能力有一定的要求；③ 对培训顾问的能力要求高；④ 无效的案例会浪费培训对象的时间和精力。
(3) **头脑风暴法**：只规定一个主题，排除思维障碍、各抒己见，启发思想，创新思维。
优点：解决实际困难、加深问题理解，相互启发。
缺点：对顾问要求高（引导），主题挑选难度大，受培训对象水平限制。
(4) **模拟训练法**：在假定的工作情境中参与活动，学习从事特定工作的行为和技能，提高处理问题的能力。适用于操作技能和反应敏捷训练。（如：临床、驾驶、篮球模拟等）。
形式：人和机器共同参与模拟活动、人与计算机共同参与模拟活动。
优点：提高技能、加强竞争、带动气氛。
缺点：准备时间长、质量要求高，对组织者要求高。
(5) **敏感性训练法**（ST）：要求学员在小组中就参加者的个人情感、态度及行为进行坦率、公正的讨论，相互交流对各自行为的看法，说明其引起的情绪反应。
目的：在于提高洞察力，发展沟通能力和应变能力。方法：集体住宿训练、小组讨论、个别交流。适用于：组织发展训练、人际关系训练、人格塑造训练、异国文化训练。

(6) **管理者训练法**(MTP)：系统的学习，深刻的理解管理的基本原理和知识，提高管理能力。适用于中低层管理人员，指导老师是关键，使用外聘老师或企业高层。
方式：专家授课、学员间研讨，可脱产集中训练。

53．P193　**适宜行为调整和心理训练的培训方法**
角色扮演法：让参与者身处模拟的日常工作环境中，按照他在实际工作中应有的权责来担当与实际工作类似的角色，模拟性处理工作事务。范围：中基层管理人员、一般员工。
步骤：建立示范模型、角色扮演与体验、社会行为强化、培训成果的转化与应用。
优点：参与性强、互动、灵活性，强化培训效果、反应能力、心理素质。
缺点：受设计影响、实际环境变化、不具普遍性、学员参与意识。
拓展训练：指通过模拟探险活动进行的情景式心理训练、人格训练、管理训练。
以外化型体能训练为主
a. **场地拓展训练**：利用人工设施的训练活动，如高空断桥、空中单杠等，旨在提高变革与学习、沟通与默契、心态与士气、共同愿景。
特点：① 有限空间无限可能；② 有形游戏无形思维；③ 简单易行。
b. **野外拓展训练**：在自然地域，通过模拟探险活动进行的情景体验式心理训练，如远足、登山、攀岩等。旨在提高环境适应与发展的能力，比起以往共同生活的经历。
野外拓展和场地拓展的区别：① 野外拓展借助自然地域，轻松自然；② 野外拓展提供了真实模拟的情境体验；③ 野外拓展使参与人员拥有开放接纳的心理状态；④ 野外拓展使参与人员拥有与以往不同的共同生活经历。

54．P196　**科技时代的培训方式**
网上培训优点：节省费用、灵活性强、趣味性。
缺点：购置成本较高、个别项目不适合网上培训（如人际交流）。
虚拟培训：利用虚拟现实技术生成实时、具有三维信息的人工虚拟环境，学员通过运用某些设备接受和响应该环境的各种感官刺激而进入其中。具有仿真性、自主性、安全性、超时空性。其他：函授、业余进修、读书活动、参观访问。

55．P197　**选择培训方法的程序**【简答或案例分析】
（1）确定**培训活动**的领域　　根据培训目标，划定培训的领域。
（2）分析培训**方法的适用性**　　方法必须与教育培训需求、培训课程、培训目标相适应。
（3）根据培训要求**优选**培训方法【简答】
① 保证培训方法的选择有针对性。
② 保证培训方法与培训目的、课程目标相适应。
③ 保证选用的培训方法与受训者群体特征相适应。分析受训者群体特征可使用以下参数：a. 学员构成（职务特征、技术心理成熟度、个性特征）；b. 工作可离度；c. 工作压力。
④ 培训方式方法要与企业培训文化相适应。
⑤ 培训方法的选择还取决于培训的资源与可能性。

56．P197　**分析培训方法与教育培训需求、培训课程、培训目标相适应的方法**：

方法	适应范围
讲义法、项目指导法、演示法、参观等	基础理论知识(事实和概念)教育培训
案例分析法、文件筐法、课题研究法和商务游戏法等	解决问题能力培训
头脑风暴法、形象训练法和等价变换的思考方法等	创造性培训
实习或练习、工作传授法、个人指导法和模拟训练等	技能培训
面谈法、集体讨论法、集体决策法、角色扮演法、悟性训练和管理方格理论培训等	态度、价值观以及陶冶人格情操教育
自我开发的支持,以及将集中培训运用在工作中的跟踪培训等	基本能力的开发方法

57. P198 案例分析法的操作程序【简答或案例分析】
(1)培训前的准备工作(选择适当的内容、制订计划、确定时间地点)
(2)培训前的介绍工作(介绍培训师自我介绍、学员;案例的内容特点及应注意的问题;课程的计划安排、学员分组等)
(3)案例讨论(培训者展示案例,熟悉案例内容;分别认论、确认核心问题;选择最佳方案、全体讨论解决方案)
(4)分析总结
(5)案例编写的步骤

58. 案例编写的具体步骤【简答】
① 确定培训目的,目的要具体、明确;② 搜集信息,信息来源有四个,一是书籍、二是内部文件资料、三是有关人员的叙述、四是自己的经历;③ 写作,忠于事实,数据准确;④ 检测,请不熟悉案例的人或经验丰富的人来审阅;⑤ 定稿,根据意见修改,最后定稿。

59. P199 事件处理法的操作程序【简答或案例分析】
(1)准备阶段
指导员确定培训对象、人数、地点、议题范围、时间、相关知识学员根据议题制作案例,分组:每组5~6人;
(2)实施阶段
指导员介绍本法实施概要、小组介绍提出个案情况、各组讨论;
(3)实施要点
议题不宜过窄,案例为最近的、最难解决的,5W2H,30~40分钟,多一点时间在"学到些什么"(指导员不参加讨论)

60. P200 头脑风暴法操作程序【简答或案例分析】
① 准备阶段:教师应事先对所议问题进行一定的研究,弄清问题的实质,找到问题的关键,设定解决问题所要达到的目标。同时选定参加会议人员,一般以5~10人为宜,不宜太多。然后将会议的时间、地点、所要解决的问题、可供参考的资料和设想、需要达到的目标等事宜一并提前通知与会人员,让大家做好充分的准备。
② 热身阶段:这个阶段的目的是创造一种自由、宽松、祥和的氛围,使大家得以放松,进入一种无拘无束的状态。

③ **明确问题**：主持人介绍问题时须简洁、明确，不可过分周全，否则，过多的信息会限制人的思维，干扰思维的创新性。教师通常要给受训者10～15分钟的时间进行头脑风暴。

④ **记录参加者的思想**：需认真记录各人提供的建议，从中筛选出一些思想，并把这些思想用幻灯片或在黑板上呈现出来。记录下的思想能验证团体的思想成果。通过记录的整理和归纳，找出富有创意的见解，以及具有启发性的表述，供下一步畅谈时参考。

⑤ **畅谈阶段**：是头脑风暴法的创意阶段。为了使大家能够畅所欲言，需要制订的规则是：第一，不要私下交谈，以免分散注意力。第二，不妨碍及评论他人发言，每人只谈自己的想法。第三，发表见解时要简单明了，一次发言只谈一种见解。

⑥ **解决问题**：在综合大家的意见后，将大家的想法整理成若干方案，经过多次反复比较和优中择优，最后确定1～3个最佳方案。

61. P204 **培训前对培训师的要求**：
① 做好准备工作；② 决定如何在学员之间分组；③ 对"培训者指南"中提到的材料进行检查。

62. P205 **培训师的培训与开发【简答、案例】**：
① 授课技巧；② 教学工具的使用培训；③ 教学内容的培训；④ 教学效果进行评估；⑤ 教师培训与教学效果评估的意义。

63. P205 **培训课程的实施与管理(5阶段)【简答、案例】**
（一）前期准备(3确认2准备)；（二）培训实施阶段(课前准备/介绍)；（三）知识或技能的传授；（四）对学习效果进行回顾和评估；（五）培训后的工作。

64. P206 **培训的实施阶段【简答】**
(1) 课前工作；(2) 培训开始时介绍工作(6老师+1学员)：① 培训主题；② 培训者的自我介绍；③ 后勤安排和管理规则介绍；④ 培训课程的简要介绍；⑤ 培训目标和日程安排的介绍；⑥ "破冰"活动；⑦ 学员自我介绍。

65. P205 **前期准备(3确认2准备)**

	须考虑的相关因素
确认并通知参加培训的学员	学员的工作内容，工作经验与资历，工作意愿，工作绩效，公司政策，所属主管的态度
确认培训时间	能配合员工的工作状况，合适的培训时间长度；符合培训内容，教学方法的运用，时间控制
确认理想的培训师	符合培训目标，培训师的与业性，培训师的配合性，在培训经费预算内
教材的准备	课程资料编制，设备检查，活动资料准备，座位或签到表印制，结业证书等(纸质材料)
培训后勤准备	培训性质，交通情况，培训设施与设备，行政服务，座位安排，费用等

66. P207 **企业外部培训的实施**：① 自己提出申请；② 需签订员工培训合同；③ 不影响工作，不提倡脱产学习；④ 外出学习要提供学习考勤、学习成绩单。

67. P207 **如何实现培训资源的充分利用**：① 让受训者变成培训者；② 培训时间的开

发与利用；③ 培训空间的充分利用(U 形布置法、臂章形布置法和环形布置法)。

第四节 培训制度的建立与推行

68. P208 培训制度包括培训的法律和政令、培训的具体制度和政策。
培训的具体制度和政策是企业员工培训健康发展的根本保证。
企业培训的主体是企业和员工。
制度的目的是调动员工参与培训的积极性和使培训活动系统系统化、规范化和制度化。

69. P208 培训制度的构成：① 培训服务制度；② 入职培训制度；③ 培训激励制度；④ 培训考核评估制度；⑤ 培训奖惩制度；⑥ 培训风险管理制度；⑦ 培训实施管理制度；⑧ 培训档案管理制度；⑨ 培训资金管理制度。【简答】

70. P209 起草与修订培训制度的要求：① 战略性；② 长期性；③ 适用性。

71. P210 企业培训制度的基本内容：① 制定企业员工培训制度的依据；② 实施企业员工培训的目的或宗旨；③ 企业员工培训制度实施办法；④ 企业培训制度的核准与施行；⑤ 企业培训制度的解释与修订权限的规定。【简答】

72. P210 培训服务制度培训服务制度是培训管理的首要制度。
制度内容：培训服务协议条款，明确内容：① 参加培训的申请人；② 参加培训的项目和目的；③ 参加培训的时间、地点、费用和形式等；④ 参加培训后要达到的技术或能力水平；⑤ 参加培训后要在企业服务的时间和岗位；⑥ 参加培训后如果出现违约的赔偿；⑦ 部门经理人员的意见；⑧ 参加人与培训批准人的有效法律签署。【简答、案例、方案设计】
制度解释：对于一些投入较大的培训项目企业需要投入很多并且要承担因为员工离职不能正常工作的机会成本。倘若参加培训的员工学成后就跳槽，企业投入价值尚未收回，这种培训得不偿失。为防范这种问题的出现，就必须建立制度进行约束，培训服务制度由此而产生并被广泛运用。

73. P211 入职培训制度内容
制度内容：① 培训的目的和意义；② 需要参加的人员界定；③ 特殊情况不能参加入职培训的解决措施；④ 入职培训的主要责任区(部门经理还是培训组织者)；⑤ 入职培训的基本要求标准(内容、时间、考核等)；⑥ 入职培训的方法。【简答、方案设计】
制度解释：入职培训制度就是规定员工上岗之前和任职之前必须经过全面的培训，没有经过全面培训的员工不得上岗和任职。它体现了"先培训,后上岗""先培训,后任职"的原则，适应企业培训的实际需要，有利于提高员工队伍的素质，提高工作效率。

74. P211 培训激励制度
制度内容：① 完善的岗位任职资格要求；② 公平、公正、客观的业绩考核标准；③ 公平竞争的晋升规定；④ 以能力和业绩为导向的分配原则。【简答】
包括三个方面：① 对员工的激励；② 对部门及其主管的激励；③ 对企业本身的激励。
在培训激励制度中应当明确：① 培训机会的平等性；② 对于取得优秀培训效果的相应人员的奖励办法。

75. P212 培训考核评估制度
培训评估目的是为提高培训管理水平；设立培训考核评估制度的目的，既是检验培训的最终效果,同时也为培训奖惩制度的确立提供依据,也是规范培训相关人员行为的重要途径。

培训考核评估制度内容包括：① 被考核评估的对象；② 考核评估的执行组织；③ 考核的项目范围；④ 考核的标准区分；⑤ 考核的主要方式；⑥ 考核的评分标准；⑦ 考核结果的签署确认；⑧ 考核结果的备案；⑨ 考核结果的证明(发放证书等)；⑩ 考核结果的使用(使用奖惩制度)。【简答】

制度解释：为了保证培训质量,提高培训的回报率,培训后培训管理人员要对受训人员进行考核。应注意：① 培训前明确考核标准；② 界定清楚考核的执行组织。现在企业常用全视角绩效考核法,该法可以通过不同的考核者从不同的角度来考核,全方位、准确地考核员工的工作业绩。

76. P213 培训奖惩制度
原则：纳入奖金发放、设立专项培训先进奖。

制度内容：① 培训奖惩制度的意义和目的；② 奖惩对象说明；③ 认定标准以及奖惩标准；④ 执行组织和程序；⑤ 实施奖惩的执行方式方法。【简答】

制度解释：通过各种培训制度的建设为培训活动提供全方位的制度支持。

77. P214 培训风险管理制度

制度内容：① 企业根据《劳动法》与员工建立相对稳定的劳动关系；② 双方的权利义务和违约责任；③ 明确各自负担的相关事项；④ 根据"利益获得原则",即谁投资谁收益,考虑培训成本的分摊与补偿。【简答】

制度解释：① 人才流失及其带来的经济损失；② 培养竞争对手；③ 培训没有取得预期的效果；④ 培训人员选拔适当；⑤ 与业技术保密难度增大。

78. P214 培训档案管理制度

培训中心的工作档案应包括的内容：① 工作范围；② 岗前培训；③ 升职晋级培训；④ 纪律培训；⑤ 其他技术性专项培训；⑥ 对外培训；⑦ 考核与评估；⑧ 人员培训情况；⑨ 培训计划；⑩ 人才培训情况。【简答】

受训者的培训档案应包括的内容：① 员工的基本情况；② 上岗培训情况；③ 升职晋级培训情况；④ 专业技术培训情况；⑤ 其他情况,参加培训的经历和成绩；⑥ 考核和评估情况。

与培训相关的档案包括的内容：① 培训老师的教学及业绩档案；② 培训财物档案；③ 培训工作往来单位的档案。

79. P215 培训经费管理制度

制度内容：① 简历健全培训经费管理制度,专款专用、防止挪用；② 履行培训经费预算决算制度；③ 科学调控培训的规模和速度；④ 突出重点,统筹兼顾。

80. P215 培训制度的推行与完善

监督检查人员<u>不能仅限于企业高层领导</u>,还应该<u>吸收员工的代表参加</u>,从多个角度监督检查培训制度的落实情况。企业还应采取开放式的管理,每一个员工都有权利和义务监督培训制度的执行。对制度的某些条款做出适当的调整,只有这种做才能保障培训制度的<u>科学性、完整性和可行性</u>。

P216 企业培训制度示例

第四章 绩效管理

第一节 绩效管理系统的设计

1. P219 绩效管理系统的设计基本内容包括：① 绩效管理制度设计（准则和行为规范，规章规则的形式，对绩效管理目的、意义、性质和特点，统一规定）；② 绩效管理程序设计（管理的总流程设计、具体考评程序设计）。

2. P219 制度体现企业价值观和理念，及人力发展战略要求，程序保障企业绩效管理制度得到有效贯彻和实施。

3. P220 国内绩效管理系统以员工为中心，干预活动过程四个环节
① 目标设计（结果、行为目标）；② 过程指导（激励反馈辅导）；③ 考核反馈（结果行为）；④ 激励发展（工资分配培训）。

4. P220 国外绩效管理系统相互影响、作用、适应、调整、循环反复的过程
① 指导（明确职责和行为）；② 激励（目标设定\员工参与）；③ 控制（阶段性\长进考虑）；④ 奖励（绩效工资\奖金）。

5. P221 绩效管理系统总体设计流程：① 准备阶段；② 实施阶段；③ 考评阶段；④ 总结阶段；⑤ 应用与开发阶段。【简答】

6. P221 准备阶段需要解决四个基本问题【案例】
（1）明确绩效管理的对象（谁来考评？考评谁？）
（2）根据考评对象提出各类人员绩效考评要素（指标）和标准体系（考评什么，如何衡量？）
（3）根据绩效考评的内容选择正确的绩效考评方法（什么方法？）
（4）对绩效管理的运行程序、实施步骤提出具体要求（如何操作？）

7. P221 确定考评者因素：① 被考者考评类型；② 考评目的；③ 考评指标与标准。

8. P222 考评者是保证绩效管理有效运行和工作质量的主体。

P222 考评者需要具备哪些条件？【案例】① 作风正派、办事公道；② 有事业心和责任感；③ 有主见，善于独立思考；④ 坚持原则，大公无私；⑤ 具有实际工作经验，熟悉被考评对象情况；⑥ 考评者的多少也会影响绩效考评的质量，考评者数量越多，个人的"偏见效应"就越小。

9. P222 按不同的培训对象和要求【案例】① 员工培训；② 一般考评者培训；③ 中层干部培训；④ 考评者与被考评者的培训。
考评者的确定是由被考评者的工作岗位的性质和特点所决定。
被考评者组成：生产人员、管理人员、技术人员、市场营销人员。

10. P222 培训的内容【简答】① 企业绩效管理制度的内容和要求，绩效管理的目的、意义，考评人员的职责和任务，考评者与被考评者的角色扮演等；② 绩效管理的基本理论和

基本方法，成功企业绩效管理的案例剖析；③ 绩效考评指标和标准的设计原理，以及具体应用中应注意的问题和要点；④ 绩效管理的程序、步骤以及贯彻实施的要点；⑤ 绩效管理的各种误差与偏差的杜绝和防止；⑥ 如何建立有效的绩效管理运行体系，如何解决绩效管理中出现的矛盾和冲突，如何组织有效的绩效面谈等。

11. P222　决定各类人员绩效考评要素要考虑：工作业绩与劳动态度、能力素质和心理品质。

"绩效"不仅包括劳动者活动的结果即劳动成果（凝结劳动），还包括潜在劳动和流动劳动（劳动过程）。

业绩是员工的最终劳动成果，能力和态度是员工业绩变化的内因和根据。

12. P223　在选择具体考评方法时，应考虑以下三个因素：【案例】
(1) 管理成本
a. 显性成本：考评方法的研发成本、执行前的培训成本（书面说明书的编写和印制成本）、应用成本（考评者观察费用、回馈考评结果、改进绩效成本）
b. 隐性成本：员工抵触、厌烦、劳资纠纷
(2) 工作实用性（应充分满足组织绩效管理的需要能在实际考评中推广应用）
(3) 工作适用性（指考评方法、工具与岗位人员的工作性质之间的对应性和一致性）

生产企业	一线员工	以结果为导向的考评方法
	管理性和服务性的人员	用行为为导向或品质特征为导向的考评方法
大的公司	总经理、管理人员或专业人员	以结果为导向
	一般员工	行为或特征为导向

13. P225　对绩效管理的运行程序、实施步骤提出具体要求【简答、案例】

考评周期的确定	工作程序的确定
取决于绩效考评的目的和企业人力资源与其他相关的管理制度 ① 提薪为目的，定期考评 ② 以培训为目的，员工提出时后发现员工绩效低时，或是技术上有需要 ③ 以晋升晋级为目的，当有职位空缺时，它属于不定期的绩效考评	上级主管与下属之间所形成的考评与被考评的关系，是企业绩效管理活动的基本单元。

建立企业绩效管理系统① 绩效管理制度设计；② 绩效管理工具开发；③ 绩效管理组织构建；④ 管理信息系统设计。（P224　图4-2　绩效管理作业程序图）

14. P225　绩效考评具体工作流程图【案例】
① 确定绩效目标：主管与下属，根据部门绩效计划，结合下属能力和岗位的要求，确定绩效考评的计划；② 贯彻实施绩效计划，观察下属所作所为，不断进行评估和反馈，保证下属活动不偏离既定的绩效目标；③ 采集考评期内相关信息，预定面谈时间、地点和内容，提前做好准备工作，根据考评标准评判下属的业绩；④ 进行面谈，总结工作，检查计划完

况,分析成败原因,鼓励下属增强信心,就考评结果达成共识;⑤ 上下级共商工作计划,**提出绩效改进的目标和要求**,确定提高组织或个人工作绩效的措施和办法。

15. P225　**确保绩效管理和管理系统的有效性和可行性的策略:"抓住两头、吃透中间"**
① 获得**高层**领导的全面支持;② 赢得**一般员工**的理解和认同;③ 寻求**中间**各层管理人员的全心投入(思想上和观念上达成共识)。

16. P226　**实施阶段注意的两个问题【案例】**
(1) 通过提高员工的工作绩效增强核心竞争力;从**宏观**上看,企业强化绩效管理的目的是非常明确的,就是不断提升企业的整体素质以**增强企业的核心竞争力**。有效的系统包括**五个环节**:目标、计划、监督(了解员工行为、态度、工作质量和进度)、指导、评估。
(2) 收集信息并注意资料的积累。

17. P227　**【案例】收集资料并注意资料的积累**,建立**原始记录**的**登记制度**,要求有:
① 以**文字记录**所有行为,应有利和不利的记录;② 说明记录的**来源**,第一手资料,还是从他人获得的资料;③ 记录事件发生的**时间、地点,以及参与者**;④ 记录行为的**过程**、行为的**环境**和行为的**结果**;⑤ 考评时,要以**文字描述记录**为依据。

18. P227　**考评阶段是绩效管理的重心【简答、案例】**
绩效管理的考评阶段需要从以下三个方面做好组织实施工作:
① 考评的**准确性**　考评失真责任一般归谬于考评者,**失真原因**:考评标准、考评者不坚持原则、观察不全面、行政程序不合理、政治性考虑、信息不对称、数据不准确等。
② 考评的公正性　建立两个系统:员工绩效**评审系统**和员工**申诉系统**。
③ 考评结果的反馈方式。

19. P228　**为了保证绩效考评的公正性**,应该确立以下两个**保障系统:(区分功能)【案例】**
(1) 公司员工绩效**评审系统**:① 监督考评;② 问题研究;③ 结果复审;④ 争议调查。
(2) 公司职员**申诉系统**:① 提出异议;② 施压约束;③ 减少矛盾。

20. P228　**绩效反馈主要目的**是为了**改进和提高绩效**。注意反馈的方式,掌握面谈技巧。

21. P229　**绩效管理的最终目标**是为了促进企业与员工的共同提高和发展。
① 对企业绩效管理系统的全面诊断(企业);② 各个主管应承担的责任(主管);③ 各级考评者应当掌握面谈的技巧(个人)。

22. P229　**绩效诊断的主要内容【简答】**:① 绩效管理制度;② 绩效管理体系;③ 绩效考评指标和标准体系;④ 考评者全面全过程;⑤ 被考评者全面全过程;⑥ 对企业组织的诊断。

P230　**各个主管应承担的责任有**:① 召开月度、季度绩效管理总结会;② 年度绩效管理总结会。

P230　**绩效面谈**时总结绩效管理工作的**重要手段**,面谈中让员工实现"自己解放自己",允许员工保留自己的意见;挖掘潜能,拓展新发展空间,提供机会;了解员工的态度和

P230-231　**应用开发阶段**是绩效管理的**终点**,又是新的绩效管理工作循环的

需要注意的问题(任务)【简答】：
(1) 重视考评者绩效管理能力的开发(培训"导演"的管理意识和技能)。
(2) 被考评者的绩效开发(双重功效：升职加薪、提高工作积极性和创造性；加强对"主角"的关怀)在绩效管理的各个环节中，被考评者应当始终是管理者关注的中心和焦点。
(3) 绩效管理系统的开发(各阶段的侧重点；准备阶段——提供前期保全、实施阶段——验证有效性、总结阶段——发现问题查明原因、应用开发阶段——将改进计划变为现实)。

企业绩效管理体系是保证考核者和被考核者正常活动的前提和条件。

(4) 企业组织的绩效开发(从我做起，针对问题，分清主次，按照重要程度逐一解决和沟通；推动个人、部门、全局绩效的提升)。

绩效应用开发阶段的最终目的是提高企业组织效率和经济效益的全面提高和全面发展。

24．P232 绩效管系统评估的内容【简答】① 对管理制度的评估；② 对绩效管理体系的评估；③ 对绩效考评指标体系的评估；④ 对考评全面、全过程的评估；⑤ 对绩效管理系统与人力资源管理其他系统的衔接的评估。

25．P232 绩效管理调查问卷是评估企业绩效管理问题最常用也是最有效的工具。【案例】
① 基本信息(姓名、岗位、部门、年龄、学历、工龄)；② 问卷说明(问卷的目的、填写方法和填写)；③ 主体部分(问题部分)；④ 意见征询。(问卷末尾)。【方案设计】

企业绩效管理系统的再开发：循环、提升、保持活力。

第二节 员工绩效考评

26．P237 绩效计划是管理者和员工就工作目标和标准达成一致意见，形成契约的过程，是整个绩效管理过程的起点。涉及目标、方法、结果和手段。

绩效计划是绩效管理系统闭合环节中的第一环节。从工作内容来看，绩效计划的最后总结过是签订绩效合同。

目的：① 使员工明确自身工作目标；② 形成书面文件，作为考评依据；③ 明确双方应作出什么努力、采用什么方式、进行什么样技能开发；④ 明确考评指标、考评周期。

27．P238 绩效计划的特征：① 绩效计划是一个双向沟通的过程(好处三点：体恤下属实际、目标制订科学；有助于目标实现；参与感强，投入多)；② 参与和承诺是制订绩效计划的前提；③ 绩效计划是关于工作目标和标准的契约(包括两方面内容：做什么——绩效目标；如何做——实现目标的手段)。

28．P239 绩效计划的实施流程

准备阶段【简答】	沟通阶段	形成阶段【简答】
主要工作信息交流和动员员工（自下而上、自上而下） ① 让员工了解"大目标"，公司战略、发展规划、部门计划等，方式：总结大会、部门事业部传达会、高层走访、通告、刊物、内网等 ② 让员工了解个人信息： a. 工作分析——职位说明书及时更新 b. 上期绩效周期的情况反馈	沟通阶段是整个绩效计划阶段的核心 ① 沟通环境：专门的时间、不被打扰、气氛宽松 ② 沟通原则（相对平等，发挥员工主动性，一起做决定） ③ 沟通过程（回顾有关信息、确定关键绩效指标、讨论主管人员提供的帮助、结束沟通）	① 员工的目标与企业的总体目标紧密相连 ② 员工工作职责和描述，按照现有组细环境进行修改 ③ 工作任务以及其重要程度，标准，权限 ④ 都非常清楚遇到的困难，以及明确可以提供的帮助 ⑤ 形成了一个经过双方协商认论的文档

29. P241 绩效合同，在绩效指标确定以后，由主管和员工共同商定员工的考核周期内的绩效指标和行动该计划，以文字形式确认，作为施行绩效知道方向和考核考评时的对照标准和绩效面谈的纲要，以及以后就考核结果进行个人素质提高的依据。

30. P241 绩效合同的内容【简答】：① 受约人信息（姓名、职位、部门）；② 发约人（上级）；③ 合同期限；④ 计划内容（绩效指标、考评权重、考评标准）；⑤ 考评意见；⑥ 签字确认。

除此以外，还规定合同双方的权利和义务、绩效目标完成与否的奖惩措施、员工能力发展计划、绩效目标修改履历。绩效合同没有固定的流程和形式。

P242 业绩合同范本【方案设计】

31. P245 绩效考评方法的分类 可分为品质主导型、行为主导型和效果主导型。

（一）品质主导型
特点：采用特征性效标，以考评员工的潜质为主，着眼于"他这个人怎么样"。
内容：常用忠诚、可靠、主动、自信、合作精神等定性词语，涉及员工信念、价值观、动机、忠诚度、诚信度等一系列能力素质，如领导能力、创新能力、计划能力等。
效果：考评操作性、信度效度较差。

（二）行为主导型
特点：采用行为性效标，以考评员工的工作行为为主，着眼于"干什么？如何去干？"。
内容：重点考量员工的工作方式和工作行为，重在工作过程非结果。
效果：考评操作性较强，适合于对管理性、事务性的工作考评，特别是对人际接触和交往频繁的岗位。

（三）结果主导型
特点：采用结果性效标，以考评员工或组织工作效果为主，着眼于"干出了什么"。
内容：重点考量"员工提供了何种服务，完成了哪些工作任务或生产了哪些产品"，看重产出和贡献，即工作业绩，不关心组织或员工的行为和工作过程。
效果：考评操作性较强，具有滞后性、短期性和表现性，适合生产性、操作性及工作成果可以计量的工作岗位，不适宜事务性岗位。如，目标管理法。

32. P245 行为导向型主观考评方法（5种）
（一）排序法（简单排列法）P245

排列法：上级根据员工表现按照优劣顺序依次进行排列，或者将工作内容分解，按照各项优良顺序排列，再求总平均次序。

优点：简单易行，耗时少，减少考评结果过宽和趋中的误差。

缺点：在员工间进行主观比较，不是用工作表现和结果与客观标准比较，具有局限性；成绩相近的员工很难排序，员工也得不到反馈。

（二）**选择排序法** P246

是简单排列法的推广。先选出最好的，接着在剩下的员工中再挑选出最好和最差的。

优缺点：有效的一种排列方法，更容易排列；其他的优缺点和排列法类似。

（三）**成对比较法**（配对比较法、两两比较法）P246

方法：根据某种考评要素将所有参加考评的人员逐一比较，按照从最好到最差的顺序对被考评者进行排序；然后根据下一个考评要素进行两两比较，排出本要素被考评者的排列次序……最后得出最终排序。

优点：能够发现员工哪些方面出色、哪些有差距，适合员工数量少时使用。

缺点：人员多时，费时费力。考评效果也有所影响。

（四）**强制分布法**（硬性分布法）P246

方法：假设员工绩效整体呈<u>正态</u>分布，按照一定百分比，将被考评员工强制分配到各个类别，一般从优到差分为五类：10%、20%、40%、20%、10%或5%、20%、50%、20%、5%。

优点：可避免过严或过松，克服平均主义，不适合偏态分布。

缺点：难以具体比较员工差别；不能在诊断工作问题时提供准确可靠的信息。

（五）**结构式叙述法** P247

方法：此法属于行为导向型主观考评法，它采用一种预先设计的结构式表格，由考评者按照各个项目的要求，以文字对员工的行为作出描述的考评方法。采用本方法，考评者能描述出下属员工的特点、长处和不足，并根据自己的观察分析和判断，对其提出建设性的改进意见和建议。

优点：简便易行。

缺点：受考评者的主观因素制约（文字水平、实际参与考评的时间和精力的限制），使得该法的可靠性和准确性大打折扣。是单一的缺乏量化的没有客观依据的一种考评标准。

绩效考评方法	品质主导型						
	行为主导型	行为导向型主观考评	排列法	选择排列法	成对比较法	强制分布法	结构式叙述法
		行为导向型客观考评	关键事件法	行为锚定等级评价法	行为观察法	加权选择量表法	强迫选择法
	结果主导型		目标管理法	绩效标准法	直接指标法	成绩记录法	短文法	劳动定额法
	综合型绩效考评		图解式评价量表法		合成考评法		

【注意绩效考评方法的多选题】
33. P248 行为导向型客观考评方法

	方法	优点	缺点
关键事件法【案例】P248	关键事件法的设计者将这些<u>有效或无效</u>的工作行为称之为"关键事件"。考评者要记录和观察这些关键事件,描述了员工的行为以及工作行为发生的具体背景条件。<u>对事不对人</u>,以事实为依据,注重行为本身,而考虑行为情境。	① 为考评者提供<u>事实依据</u> ② 考评内容是员工长期的表现,<u>一年内整体表现</u>,贯穿考评始织 ③ 以事实为依据,保存动态关键事件记录,如何改进和提高绩效	① 记录和观察费时费力 ② 能做<u>定性分析不能作定量分析</u> ③ <u>不能具体区分工作行为重要性程度</u>,难横向比较
行为锚定等级法 P249	看34	① 对员工<u>绩效考量</u>更加精确 ② **考评标准**更明确 ③ 有良好的**反馈**功能 ④ 具有良好的<u>连贯性和可靠性</u> ⑤ **考评的维度清晰**,要素相对独立,有利于综合判断	设计和实施的费用高,费时费力
行为观察法(观察评价法、行为观察量表法、行为观察量表评价法) P251	确认员工某种行为出现的概率然后按照不同工作的行为评定分数相加或赋予不同权重相加 P251 【表4-9 方案设计】 从不、偶尔、有时、经常、总是	① 克服了关键事件法不能量化、不可比,以及不能区分工作行为重要性的缺点 ② 有利于指导和监控员工行为	① 编制比较费时费力 ② 容易使考核者和员工双方忽视行为过程结果
加权选择量表法【案例】P252	用一系列的描述性的语句,说明员工各种具体的<u>工作行为和表现</u>并将分别列在量表中,作为考评者的评价依据。根据被考评者的表现标记"√"或"×"。	① 打分容易 ② 核算简单 ③ 便于反馈	适用范围小,需要根据具体岗位的工作内容,设计不同量表
强迫选择法【简答】【案例】P253	强迫选择法也称强制选择业绩法 ① 考评者必须从3~4个描述员工某一方面行为表现的项目中选择一项内容作为<u>单项考评结果</u> ② 各个项目中描述的工作行为表现都是<u>中性描述</u>语句,使考评参与者对该工作表现是积极的还是消极的认知是模糊的	① 对员工的行为表现使用<u>中性描述语句</u>,避免考评者趋中、过宽、过严、晕轮效应 ② 不但可以考评特殊工作行为表现也适用不同类别的人员的绩效描述与考评 ③ <u>定量化方法</u>	① 会使考评者试图揣测哪些积极,哪些消极 ② 难以在人力开发中发挥作用,不会反馈给员工

34. P249 【简答】**行为锚定等级法**是关键事件法的进一步拓展和应用。它将关键事件和等级评价有效结合在一起。

具体步骤:

① 进行岗位分析,获取关键事件;

② 建立绩效评价等级，一般 5~9 级；

③ 由另一组管理人员对关键事件作出重新分配，将他们归入最合适的绩效要素和指标中，确定关键事件的位置，并确定出绩效考评指标体系；

④ 审核绩效考评指标等级划分的正确性，由第二组人员将绩效指标中包括的重要事件，由优到差，从高到低进行排列；

⑤ 建立行为锚定法的考评体系。

35. P254 结果导向型考评方法：目标管理法、绩效标准、直接指标法、成绩记录法、短文法及劳动定额法。

（一）目标管理法 P254

方法：是由员工与主管共同协商制定个人目标，个人目标依据企业战略目标及相应的部门目标而确定，并与他们尽可能一致。

优点：直接反映员工的工作内容，结果易于观测，较少出现评价失误，也适合对员工提供建议、进行反馈和辅导。可以提高员工积极性和事业心。

局限：不利于不同部门员工间的横向比较，不能为以后晋升提供依据。

（二）绩效标准法 P254

方法：与目标管理法相近，采用更直接的工作绩效衡量的指标，通常适用于非管理岗位的员工，采用的指标要具体、合理、明确，要有时间、空间、数量质量的约束限制，要规定完成目标的先后顺序。

优点：能对员工进行全面评估，为下属提供清晰准确的努力方向和激励作用

局限：占用较多的人、财、物，管理成本高。

（三）直接指标法 P255

方法：在员工的衡量方式上，可采用检测、可核算的指标构成若干考评要素，作为对下属的工作表现进行评估的主要依据。

优点：简单易行，节省管理成本。

局限：运用时，要加强企业基础管理，健全各项原始记录，特别是一线人员的统计工作。

（四）成绩记录法 P255

方法：此方法适合科研、教学从业者（高校、律师），即他们每天的工作内容是不同的，无法完全用固化的衡量指标进行考量，先由被考评者把自己与工作职责有关的成绩写在一张成绩记录表上，然后由上级主管来验证一下这些成绩是否真实准确，最后由外部的专家就这些材料进行分析，从而对被考评人的绩效进行评价。

优点：有较好的适用性和有效性，特别是与行为量表等方法结合起来。

局限：因需聘请外部专家，故管理成本较高。

（五）短文法（描述法）P255

方法：由被考评者写一篇短文以描述绩效，特别是突出的重要的业绩，或特别列举其突出的长处和短处的事实。

优点：减少考评者偏见和晕轮效应。

局限：被考评者费时费力，受写作水平限制，表述不清或夸大事实，不能用于员工间比较，适用范围小。

（六）劳动定额法【简答或案例】P256

定义：劳动定额是在一定的生产技术、组织条件下为生产一定量的产品或完成一定的工作，所规定的劳动消耗量的标准。

步骤：

① 工作研究（对生产流程、作业程序、员工操作全面分析，达到警官、高效、舒适、安全的要求）；

② 时间研究（采用工作写实、测时、工作抽样等对劳动者在单位时间完成生产任务作出工时定额和产量定额；

③ 贯彻实施新的劳动定额。

（5个环节：定额制定—定额贯彻—定额考评—定额统计—定额修订）

作用：有100多年的发展历史，不断更新变化，继续发挥积极作用。

36. P257 综合型绩效考评方法：图解式评价量表法、合成考评法

（一）图解式评价量表法

方法：又称图表评估尺度法、尺度评价法、图尺度评价法。

① 先将岗位工作的性质和特点，选择与绩效（如判断力、适应性）、工作成果（工作数量、质量）、行为（合作态度、工作态度）有关的若干评价要素；

② 再以这些评价因素为基础，确定出具体的考评项目指标，每项分成5～9个等级（12345或优良中差极差）；

③ 最后制成专用考评量表。

优点：① 涉及范围大，涵盖个人品质、行为表现和工作结果；② 简单易行，使用方便，设计简单，汇总快捷。

局限：① 考评的信度和效度，取决二考评因素及项目的完整性和代表性，以及评分的准确性；② 受考评要素的选择和考评人存在的问题，易产生晕轮效应或集中趋势。

（二）合成考评法 P262

方法：企业根据自己需要，将几种比较有效的方法综合在一起，如综合行为描述、等级评定、改进计划等，还可以将考评和绩效改进计划结合在一起（表4-17和表4-18）。

优点：具有很强的针对性和适用性，有助于提高绩效管理水平。

局限：不利于横向比较。

37. P266 绩效管理可能产生的三种矛盾【简答】

① **员工自我矛盾**（得到客观考评结果，明确努力方向；又希望被高估，获得认同，树立形象）。

② **主管自我矛盾**（考评过严，影响下属既得利益，导致关系紧张；考评过松，下属难以提高，影响组织目标实现）。

③ **组织目标矛盾**（上述两种矛盾交互作用，带来组织目标与个人利益的冲突，组织开发目标与个人自我保护的冲突）。

38. P266 避免和解决绩效考评矛盾的方法【简答、案例】

① 在绩效面谈中，以行为为导向，以事实为依据，以制度为准绳，以理服人。

② 在绩效考评中，将过去的、当前的及今后可能出现的目标适当区分开，将近期考评目标与远期开发目标区分开。

③ 适当下放权限,鼓励下属参与。(增强下属参与感责任感、减轻工作压力抓大放小、减弱自我保护戒备心理)

39. P267 绩效申诉的作用【案例】：绩效申诉是绩效管理系统的重要环节,可以纠正绩效考评过程中的偏差,提高员工对绩效管理体系的接受和认同程度,增强员工的工作满意感,使员工个人目标与企业目标保持一致;绩效申诉是实现企业绩效管理公平性的重要保障。

40. P267 绩效申诉的内容、管理机构及处理流程【简答】
（一）绩效申诉受理内容：结果方面(数据不准、对结果不认同)及程序方面(违反程序、政策,有失职行为)
（二）绩效申诉处理机构
① **领导机构**：绩效管理委员会(由高层、相关部门负责人组成),负责绩效体系的总设计和重大事项管理,初次绩效申诉未决或重大申诉的处理。
② **执行机构**：绩效管理日常管理小组,负责考评的具体工作,初次绩效申诉处理。
（三）绩效申诉处理流程
① **初次申诉处理**：员工有异议—与直接上级沟通—向 HR 申诉—申诉成立,确需更正—绩效管理委员会审批。
② **二次申诉处理**：员工对首次申诉不服—向绩效管理委员会申诉—申诉成立,责令人力资源管理部门与员工协商,调整结果;不成立,员工不得继续申诉。
③ **申诉材料归档**。归入绩效考评档案中。

41. P270 绩效面谈的类型【简答】

面谈种类	时间	具体内容
绩效计划面谈	初期	围绕计划、目标、实现的措施、步骤、方法
绩效指导面谈	过程中	围绕思想认识、工作程序、操作方法、新技术应用及培训等
绩效考评面谈	末期	围绕本期绩效的贯彻情况,工作表现及业绩进行全面回顾、评估
绩效反馈面谈	完成后	将考评结果及有关信息反馈到本人,以及为下一期绩效创造条件

42. P270 绩效反馈面谈的目的
① 使员工认识到自己在本期工作中取得的进步和存在的缺点。
② 对绩效评价结果达成共识,分析原因,找出需要改进的地方。
③ 制定绩效改进计划,共同商讨下一期的绩效目标和计划。
④ 为员工职业规划和发展提供信息。(员工需要做些什么,员工什么时候做到这些?管理者要做些什么,什么时候做?)

43. P272 绩效系统运行困难的原因：① 系统故障(方式方法、工作程序等选择不合理);② 认知和理解的故障(考评者与被考评者)。

44. P272 绩效面谈的准备工作【案例】
(1)拟定面谈计划,明确面谈主题。
① 面谈前 1~2 周,以文字形式通知被考评者,说明：时间、地点、内容、准备的资料、单(双)向沟通;② 口头通知,再度确认。

(2)收集各种与绩效相关的信息资料。面谈的质量和效果依赖于双方展示数据资料的翔实和准确程度。

45. P272　提高绩效面谈有效性的具体措施【简答或案例】
有效的信息反馈应具有 5 个特性：① **针对性**：针对某类行为，不是针对某被考评者；② **真实性**：真实，明确，具体，详细；③ **及时性**：近期行为，及时迅速；④ **主动性**：被考评者寻求反馈提高绩效；⑤ **适应性**：因人而异，交流不是指令，重点事项，下属的承受能力。

46. P274　有效的信息反馈应具有适用性【案例】
① 采用因人而异的方法，给下属提供必要的引导和帮助，而不是造成心理压力或情感伤害。
② 有效的信息反馈是为了交流和沟通绩效信息，而不是给下属提出某种指令和要求。
③ 有效的信息反馈应集中于重要的关键事项。
④ 有效的信息反馈应考虑下属的心理承受能力，上级应强调下属所说、所做、怎么做，而不是过分揣测下属的行为动机和意图，引起对方的自我保护意识。

47. P274　绩效改进的方法与策略【简答、案例】
绩效改进指确认组织或员工工作绩效的不足与差距，查明产生的原因，制定并实施有针对性的改进策略，不断提高员工竞争优势的过程。
（一）分析工作绩效的差距与原因
找差距有三种比较方法：① 目标比较法；② 水平比较法；③ 横向比较法。
（二）制定改进工作绩效的策略
① 预防性策略与制止性策略；② 正向激励与负向激励；③ 组织变革策略与人事调整策略。

48. P275　分析工作绩效的差距与原因　找差距有三种比较方法：① **目标比较法**（将员工的实际表现与绩效计划的目标进行比较）；② **水平**比较法（将员工实际业绩与上一期的工作业绩比较，即是和以前员工的绩效比较）；③ **横向**比较法（各个单位部门之间各个员工之间对比，发现员工或组织的差距）。

49. P276　查明产生差距的原因
P276　图 4-4　员工绩效影响因素：① 企业外部环境：资源/市场/客户、对手/机遇/挑战；② 员工客观因素：个人/体力/条件/性别/年龄/智力/能力/经验/阅历；③ 员工主观因素：心理/条件/个性/态度/兴趣/动机/价值观/认识论；④ 企业内部因素：资源/组织/文化/人力资源制度/企业外部因素。

50. P276　图 4-5　工作绩效影响因素：个人、管理、组织和其他因素

51. P275　制定改进工作绩效的策略【简答或案例】
在新一轮的绩效管理期内，可从组织的实际情况出发，制定：① **预防性**策略与**制止性**策略；② **正向激励**与**负向激励**；③ **组织变革**策略与**人事调整**策略。
预防性策略（未雨绸缪）　在员工进行作业之前告知正确标准、并通过系统培训使员工掌握具体方法，降低差错率。
制止性策略（亡羊补牢）　在劳动过程中全面跟踪监测，及时纠偏，并通过各个管理层级实施全面的引导，使员工扬长避短。
P278　采用正向激励策略的需要注意的事项【案例】

① 通过制定一系列行为标准,以及与之配套的人事激励政策激励员工。
② 制定高指标和标准。
③ 必须让组织中所有员工对行为标准有明确了解,制定出具体的实施计划。
④ 对达到和实现目标所给予的正向激励,可以是<u>物质性的</u>,也可以是<u>精神性、荣誉性的</u>;可采用<u>货币</u>的形式,也可以采用<u>非货币</u>的形式(升职、加薪、奖励等物质或精神方面)。

负向激励策略 它对待下属员工不正向激动策略完全相反,采取<u>惩罚</u>的手段,以防止他们绩效低下的为。(降薪、扣款、降职、除名、开除、警告等)

P278 负向激励的作用【案例】:
① 促使差劲员工看到不足,迎头赶上。
② 对组织中其他成员起到警示和告诫作用,达到组织期望。
③ 有利于健全和完善企业竞争、激励和约束机制,形成"比学赶帮超"的文化氛围。

表4-21 对员工绩效差距及其产生原因的分析问卷(简单了解)

52. P279 **采用何种激励策略都要做的基础工作**【案例】
① 健全完善企业各项规章制度,特别是与绩效有关的培训、奖惩、升降等人力资源管理制度。制度保证与企业外部环境、国家法律法规一致;企业上下各级人员都要维护制度的严肃性、客观性、公正性和公平性。
② 为了保障激励策略的有效性,应体现以下**原则**:① <u>及时性</u>;② <u>同一性</u>(对任何人同一尺度、前后一致);③ <u>预告性</u>(预先告知、清楚明确、详细具体);④ <u>开发性</u>(提高执行者技巧)。

53. P280 **组织变革策略与人事调整策略**:① 劳动组织的调整;② 岗位人员的调动;③ 其他非常措施。

第五章　薪酬管理

第一节　薪酬制度设计

1. P282　**薪酬**泛指员工获得的**一切形式**的报酬。
四种表现形式：精神的与物质的；有形的与无形的；货币的与非货币的；内在的与外在的。

> 货币形式包括直接形式和间接形式；
> 直接形式包括：基本工资、绩效工资、其他工资和**特殊津贴**；
> 间接形式包括：其他补贴、社会福利和员工福利；
> 非货币形式包括：表彰嘉奖、荣誉称号和奖章授勋。

2. P283　**薪资**：薪金＋工资的简称

薪金	工资
通常是以**较长时间**为单位计算员工的劳动报酬	通常以**工时**或完成产品的**件数**计算员工应当获得的劳动报酬
如：月薪、年薪……（薪水）	计时工资（小时工资）或计件工资

报酬：员工完成任务后，所获得的一切**有形**和**无形**的**待遇**；
收入：员工所获得的**全部报酬**，包括薪资、奖金、津贴和加班费等项目的综合；
薪给：即薪资，分为**工资**和**薪金**两种形式。
奖励：员工**超额**劳动的报酬，如**红利**、**佣金**、**利润分享**等；
福利：公司为每个员工提供的福利项目，如带薪年假、各种保险；
分配：对**新**创造出来的产品或价值即**国民收入**的分配，包括初次分配、再分配。
直接形式的薪酬包括**基本工资**、绩效工资、其他工资、特殊津贴。
间接形式的薪酬包括其他补贴、社会保险、员工福利。

3. P283　**薪酬**是组织对员工的**贡献**包括员工的**态度**、行为和业绩所给予的各种**回报**，包括**外**部回报和**内**部回报。员工薪酬实质上是一种交换或交易。

外部回报也称外部薪酬			
直接薪酬（薪酬主体部分）		间接薪酬（福利）	
基本薪酬（基本工资）	激励薪酬	公司向员工提供的各种保险、非工作日工资、额外的津贴、其他服务	
周薪、月薪、年薪	绩效工资、红利、利润分成	单身公寓、免费工作餐	

外部回报也称外部薪酬,指员工因为**雇佣关系**从自身以外所得到的各种形式的回报。
外部回报包括:① 直接薪酬(基本薪酬、激励薪酬);② 间接薪酬(福利:保险及各种服务)。
内部回报指员工**自身心理**上感受到的回报:① 参与企业决策;② 更大的空间或权限,更大的责任;③ 更有趣的工作;④ 个人成长的机会;⑤ 活动的多样性。
关于薪酬的各种概念极容易混淆,一定要结合真题回顾练习记忆!

4. P284 **影响员工薪酬的主要因素**
(一)影响员工个人薪酬水平的因素:① 劳动绩效;② 职务或岗位;③ 综合素质与技能;④ 工作条件;⑤ 年龄与工龄。
(二)影响企业整体薪酬水平的因素:① 生活费用与物价;② 企业支付工资能力;③ 地区和行业工资水平;④ 劳动力市场供求状况;⑤ 产品的需求弹性;⑥ 工会的力量。

5. P284 **薪酬管理的基本目标**:① 保证薪酬具有竞争性,吸引并留住优秀人才;② 肯定员工贡献,得到相应回报;③ 合理控制人工成本,提高劳动生产率,增强企业产品的竞争力;④ 通过薪酬激励机制的确定,将企业与员工长期、中短期经济利益有机地结合在一起。

【案例】

6. P285 薪酬管理的**基本原则**是一个企业给员工**传递信息**的渠道,是**价值观的体现**。
薪酬管理的**基本原则**:

① 对外具有竞争力	支付符合劳动力市场水平的薪酬
② 对内具有公正性	支付相当于员工岗位价值的薪酬
③ 对员工具有激励性	适当拉开员工之间的薪酬差距
④ 对成本具有控制性	考虑财务实力和支付能力

坚持"效率优先、兼顾公平、按劳分配"的行为准则。

7. P285 薪酬管理的**内容**包括**薪酬制度设计和日常薪酬管理**两方面。
(一)**薪酬制度设计与完善** 薪酬制度设计主要是指薪酬策略设计、薪酬**体系**设计、薪酬**水平**设计、薪酬结构设计。完善企业薪酬制度设计包括:① 薪酬结构的完善;② 薪酬等级标准的设计;③ 薪酬支付形式的设计。关键是与企业**总体发展战略**和实际情况适应。
(二)**薪酬日常管理** 由**薪酬预算、薪酬支付、薪酬调整**组成的循环,称为**薪酬成本管理循环**。

8. P286 企业薪酬水平有宏观和微观两个层次,**宏观**反映企业**总**人工成本。**微观**薪酬水平即企业员工**个体**的薪酬额度,基本原则根据员工贡献大小确定薪酬水平。
员工工资总额管理包括**工资总额的计划与控制**和**工资总额调整**的计划与控制。
工资总额=计时工资+计件工资+奖金+津贴和补贴+加班加点工资+特殊情况下支付的工资
计算工资总额的(推算合理的工资总额)**方法**:
① 采用工资总额与销售额的方法;② 采用盈亏平衡点方法;③ 采用工资总额占附加值比例的方法。
工资总额的准确统计为国家了解人们的收入水平、了解人们的生活水平、计算离休退休

金、计算有关保险金及计算经济补偿金时提供了重要依据。

P286 日常薪酬管理具体工作【案例】

① 开展薪酬市场调查,统计结果,撰写报告;② 制定年度员工薪酬激励计划;③ 调查员工薪酬状况,开展员工薪酬满意度调查;④ 核算人工成本,及成本计划执行情况;⑤ 员工薪酬进行必要调整。

9. P287 薪酬体系

狭义:指薪酬体系有机统一体,基本模式包括工资、津贴、奖金、福利、保险等。它的主要**任务**是确定企业的基本薪酬以什么为基础。

企业可以从职位、技能、能力等三个要素中选择其一作为薪酬体系的依据。企业可以根据情况选择几种薪酬体系。

广义薪酬体系包括:① 薪酬策略;② 薪酬制度;③ 薪酬管理。**策略**是根据公司最高层的方针拟定的,包括提高生产率、控制成本、激励员工等,它强调的是同规模竞争性企业其薪酬支付的标准和差异;**薪酬制度**是企业薪酬体系的制度化、文本化;薪酬管理是指一个组织针对所有员工所提供的服务来确定他们应当得到的薪酬总额以及薪酬结构和薪酬形式的过程。

10. P287 薪酬体系类型主要有:① 岗位薪酬体系;② 技能薪酬体系;③ 绩效薪酬体系。【简答】

类型	定义	适用范围
岗位薪酬体系	根据员工在组织中的不同岗位特征来确定其薪酬等级与薪酬水平。	岗位明晰,职责清楚,工作程序性强
		一般管理岗位和操作岗位
技能薪酬体系	技术薪酬体系是指组织根据员工掌握的与工作有关的技术或知识的广度和深度来确定员工薪酬等级和水平。	科技型企业或专业技术要求较高的部门和岗位
	能力薪酬体系是以员工个人能力状况为依据来确定薪酬等级与薪酬水平的。	中高层管理者和研究开发人员
绩效薪酬体系	将员工个人或者团体的工作绩效与薪酬联系起来,根据绩效水平的高低确定薪酬结构和薪酬水平。	主要适用于工作程序性、规则性较强,绩效容易量化的岗位或团队
		销售人员

11. P288 薪酬体系设计的基本要求【案例】

薪酬体系体现薪酬职能:薪酬职能是指薪酬在运用过程中的具体功能的体现和表现,是薪酬管理的核心。包括:补偿职能、激励职能、调节职能、效益职能及统计监督职能。

补偿职能:补偿体力与脑力的消耗,补偿教育和素质。

激励职能:奖金的运用。

调节职能:引导劳动者合理流动,从不急需向急需部门,从发挥作用小的部门向作用大的部门流动,从人才过剩向紧缺的部门流动,引导劳动者学习和钻研业务。

效益职能:不能将企业的薪酬投入仅看成货币投入,它是资本金投入的特定形式,是投入活劳动这一生产要素的货币表现。

统计监督职能：薪酬可以反映出劳动者向社会提供的<u>劳动量大小</u>，反映劳动者的<u>消费水平</u>，有助于国家从宏观上考虑合理安排消费品供应量与薪酬增长的关系及薪酬增长与劳动生产率增长、国内生产总值增长的比例关系。

12. P289 **薪酬体系设计要体现劳动的基本形态**
① 潜在劳动 可能的贡献；② 流动劳动 现实的付出；③ 凝固劳动 实现的价值。
区分：按潜在劳动计薪，有利于人力资本投资，加强组织对人才的吸引；按流动劳动计薪，适用于那些难以计算或不必计算工作定额、不存在竞争关系只要求按时出勤的工种或岗位；按凝固劳动计薪，比较准确的标明劳动价值的大小，便于发挥激励功能，但适用范围有限。

13. P290 **薪酬体系设计的前期准备工作【简答、案例】**
① 明确企业的价值观和经营理念；② 明确企业总体发展战略规划的目标和要求；③ 掌握企业生产经营特点和员工特点；④ 掌握企业的财力状况；⑤ 明确掌握企业劳动力供给与需求关系；⑥ 明确掌握竞争对手的人工成本状况。

14. P290 **企业的价值观和经营理念对薪酬的指导**，如：① 团队合作——不能拉大同等薪酬差距；② 迅速扩展——工资位于市场中上水平；③ 重视质量和客户满意度——不能奖金与销售业绩挂钩。【案例】

15. P291 **企业的薪酬管理的目的是为了实现企业战略，应该掌握的企业战略规划的内容**：
① 企业的战略目标；② 企业实现战略目标应具备的，以及已具备的关键成功因素；③ 具体实现战略的计划和措施；④ 对企业实现战略有重要驱动力的资源，明确实现企业战略时需要的核心竞争力；⑤ 根据企业战略，确定激励员工具备企业需要的核心竞争能力的方法论；确定员工实现战略、激励员工产生最大绩效的方法论。【案例】

16. P291 **劳动**密集型企业—**量化**指标考核—员工生产业绩决定薪酬；知识密集型企业—强调员工**能力**—基于**能力**的薪酬。

17. P291 明确把握<u>不同地区、同业同类或者不同行业同类岗位的薪酬水平</u>，分析各类岗位的<u>实际价值</u>。

18. P291 企业所需人才：供大于求，薪酬水平可降低；供不应求，薪酬水平可以高些。

19. P292 **岗位薪酬体系设计**
定义：岗位薪酬体系是根据每个岗位的相对价值来确定薪酬等级，通过市场薪酬水平调查来确定每个等级的薪酬幅度。
基本思想：不同的岗位有不同的相对价值，相对价值越高的岗位对企业的贡献就越大，因而就应获得较高的报酬。
要求：要求岗位说明书清楚、组织环境稳定、工作对象比较固定。**关键**：科学合理地确定能够反映岗位相对价值的因素、指标、权重，并对每个岗位价值进行客观评价。
优点：同岗同薪，凸显公平性，便于按岗位系统化管理，管理成本较低。
缺点：忽视了同一岗位可能存在的绩效差异，挫伤员工热情；属于高稳定性的薪酬模式，缺乏有效激励。

20. P292 - P294 **岗位薪酬体系设计的八个步骤【简答】**
（一）**环境分析**：了解企业所处的<u>外部环境</u>（经济社会水平、国家政策、产业政策、劳动力供给、失业率)、**内部环境**(企业性质、规模、发展阶段、企业文化、组织结构、工作特征、员工素质)。它是薪酬设计的前提和基础。

（二）**确定薪酬策略**：有关薪酬分配的原则、标准、总体水平的政策。

（三）**岗位分析**：全面了解某一特定工作的任务、责任、权限、任职资格、工作流程等，并对其进行详细说明与规范的过程。一般采用问卷调查法、参与法、观察法、访谈法、关键事件法、工作日志法获取信息。

（四）**岗位评价**：通过工作分析获取相关岗位信息，对不同岗位工作的难易程度、职权大小、任职资格高低、工作环境优劣、创造价值多少进行比较，确定相对价值，进而形成组织岗位结构。常用排序法、归类法、因素比较法、计点法、海氏评估法等。

（五）**岗位等级划分**：等级数目少，薪酬宽度大，员工晋升慢，激励效果差；等级数目多，岗位层次多，管理成本增加。如：宽带模式。

（六）**市场薪酬调查**：通过收集、分析市场薪酬信息和员工关于薪酬分配的意见、建议，来确定或调整企业的整体薪酬水平、薪酬结构、各具体岗位的薪酬水平的过程。

（七）**确定薪酬结构与水平**：狭义的薪酬结构指同一组织内部不同岗位薪酬水平的对比关系；广义还包括不同薪酬形式在薪酬总额中的比例关系。薪酬水平指组织整体平均薪酬水平，包括各部门、各岗位薪酬在市场薪酬中的位置。

（八）**实施与反馈**：宣传、沟通、广泛征求意见。

21. P294 **技能薪酬体系设计**：以员工所掌握的与职位相关的知识和技术的深度与广度的不同为依据来确定薪酬等级和薪酬水平。

要求：先建立一套技能水平评估标准。

本质：激励薪酬。

优点：刺激员工知识、技能的深化，有利于企业绩效的提高。

缺点：盲目参加培训和学习造成人力成本提升，造成知识浪费。

程序设计：设计程序同岗位薪酬，但是以"技能"为分析、评价对象。技能分析的内容决定着技能薪酬运作的有效性，它体现着不同薪酬登记所要求具备的技能的种类、数量、质量。

22. P294-295 **技能薪酬体系设计**【简答】包括：技能单元、技能模块、技能种类。

① **技能单元**是对特定工作的具体说明，是最小的分析单元。

② **技能模块**指从事某项具体工作任务所需的技术或知识，本质是对技能单元进行分组。它是区别岗位薪酬的显著特征，包含技能等级模块和技能组合模块。

③ **技能种类**反映一个工作群所有活动或一个过程中各步骤的有关技能模块的集合，本质上是对技能模块进行的分组。

23. P295 **绩效薪酬体系设计**【案例】：属于高激励薪酬，薪酬数额会随着既定绩效目标的完成而变化。

优点：将员工或团体的业绩与薪酬相连，使薪酬支付更具客观性和公平性，有利于企业提高生产率、改善产品质量、增加员工的积极性。

缺点：对员工行为和成果难以准确衡量，在绩效考核指标设置不合理的情况下，易使绩效流于形式，导致更大的不公平；绩效薪酬设计不合理，会演变成固定薪酬，人人有份；绩效薪酬制度多以个人绩效为基础，这种奖励不利于团队合作，而与团队绩效挂钩的薪酬制度也只适用于人数较少、强调合作的组织。

程序设计：设计程序同岗位薪酬，但是以"工作绩效"为分析、评价对象，根据绩效的完成程度决定薪酬的高低。核心内容在于绩效评估。

绩效薪酬连接薪酬管理和绩效管理，绩效薪酬系统**的核心内容是**<u>绩效评估</u>，**绩效评估**包括评估内容、评估标准、模式选择、结果运用等。

绩效薪酬设计前，要充分考虑<u>企业的特征和性质、发展阶段、企业文化和员工需求</u>等，使绩效薪酬能<u>与企业内外环境保持一致</u>。

24. P295 **薪酬管理制度**属于<u>企业规章制度</u>，企业规章制度是企业制定组织劳动过程和进行劳动管理的规则和制度的总和，也称内部劳动规则，是企业内部的"<u>法律</u>"。

P296 **薪酬管理制度的实质**是薪酬体系的制度化产物，是让员工和雇主都满意的有关薪酬体系的设计理念、设计方法、薪酬水平、薪酬支付方式、支付方法等内容的规定性说明。**内容**包括：<u>薪酬组成要素和构成、薪酬理念、薪酬结构、薪酬等级等</u>。

25. P296 **薪酬管理制度的内容【简答】**① 薪酬战略；② 薪酬体系；③ 薪酬结构；④ 薪酬政策；⑤ 薪酬水平；⑥ 薪酬管理。

形成一个薪酬战略需要：① 评价企业文化、价值观、全球化竞争、员工需求和组织战略对薪酬的影响；② 使薪酬决策与组织战略、环境相适应；③ 设计把薪酬战略具体化的体系；④ 重新评估薪酬战略与组织战略、环境之间的适应性。

薪酬战略	企业管理人员根据具体的经营环境，可以选择的全部支付方式 • 包括：薪酬的**决定标准**，薪酬的**支付结构**，薪酬的**管理机制**
薪酬体系	是指员工从企业获取的薪酬组合 • 包括**基本薪酬、业绩薪酬、加班薪酬、长期薪酬、福利、各类津贴**等
薪酬结构	是指薪酬的各个构成部分及其比重，取决于<u>结构特征</u>和<u>企业状况</u> • <u>固定薪酬和变动薪酬，短期薪酬和长期薪酬，非经济薪酬和经济薪酬</u>
薪酬政策	是指企业为了把握员工的薪酬**总额**、薪酬**结构**和薪酬**形式**，所确立的薪酬管理导向和基本思路的**文字说明或统一意向**
薪酬水平	是指组织如何根据<u>竞争对手</u>或劳动力市场的薪酬水平给自身的薪酬水平定位，从而与之相抗衡
薪酬管理	是指薪酬体系运行状况进行**控制和监督**，以减少运行过程中的偏差 • 涉及：① 薪酬**设计的科学化** ② 薪酬**决策的透明度** ③ 员工参与度

26. P297 **薪酬制度的类别**

现代企业的薪酬制度应该由<u>基本工资分配制度</u>、<u>补充工资分配制度</u>和<u>福利制度</u>有机结合的薪酬体系。**单向**薪酬制度包括<u>工资制度、奖励制度、福利制度和津贴制度</u>。其中最重要的是<u>工资制度</u>。

① **工资制度** 是薪酬制度中<u>最基本</u>的制度，就计量的形式可分为<u>计时工资</u>和<u>计件工资</u>。

② **奖励制度** 对员工<u>超额</u>或高绩效工作的货币报酬，分为<u>绩效奖、建议奖、特殊贡献奖、节约奖以及超利奖</u>。

③ **福利制度** 是企业对员工劳动贡献的一种<u>间接补偿</u>，是企业薪酬制度的一个重要的组成部分。根据福利内容可分为<u>法定福利与补充福利</u>；根据福利<u>享受的对象</u>可以分为<u>集体</u>

福利和个人福利；根据福利的表现形式可分为经济型福利和非经济性福利。
④ 津贴制度　是对员工额外的劳动消耗或因特殊原因而支付的劳动报酬，是员工薪酬的一种补充形式，是职工工资的重要组成部分。根据津贴的性质，分为：岗位性津贴、地区性津贴、保证生活性津贴。

27. P297　设计单项薪酬(工资)制度的基本程序【简答或案例】
① 准确标明制度的名称
② 明确界定单项工资制度的作用对象和范围
③ 明确工资支付与计算标准
④ 涵盖该项工资管理的所有工作内容，如：支付原则、等级划分、过渡办法等

28. P298　岗位工资或能力工资的制定程序【简答或案例】
(1) 根据员工工资结构中岗位工资或能力工资所占比例和工资总额，确定岗位工资总额或能力工资总额
(2) 根据企业战略等确定岗位工资或能力工资的分配原则
(3) 岗位分析与评价或对员工进行能力评价
(4) 根据岗位(能力)评价结果确定工资等级数量以及划分等级
(5) 工资调查与结果分析
(6) 了解企业财务支付能力
(7) 根据企业工资政策策略确定各工资等级的等中点，即确定每个工资等级在所有工资标准的中点所对应的标准
(8) 确定每个工资等级之间的工资差距
(9) 确定每个工资等级的工资幅度，即每个工资等级对应多个工资标准
(10) 确定工资等级之间的重叠部分大小
(11) 确定具体计算办法

29. P298　奖金制度的制定程序【简答或案例】
① 根据企业经营计划的实际完成情况确定奖金总额
② 根据企业战略、文化确定奖金分配原则
③ 确定奖金发放对象、范围
④ 确定个人奖金计算办法

30. P298　奖金的设计方法【简答或案例，七个设计单独选考，重点掌握注意事项】
(一) 佣金的设计 P298
定义：佣金，指员工完成某项任务而获得的一定比例的金钱，可以作为奖金的一种特殊类型，常见销售岗位。
注意事项：比例适中、比例不轻易改变、兑付及时(月结或完成任务两周内)。
(二) 超时奖的设计 P299
定义：指企业支付员工在规定时间之外工作的奖金。在节假日加班的加班费也属于超时奖的一种，一般以固定工资为主要收入的第一线员工有超时奖，以计件或计时工资为主要收入的员工及管理者没有。
注意事项：鼓励员工尽量在规定时间内完成任务、明确超时的涵义、明确哪一类岗位有超时奖、允许一段时间内由于完成特殊任务而支付超时奖。

(三) 绩效奖的设计 P299

定义：由于员工达到某一绩效，企业为激励员工的这种行为而支付的奖金。

注意事项：绩效标准要明确、合理；达到某一绩效标准后的奖金要一致，即任何人达到都应获得；以递增的方法设立奖金，鼓励员工不断提高绩效。

(四) 建议奖的设计 P299

定义：企业为鼓励员工多提建议而支付的奖金。

注意事项：只要处于达到组织目标的动机，都应获奖；奖金面宽、额度低；若重复建议，只奖励第一个；若建议被采纳，除建议奖外，还可给予其他奖金。

(五) 特殊贡献奖的设计 P299

定义：企业为鼓励员工做出的特殊贡献而支付的奖金。一般数额较高。

注意事项：制定标准要有可操作性，内容可测量；为企业增加的金额要大；明确规定只有在他人或平时无法完成的情况下，该员工完成才能获奖；受奖人数较少，金额较大；颁奖时大力宣传，激励他人。

(六) 节约奖的设计 P300

定义：企业鼓励员工降低成本而支付的奖金。一般以第一线操作员工为奖励主要对象。

注意事项：奖励节约、反对假节约；明确规定指标来确定是否降低了成本；降低的成本可以通过累计而获奖。

(七) 超利润奖的设计 P300

定义：员工全面超额完成利润指标后，企业给员工的奖金。

注意事项：只奖励与超额完成利润指标有关的人员；根据每个人超额完成指标的贡献大小发奖金，切忌平均主义；明确规定超出部分多少百分比作为奖金，不轻易改动。

第二节　岗位评价

31．P308　工作岗位评价是在工作岗位的分析基础上，按照预定的衡量标准，对岗位工作任务的繁简难易程度、责任大小、所需资格条件以及劳动环境等方面相对价值的多少进行测量与评定。

32．P308　**工作岗位评价的特点** ① 作岗位评价的中心是客观存在的"事"和"物"，而不是现有的人员；② 对企业各类劳动抽象化、定量化的过程；③ 岗位评价适用于<u>排列法、分类法、评价法、因素比较法</u>。

33．P309　**工作岗位评价的基本原则【案例】**

① **系统**原则　所谓系统，是有相互作用和相互依赖的既有区别又相互依存的要素构成的有机整体。岗位评价系统由指标、标准、评价技术方法和数据处理等若干系统构成。

② **实用性**原则　岗位评价必须从企业生产和管理的实际出发，应用于劳动组织、工资、福利、劳动保护等基础工作。

③ **标准化**原则　对岗位评价的技术方法、特定的程序或形式作出统一规定。表现在评价指标的统一性、各评价指标的统一评价标准、评价技术方法的统一规定和数据处理的统一程序等方面。

④ **能级对应**原则　相应的管理内容和管理者分配到相应的级别中。一个岗位能级的

大小,由它在组织中的工作性质、繁易、责任大小、任务轻重因素决定。

34. P310 岗位评价的基本功能

① 为实现薪酬管理的**内部公平公正**提供**依据**。以事定岗、以岗定人、以职定责、以职责定权限、以岗位定基薪、以绩效定薪酬。

② **量化岗位的综合特征**。对岗位工作任务的繁简难易程度,责任权限大小、所需的资格条件等因素,在定性基础上定量测评。

③ **横向比较岗位的价值**。对性质相同相近的岗位,制定统一的测量、评定和估价标准,便于横向比较。

④ **为企事业单位岗位归级列等奠定基础**。为建立公平更合理的薪酬制度提供科学的依据。

35. P310 工作岗位评价的信息来源

直接信息:组织现场岗位调查,采集有关数据资料。
优点:真实可靠、详细全面。**缺点**:投入大量人力、物力和时间。
间接信息:工作说明书、岗位规范、规章制度等,对岗位进行评价。
优点:节约时间、费用。**缺点**:信息过于笼统、简单,影响质量。

36. P311 岗位评价的结果有**分值、等级和排顺序等三种形式**,最重要的是**岗位与薪酬**的对应关系。图5-3中的ABM三条线理解。

37. P311 岗位评价的主要步骤【简答】

(1) 组建岗位评价委员会
(2) 制定、讨论,通过《岗位评价体系》
(3) 制定《岗位评价表》
(4) 评委会集体讨论岗位清单,充分交流岗位信息
(5) 集体讨论:按照评价要素及分级定义,逐一要素确定每个岗位的等级
(6) 代表性岗位试评,交流试评信息
(7) 评委打点:根据《岗位说明书》,逐一要素对岗位进行评价,得出每个岗位评价总点数
(8) 制定岗位评价汇总表,求每一个岗位算术平均数
(9) 根据汇总计算的平均岗位点数,按升值顺序排列
(10) 根据评价点数情况,确定岗位等级数目,确定岗位等级划分点数幅度表
(11) 根据岗位等级点数幅度表,划岗归级,作为岗位初评岗位等级序列表
(12) 将初评岗位等级序列表反馈评价委员,对有争议的岗位进行复评
(13) 将复评结果汇总,形成岗位等级序列表,岗位评价委员会工作结束
(14) 将岗位等级序列表提交工资改革决策委员会讨论通过,形成最终的岗位等级序列表

38. P312 岗位评价系统包括四个子系统

(一) 岗位评价指标
五要素:岗位责任、工作技能、工作心理、工作强度、工作环境。
(二) 岗位评价标准
包括:岗位评价指标的分级标准、量化标准、方法标准等。

（三）岗位评价技术方法
排列法、分类法、评分法、因素比较法。

（四）岗位评价结果的加工和分析
数据加工整理过程就是为了揭示被掩盖的现象之间的相互关系，用较为明确的数量关系表现出来，体现岗位差异。

39. P313 岗位评价指标
构成：选取最主要的因素，次要的、不相关的不纳入
五大主要因素：
① 劳动责任要素：主要反映劳动者智力的付出和心理状态；
② 劳动技能要素：主要反映岗位对劳动者智能要求的程度；
③ 劳动强度要素：主要反映劳动者的体力消耗和生理、心理紧张程度；
④ 劳动环境要素：主要反映岗位劳动环境中的有害因素对劳动者健康的影响程度；
⑤ 社会心理要素：指社会对某类岗位的各种舆论，对从业人员在心理上产生的影响。

40. P313－315 岗位评价的指标体系
一类是**评定指标**：即劳动技能和劳动责任及社会心理要素，这些指标由专家和有关技术、管理人员组成的评定小组，直接对岗位进行评比、评估；

一类为**测评指标**：即涉及劳动强度和劳动环境要素，需要使用专门的仪器仪表在现场进行测量，并采用相应的方法进行技术测定。

劳动责任	劳动技能	劳动强度	劳动环境	社会心理
质量责任	技术知识要求	体力劳动强度	粉尘	人员流向
产量责任	操作复杂程度	工时利用率	高温	
看管责任	看管设备复杂程度	劳动姿势	辐射热	
安全责任	安全品种质量难易程度	劳动紧张程度	噪声	
消耗责任	处理预防事故复杂程度	工作班制	其他有害因素	
管理责任			危害程度	

41. P315 确定岗位评价要素和指标的基本原则
① **少而精** 便于掌握、应用、节省人财
② **界限清晰** 内涵明确、外延清晰、范围合理
③ **综合性** 用尽量少的指标反映尽可能多的内容，一个综合性要素可分解成 2～3 个子要素
④ **可比性** 不同岗位在时间、空间对比；不同岗位任务在质量、数量上对比；不同岗位指标从绝对数、相对数上对比

42. P316 岗位评价要素权重的确定
1. 权重系数的类型：
① 从权数一般形态来看，可以分为：自重权数：以权数作为评价要素及指标的分值（分数）；

加重权数：在各要素已知分值（自重权数）之前增设的权数，是双重权数。

② 从权数的数字特点来看，采用小数（可大于或小于1，最常见）、百分数（总和为

100%)、整数(加倍数,但反映差别太粗,不常用)。

③ 从**权数使用的范围**来看,可以分为:

总体加权:按测评次数加权,如初测加权、复测加权,权数大小取决于测评次数、掌握标准的宽严程度;按测评角度加权,如上级、同级、下级、自我测评。

局部加权:根据岗位评价不同要素的地位和作用来决定权数大小。

要素指标(项目)加权:对各个评价要素的各个具体标准的加权,权数大小取决于各个指标的地位和作用。

43. P316 权重系数的作用: ① 反映工作岗位的性质和特点,突出不同类别岗位的主要特征;② 便于评价结果的汇总;③ 使同类岗位的不同要素的得分可以进行比较;④ 使不同类岗位的同一要素的得分可以进行比较;⑤ 使不同类岗位的不同要素的得分可以进行比较。

44. P317 工作岗位评价的方法: ① 解析法:排列法、分类法;② 非解析法:因素比较法、评分法。

45. P317 岗位评价结果误差的调整

结果与客观常存在差距,调整误差的方法有两种:

事先调整(通过加权解决)& **事后调整**(多采用平衡系数调整法)

测评信度:指测评结果的前后一致性程度,即一段时间内对同一岗位测评两次,结果基本相近。信度的检查通过信度系数即两次测评得分的相关系数来完成。

测评效度:指测评本身可能达到期望目标的程度,就是测评结果反映被评价对象的真实程度。

逻辑关系:效度高、信度也高;但信度高,效度不一定高。

内容效度:评价要素和评价标准体系反映岗位特征的有效程度,主要由专家完成,也采用一些量化指标。检查内容包括要素的名称与定义内容的吻合程度,要素总体结构的完整性、合理性等。

统计效度:简称效标,是通过建立一定的指标来检查测评结果的效度。

效标需要以下途径来建立:① 岗位的生产工作记录;② 担任上级岗位的人员对本岗位的评估;③ 其他有关岗位的信息。

46. P319-324 岗位评价指标的分级标准设定【方案设计】

(一)劳动责任、劳动技能要素所属岗位评价指标的分级标准。分级的数目一般应控制在5~9个。(11类)P319-322

(二)劳动强度、劳动环境和社会心理要素所属岗位评价指标的分级标准。(11类)P322-324

47. P325 岗位评价指标的量化标准制定【简答】

评价指标通常包括:① 计分;② 权重;③ 误差调整。

单一指标计分:① 自然数法;② 系数法(包括函数法和常数法)。

多种要素综合计分:① 简单相加法;② 系数相加法;③ 连乘积法;④ 百分比系数法。

48. P326 评价指标权重标准的制定【计算】

概率加权法步骤:

① 对各项指标的等级系数的概率推断;

② 将各等级的相对权数与对应的概率相乘,汇总概率权数;
③ 用各测定指标分值乘以各自概率权数算出要素总分。

49. P328 排列法【简答或案例】

（1）**简单排列法（排序法）**：由评定人员凭借自己的工作经验主观地进行判断,根据岗位的相对价值按高低次序进行排列。步骤：

① 由有关人员组成评定小组,做好各项准备工作;
② 了解情况,收集有关岗位方面的资料数据;
③ 评定人员实现确定评判标准,对本组织同类岗位的重要性逐一判断,最重要的排第一,再将较重要、一般性的岗位逐级往下排;
④ 将经过所有评定人员评定的每个岗位的结果加以汇总,得到序号和。然后将序号和除以参加评定人数,得到每一个岗位的平均排序数。最后根据平均排序数的大小,评定出岗位的相对价值。P329 表5-27 表5-28

（2）**选择排列法（交替排列法）**：是排序法的进一步推广,提高了岗位之间的整体对比性,但仍没有摆脱评价人员主观意识和自身专业水平的制约和影响。

步骤：
① 按照岗位相对价值的衡量指标,按照重要程度进行标识,先选出首尾两头的最优、最差;
② 再选出次优、次差;
③ 以此类推……P329 表5-29。

50. P330 分类法【简答或案例】

特点：各个级别及其结构是在岗位被排列之前就建立起来的,对所有岗位的评价只需要参照级别的定义套入合适的级别里。可用于多种岗位,但对不同系统（类型）的岗位评比存在主观性,准确度较差。

步骤：
① 由企事业单位内部人员组成评定小组,收集相关资料;
② 按照生产经营过程中各类岗位的作用和特征,将全部岗位分成几大系统、若干子系统;
③ 将各个系统中的各岗位分成若干层次,最少分5~7档,最多分11~17档;
④ 明确规定个档次岗位的工作内容、责任和权限;
⑤ 明确各系统各档次岗位的资格要求,如英语6级;
⑥ 评定出不同系统不同岗位之间的相对价值和关系。如：技术级12级=生产管理级4级。
如：某公司中层岗位划分为：资深经理、专业经理、项目经理、主管经理、经理、经理助理

51. P330 评分法（点数法）【简答或案例】

特征：该法首先选定岗位的主要影响因素,采用一定的点数表示每一因素,然后按预先规定的衡量标准对现有岗位的各个因素逐一评比、估价,求得点数,经过加权求和,最后得到各岗位总点数。该法容易被理解和接收,准确性较高,但耗时耗力,适合生产过程复杂、岗位类别较多的组织。

步骤：
(1) 确定岗位评价的主要影响因素：
① 复杂难易程度：知识、技能、教育、训练、工作经历；② 责任：人财物方面的责任；③ 劳动强度与环境条件：体力消耗、劳动姿势、环境、温度、湿度、照明、空气污染、噪音；④ 作业紧张困难程度：视觉、听觉气管的集中注意程度及持续时间的长短、工作单调性等。
(2) 确定各类岗位评价的具体项目：
① 各生产岗位的评价项目：体力、脑力熟练程度、紧张程度、环境影响、工作危险性。
② 职能科室各管理岗位的评价项目：教育、工作经验、工作复杂程度、责任、组织协调创造力、工作条件、监督与被监督。
③ 不论何种岗位性质，普遍性评价项目：劳动负荷量(能量代谢率)、工作危险性(技术安全指标、职业病)、劳动环境(自然、物质环境)、脑力劳动紧张疲劳程度(工作单调程度、工作速度和要求的精密度、工作要求的决策反映机敏程度、工作注意力集中程度与持续时间)、工作复杂繁简程度(涉及面的深度和广度)、知识水平(学习的时间、学位)、业务知识(必要知识的深度和广度)、熟练程度(达到某种水平所需要的时间)、工作责任(权限、职责范围)、监督责任(组织能力、给予他人监督责任的大小)。
(3) 对各评价因素区分出不同级别，并赋予一定的点数，以提高评价的准确程度。(P332 表5-30)
(4) 将全部评价项目合并成一个总体，根据各个项目在总体中的地位和重要性，分别给定权数，总点数＝评价点数×权数。
5) 将岗位评价的总点数分为若干级别，划分区间。

52. P334 因素比较法【简答或案例】

特征：由排序法演变而来，按照要素对岗位进行分析和排序。与评分法的区别在于：各要素的权重不是事先确定，先选定岗位的主要影响因素，然后将工资额合理分解，使之与各个影响因素匹配，再根据工资数额的多寡决定岗位的高低。

步骤：
① 从全部岗位中选出15~20个主要岗位，其所得的劳动报酬是公平合理的；
② 选定各岗位共有的影响因素，作为评价基础，一般包括：智力条件、技能条件、责任条件、身体条件、劳动环境条件；
③ 将每一个主要岗位的每个影响因素分别加以比较，按程度高低进行排序；
④ 岗位评定小组对每一个岗位的工资总额，按照上述五种影响因素进行分解，找出对应的工资份额；
⑤ 找出尚未进行评定的其他岗位，与现有的已评定完毕的重要岗位进行对比，某岗位的某要素与哪一主要岗位的某要素相近，就按相近条件的岗位工资分配计算工资，累计后就是本岗位的工资。

53. P334 岗位共有的影响因素：

(1) 智力条件。记忆力、理解力、判断力、教育程度、专业知识、基础常识。
(2) 技能条件。工作技能和本岗位所需要的特殊技能。
(3) 责任条件。对人的安全，对财物、现金、资料、档案、技术情报保管和保守机密的责任，对别人的监督或别人对自己的监督。

(4) 身体条件。体质、体力、运动能力。
(5) 劳动环境条件。工作地的温度、湿度、通风、光线、噪声。

54. P335　成对比较法（配对比较法）

程序：将每个岗位按照所有的评价要素与其他所有岗位一一进行对比，将各个评价要素的考评结果整理汇总，求得最后的综合考评结果。

特征：准确、有效，适合较小范围内的岗位评价工作。

第三节　人工成本核算

55. P337　人工成本的概念包括：从业人员劳动报酬总额、社会保险费用、福利费用、教育费用、劳动保护费用、住房费用和其他人工成本（招工招聘费用、解聘辞退费用、工会费用）

人工成本的构成

（1）工业企业人工成本构成：产品生产人员的工资、奖金、津贴和补贴、福利；生产单位管理人员的工资、福利；劳动保护费；工厂管理人员工资、福利；员工教育经费；劳动保险费；失业保险费；工会经费；销售部门人员工资、福利；子弟学校经费；技工学校经费；员工集体福利设施费。

（2）劳动行政主管部门人工成本统计口径：从业人员报酬（含不在岗人员生活费）、社会保险费、住房费用、福利费用、教育经费、劳动保护费用、其他人工成本等七大组成部分。

P337　我国列支人工成本　【会填写列支科目表】【计算】

序号	人工成本构成	列支科目
1	产品生产人员工资、奖金、津贴和补贴	制造费用
2	产品生产人员的员工福利费	制造费用
3	生产单位管理人员工资	制造费用
4	生产单位管理人员的员工福利费	制造费用
5	劳动保护费	制造费用
6	工厂管理人员工资	管理费用
7	工厂管理人员的员工福利费	管理费用
8	员工教育经费	管理费用
9	劳动保险费	管理费用
10	失业保险费	管理费用
11	工会经费	管理费用
12	销售部门人员工资	销售费用
13	销售部门的员工福利费	销售费用
14	子弟学校经费	营业外支出
15	技工学校经费	营业外支出
16	员工集体福利设施费	利润分配—公益金

56. P337　人工成本的7个构成

从业人员劳动报酬	在岗员工工资总额(包括基础工资、职务工资、工龄工资、级别工资、计件工资、奖金、津贴、补贴、其他,不在岗员工生活费),聘用、留用的离退休人员的劳动报酬。	
社会保险费用	企业按有关规定实际为使用的劳动力缴纳的	企业上缴给社会机构的费用(包括**养老保险费用、医疗保险费用、失业保险费用、工伤保险费用、生育保险费用**)补充养老保险或储蓄性养老保险,支付给退休人员的其他养老保险费用
住房费用	为改善本单位的劳动力的居住条件而支付的所有费用	包括职工住房补贴、住房公积金
福利费用	工资以外实际支付给单位使用的用于劳动力个人和集体的福利费用的总称	**取暖费、医疗卫生费、计划生育补贴、生活困难补助、文体宣传费、集体福利设施和集体福利事业补贴费,及丧葬抚恤救济费。**
教育经费	企业为劳动力学习先进技术和提高文化水平而支付的培训费用	职工教育经费,其他教育培训费用支出。
劳动保护费用	企业购买的劳动力实际享用的	劳动保险用品、清凉饮料和保健用品费用。
其他人工成本	不包括以上各项成本的其他人工成本项目	提取工会经费、招聘职工费用支

57. P339 合理的人工费用以企业支付能力、员工的生计费用和工资的市场行情等三个因素为基准衡量。

员工生计费用:物价和生活水平。

工资的市场行情:同一岗位劳动者与不同企业相同岗位比较,参考政府统计部门公布的行业工资水平。

58. P339 影响企业的支付能力的7个因素【案例】:

① **实物劳动生产率**:某一时期内平均每个员工的产品数量(一般尺度)

② **销货劳动生产率**:某一时期内平均每个员工的销货价值(一般尺度)

③ **人工成本比率**:人工成本占企业销货额的比重(最简单、基本的指标之一)

④ **劳动分配率**:人工成本占企业净产值的比率(重要尺度)。生产率的增长先于薪资的增长

⑤ **附加价值劳动生产率**:指平均每一个员工生产的附加价值或净产值(一般尺度)

⑥ **单位制品费用**:指平均每件或每单位制品的人工成本(一般尺度)

⑦ **损益分歧点**:企业利润为0时的销货额

59. P341 核算人工成本的基本指标【简答或案例】

(1) 企业从业人员平均人数

(2) 企业从业人员人均工作时数

公式=(企业年制度工时+年加班工时-损耗工时)/从业平均人数

(3) 企业销售收入(营业收入)

(4) 企业增加值(纯收入)

核算方法【计算】:① 生产法:增加值=总产出-中间投入

② 收入法：增加值＝劳动者报酬＋固定资产折旧＋生产税净额＋营业盈余

(5) 企业利润总额：企业在报告期内实现的盈亏总额，反映最终财务成果

(6) 企业成本（费用）总额：核算企业在报告期内为生产产品、提供劳务所发生的所有费用

(7) 企业人工成本总额：

公式＝从业人员劳动报酬＋社保费用＋住房费用＋福利费用＋教育经费＋劳保费用＋其他人工成本

60. P341 核算人工成本投入产出指标【简答或计算】P342

(1) 销售收入与人工费用比率：得出每获得一个单位的销售收入需要投入的人工成本的概念

公式：人工费用比率＝人工费用/销售收入＝（人工费用/员工总数）/（销售收入/员工总数）
　　　　　　　　　＝薪酬水平/单位员工销售收入

(2) 劳动分配率：指在企业获得的增加值（纯收入）中用于员工薪酬分配的份额

公式：劳动分配率＝人工费用/增加值（纯收入）

［人工费用等同于公司人工成本，增加值（纯收入）等同于净产值、附加值］

61. 合理确定人工成本的方法：劳动分配率基准法、销售净额基准法、损益分歧点基准法

62. P342 劳动分配率基准法【P342 计算 例1和例2】

以劳动分配率为基准，根据一定的目标人工成本，推算出必须达到的目标销货额，或者根据目标销货额，推算出可能支出的人工成本及人工成本总额增长幅度

计算方法：

① **扣除法**：由销货净额扣除外购价值求出

公式：附加价值＝销货净额－外购部分＝销货净额－档期进货成本

② **相加法**：将形成附加价值的各项因素相加得出

公式：附加价值＝利润＋人工成本＋其他形成附加价值的各项费用
　　　　　　　＝利润＋人工成本＋财务费用＋租金＋折旧＋税收

合理的人工费用率＝人工费用/销货额＝（净产值/销货额）×（人工费用/净产值）
　　　　　　　　　＝目标附加价值率×目标劳动价值率

63. P342 应用劳动分配率基准法的步骤：【计算题要写步骤！】

(1) 用目标人工费用、人工净产值率、目标劳动分配率计算销售额

目标销售额＝目标人工费用/人工费用率
　　　　　＝目标人工费用/（目标净产值率×目标劳动分配率）

(2) 运用劳动分配率求出合理薪资的增长幅度：在计算上年和确定本年目标劳动分配率的基础上，根据本年的目标销售额计算出本年的目标人工费用，进而计算出薪酬总额的增长幅度

目标劳动分配率＝目标人工费用/目标净产值

64. P343 【计算】销售净额基准法 定义：根据前几年实际人工费用率，上年平均人数，平均薪酬和本年目标薪酬增长率，求出本年的目标销售额，并依次作为本年应该实现的

最低销售净额。

(1) 目标人工成本＝本年度计划平均人数×上年平均薪酬×(1＋计划平均薪酬增长率)

(2) 销售人员年度销售目标＝推销人工费用/推销员的人工费用率

(3) 销售人员人工费用率＝推销人工费用总额/毛利额目标销售毛利＝某销售人员工资/推销员的人工费用率

【P343-344 计算 例3.4.5】 根据前几年时间人工费用率、上年度平均人数、平均薪酬和本年度目标薪酬增长率，求出本年目标销售额，并以此作为本年应实现的最低销售净额。

公式:目标人工成本＝本年度计划平均人数×上年度平均薪酬×(1＋计划平均薪酬增长率)

65. P343 损益分歧点基准法:损益平衡、不亏不盈的点

简要概括为公司利润为0时的销售额

公式:销售收入＝制造成本＋销售及管理费用＝固定成本＋变动成本

损益分歧点基准法的**目的**:P345 图5-4

(1) 以损益分歧点为基准，计算一定人工成本总额下的损益分歧点之销售额及薪酬支付的最高限度。

(2) 以损益分歧点为基准，计算损益分歧点之上危险盈利点所应达到的销售额，进而推算出薪酬支付的可能限度，即可能的人工费用率。

(3) 以损益分歧点为基准，计算出损益分歧点之上剩余额保留点(即安全盈利点)之销售额，进而推算出人工费用支付的适当限度，即合理的人工费用率(安全人工费用率)。

第四节 员工福利管理

66. P346 福利的本质:是一种补充性报酬,它往往不以货币形式直接支付给员工,而是以服务或实物的形式支付给员工。

福利的形式有:

① 全员福利是针对所有人,如:子女教育津贴

② 特殊福利是只针对某一群体,如:部门经理手机费

③ 困难补助是针对有特殊困难的,如:困难员工慰问金

67. P346 福利管理的主要内容:① 确定福利总额;② 明确实施福利的目标;③ 确定福利的支付形式和对象;④ 评价福利措施的实施效果。

68. P346 福利管理的主要原则:① 合理性原则;② 必要性原则;③ 计划性原则;④ 协调性原则。

69. P347 社会保障体系概念:译为社会安全,最早出现在美国1935年制定的《社会保障法案》中。社会保障构成包含三个基本要素:① **经济福利性**:受益者所得大于支出;② **社会化行为**:由官方机构或中间团体来承担组织实施任务,非供给者与受益方直接对应行为;③ 以**保障和改善国民生活为根本目标** 社会保障覆盖三个层次:经济保障、服务保障、精神保障。

70. P347 社会保障的构成

社会保险	① 养老保险　② 失业保险　③ 工伤保险　④ 医疗保险　⑤ 生育保险	针对劳动者
社会救助	① 贫困户　② 残疾人　③ 灾民	贫困者或贫困线下的人
社会福利	① 公共设施　② 财政补贴　③ 居民住房　④ 生活补贴　⑤ 集体福利	全体居民
社会优抚	① 退伍军人安置　② 军人家属　③ 烈属抚恤	军人及家属

71. P347　**住房公积金概念**：是单位及其在职职工缴存的长期住房储金，是住房分配<u>货币化、社会化和法制化</u>的主要形式。

住房公积金的**性质**：普遍性、强制性（政策性）、福利性、返还性

住房公积金的**缴存范围**：① 机关、事业单位；② 国有企业、城镇集体企业、外商投资企业、港澳台商体资企业、城镇私营企业或其他；③ 民办非企业单位、社会团体；④ 外国及港澳台投资企业或其他常驻代表机构。

存缴比例：不得低于职工上一年年度月平均工资的5%（可适当提高）；个体商户和自由职业按照上一年度月平均纳税收入计算。

公积金企业逾期不办的，<u>处1万以上至5万以下</u>的罚款；少缴或不缴可申请<u>法院强制执行</u>。

72. P349　**各项福利总额预算计划的制订程序**【简答】

① 该项福利的性质：设施或服务

② 该项福利的起始执行日期、上年度的效果以及评价分数

③ 该项福利的受益者、覆盖面、上年度总支出和本年度预算

④ 新增福利的名称、原因、受益者、覆盖面、本年度预算、效果预测、效果评价标准

⑤ 根据薪酬总额计划及工资、奖金等计划，检查该项目福利计划的成本是否可控

73. P350　**社会保险企业缴费**【计算　例1.2】

类型	养老	医疗	失业	工伤	生育		公积金
单位	12%	6%	2%	浮动费率	不超过1%		5~12%
个人	8%	2%	1%	不用交	不用交		5~12%

74. P352　**住房公积金**规定<u>新成立</u>单位应当自成立之日起<u>30日</u>内到住房公积金管理中心办理住房公积金缴存登记，单位录用员工，应自录用起<u>30</u>日内到住房公积金管理中心办理变缴存登记及其他手续。

75. P352　**员工住房公积金的缴费**【简答】

（1）员工住房公积金的月缴存额为员工本人上一年度月平均工资乘以员工住房公积金缴存比例；

（2）单位为员工缴存的住房公积金的月缴存额为员工本人上一年度月平均工资乘以单位住房公积金缴存比例；

（3）新参加工作的员工从参加工作的第二月开始缴存，月缴存额为员工本人当月工资乘以员工住房公积金缴存比例；

（4）单位新调员工从调入单位发放工资之日起缴存，月缴存额为员工本人当月工资乘以员工住房公积金缴存比例；

（5）员工和单位住房公积金的缴存比例均不得低于员工上一年度月度平均工资的5%；可以适当提高，需报批；

（6）由单位每月从工资中代扣代缴；

（7）单位应当于每月发放员工工资之日起5日内为员工代缴，存入委托银行公积金账户；

（8）单位应当按时、足缴存住房公积金，不得逾期缴存或者少缴；

（9）对缴存有困难的单位，经工会或大会讨论通过，审核报批后，可以降低比例或缓缴；待单位经济效益好转后，再提高比例过补缴存；

（10）公积金账户按照国家规定的利率计息；

（11）住房公积金管理中心为员工发缴存有效凭证。

76. P353　单位为员工缴存的住房公积金

（1）机关在预算中列支

（2）事业单位由财政部门核定收支后，在预算或费用中列支

（3）企业在成本中列支

77. P353　提取住房公积金的情形：

（1）购买建造翻建大修自住房的

（2）离休退休的

（3）完全丧失劳动能力，并与单位终止劳动关系的

（4）户口迁出所在的市，县或者出境定居的

（5）偿还购房贷款本息的

（6）房租超出家庭工资收入的规定比例的

第六章　劳动关系管理

第一节　企业民主管理

1. P355　**职工代表大会**(小型企业为职工大会)是由企业职工过民主选产生的职工代表组成的,**代表全体职工实行民主管理权利的机构**。

《宪法》《劳动法》都有相关规定,国有企业、集体经济组织依法实行民主管理,**职工代表大会制度**主要在国有企业中实行,非国(非公)有企业则实行民主协商制度。两种制度并行不悖。

劳动者即在劳动关系中与雇主相对的一方参与企业管理是**通例**;市场经济国家都用**立法**的形式保障劳动者民主管理的参与权。

瑞典的工厂委员会、德国的职工大会和企业委员会、美国的劳资委员会和工人委员会、日本的劳资协议会、印度的工厂委员会和联合管理委员会;其中有两种形式:由劳动关系双方共同组成的劳资委员会或工厂委员会,主要起协商、沟通、咨询的作用;由企业工会或职工代表单方组成,主要对工资、福利、劳动安全等问题。

2. P356　职工代表大会(职工大会)制度与民主协商是职工参与民主管理的两种主要的、并行不悖的制度,在协调劳动关系中发挥着重要的功能。

职工代表大会制度是企业职工行使民主管理的**基本形式**,是职工民主管理的具体表现。职工代表大会依法享有审议企业重大决策、监督行政领导及维护职工合法权益的权力。

3. P356　**职工参与企业的民主管理有多种形式**
(1) **组织**参与,职工通过组织一定的代表性机构参与企业管理,如职工代表大会制度。
(2) **岗位**参与,职工通过在本岗位的工作和自治实现对管理的参与,如质量管理小组、班组自我管理、各类岗位责任制。
(3) **个人**参与,即职工通过其个人的行为参与企业管理,如合理化建议,技术创新等。——岗位参与和个人参与是职工民主管理的**直接形式**,而组织参与则是间接形式。

4. P356-357　**职工民主管理和合同规范不同**
职工民主管理:**单方行为\纵向协调**　合同规范:**双方行为\横向沟通**
民主管理制度和劳动争议处理制度区别
职工民主管理:自我协调和内部协调方式\自行协调和事前协调(预防)
劳动争议处理制度:外部协调方式\事后协调(解决)

5. P357　**职工代表大会的职权**
① **审议建议**权:对企业生产经营重大决策事项进行审查、咨询和建议,如对生产计划、资金使用、重大技术引进与改造、财务预决算方案等提出意见或建议。
② **审议通过**权:对企业事关职工切身权利的重大事项,如工资、劳动安全卫生、相关管理规定等进行审查、讨论,并做出同意或否决的决议。

③ **审议决定权**:对企业非直接生产经营而是属于职工利益的事项进行审议,并做出决定,交由企业执行。如职工福利事项等。
④ **评议监督权**:评议监督企业各级管理人员,并提出奖惩或任免的建议。
⑤ **推荐选举权**:根据企业所有者的规定,民主推荐企业经营者或民主选举经营者。

6. P357 职工代表大会行使职权是要有"度"——**广度和深度**,存在两个**矛盾**:
① 企业目标与劳动者目标的差异。利润最大化与福利最大化。
② 管理权威与参与管理的矛盾。
处理以上矛盾注意**适度性**:重大决策,保证职工有知情权和咨询权;劳动事件,保证职工审议的通过权和决定权。**适度的标准**是劳动关系双方利益是否协调和管理是否高效率低成本。

7. P358 职工代表都应由企业基层单位的职工按照法定程序民主选举或推举产生。
职工代表包括工人、技术人员和各级管理人员,各级管理人员为代表总数的20%,常任制,每两年改选一次,可连选连任。

8. P358 **平等协商性质**:职工代表大会或职工大会制度与平等协商制度是**企业民主管理制度的两种基本形式**。适用于非国有企业。**平等协商**:劳动关系双方就企业生产经营与职工利益的事务平等商讨、沟通,以实现双方的相互理解和合作,并在可能的条件下达成一定协议的活动。

平等协商与集体协商的区别   平等协商往往成为订立集体合同而进行集体协商的准备阶段

	平等协商	集体协商
主体不同	职工代表	工会(无工会,职工代表)
目的不同	实现双方沟通,不以达成协议为目的	订立集体合同
程序不同	程序、时间、形式比较自由	有严格的法律程序
内容不同	内容广泛,不限	一般为法律规定的事项
法律效力不同	依赖当事人的自觉履行	受国家法律保护,国家强制性
法律依据不同	职工民主参与管理的形式	劳动法中的集体合同制度

9. P359 平等协商的形式:① 民主对话;② 民主质询;③ 民主咨询。
10. P360 信息沟通制度
信息沟通是指可解释的信息由发送人传递到接收人的过程,是情报互换的过程。成功的信息沟通不仅需要信息传递,还要**被理解**,形成一个管理信息系统。信息沟通的作用是**将适当的信息,用适当的方法传给适当的人,形成有效的信息传递系统**,有利于组织目标的实现,是确定决策的**前提和基础**,是管理者和被管理者之间的**桥梁**。企业信息沟通渠道有**正式沟通和非正式沟通**。
(一)纵向信息沟通 ① 下向沟通:分解 ② 上向沟通:综合
(二)横向信息沟通 在同一级机构、职能业务人员之间的沟通
(三)建立标准信息载体
① **制定标准劳动管理表单**(由企业劳动管理制度规定,有固定传输渠道,按照固定程序

填写的统一的表格。如统计表、台账、工资单、员工卡片等)

② <u>汇总报表</u>(是为企业高层管理人员充分了解情况,掌握管理实际进程的工具。包括工作进行状况汇总报表与<u>业务报告</u>两类。)

③ <u>正式通报</u> 组织刊物(说明企业劳动关系管理计划、目标、发布规定和管理标准等。其<u>优点</u>是<u>信息传递准确,不易受到歪曲,且沟通内容易于保存。</u>)

④ <u>例会制度</u>(直接以口头语言的形式综合<u>上向沟通、下向沟通、横向沟通</u>三者信息沟通方式;具体形式可以是<u>会议、召见、询问、指示、讨论</u>等多种。此种沟通方式具有亲切感,可以通过语调、表情、形体语言增强沟通效果,容易获得沟通对方的<u>反馈</u>,具有<u>双向沟通</u>的优势。)

11. P361 **员工满意度调查内容**:薪酬、工作、晋升、管理、环境
12. P361 **实施员工满意度调查的目的**:① 诊断组织潜在问题;② 找出问题原因;③ 评估组织变化和企业政策对员工的影响;④ 促进组织与员工之间的沟通;⑤ 增强组织凝聚力。

13. P362 **员工满意度调查的基本程序**【简答】
(一)确定**调查对象** 可以分为生产工人,办公室工作人员,管理人员等
(二)确定满意度调查指向(调查项目)
(三)确定**调查方法**:
目标型调查法 ① 选择法[设定若干答案选择] ② 正误法[判断正误] ③ 序数表示法[设定问题并排序]
描述型调查 ① 确定性提问 ② 不确定性提问
(四)确定调查组织:① 企业内部有关管理人员 ② 外聘专家(**优势**有专业程度高、员工配合较好、调查结果的分析客观程度高)
(五)调查结果分析
(六)结果反馈
(七)制定措施落实,实施方案跟踪【第三版由原来的5点改为7点】

14. P364 **企业劳动关系调整信息系统的设计**【案例、简答】
(一)信息需求分析
(二)信息收集与处理
① 信息收集 ② 检查核对 ③ 信息加工 ④ 传输
(三)信息提供

15. P365 **员工沟通的程序**【简答】
一个完整的员工沟通,总是包括信息的<u>发出者</u>、信息、沟通渠道、信息的<u>接受者</u>等要素。
(一)形成概念 (二)选择与确定信息传输的语言、方法和时机 (三)信息传输 (四)信息接收 (五)信息说明、解释 (六)信息利用 (七)反馈

16. P365 **员工沟通的注意事项**【简答】
(一)**降低沟通障碍和干扰**:① 树立主动的沟通意识;② 创造有利的沟通环境;③ 沟通者相互尊重、促进合作;④ 注意沟通语言的选择。
(二)**借助专家、相关团体实现沟通**:① 劳动关系管理事务复杂,借助企业组织外部的专家实现沟通,可以有效地降低沟通成本、提高沟通的效率;② 充分利用工会及其他团体组织在员工沟通中的作用。

17. P365 沟通者相互尊重、促进合作【案例】

员工沟通不能独立于员工性格特点而孤立存在,员工的精神状态、价值观念、交往习惯等多种人格特征都可能形成沟通障碍。在**下向沟通**中,管理人员必须准确地理解信息的含义。在上向沟通中,积极鼓励员工提出建议和意见,反映情况,建立合理的沟通层次,减少因层次过多造成对信息的过滤和失真。上向沟通的信息需要给予回复的,必须答复。

18. P365 注意沟通语言的选择【案例】

(1) 必须注意沟通语言、符号的适应性与准确性,减少语言失真对沟通的干扰。词语运用应避免引起歧义,不使用歧视性语言,文字要具有可读性,简明扼要。

(2) 在可以借助图像进行沟通的场合,应尽可能使用图像,一段工作录像或一张照片往往能获得意想不到的效果。恰当的图像是语言的形象化的助手。

(3) 借助行为了解信息,适当运用体态语言。

(4) 标准管理表单设计科学,合理。

P367 员工满意度调查表

P370 员工满意度调查制度

第二节 劳动标准的制定与实施

19. P372 劳动标准或称为劳动基准、劳工标准内涵理解:
① 对重复性事物、概念和行为的统一规定 ② 制定主体多样性 ③ 以科学技术、社会科学的发展及实践经验为基础 ④ 表现形式多样性 ⑤ 作用方式多样性 ⑥ 不同的效力等级和范围

20. P374 劳动标准结构

横向结构按对象分类:就业、劳动关系、工作条件、劳动报酬、职业技能开发、劳动安全卫生、社会保险、劳动福利、劳动行政管理。

纵向结构国家、行业、地方、企业

功能结构基础类、管理类、工作类、技术类、不便分类

21. P374 工作时间的概念 由法律直接规定或由合同约定的,劳动者为履行劳动给付义务,在用人单位从事工作或生产的时间。

工作时间的法律范围包括:① 从事劳动**准备**和**结束**工作的时间;② 实际**完成作业**的时间(直接用于完成任务的时间);③ 工作**过程**自然需要的**中断时间**(劳动者生理必须);④ **工艺中断时间**、依法或单位安排的**离岗时间**;⑤ 从事有害健康工作的必须的**间歇时间**。

22. P375 工作时间的种类

标准工作时间	由国家法律制度规定 标准工作时间是其他工作时间制度的**基准**
缩短工作时间	实行**少于标准工作时间**长度的工作时间 应用范围:1. 井下、高温等特殊作业;2. 夜班;3. 哺乳期;4. 其他如未成年工,怀孕7月以上
计件工作时间	以完成一定的**劳动定额**为标准的工作时间

(续表)

综合工作时间	以周、月、季、年等为周期 **适用范围**：1. 性质特殊,连续作业的；2. 受限于自然条件的；3. 其他。公休日规定为工作日,法定节假日按加班处理
不定时工作时间	是指每日没有固定工作时间的工时制度。超过部分不视为延长工作时间。高级管理人员、外勤人员、推销人员、长途运输人员、出租汽车司机、铁路、港口、仓库的部分装卸人员非标准工作时间的工时形式和适用岗位,依据劳动法的规定,用人单位必须履行法定的**审批**手续。

23. P376 延长工作时间是指超过标准工作时间长度的工作时间。节假日、公休日工作称为加班,超过日标准工作时间以外延长工作时间称为加点。

法律规定,允许延长工作时间的一般条件：

(1) 发生自然灾害、事故或者其他原因,威胁劳动者生命健康和财产安全,需要紧急处理的。

(2) 生产设备、交通运输线路、公共设施发生故障,影响生产和公众利益,必须及时抢修的。

(3) 法律、法规规定的其他情形,如：

① 法定节假日、公休日内生产不能间断的；

② 必须利用法定节假日、公休日的停产期间进行设备检修、保养的；

③ 完成国防紧急生产任务或其他关系到重大社会公共利益需要的紧急生产任务；商业、供销企业在旺季完成收购、运输、加工农副产品紧急任务的等。

24. P377 11天法定节假日

年制度工作日:250天；季制度工作日:62.5天/季；月制度工作日:20.83天/月。

年制度工作工时:2 000工时；季制度工作工时:500工时/季；月制度工作工时:166.67工时/月。

日工资、小时工资的折算

① 月计薪天数:$(365-104)÷12=21.75$天/月

② 日工资=月工资收入÷月计薪天数

③ 小时工资=月工资收入÷(月计薪天数×8小时)

25. P377 限制延长工作时间的措施【简答或案例】

(1) **条件限制**。用人单位由于生产经营需要,经与工会和劳动者协商可以延长工作时间。

(2) **时间限制**。用人单位延长工作时间,一般每日不得超过1小时。因特殊原因需要的,在保证劳动者身体健康的条件下,每日不得超过3小时,但每月不得超过36小时。

(3) **延长工作时间**。用人单位应当以高于劳动者正常工作时间的工资标准支付延长工作时间的劳动报酬,其标准是:在法定标准工作时间以外延长工作时间的,按照不低于劳动合同规定的劳动者本人小时工资标准的150%支付劳动报酬；劳动者在休息日工作,而又不能安排劳动者补休的,按照不低于劳动合同规定的劳动者本人日或小时工资标准的200%支付劳动报酬；劳动者在法定节假日工作的,按照不低于劳动合同规定的劳动者本人小时工资标准的300%支付劳动报酬。

(4) **人员限制**。怀孕7个月以上和哺乳未满一周岁婴儿的女职工,不得安排其延长工作时间。

P378 【案例分析】

26. P379 最低工资的含义

最低工资是国家以一定的立法程序规定的,劳动者在法定时间内提供了正常劳动的前提下,其所在单位应支付的最低劳动报酬。

正常劳动是指劳动者按照依法签订的劳动合同的约定,在法定工作时间或劳动合同约定的工作时间内从事的劳动。国家规定的休假期间,以及法定工作时间内依法参加社会活动期间,视为提供了正常劳动。

最低工资适用于我国境内的企业、个体经济组织和与之建立劳动关系的劳动者。国家机关、社会团体、事业组织和与之建立劳动合同关系的劳动者,都应实行最低工资制度。

基本出发点是维护市场经济秩序,保护劳动者的合法权益,规范用人单位的工资分配行为。

27. P379 最低工资标准确定和调整的步骤

最低工资标准的确定和调整采用"三方性"原则,即在国务院劳动行政主管部门的指导下,由省、自治区、直辖市人民政府劳动行政主管部门会同同级工会、企业家协会研究拟订,并将拟订的方案报送劳动保障部。方案内容包括最低工资确定和调整的依据、适用范围、拟订标准和说明。劳动保障部在收到拟订方案后,应征求全国总工会、中国企业联合会、企业家协会的意见。

最低工资标准相关时间:① 劳动保障部对方案可以提出修订意见,若在方案收到后14日内未提出修订意见的,视为同意。② 本地区最低工资标准方案报省、自治区、直辖市人民政府批准,并在批准后7日内在当地政府公报上和至少一种全地区性报纸上发布。③ 省、自治区、直辖市劳动保障行政部门应在发布后10日内将最低工资标准报劳动保障部。④ 用人单位应在最低工资标准发布后10日内将该标准向本单位全体劳动者公示。

最低工资标准一般采取月最低工资标准和小时最低工资标准的形式。

月最低工资标准适用于全日制就业劳动者,小时最低工资标准适用于非全日制就业劳动者。

28. 确定和调整最低工资应考虑的因素【简答】

① 最低生活费用;② 社会平均工资水平;③ 劳动生产率;④ 就业状况;⑤ 地区之间经济。

相关因素发生变化,最低工资应适时调整,每两年至少调整一次。

确定最低工资标准一般考虑:① 城镇居民生活费用支出;② 职工个人缴纳社会保险费;③ 住房公积金;④ 职工平均工资;⑤ 失业率;⑥ 经济发展水平等因素。

29. P380 确定最低工资标准的通用方法

(1) **比重法**:月最低工资标准＝贫困户的人均生活费用支出水平×赡养系数＋调整数

(2) **恩格尔系数法**:食品支出总额占个人消费支出总额的比重

赡养系数＝(家庭供养人口数＋就业人口数)÷就业人口数

月最低工资标准＝最低食物费用÷恩格尔系数×赡养系数＋工资调整系数

小时最低工资标准＝[(月最低工资标准÷21.75÷8)]×(1＋单位应缴各类保险费、基本医疗保险费比率之和)×(1＋浮动系数)

浮动系数的确定主要考虑非全日劳动者的工作稳定性、劳动条件、劳动强度、福利等方面与全日制人员的差异

【会简单用公式计算】

30. P381　**最低工资的给付**在劳动者提供正常劳动的情况下,用人单位应支付给劳动者的工资在剔除下列各项以后,<u>不得低于当地最低工资标准</u>:

(1) 延长工作时间工资;

(2) 中班、夜班、高温、低温、井下、有毒有害等特殊工作环境、条件下的津贴;

(3) 法律、法规规定的劳动者福利待遇等。

劳动者由于**本人原因**造成在法定工作时间内或依法签订的劳动合同约定的工作时间内未提供正常劳动的,**不适用**最低工资规定。

用人单位支付给劳动者的工资低于最低工资标准的,由劳动保障行政部门责令其限期**补发**所欠劳动者工资,并可责令其按所欠工资的**1～5倍**支付劳动者赔偿金。

31. P382　**工资支付保障**主要包括工资支付的一般规则和特殊情况下的工资支付。

32. P382　**工资支付的一般规则**【简答】

(1) **货币**支付。工资应当以法定货币支付,不得以实物、有价证券替代货币支付。

(2) **直接**支付。用人单位应将工资支付给劳动者本人。

(3) **按时**支付。工资应当按照用人单位与劳动者约定的日期支付,如遇节假日或休息日,则应提前在最近的工作日支付;工资至少每月支付一次,对于实行小时工资制和周工资制的人员,工资也可以按日或周支付。对完成一次性临时劳动或某项具体工作的劳动者,用人单位应按有关协议或合同规定在其完成劳动任务后即支付工资。

(4) **全额**支付。劳动法规定,用人单位不得克扣劳动者工资,在正常情况下工资应当全额支付。

33. P382　**"无故拖欠"不包括以下情形:**【案例】

(1) 用人单位遇到不可抗力的影响

(2) 用人单位确因生产经营困难、资金周转受到影响,在征得本单位工会同意后,可暂时延期支付劳动者工资

除上述情况外,拖欠工资均属无故拖欠。

34. P382　**以下情况之一的,用人单位可以代扣劳动者工资:**【案例】

(1) 用人单位代扣代缴的个人所得税;

(2) 用人单位代扣代缴的应由劳动者个人负担的各项社会保险费用;

(3) 法院判决、裁定中要求代扣的抚养费、赡养费;

(4) 法律、法规规定可以从劳动者工资中扣除的其他费用。

以下减发工资的情况也不属于"无故克扣":【案例】

(1) 国家的法律、法规中有明确规定的;

(2) 依法签订的劳动合同中有明确规定的;

(3) 用人单位依法制定并经职工代表大会批准的厂规、厂纪中有明确规定的;

(4) 因劳动者请事假等原因相应减发工资等。

35. P383　**特殊情况下的工资支付**【简答,答题时只要每个要点的第一句】

特殊情况下的工资支付主要指以下情形的工资支付:

(1) 依法**解除**或**终止**劳动合同时,用人单位一次性付清劳动者工资。

(2) 依法参加**社会活动**期间,或者担任集体协商代表履行代表职责,参加集体协商活动期间,用人单位应当视同其提供正常劳动支付工资。依法参加社会活动的种类包括:① 依法行使选举权或被选举权;② 当选代表出席政府、党派、工会、妇女联合会等组织召开的会议;③ 出席劳动模范、先进生产(工作)者大会;④ 不脱产基层工会委员会委员因工会活动占用的生产或工作时间;⑤ 其他依法参加的社会活动。

(3) 劳动者依法**休假**期间,用人单位应按劳动合同规定的标准支付工资,包括:
① **休假期间**;② 病休期间,用人单位支付**病假工资**不得低于当地最低工资标准的80%;③ **生育手术**依法享受休假期间;④ 产前检查和哺乳依法休假的;⑤ 部分**公民节日**期间,如妇女节、青年节等部分公民节日期间,用人单位安排劳动者休息、参加节日活动的,应当视同其提供正常劳动支付工资,劳动者照常工作的,可以不支付加班工资。

(4) 用人单位**停工**、**停业**期间的工资支付。① 非因劳动者本人原因造成用人单位停工、停业的,在一个工资支付周期内,**正常支付工资**;② 超过一个工资支付周期的,按照双方新约定的标准支付工资,但不得低于当地最低工资标准;③ 用人单位没有安排劳动者工作的,一般应当按照不低于当地最低工资标准的70%支付劳动者基本生活费;④ 如果集体合同、劳动合同另有约定的,可按照约定执行。

(5) 用人单位**破产**、**终止或者解散**的,经依法清算后的财产应当按照有关法律、法规、规章的规定,优先用于支付劳动者的工资和社会保险费。

36. P384 用人单位制定并实施内部劳动规则是其行使**经营管理权和用工权**的主要方式,发挥着用人单位内部**强制性规范**的功能。

用人单位内部劳动规则是**企业规章制度**的组成部分,是企业劳动关系调节的重要形式。劳动关系主体受的规范约束有两种:① 合同规范;② 强制性的法律规范。

用人单位内部劳动规则具有**劳动规范和法律规范两种属性**。

从合同规范角度,用人单位内部劳动规则企业单方面制定,但是需要劳动者同意,订立劳动合同,大多是**默示同意或概括性同意**。

从法律规范角度,用人单位内部劳动规则发挥行为规范作用,是法律法规的**延伸和具体化**,只要经过民主程序制定、内容不违反国家法律法规和政策、已向劳动者公示等三个条件,就具有法律效力了。

37. P385 用人单位内部劳动规则特点:① 制定**主体**的特定性:用人单位;② 企业和劳动者共同的行为规范;③ **企业经营权与职工民主管理权**相结合的产物。

用人单位内部劳动规则以用人单位为制定的主体,以用人单位**公开**、**正式**的行政文件为表现形式,只在**本单位**范围内适用。

38. P386 内部劳动规则内容【案例或简答】
① 劳动合同管理制度;② 劳动纪律;③ 定员定额规则;④ 岗位规范制定规则;⑤ 劳动安全卫生制度;⑥ 其他制度(工资、福利、考核、奖惩、培训)。

39. P386 劳动合同管理制度内容【简答】① 劳动合同履行的原则;② 员工招收录用条件、招工简章、劳动合同草案;③ 员工招收录用计划的审批、执行权限的划分;④ **劳动合同**续订、变更、解除事项的审批办法;⑤ 试用期考查办法;⑥ 员工档案的管理办法;⑦ 应聘人员相关材料保存办法;⑧ 集体合同草案的拟定、协商程序;⑨ 解除、终止劳动合同人员的档案稿交办法、程序;⑩ 劳动合同管理制度修改、废止的程序等。

40. P386 **劳动纪律**包括:① 时间规则;② 组织规则;③ 岗位规则;④ 协作规则;⑤ 品行规则;⑥ 其他规则。具体内容:

时间规则 作息时间、考勤办法、请假程序等

组织规则 企业各直线部门、职能部门或各组成部分及各类层级权责结构之间的指挥、服从、接受监督、保守商业秘密等的规定

岗位规则 劳动任务、岗位职责、操作规程、职业道德等

协作规则 工种、工序、岗位之间的关系,上下层次之间的连接、配合等

品行规则 言语、着装、用装、礼节等规则

41. P387 **制定劳动纪律应当符合的要求**:① 劳动纪律的内容必须合法。② 劳动纪律的内容应当全面约束管理行为和劳动行为,工作纪律、组织纪律、技术纪律全面规定,使各种岗位的行为与职责都能做到有章可循,违章可究。③ 标准一致。④ 劳动纪律应当结构完整。

42. P387 **劳动定员定额规则**。主要包括:① 编制定员规则:企业依据自身的实际情况制定企业机构的设置和配备各类人员的数量界限。② 劳动定额规则:在一定的生产技术水平和组织条件下,企业制定的劳动者完成单位合格产品或工作所需的劳动消耗量标准。

43. P387 **制定劳动定员定额应注意以下事项**:

(1) 必须紧密结合企业现有的生产技术组织条件,确定定员水平,应执行适合本企业的技术组织条件的定员标准,对于强制性定员标准应严格执行,并严格履行定员制定程序。

(2) 技术组织条件必须是企业现有的或是按照劳动合同的规定企业可以提供的条件,不能超过这种约定条件的劳动定额标准。

(3) 所规定的劳动消耗量标准应当以法定工作时间为限,并符合劳动安全卫生的要求。

(4) 制定、修订劳动定员定额的程序必须合法。

44. P387 **劳动岗位规范制定规则**是企业根据劳动岗位的职责、任务和生产手段的特点对上岗员工提出的客观要求的综合规定。

45. P388 **用人单位内部劳动规则的程序**【简答】

① **制定主体合法** 即内部劳动规则制定主体必须具备制定内部劳动规则的法律资格,主体资格应当依据公司法或用人单位的章程。

② **内容合法** 即内容不得违反法律、法规的规定,内容规定的劳动者利益不得低于集体合同规定的标准。

③ **职工参与** 用人单位内部劳动规则的制定是单方的法律行为,在吸收和体现劳动者一方的意志,或得到劳动者认同的情况下,才能确保其实施。

④ **正式公布** 形式通常以企业法定代表人签署和加盖公章的正式文件的形式公布。

46. P389 **用人单位内部劳动规则的法律效力及其认定标准**【案例】

第三节 集体合同管理

47. P394 **集体合同**是指用人单位与本单位职工根据法律、法规、规章、规定,就劳动报酬、工作时间、休息休假、劳动安全卫生、职业培训、保险福利等事项(一般劳动条件),通过集

体协商签订的**书面**协议。

48. P395　集体合同的特征　与一般协议的**共性**：**主体平等性、意思表示一致性、合法性和法律约束性**　其他的特征：① 规定劳动关系的协议　② 工会或职工代表代表职工一方与企业签订　③ 定期的书面合同，生效需经特定程序。

49. P395　集体合同与劳动合同的区别

	集体合同	劳动合同
主体不同	企业、工会或职工代表	企业、劳动者个人
内容不同	全体劳动者共同的权利和义务	单个劳动者的权利义务
功能不同	设定标准，提供基础和指导原则	确定劳动关系
法律效力不同	集体合同的效力高于劳动合同的效力	

50. P396　集体合同的作用
① 有利于协调劳动关系；② 加强企业的民主管理；③ 维护职工合法权益；④ 弥补劳动法律法规的不足。

51. P396　订立集体合同应遵循的原则
① 内容合法；② 相互尊重，平等协商；③ 诚实守信，公平合作；④ 兼顾双方合法利益；⑤ 不得采取过激行为。

52. P397　集体合同的形式
法定要式合同：**书面**（口头形式的集体合同不具有法律效力）
形式：**主件和附件**
主件是**综合性集体合同**，其内容涵盖劳动关系的各个方面。附件是**专项集体合同**，是就劳动关系的某一特定方面的事项签订的专项协议。现阶段，我国法定集体合同的附件主要是**工资协议**（专门就工资事项签订的集体合同）。
集体合同的期限：集体合同均为定期合同，我国劳动立法规定集体合同的期限为1~3年。

53. P397　集体合同的内容【简答】
（一）**劳动条件标准部分**　包括劳动报酬、工作时间和休息休假、保险福利、劳动安全卫生、特殊职工保护、职业技能培训、劳动合同的管理、奖惩、裁员等项条款（**员工切身利益**）劳动条件标准条款在集体合同内容的构成中处于**核心地位**，在集体合同的有效期内具有法律效力。上述标准不得低于法律法规规定的最低标准。
（二）**一般性规定**　包括合同的有效期限，集体合同条款的解释、变更、解除和终止（合同本身相关的）
（三）**过渡性规定**　合同的**监督、检查、争议处理、违约责任**
（四）**其他规定**　补充条款，规定在集体合同的有效期间应当达到的具体**目标**和实现目标的主要措施。

54. P398　劳动条件标准部分的具体内容
劳动报酬：① 用人单位工资水平、工资分配制度、工资标准和工资分配形式；② 工资支付办法；③ 加班加点工资及津贴补贴标准和奖金分配方法；④ 工资调整办法；⑤ 试用期及病、事假等期间的工资待遇；⑥ 特殊情况下职工工资（生活费）支付办法。

工作时间：① 工时制度；② 加班加点办法；③ 特殊工种的工作时间；④ 劳动定额标准。

休息休假：① 日休息时间、周休息日安排、年休假办法；② 不能实行标准工时制职工的休息休假；③ 其他假期。

劳动安全卫生：① 劳动安全卫生责任制；② 劳动条件和安全技术措施；③ 安全操作规程；④ 劳保用品发放标准；⑤ 定期健康检查和职业健康体检。

补充保险和福利：① 补充保险的种类、范围；② 基本福利制度和福利设施；③ 医疗期延长及其待遇；④ 职工亲属福利制度。

女职工和未成年工的特殊职工保护：① 女职工和未成年工禁忌从事的劳动；② 女职工的经期、孕期、产期和哺乳期的劳动保护；③ 女职工和未成年工定期健康检查；④ 未成年工的使用和登记制度。

职业技能培训：① 职业技能培训项目规划及年度计划；② 职业技能培训费用的提取和使用；③ 保障和改善职业技能培训的措施。

劳动合同的管理：① 签订时间；② 期限的条件；③ 变更、解除、续订的一般原则及无固定期限劳动合同的终止条件。

奖惩：① 劳动纪律；② 考核奖惩制度；③ 奖惩程序。

裁员：① 方案；② 程序；③ 实施办法；④ 补偿标准。

55. P400　**签订集体合同的程序**【简答】

① 确定集体合同的主体；② 协商集体合同；③ 政府劳动部门审核；④ 审核期限和生效；⑤ 集体合同的公布。

56. P400　**确定集体合同的主体**：① 劳动者一方：基层工会委员会或职工代表；② 用人单位一方：用人单位行政机关，即法定代表人。

57. P400　**协商集体合同**

（一）协商准备　① 确定协商代表；② 拟定协商的方案；③ 预约内容、日期、地点。

（二）协商会议　① 宣布议程和会议纪律；② 一方提要求，一方回应；③ 双方认论；④ 双方首代归纳意见（讨论草案，2/3 以上出席，半数以上同意）。

（三）大会通过　经职代会或职工大会通过后，有双方首代签字。

58. P401　**政府劳动行政部门审核**

流程：① 企业方将签字的集体合同文本及说明材料（10 日内送审）；② 县级以上政府劳动行政部门审查（报送劳动行政部门审查备案）；③ 通过（15 日内公示，生效）/未通过（15 日内修改并重报）；④ 及时公布。

证明身份（企业、员工）［企业的营业执照、工会的社团法人证明材料、双方代表的身份证（均为复印件）、委托授权书、职工代表的劳动合同书］

程序是否合法［相关审议会议通过的集体合同的决议、集体合同条款的必要说明等］

59. P401　**集体合同的履行**

① 履行的主体：当事人　关系人（关系人：是指因集体合同的订立而获得利益，并且受集体合同约束的主体）

工会组织代表的全体劳动者，包括新录用的职工　用人单位所代表的所有者和经营者

② 履行的原则：实际履行和协作履行

60. P402 违反集体合同的责任
企业——法律责任
工会——不承担法律责任，承担道义上的责任
个别劳动者——按照劳动合同的规定承担相应责任

61.【案例分析】"集体合同的法律效力高于劳动合同"刘某案例与王某案例

第四节 劳动争议的协商与调解

62. P406 **劳动争议**也称**劳动纠纷**，是指劳动关系双方当事人之间因**权力**和**劳动义务**的认定与实现所发生的纠纷。劳动争议**实质**上是劳动关系当事人之间利益矛盾、利益冲突的表现。

63. P406 **劳动争议特征**：① 劳动争议的当事人是特定；② 劳动争议的内容是特定；③ 劳动争议的表现形式是特定。

64. P406 **劳动争议的分类**
按**主体**分类：① 个别争议（职工一方当事人在9人以下）；② 集体争议（职工一方当事人在10人以上）；③ 团体争议（工会与用人单位因签订或履行集体合同发生的争议）。
按**性质**分类：① 权利争议（又称既定权利争议。劳动关系当事人基于劳动法律、法规的规定，或集体合同、劳动合同约定的权利与义务所发生的争议。）；② 利益争议（当事人因主张有待确定的权利和义务所发生的争议。签订，发更集体合同时所发生的）。
按**标的划分**：① 劳动合同争议；② 劳动安全、工作时间、休息休假、保险福利的劳动争议；③ 关于劳动报酬、培训、奖惩等的争议。

65. P407 **劳动争议的原因**
① 劳动争议的内容只能是以劳动**权利义务**为标的。是否遵循法律规范和合同规范是劳动争议产生的**直接原因**。② 市场经济的物质利益原则的作用，劳动争议的**实质**是劳动关系主体的利益差别而导致的利益冲突。

66. P408 **劳动争议处理的原则** ① 合法原则；② 公正原则；③ 及时处理、着重调解原则。

67. P408 **调解的特点**
① **群众性** 企业劳动争议调解委员会是群众性组织。调解活动强调群众的直接参与。
② **自治性** 它是用人单位组织内的成员对本单位内的劳动争议实行自我管理、自我调解和自我化解矛盾的一种途径。
③ **非强制性** 申请调解自愿、履行协议自愿以及舆论的约束。

68. P408 **调解委员会调解** 与劳动争议仲裁委员会、人民法院处理劳动争议时的调解的**区别**：① 地位不同；② 主持的主体不同；③ 调解案件的范围不同；④ 调解的效力不同。

69. P408 **调解委员会的设立** 调解委员会由劳动者代表和企业代表组成。① 劳动者代表由工会委员成员担任或由全体劳动者推举产生；② 企业代表由企业负责人指定；③ 调解委员会主任由工会代表担任。

70. P409 **调解委员会的职责**
① 宣传劳动保障法律法规和政策；② 对本企业发生的劳动争议调解；③ 监督和解协

议,调解协议的履行;④ 聘任解聘和管理调解员;⑤ 参与协调履行劳动合同集体合同执行企业劳动规章制度等方面;⑥ 参与研究涉及劳动者切身利息的重大方案;⑦ 协助企业建立劳动争议预防预警机制。

71. P409 调解员及其职责

① 关注本企业劳动关系状况,及时向调解委员会报告;② 接受指派,调解争议;③ 监督和解协议,调解协议的履行;④ 完成调解委员会交办的其他工作。

72. P410 调解劳动争议的原则

(1) 自愿原则① 申请调解自愿(事前);② **调解过程**自愿(事中);③ **履行协议**自愿(事后)。

(2) 尊重当事人申请仲裁和诉讼权利(三方面内涵:① 当事人自由选择协商、调解或仲裁,不得阻止;② 当事人可提出申请仲裁,不得干涉;③ 调解达成协议,当事人反悔,不愿履行,享有提请仲裁的权利,不得阻拦和干涉。)

73. P410 劳动争议处理的程序【简答】:

① 当发生争议时,争议双方应协商解决;② 当事人不愿协商、协商不成或者达成和解协议后不履行的,可以向调解组织申请调解;③ 不愿调解、调解不成或者达成调整协议后不履行的,可以向劳动争议仲裁委员会申请仲裁;④ 仲裁裁决不服的,除法律规定的终局裁决外,当事人一方或双方则可申诉到人民法院,由人民法院依法审理并做出最终判决。

74. P411 劳动争议协商的具体步骤【简答】

① 一方当事人可以通过与另一方当事人约见、面谈等方式协商解决;

② 当事人的劳动者一方可以要求所在企业工会参与或者协助其与企业进行协商;

③ 一方当事人提出协商要求后,另一方当事人应当积极做出口头或者书面回应;

④ 协商达成一致,应当签订书面和解协议;

⑤ 当事人不愿协商、协商不成活着达成和解协议后,一方当事人在约定的期限内不履行和解协议的,可以依法向调解委员会或者乡镇、接到劳动就业社会保障服务所(中心)等其他依法设立的调解组织申请调解,也可以依法向劳动人事争议仲裁委员会申请仲裁。

75. P411 调解委员会调解的程序:

① 申请和受理;② 调查和调解;③ 调解协议书;④ 与协商、调解相关的时效规定;⑤ 人民法院的支付令。

76. 调解相关时间:当事人 5 日内不做出回应的,视为不愿协商;解委员会 3 个工作日内受理;调解协议生效之日起 15 日内向仲裁委员会提出仲裁申请;调解委员会调解劳动争议,应当自受理调解申请之日起 15 日内结束。

第五节 劳动安全卫生与工伤管理

77. P413 劳动安全卫生标准是劳动标准的组成部分,是技术标准,分为国家标准、行业标准、地方标准和企业标准。

国家标准、行业标准分为强制性标准和推荐性标准。保障人体健康、人身、财产安全的标准为强制性标准,其他的都是推荐性标准。

78. P413 劳动安全卫生标准的特点:法律强制性和综合性

P414 劳动安全卫生标准可以分为以下类别：
① 劳动安全卫生基础标准；② 劳动安全卫生管理标准；③ 劳动安全卫生工程标准；④ 职业卫生标准；⑤ 劳动防护用品标准。

79．P415 劳动保护费用分类【简答】
① 劳动安全卫生保护设施建设费用；② 劳动安全卫生保护设施更新改造费用；③ 个人劳动安全卫生教育培训经费；④ 劳动安全卫生教育培训经费；⑤ 健康检查和职业病防治费用；⑥ 有毒有害作业场所定期检测费；⑦ 工伤保险费；⑧ 工伤认定、评残费用等。

80．P415 职业安全卫生预算编制程序【简答】
① 企业最高决策部门决定企业劳动安全卫生管理的总体目标和任务，并应提前下达到中层和基层单位；
② 劳动安全卫生管理职能部门根据企业总体目标的要求制定具体目标，提出本单位的自编预算；
③ 自编预算在部门内部协调平衡，上报企业预算委员会；
④ 企业预算委员会经过审核、协调平衡，汇总成为企业全面预算，并应在预算期前下达相关部门执行；
⑤ 编制费用预算；
⑥ 编制直接人工预算；
⑦ 根据企业管理费用预算表、制造费用预算表及产品制造成本预算表的相关预算项目要求和分类，编制劳动保护预算、劳动安全卫生教育预算、个人防护用品预算等；
⑧ 编制费用预算方法按照企业选择确定的财务预算方法进行编制，即可以选用固定预算法、滚动预算法或弹性预算法进行编制。

81．P415 建立职业安全卫生防护用品管理台账【简答】
包括：① 防护用品购置台账；② 一般防护用品发放台账；③ 特殊防护用品发放台账；④ 防护用品修理、检验、检测台账。

82．P416 组织岗位安全教育
岗位安全卫生教育的内容为安全卫生知识教育和遵守劳动安全卫生规范教育。
（一）新员工实行三级安全卫生教育
① 组织入厂教育；② 组织车间教育；③ 组织班组教育。
（二）特种作业人员和其他人员培训
① 对特种作业人员进行生产技术、特定的安全卫生技术理论教育和操作培训，经考核合格并获得"特种作业人员操作证"方准上岗；
② 组织生产管理人员，特种设备、设施检测、检验人员，救护人员的专门培训。
（三）生产技术条件发生变化，员工调整工作岗位的重新培训
凡采用新技术、新工艺、新材料、新设备，员工调整工作岗位都必须结合新情况进行相关教育和培训。

83．P417 工伤又称职业伤害、工作伤害，由事故伤害和职业病伤害两类组成

84．P417 工伤事故分类标准

按照损伤程度划分	轻伤1～104;重伤:105日以上;死亡
按照损伤原因划分	20种,如物体打击,车辆伤害,机器工具伤害,起重伤害,触电,淹溺等等【新增内容需要看】
按照伤残等级划分	10个伤残等级,最重为一级
职业病	职业中毒、尘肺、物理因素职业病、职业性传染病/皮肤病/眼病/肿瘤等等
事故划分	死亡 重伤 经济损失 特别重大事故 30人以上 100人以上 1亿元以上 重大事故 10～30人 50～100人 5 000万～1亿 较大事故 3～10人 10～50人 1 000万～5 000万 一般事故 3人以下 10人以下 1 000万以下

85. P418 认定为工伤的情形:【简答】

① 在工作时间和工作场所内,因工作原因受到事故伤害的;② 工作时间前后在工作场所内,从事与工作有关的预备性或者收尾性工作受到事故伤害的;③ 在工作时间和工作场所内,因履行工作职责受到暴力等意外伤害的;④ 患职业病的;⑤ 因工外出期间,由于工作原因受到伤害或者发生事故下落不明的;⑥ 在上下班途中,受到非本人主要责任的交通事故或者城市轨道交通、客运轮渡、火车事故伤害的;⑦ 其他情形。

86. P418 视同工伤的情形:【简答】

① 在工作时间和工作单位突发疾病死亡或在48小时之内经抢救无效死亡的;

② 在抢险救灾等维护国家利益、公共利益活动中受到伤害的;

③ 劳动者原在军队服役,因战、因公负伤致残,已取得革命伤残军人证,到用人单位后旧伤复发的。

87. P418 职工有下列情形之一的,不得认定为工伤或者视同工伤:

① 故意犯罪的;② 醉酒或者吸毒的;③ 自残或者自杀的。

88. P418 工伤认定申请的主体:① 企业(所在单位);② 企业未按规定申请的,工伤职工或近亲家属或工会组织。在此期间发生符合工伤保险条例规定的工伤待遇等有关费用由**该用人单位负担**

工伤认定申请的期限

用人单位:30日内 工伤职工或其直系亲属、工会组织:1年内

89. P419 工伤认定申请应提交的材料:

① 工伤认定申请表(应当包括事故发生的时间、地点、原因,以及职工伤害程度等基本情况);

② 与用人单位存在劳动关系(包括事实劳动关系)的证明材料;

③ 医疗诊断证明或者职业病诊断证明书(或者职业病诊断鉴定书)。

90. P420 我国工伤保险待遇分为工伤医疗待遇和工伤致残待遇。

		可以从工伤保险基金支付的： ① 符合工伤保险诊疗项目目录、工伤保险药品目录、工伤保险住院服务标准的。 ② 到签订服务协议的医疗机构进行康复性治疗的费用,从工伤保险基金支付。 ③ 安装辅助器具。
工伤医疗期待遇 (停工留薪期一般不超过12个月。经确认,可延长,但**不得超过12个月**。)职工因工作遭受事故伤害或者患职业病需要暂停工作接受工伤医疗的期间为**停工留薪期**	医疗待遇	治疗非工伤引发的疾病,不享受工伤医疗待遇
	工伤津贴	① 在停工留薪期内,原工资福利待遇不变,由所在单位按月支付。 ② 职工住院治疗工伤的,由所在单位按照本单位因公出差伙食补助标准的70%发给住院伙食补助费。 ③ 经医疗机构出具证明,报经办机构同意,工伤职工到统筹地区以外就医的,所需交通、食宿费用由所在单位按照本单位职工因公出差标准报销。 ④ 生活不能自理的工伤职工在停工留薪期需要护理的,由所在单位负责。 ⑤ 生活护理费按照<u>生活完全不能自理、生活大部分不能自理或者生活部分不能自理</u>3个不同等级支付,其标准分别为统筹地区上年度职工月平均工资的50%、40%或者30%。 ⑥ 工伤职工已经评定伤残等级并经劳动能力鉴定委员会确认需要生活护理的,从工伤保险基金按月支付生活护理费。

91. P419 **工伤认定的决定**

① 职工或其直系亲属认为属于工伤,用人单位不认为是工伤的,由用人单位承担举证责任。

② 工伤认定决定期限:自受理工伤认定申请之日起60日内作出工伤认定。

③ 对受理的实施清楚、权利义务明确的工伤认定申请,应当在15日内作出工伤认定的决定。

劳动能力鉴定:① 生活完全不能自理;② 生活大部分不能自理;③ 生活部分不能自理。

92. P421 **工伤致残待遇和补助金**

鉴定	一次性伤残补助金	按月支付伤残津贴	其他
一级	27个月的本人工资	本人工资的90%	伤残津贴实际金额低于当地最低工资标准的,由工伤保险基金补足差额。 工伤职工达到退休年龄并办理退休手续后,停发伤残津贴,享受基本养老保险待遇。基本养老保险待遇低于伤残津贴的,由工伤保险基金补足差额。 职工因工致残被鉴定为一级至四级伤残的,由用人单位和职工个人以伤残津贴为基数,缴纳基本医疗保险费。
二级	25个月的本人工资	本人工资的85%	
三级	23个月的本人工资	本人工资的80%	
四级	21个月的本人工资	本人工资的75%	

(续表)

鉴定	一次性伤残补助金	按月支付伤残津贴	其他
五级	18个月的本人工资	本人工资的70%	保留与用人单位的劳动关系,由用人单位安排适当工作。难以安排工作的,由用人单位按月发给伤残津贴。 经工伤职工本人提出,该职工可以与用人单位解除或者终止劳动关系,由用人单位支付一次性工伤医疗补助金和伤残就业补助金。
六级	16个月的本人工资	本人工资的60%	
七级	13个月的本人工资		劳动合同期满终止,或者职工本人提出解除劳动合同的,由用人单位支付一次性工伤医疗补助金和伤残就业补助金。支付标准由各级政府规定
八级	11个月的本人工资		
九级	9个月的本人工资		
十级	7个月的本人工资		
职工死亡,按照下列规定从工伤保险基金领取			
丧葬补助金	为6个月的统筹地区上年度职工月平均工资		
供养亲属抚恤金	按照职工本人工资的一定比例发给由因工死亡职工生前提供主要生活来源、无劳动能力的亲属。配偶每月40%,亲属每人每月30%,孤寡老人或孤儿每人每月在上述标准的基础上增加10%		
一次性工亡补助金	标准为48~60个月的统筹地区上年度职工月平均工资		
因工外出期间事故或抢险救灾下落不明的,发3个月工资,后停发,由工伤保险基金支付供养亲属抚恤金			

93. P423 以下情形之一,停止享受工伤保险待遇

① 丧失享受待遇条件;② 拒不接受劳动能力鉴定的;③ 拒绝治疗的。

94. P423 工伤保险责任

① 用人单位分立、合并、转让的,承继单位承担原工伤保险责任或变更登记;承包经营,职工工伤保险责任由职工所在单位承担;职工外借,原单位承担或两单位约定补偿;破产,清算是依法拨付。

② 职工派遣出境,按当地国家法律参加工伤保险,若参保当地的,国内的工伤保险中止,若没有参加,国内不中止。

P423 原企业职工工伤复发的劳动争议案

P425 非全日制劳动者上下班途中工伤认定的劳动争议案

模块 2　理论知识（选择题部分）

第一章　人力资源规划

一、真题回顾

(一) 单选题

1. 广义人力资源规划是企业所有人力资源计划的总称，是(　　)的统一。
   (A) 战略计划与战术计划　　　(B) 战略规划与组织规划
   (C) 人员计划与组织规划　　　(D) 费用计划与人员计划
   　A　P1　2007(5)真题

2. (　　)是对企业人力资源开发和利用的大政方针、政策和策略的规定。
   (A) 人力资源培训规划　　　(B) 人力资源费用计划
   (C) 人力资源战略规划　　　(D) 人力资源制度规划
   　C　P1　2007(5)真题

3. 在人力资源规划中，(　　)事关全局，是各种人力资源计划的核心。
   (A) 战略规划　　(B) 组织规划　　(C) 制度规划　　(D) 人员规划
   　A　P1　2013(5)真题

4. (　　)是对企业总体框架的设计。
   (A) 战略规划　　(B) 组织规划　　(C) 人员规划　　(D) 岗位规划
   　B　P1　2007(11)真题　2010(11)真题　2011(5)真题

5. (　　)是对企业人工成本和人力资源管理费用的整体规划。
   (A) 人员规划　　(B) 制度规划　　(C) 费用规划　　(D) 战略规划
   　C　P2　2007(5)真题

6. 以下不属于人力资源规划中费用规划的内容是(　　)。
   (A) 人力资源费用预算　　　(B) 人力资源费用控制
   (C) 人力资源费用监督　　　(D) 人力资源费用结算
   　C　P2　2008(11)真题　2012(5)真题

7. 在企业规划中起决定作用的规划是(　　)。
   (A) 战略规划　　(B) 制度规划　　(C) 费用规划　　(D) 人力资源规划
   　D　P2　2013(11)真题

8. 被称为人力资源管理活动的纽带的是(　　)。
   (A) 制度规划　　(B) 人力资源规划　　(C) 战略规划　　(D) 工作岗位分析
   　B　P2　2008(5)真题　2012(5)真题

9. 企业工作岗位分析、劳动定员定额等人力资源管理的基础工作是人力资源规划的

( )。
(A) 基础　　(B) 重要前提　(C) 依据　　　(D) 必要条件
B　P2　2011(11)真题

10. ( )为招聘、选拔、任用合格的员工奠定了基础。
(A) 人员需求计划　　　　(B) 人员供给计划
(C) 工作岗位分析　　　　(D) 工作岗位调查
C　P14　2007(5)真题

11. 工作岗位分析的最终成果是形成岗位规范和( )。
(A) 培训制度　(B) 工作说明书　(C) 工资制度　(D) 任务计划表
B　P14　2007(11)真题　2010(11)真题

12. ( )为企业员工的考核、晋升提供了依据。
(A) 工作岗位分析　　　　(B) 工作岗位设计
(C) 人员流动统计　　　　(D) 人员需求计划
A　P14　2007(11)真题　2010(11)真题

13. 以下关于工作岗位分析的作用说法错误的是( )。
(A) 为岗位评价奠定了重要基础　(B) 为员工的素质测评提供依据
(C) 使员工明确自己的工作职责　(D) 能揭示出工作中的薄弱环节
B　P14　2009(11)真题

14. 以下不属于人力资源管理基本原则的是( )。
(A) 人尽其才　(B) 能位匹配　(C) 岗得其人　(D) 因人设岗
D　P14　2010(5)真题

15. ( )是对组织中各类岗位某一专项事物或对某类员工的劳动行为、素质要求等所作的统一规定。
(A) 岗位评价　(B) 工作分析　(C) 岗位规范　(D) 劳动制度
C　P15　2011(5)真题

16. 岗位劳动规则不包括( )。
(A) 时间规则　(B) 行为规则　(C) 考核规则　(D) 协作规则
C　P15～16　2014(5)真题

17. 管理岗位培训规范的内容不包括( )。
(A) 经历要求　　　　　(B) 指导性培训计划
(C) 推荐教材　　　　　(D) 参考性培训大纲
A　P16　2008(5)真题

18. 管理岗位知识能力规范的内容不包括( )。
(A) 能力要求　(B) 年龄要求　(C) 知识要求　(D) 经历要求
B　P16　2014(5)真题

19. 生产岗位操作规范的内容不包括( )。
(A) 工作实例　　　　　(B) 与相关岗位的协调配合程度
(C) 岗位的职责和主要任务　(D) 完成各项任务的程序和操作方法
A　P17　2008(11)真题　2012(11)真题

20. 以下不属于生产岗位操作规范内容的是（　　）。
    (A) 岗位的职责和主要内容
    (B) 岗位人员知识技能要求
    (C) 岗位各项任务的数量和质量要求
    (D) 完成各项任务的程序和操作方法
    B　P17　2014(5)真题

21. （　　）是组织对各类岗位工作的任务、员工的任职资格等事项所作的统一规定。
    (A) 岗位分析　　(B) 工作说明书　　(C) 岗位规范　　(D) 劳动说明书
    B　P17　2008(11)真题

22. 根据说明对象的不同,对工作说明书所进行的分类不包括（　　）。
    (A) 公司工作说明书　　　　　(B) 部门工作说明书
    (C) 岗位工作说明书　　　　　(D) 行业工作说明书
    D　P17　2011(5)真题

23. 岗位规范和工作说明书的区别不包括（　　）。
    (A) 涉及的内容不同　　　　　(B) 结构形式不同
    (C) 突出的主题不同　　　　　(D) 劳动者
    D　P18　2009(5)真题

24. 以下关于工作说明书和岗位规范的说法错误的是（　　）。
    (A) 工作说明书内容可繁可简
    (B) 岗位规范与工作说明书的一些内容有交叉
    (C) 岗位规范应从实际出发,设计出单位特色
    (D) 工作说明书是以岗位的"事"和"物"为中心
    C　P18　2012(5)真题

25. 以下关于工作说明书和岗位规范的说法错误的是（　　）。
    (A) 工作说明书可繁可简
    (B) 岗位规范要比工作说明书所涉及的内容少
    (C) 岗位规范与工作说明书的一些内容有交叉
    (D) 工作说明书是以岗位的"事"和"物"为中心
    B　P18　2012(11)真题

26. 以下关于岗位规范和工作说明书的说法错误的是（　　）。
    (A) 岗位规范的结构形式呈现多样化
    (B) 工作说明书不受标准化原则的限制
    (C) 岗位规范覆盖的范围比工作说明书广泛
    (D) 岗位规范与工作说明书的内容有所交叉
    A　P18　2013(11)真题　2009(11)真题

27. 设计岗位调查方案时,关于调查的时间、地点和方法说法错误的是（　　）。
    (A) 指出从什么时间开始到什么时间结束
    (B) 调查地点指登记资料、收集数据的地点
    (C) 确定调查方式要力求节省人力、物力和时间

(D) 能采用抽样调查、重点调查方式,就不必进行全面调查

C　P19　2011(11)真题　说明要在**保证质量**的前提下,节约人力物力

28. 以下关于工作岗位分析的说法错误的是( )。
    (A) 尽可能进行全面调查以保证调查质量
    (B) 为搞好岗位分析,应做好员工的思想工作
    (C) 正确确定调查对象和单位直接关系到调查结果的准确性
    (D) 调查项目中的问题和答案一般是通过调查表的形式表现

    A　P19　2009(5)真题　2014(11)真题

29. 以下关于企业定员的说法错误的是( )。
    (A) 编制包括机构编制和政府编制
    (B) 它与劳动定额的内涵完全一致
    (C) 企业定员亦称劳动定员或人员编制
    (D) 使用劳动力的一种数量和质量界限

    A　P43　2009(11)真题　2013(11)真题

30. 以下关于劳动定员与定额的说法错误的是( )。
    (A) 劳动定员与劳动定额的内涵不同
    (B) 企业定员是对劳动力使用的限额
    (C) 劳动定员是劳动定额的一种特殊形式
    (D) 劳动定额采用的劳动时间单位是"工时"、"工日"等

    A　P43　2011(5)真题　2012(11)真题

31. 以下关于劳动定员与定额的说法错误的是( )。
    (A) 劳动定额是劳动定员的发展形式
    (B) 两者都是对人力消耗所规定的限额
    (C) 二者劳动时间采用的单位长度不同
    (D) 劳动定员与劳动定额的内涵完全一致

    A　P43　2013(5)真题

32. 以下关于劳动定员与劳动定额的说法错误的是( )。
    (A) 二者的应用范围相同　　　　(B) 二者的概念内涵相同
    (C) 二者的计量单位不同　　　　(D) 二者都是对人力消耗所规定的限额

    A　P43　2014(5)真题

33. 以下关于劳动定员与劳动定额的说法错误的是( )。
    (A) 应用范围相同　　　　　　　(B) 劳动时间采用的单位长度不同
    (C) 概念内涵相同　　　　　　　(D) 都是对人力消耗所规定的限额

    B　P43　2008(5)真题

34. 以下关于企业定员管理的说法不正确的是( )。
    (A) 合理的劳动定员能提高劳动生产率
    (B) 定员必须以生产效率最大化为依据
    (C) 劳动定员可以激发员工钻研业务技术的积极性
    (D) 合理的定员能使企业各工作岗位的任务量实现满负荷运转

B　P44　2010(5)真题　2013(11)真题

35. 企业定员管理的作用不包括(　　)。
    (A) 合理的劳动定员是企业用人的科学标准
    (B) 科学的定员是企业内部员工调配的主要依据
    (C) 合理的劳动定员是企业人力资源计划的基础
    (D) 合理的劳动定员有利于提高企业的经济效益
    D　P44　2009(5)真题

36. 搞好劳动定员工作的核心是(　　)。
    (A) 定员数量的高低宽紧程度适中
    (B) 既保证生产的需要，又能节约劳动力
    (C) 体现高效率、满负荷和充分利用工时的原则
    (D) 保持先进合理的定员水平
    D　P45　2011(11)真题

37. 以下做法中，(　　)不符合精简、高效、节约的定员原则。
    (A) 提倡兼职兼作，一专多能　　(B) 鼓励使用高学历员工
    (C) 工作应有明确分工和职责划分　(D) 产品方案设计要科学
    B　P45　2012(11)真题

38. 以下关于兼职的说法错误的是(　　)。
    (A) 主要限于少数岗位采用
    (B) 可扩大劳动者的知识面
    (C) 对挖掘企业的劳动潜力具有重要意义
    (D) 就是让一个人完成两种或两种以上的工作
    A　P45　2013(11)真题

39. 以下不属于企业定员的内部环境的是(　　)。
    (A) 考勤制度　　　　　　(B) 退职退休制度
    (C) 奖惩制度　　　　　　(D) 企业与员工具有双向选择权
    D　P46　2012(5)真题

40. 以下关于企业定员的说法错误的是(　　)。
    (A) 在一定时期内具有相对稳定性
    (B) 定员标准通过主观努力要能够达到
    (C) 定员的执行需要有一个适宜的内外部环境
    (D) 定员内部环境包括使企业真正成为独立的商品生产者
    D　P45~46　2008(5)真题

41. 核定企业定员的基本方法不包括(　　)。
    (A) 按设备定员　(B) 按岗位定员　(C) 按任务定员　(D) 按比例定员
    C　P46　2013(5)真题

42. 制定企业定员标准，核定各类人员用人数量的基本依据是：制度时间内规定的总工作任务量和各类人员的(　　)。
    (A) 工作成果　　(B) 时间效益　　(C) 劳动效率　　(D) 工作能力

C　P46　2014(5)真题

43. 根据生产总量、工人劳动效率和出勤率来核算定员人数的方法属于(　　)。
　　(A) 按机器设备定员　　　　　　(B) 按比例定员
　　(C) 按劳动效率定员　　　　　　(D) 按岗位定员
　　C　P46　2007(5)真题

44. 以下关于劳动效率定员法的错误表述是(　　)。
　　(A) 以手工操作为主的工种更适合采用此方法
　　(B) 它适用于实行一人多机或多人一机看管设备的岗位
　　(C) 工人劳动效率可以用劳动定额乘以定额完成率来计算
　　(D) 它是根据工作任务总量和劳动定额核算定员人数的方法
　　B　P46　2011(5)真题

45. 以下关于劳动定额的说法不正确的是(　　)。
　　(A) 班产量定额＝工作时间/工时定额
　　(B) 基本形式有工时定额和产量定额
　　(C) 工人劳动效率＝劳动定额/定额完成率
　　(D) 采用产量定额或工时定额的计算定员数时，其结果是相同的
　　C　P47　2008(11)真题

46. 某工种生产产品的品种单一、变化较小而产量较大时，宜采用(　　)来计算定员人数。
　　(A) 产量定额　　(B) 单项定额　　(C) 工时定额　　(D) 综合定额
　　A　P47　2010(5)真题　2014(11)真题

47. 某车间为完成生产任务需要开动机床20台，每台开动班次为3班，看管定额为每人看管2台，出勤率为95%，则该工种定员人数为(　　)。
　　(A) 126人　　(B) 63人　　(C) 57人　　(D) 32人
　　D　P47　2011(5)真题　$(20\times3)/(2\times0.95)$

48. 某车间为完成生产任务需开动机床30台，每台开动班次为3班，看管定额为每人看管2台，出勤率为90%，则该工种定员人数为(　　)。
　　(A) 40人　　(B) 50人　　(C) 90人　　(D) 100人
　　B　P47　2013(5)真题　$(30\times3)/(2\times0.9)$

49. 在确定定员标准时，冶金、化工、轻工企业应以(　　)为主。
　　(A) 按劳动效率定员　　　　　　(B) 按设备定员
　　(C) 按设备岗位定员　　　　　　(D) 按比例定员
　　C　P48　2011(11)真题

50. 根据岗位数量、岗位工作量和劳动者工作效率来核算定员人数的方法属于(　　)。
　　(A) 按设备定员　　(B) 按比例定员　　(C) 按效率定员　　(D) 按岗位定员
　　D　P48　2007(11)真题　2010(11)真题

51. 以下关于定员方法的表述不正确的是(　　)。
　　(A) 辅助生产工人可按比例定员
　　(B) 化工、冶金企业适合按岗位定员

(C) 检修工、检验工适合按岗位定员
(D) 机器制造和纺织企业适合按以比例定员
D　P48　2009(5)真题

52. 采用按岗位定员的方法时,应考虑的内容不包括(　　)。
(A) 看管岗位的负荷量　　　　(B) 生产班次及倒班要求
(C) 岗位危险与安全程度　　　(D) 实行兼职作业的可能性
D　P48　2012(5)真题

53. 按工作岗位定员依据的因素不包括(　　)。
(A) 工作任务　(B) 工作量　(C) 实行兼职　(D) 生产班次
D　P49　2011(11)真题

54. 企业定员的新方法不包括(　　)。
(A) 零基定员法
(B) 效率定员法
(C) 运用概率推断确定医务人员人数
(D) 运用数理统计方法对管理人员进行定员
B　P50　2009(5)真题　2014(11)真题

55. (　　)的岗位最不适合按工作岗位进行定员。
(A) 清洁工　(B) 信访人员　(C) 警卫员　(D) 医务人员
D　P50　2013(5)真题　医务人员可以用概率推算

56. 以下关于零基定员法的表述不正确的是(　　)。
(A) 零基法是以岗位劳动量为依据一切从零开始
(B) 零基法主要用来测定二、三线人员的定员人数
(C) 零基法是以某一类人员人数为基础,按比例定人数
(D) 零基法对工作量不饱和的岗位。实行并岗或由一人兼职兼岗
C　P53　2008(5)真题　2012(11)真题

57. 劳动定员标准属于劳动定额工作标准,即以(　　)为对象制定的标准。
(A) 人力消耗　(B) 时间消耗　(C) 资源消耗　(D) 一切劳动消耗
A　P55　2009(5)真题　2013(11)真题

58. 国家或行业劳动定员标准的特征不包括(　　)。
(A) 法定性　(B) 技术性　(C) 强制性　(D) 统一性
C　P55　2007(11)真题　2010(11)真题

59. (　　)亦称详细定员标准,是以某类岗位、设备、产品或工序为对象制定的标准。
(A) 效率定员标准　　　　(B) 岗位定员标准
(C) 单项定员标准　　　　(D) 设备定员标准
C　P55　2007(5)真题

60. (　　),亦称概略定员标准,是以某类人员乃至企业全部人员为对象制定的标准。
(A) 比例定员标准　　　　(B) 综合定员标准
(C) 效率定员标准　　　　(D) 设备定员标准
B　P55　2007(11)真题　2010(11)真题　2014(5)真题

61. 企业定员标准的内容不包括（　　）。
    (A) 生产加工方法　　　　　(B) 工艺流程
    (C) 劳动组织条件　　　　　(D) 管理层次
    D　P56　2010(5)真题

62. 在劳动定员标准中，对人员数量标准的规定，不可以采用（　　）。
    (A) 绝对指标　　(B) 相对指标　　(C) 质量指标　　(D) 控制幅度
    C　P56　2011(11)真题

63. 以下关于定员标准内容的说法错误的是（　　）。
    (A) 规定控制幅度可以促进企业提高定员水平
    (B) 规定控制幅度可适用不同环境不同条件的企业
    (C) 劳动定员标准可采用绝对指标亦可采用相对指标
    (D) 控制幅度的高限是大部分企业可达到的平均水平
    D　P56　2012(5)真题

64. 编制定员标准的原则不包括（　　）。
    (A) 形式要简化　　　　　(B) 人岗要匹配
    (C) 内容要协调　　　　　(D) 计算要统一
    B　P56　2014(11)真题

65. 以下关于定员标准的说法错误的是（　　）。
    (A) 标准正文由一般要素和特殊要素构成
    (B) 概述由封面、目次、前言和首页构成
    (C) 定员标准由概述、标准正文和补充构成
    (D) 一般要素包括标准名称、范围和引用标准
    A　P57　2008(11)真题

66. 下列关于定员标准总体编排的说法中错误的是（　　）。
    (A) 提示的附录是标准不可分割的组成部分
    (B) 劳动定员标准由概述、标准正文和补充组成
    (C) 提示的附录按国家标准GB/T1.1的要求撰写
    (D) 标准名称通常有引导词、主体词和补充词三个要素
    D　P58　2009(11)真题　2014(11)真题

67. 确保人力资源费用预算合理性的参照指标不包括（　　）。
    (A) 工资指导线　　　　　(B) 劳动力市场价位
    (C) 消费者物价指数　　　(D) 最低工资标准
    B　P61　2011(11)真题

68. 企业在审核人工成本预算时，无需（　　）。
    (A) 关注消费者物价指数
    (B) 关注竞争对手的管理费用情况
    (C) 定期进行劳动力工资水平的市场调查
    (D) 关注政府有关部门发布的年度企业工资指导线
    B　P62~63　2013(5)真题

69. 以下关于人力资源费用预算的表述不正确的是( )。
    (A) 员工医疗费和失业保险费属于工资项目下的子项目
    (B) 非奖励基金的奖金不属于工资和基金项目下的费用
    (C) 在审核下一年度的人力成本预算时,首先要检查项目是否齐全
    (D) 员工权益资金的项目和标准设计国家,企业和员工三者的利益
    A P62 2010(5)真题 2014(11)真题

70. 以下关于人工成本的说法错误的是( )。
    (A) 生产型企业的人工成本比例低于科研生产型企业
    (B) 商业型企业的人力资源费用低于生产型企业的人力资源费用
    (C) 采取市场焦点战略企业的人工成本比例低于采取产品差别化战略的企业
    (D) 采取成本领先战略企业的人工成本比例低于采取产品差别化战略的企业
    C P65 2014(5)真题

71. 企业人工成本总预算由( )与企业人员工资水平共同决定。
    (A) 人力资源规划   (B) 行业工资标准
    (C) 工资指导线标准   (D) 在职员工人数
    A P65 2014(11)真题

72. 人力资源费用支出控制的基本原则不包括( )。
    (A) 及时性   (B) 节约性   (C) 适应性   (D) 合理性
    D P66 2008(5)真题 2012(5)真题

73. 人力资源费用支出控制的作用不包括( )。
    (A) 保证员工合法权益   (B) 降低人力资源管理费用
    (C) 防止滥用管理费用   (D) 最大限度地控制人工成本
    D P66 2011(5)真题

74. 以下是人力资源费用支出控制的三个阶段,具体程序是( )。
    ① 制定控制标准   ② 差异的处理   ③ 人力资源费用支出控制的实施
    (A) ①②③   (B) ②①③   (C) ②③①   (D) ①③②
    D P66 2008(11)真题 2012(11)真题 2014(11)真题

(二) 多选题

1. 从规划的期限上看,人力资源规划可以区分为( )。
    (A) 长期规划   (B) 中长期规划   (C) 中期计划
    (D) 中短期规划 (E) 短期计划
    ACE P1 2012(5)真题

2. 从规划的期限上看,人力资源规划可分为( )。
    (A) 长期规划   (B) 人力资源费用规划
    (C) 中期计划   (D) 企业组织变革规划
    (E) 短期计划
    ACE P1 2007(5)真题 2010(11)真题

3. 人力资源规划的内容包括( )。

(A) 人员规划 　　　　　　　　(B) 制度规划
(C) 战略规划 　　　　　　　　(D) 薪酬规划
(E) 部门规划
ABC　P1　2008(11)真题　2012(11)真题

4. 从内容上看,人力资源规划包括(　　)。
(A) 组织规划 　　　　　　　　(B) 企业组织变革规划
(C) 人员规划 　　　　　　　　(D) 人力资源费用规划
(E) 战略规划
ACDE　P1　2007(11)真题

5. 人员规划是对企业人员的(　　)的整体规划。
(A) 总量　　(B) 供给　　(C) 构成　　(D) 需求　　(E) 流动
ACD　P1　2014(5)真题

6. 在人力资源规划中,人员规划的内容包括(　　)。
(A) 企业劳动定员 　　　　　　(B) 人力资源现状分析
(C) 人员供需平衡 　　　　　　(D) 人力资源费用控制
(E) 人员需求与供给预测
ABCE　P1　2009(11)真题

7. 人力资源费用规划的内容包括(　　)。
(A) 人力资源费用的预算 　　　(B) 人力资源费用的审核
(C) 人力资源费用的核算 　　　(D) 人力资源费用的控制
(E) 人力资源费用的结算
ABCDE　P2　2007(5)真题

8. 工作岗位分析是对岗位的(　　)进行系统研究,并制定出岗位人事规范的过程。
(A) 性质任务 　　　　　　　　(B) 职责权限
(C) 岗位关系 　　　　　　　　(D) 劳动环境
(E) 员工社会关系
ABCD　P13　2008(11)真题

9. 工作岗位分析是对(　　)所进行的系统研究,并制定出工作说明书等岗位人事规范的过程。
(A) 各类工作岗位的性质任务　 (B) 岗位的职责权限
(C) 岗位关系 　　　　　　　　(D) 岗位的劳动条件和环境
(E) 员工承担本岗位任务应具备的资格条件
ABCDE　P13　2011(11)真题

10. 工作岗位分析的中心任务是为企业人力资源管理提供基本依据,实现(　　)。
(A) 责权一致 　　　　　　　　(B) 适才适所
(C) 人尽其才 　　　　　　　　(D) 人事相宜
(E) 位得其人
BCDE　P14　2007(11)真题　2010(11)真题

11. 以下关于工作岗位分析的说法正确的有(　　)。

(A) 能够使企业提高年度绩效
(B) 为员工考评和晋升提供了依据
(C) 能够分出职务的高低、职位的优劣
(D) 有利于员工量体裁衣地制定职业生涯规划
(E) 是进行各类人才供给和需求预测的重要前提
BDE　P14　2008(5)真题　2012(5)真题

12. 工作岗位分析信息的主要来源有(　　)。
(A) 直接观察　　(B) 事件访谈　　(C) 工作日志
(D) 书面资料　　(E) 同事报告
ABCDE　P15　2007(11)真题　2010(11)真题

13. 工作岗位分析信息的主要来源有(　　)。
(A) 书面的资料　　　　　(B) 同事的报告
(C) 任职者报告　　　　　(D) 直接的观察
(E) 任职者家属的报告
ABCD　P15　2013(5)真题

14. 岗位劳动规则的内容包括(　　)。
(A) 时间规则　(B) 行为规则　(C) 组织规则　(D) 费用规则
(E) 协作规则
ABCE　P15　2007(5)真题　2010(5)真题　2011(11)真题

15. 岗位劳动规则包括(　　)。
(A) 组织规则　(B) 岗位规则　(C) 行为规则　(D) 时间规则
(E) 安全规则
ABCD　P15　2014(11)真题

16. 定员定额标准的内容包括(　　)。
(A) 岗位培训标准　　　　(B) 岗位员工规范
(C) 时间定额标准　　　　(D) 双重定额标准
(E) 产量定额标准
CDE　P16　2007(11)真题　2010(11)真题　2014(5)真题

17. 岗位规范中,定员定额标准的内容包括(　　)。
(A) 编制定员标准　　　　(B) 产量定额标准
(C) 时间定额标准　　　　(D) 编制定额标准
(E) 各类岗位人员标准
ABCE　P16　2008(5)真题

18. 以下属于管理岗位培训规范内容的是(　　)。
(A) 知识要求　　　　　　(B) 指导性培训计划
(C) 经历要求　　　　　　(D) 参考性培训大纲
(E) 能力要求
BD　P16　2012(11)真题

19. 岗位规范的结构模式包括(　　)。

(A) 管理岗位培训规范　　　　　(B) 生产岗位操作规范
(C) 管理岗位知识能力规范　　　(D) 管理岗位考核规范
(E) 生产岗位技术业务能力规范
ABCDE　P16　2009(5)真题　2013(11)真题

20. 根据岗位规范的具体内容，岗位规范的基本形式包括（　　）规范。
(A) 管理岗位培训　　　　　　　(B) 生产岗位工作
(C) 管理岗位考核　　　　　　　(D) 生产岗位考核
(E) 生产岗位技能
ABCDE　P16～17　2009(11)真题　注"生产岗位工作规范"即"生产岗位操作规范"

21. 工作说明书的内容包括（　　）。
(A) 监督与岗位关系　　　　　　(B) 性别要求
(C) 劳动条件和环境　　　　　　(D) 绩效考评
(E) 身体条件和资历
ACDE　P17　2008(5)真题　2012(11)真题

22. 工作说明书中说明岗位的基本资料，如（　　）。
(A) 岗位名称　(B) 工作权限　(C) 岗位等级　(D) 定员标准
(E) 工作内容
ACD　P17　2009(5)真题　2014(11)真题

23. 工作说明书的内容包括（　　）。
(A) 岗位职责　(B) 技能要求　(C) 工艺流程　(D) 绩效考评
(E) 工作时间
ABDE　P17　2013(5)真题

24. 工作说明书的内容包括（　　）。
(A) 资料　　　　　　　　　　　(B) 岗位基本资料
(C) 政治面貌　　　　　　　　　(D) 心理品质要求
(E) 工作内容和要求
BDE　P17　2010(5)真题

25. 工作说明书的内容包括（　　）。
(A) 家庭主要关系　　　　　　　(B) 监督与岗位关系
(C) 心理品质要求　　　　　　　(D) 劳动条件和环境
(E) 思想政治面貌
BCD　P17　2013(11)真题

26. 以下关于工作岗位分析的说法正确的有（　　）。
(A) 为搞好岗位分析工作，要与员工建立友好合作关系
(B) 能采用重点调查、抽样调查方式，就不必进行全面调查
(C) 为节省时间，不必要组织有关人员学习掌握调查的内容
(D) 工作岗位分析的任务、程序不能分成小的单元逐项完成
(E) 必要时可先对若干重点岗位进行初步调查，以取得经验

ABE   P19～20   2011(5)真题

27. 企业要制定用人标准,即需要加强(   )工作,促进企业劳动组织的科学化。
    (A) 定编   (B) 定额   (C) 定岗   (D) 定员   (E) 定薪
    ABCD   P43   2009(5)真题

28. 以下关于工作说明书的说法正确的是(   )。
    (A) 内容可繁可简
    (B) 身体条件包括体格和体力两项要求
    (C) 资历是由工作经验和学历条件构成
    (D) 工作权限可以不必与工作责任相一致
    (E) 岗位职责主要包括职责概述和职责范围
    ABCE   P17～18   2009(11)真题   2014(11)真题

29. 企业定员的范围包括(   )。
    (A) 临时员工   (B) 高层领导者
    (C) 技术人员   (D) 初、中级管理人员
    (E) 一般员工
    BCDE   P43   2011(5)真题

30. 以下关于企业定员的说法正确的是(   )。
    (A) 定员范围与用工形式有关
    (B) 定员的对象不包括一般员工
    (C) 合理的劳动定员能提高劳动生产率
    (D) 劳动定员管理的核心是保持先进合理的定员水平
    (E) 合理的能使各工作岗位的任务量实现满负荷
    BCDE   P43～44   2009(11)真题

31. 按照社会实体单位的性质和特点,人员编制可分为(   )。
    (A) 行政编制   (B) 企业编制   (C) 军事编制   (D) 事业编制
    (E) 政府编制
    ABC   P43   2010(5)真题   2013(11)真题

32. 为了做到人尽其才、人事相宜,进行定员时应做(   )方面的分析。
    (A) 考勤制度   (B) 用人制度
    (C) 定员标准   (D) 工作岗位
    (E) 用人基本状况
    DE   P45   2012(5)真题

33. 企业定员的原则包括(   )。
    (A) 定员标准要长期固定   (B) 必须以精简、高效、节约为目标
    (C) 各类人员的比例关系要协调   (D) 必须以企业生产经营目标为依据
    (E) 要做到人尽其才,人事相宜
    BCDE   P45   2013(5)真题

34. 按劳动效率定员,即根据(   )来计算定员人数。
    (A) 劳动时间   (B) 出勤率

(C) 看管定额   (D) 工人的劳动效率
(E) 生产任务总量
BDE   P46   2012(5)真题

35. 按设备定员，即根据（ ）来计算定员人数。
(A) 出勤率   (B) 设备需要开动班次
(C) 工人看管定额   (D) 设备需要开动的台数
(E) 生产任务的数量
ABCD   P47   2008(11)真题

36. 工作岗位定员主要根据（ ）等因素来确定定员人数。
(A) 工作量   (B) 工作任务
(C) 岗位区域   (D) 工作效率
(E) 实行兼职作业的可能性
ABCE   P48   2010(5)真题   2014(5)真题   2014(11)真题

37. 核定用人数量时，比例定员法适用于（ ）的定员。
(A) 食堂工作人员   (B) 卫生保健人员
(C) 工程技术人员   (D) 托幼工作人员
(E) 政治思想工作人员
ABDE   P49   2009(11)真题

38. 按照管理体制分类方法，劳动定员标准可分为（ ）。
(A) 国家劳动定员标准   (B) 按效率定员的标准
(C) 行业劳动定员标准   (D) 企业劳动定员标准
(E) 地方劳动定员标准
ACDE   P55   2007(5)真题   2012(5)真题

39. 按照定员标准的综合程度，企业定员标准可分为（ ）。
(A) 比例定员标准   (B) 效率定员标准
(C) 岗位定员标准   (D) 单项定员标准
(E) 综合定员标准
DE   P55   2007(11)真题   2011(5)真题

40. 从标准的具体内容上看，行业定员标准包括（ ）。
(A) 用人的数量和质量要求   (B) 各工种工序的工艺流程
(C) 规定各类人员划分的方法   (D) 采用的典型设备和技术条件
(E) 人员任职的国家职业资格（等级）。
ABCDE   P58   2008(11)真题   2010(11)真题   2014(11)真题

41. 从标准的具体的内容上看，行业定员标准包括（ ）。
(A) 用人的数量和质量要求   (B) 规定各类人员划分标准
(C) 各工种工序的工艺流程   (D) 核算定员的基本原理和方法
(E) 采用的典型设备和技术条件
ABCE   P58

42. 政府有关部门发布的年度企业工资指导线包括（ ）。

(A) 基准线　　(B) 控制下线　　(C) 预警线　　(D) 控制上线
(E) 平均线
ABC　P63　2009(11)真题　2011(11)真题　2013(11)真题

43. 审核人工成本预算的方法包括(　　)。
(A) 注意比较分析费用使用趋势
(B) 保证企业支付能力和员工利益
(C) 注意检查项目尤其是子项目是否齐全
(D) 注意内外部环境变化，进行动态调整
(E) 关注国家有关规定和发放标准的新变化
ABD　P62~64　2014(5)真题

44. 定期进行劳动力工资水平的市场调查,了解同类企业各类劳动力工资价位的变化情况,需要掌握劳动力市场工资水平的(　　)。
(A) 基准线　　(B) 上线　　(C) 中线　　(D) 下线
(E) 预警线
BCD　P63　真题　2011(11)真题

45. 人工成本总预算的决定因素包括(　　)。
(A) 人力资源规划　　　　(B) 行业工资标准
(C) 工资指导线标准　　　(D) 在职员工人数
(E) 企业人员工资水平
AE　P65　2008(11)真题

46. 人力资源费用支出控制的原则包括(　　)。
(A) 及时性原则　　　　(B) 节约性原则
(C) 适应性原则　　　　(D) 标准化原则
(E) 合理化原则
ABC　P66　2014(11)真题

二、新增预测题

(一) 单选题

1. 所谓(　　),指企业各个层级、各类具体部门的设置。
(A) "体"　　(B) "制"　　(C) 经营体制　　(D) 职能体制
A　P3

2. 所谓(　　),指具有不同性质和特征的组织制度模式在企业中的实际选择和应用。
(A) "体"　　(B) "制"　　(C) 经营体制　　(D) 职能体制
B　P3

3. 组织设计大前提原则是(　　)。
(A) 任务目标原则　　　　(B) 统一领导、权力制衡原则
(C) 权责对应原则　　　　(D) 精简及有效跨度原则
A　P3

4. 现代企业组织机构的类型不包括(　　)。

(A) 直线制　　　　(B) 职能制　　　　(C) 直线职能制　　(D) 跨国公司制
　　D　P7

5. 规模较小或业务活动简单、稳定的企业的组织机构的类型是(　　)。
(A) 直线制　　　　(B) 职能制　　　　(C) 直线职能制　　(D) 事业部制
　　A　P5

6. 适用于经济体制下的企业,例如高校、医院等单位组织机构的类型是(　　)。
(A) 直线制　　　　(B) 职能制　　　　(C) 直线职能制　　(D) 事业部制
　　B　P6

7. 用标准化技术进行常规化、大批量生产的企业组织机构的类型是(　　)。
(A) 直线制　　　　(B) 职能制　　　　(C) 直线职能制　　(D) 事业部制
　　C　P7

8. 关于直线职能制说法错误的是(　　)。
(A) 直线职能制是厂长对业务与职能部门均实行垂直领导,并承担全部责任
(B) 职能部门有直接指挥权,它与业务部门的关系只是一种领导关系
(C) 企业横向联系和协调变得非常困难
(D) 高层管理人员无暇顾及企业面临的重大问题
　　B　P7

9. 经营规模庞大、生产经营业务多元化、市场环境差异大、要求较强适应性的企业组织机构的类型是(　　)。
(A) 直线制　　　　(B) 职能制　　　　(C) 直线职能制　　(D) 事业部制
　　D　P8

10. 按各类标志将企业划分为若干相对独立的经营单位,分别组成事业部,不包括(　　)。
(B) 产品　　　　　(B) 职能　　　　　(C) 地区　　　　　(D) 顾客
　　B　P7

11. 关于事业部制说法错误的是(　　)。
(A) 事业部制遵循"集中决策、分散经营"的总原则
(B) 容易造成组织机构重叠、管理人员膨胀现象
(C) 各事业部独立性强,考虑问题时容易忽略企业整体利益
(D) 公司集中经营
　　D　P8

12. 组织结构设计后的实施要则不包括(　　)。
(A) 管理系统一元化的原则
(B) 严格监督与检查原则(先定岗再定员)
(C) 合理分配职责的原则
(D) 明确责任的权限的原则
　　B　P8

13. (　　)这是劳动定额管理的首要环节,是搞好定额管理的基本前提
(A) 劳动定额的制定　　　　　　　　(B) 劳动定额的贯彻执行

(C) 统计分析　　　　　　　　(D) 修订
　　A　P24

14. 巴克制中反应工人努力程度的是（　　）。
　　(A) 工作效率　　　　　　　(B) 工人作业效率
　　(C) 开工率　　　　　　　　(D) 工人实耗工时
　　B　P26

15. 巴克制中反应管理人员努力程度的是（　　）。
　　(A) 工作效率　　　　　　　(B) 工人作业效率
　　(C) 开工率　　　　　　　　(D) 工人实耗工时
　　C　P26

16. 劳动定额的发展趋势说法错误的是（　　）。
　　(A) 逐步实现科学化、标准化和现代化
　　(B) 单一管理转向全员、全面、全过程的系统化管理
　　(D) 分散管理转向一体化管理
　　(D) 静态转向动态
　　D　P27

17. （　　）是在一定的生产技术组织条件下，行业或企业规定的劳动定额在数值上表现的高低松紧程度。
　　(A) 劳动定额水平　(B) 劳动定额　　(C) 企业定员　(D) 定员标准
　　A　P27

18. （　　）是定额管理的核心。
　　(A) 劳动定额水平　　　　　(B) 劳动定额方法
　　(C) 劳动定额分类　　　　　(D) 劳动定额的修订
　　A　P28

19. 用（　　）来衡量 实耗工时和定额工时相比，能反映生产员工实际完成定额的情况。
　　(A) 实耗工时　　(B) 实测工时　　(C) 标准工时　　(D) 标准差
　　A　P29

20. 通过（　　）相比，能反映生产员工实际完成劳动定额的情况。
　　(A) 实耗工时和定额工时
　　(B) 实耗工时和制度工时
　　(C) 实测工时和定额工时
　　(D) 实耗工时和出清工时
　　A　P29

21. （　　）选择具有平均技术熟练程度的员工，在正常的生产技术组织条件下，经过现场测定及必要的评定而获得的工时。
　　(A) 实耗工时　　(B) 实测工时　　(C) 标准工时　　(D) 标准差
　　B　P29

22. （　　）是指依据时间定额标准制定的工时。

(A) 实耗工时　　(B) 实测工时　　(C) 标准工时　　(D) 标准差

C　P29

23. 比较简便,有利于同行业的企业之间开展竞赛和评比的衡量劳动定额水平的方法是(　　)。
 (A) 实耗工时　　　　　　　　(B) 实测工时
 (C) 标准工时　　　　　　　　(D) 现行定额之间的比较

D　P29

24. 制定劳动定额注意事项错误的是(　　)。
 (A) 保持适当的工时强度
 (B) 脑力或体力的支出,应达到或接近国家或部门的劳动卫生标准
 (C) 初期贯彻新定额可能存在困难,到中后期,会积极努力达到超过定额
 (D) 保持最少工时

D　P30

25. 专业生产或成批轮番生产的产品,修订间隔期一般是(　　)年
 (A) 半年　　(B) 1年　　(C) 2年　　(D) 3年

B　P32

26. 劳动定额统计工作的任务不包括(　　)。
 (A) 通过原始记录和统计台账收集资料
 (B) 计算劳动定额完成程度各项指标
 (C) 评价、修订和改进
 (D) 劳动定额比较

D　P35

27. 适用生产稳定、产品品种少、生产周期短的产品实耗工时统计方法(　　)。
 (A) 按产品零件逐道工序汇总实耗工时
 (B) 按产品投入批量统计汇总实耗工时
 (C) 按重点产品、重点零部件和主要工序统计汇总实耗工时
 (D) 按生产单位和生产者个人统计汇总实耗工时

A　P36

28. 适用生产周期短、投入批量不大的产品实耗工时统计方法(　　)。
 (A) 按产品零件逐道工序汇总实耗工时
 (B) 按产品投入批量统计汇总实耗工时
 (C) 按重点产品、重点零部件和主要工序统计汇总实耗工时
 (D) 按生产单位和生产者个人统计汇总实耗工时

B　P36

29. 适用生产周期长、产品结构和工艺加工过程比较复杂的产品实耗工时统计方法(　　)。
 (A) 按产品零件逐道工序汇总实耗工时
 (B) 按产品投入批量统计汇总实耗工时
 (C) 按重点产品、重点零部件和主要工序统计汇总实耗工时

(D) 按生产单位和生产者个人统计汇总实耗工时
C P36

30. 适用生产稳定、大批大量生产的产品实耗工时统计方法（　　）。
(A) 按产品零件逐道工序汇总实耗工时
(B) 按产品投入批量统计汇总实耗工时
(C) 按重点产品、重点零部件和主要工序统计汇总实耗工时
(D) 按生产单位和生产者个人统计汇总实耗工时
D P36

（二）多选题
1. 企业组织设置的原则包括（　　）。
(A) 分工协作原则　　　　　　(B) 统一领导、权力制衡原则
(C) 权责对应原则　　　　　　(D) 精简及有效跨度原则
(E) 动态原则
ABCD P4

2. 规模较小或业务活动简单、稳定的企业的组织机构的类型是（　　）。
(A) 直线制　　　　　　　　　(B) 职能制
(C) 直线职能制　　　　　　　(D) 事业部制
(E) 跨国企业制
ABCD P5

3. 直线制的优点有（　　）。
(A) 结构简单、指挥系统清晰、统一
(B) 责权明确
(C) 横向联系少、内部协调容易
(D) 沟通迅速、解决问题及时，管理效率高
(E) 组织结构有弹性
ABCD P5

4. 直线制的缺点有（　　）。
(A) 组织结构缺乏弹性
(B) 组织内部缺乏横向交流
(C) 缺乏专业化分工，不利于管理水平提高
(D) 经营管理依赖于少数几个人，要求企业领导必须是管理全才
(E) 形成多头领导不利于统一指挥
ABCD P5

5. 职能制的优点有（　　）。
(A) 结构简单、指挥系统清晰、统一
(B) 提高了企业管理的专业化程度和专业化水平
(C) 可充分发挥专家的作用，利于提高专家自身水平
(D) 减轻了直线领导的工作负担

(E) 有利于职能管理者的选拔、培训和考核的实施。
BCDE P6

6. 职能制的缺点有（　　）。
   (A) 难以适应环境变化
   (B) 不利于培养全面型的管理人才
   (C) 机构复杂，增加管理费用
   (D) 直线人员和职能部门责权不清
   (E) 形成多头领导不利于统一指挥
   ABCDE P5

7. 直线职能制的优点有（　　）。
   (A) 保证统一指挥
   (B) 可以发挥职能部门的作用
   (C) 集权与分权相结合的组织形式
   (D) 企业横向联系和协调变得简单
   (E) 高层管理人员可以面临企业重大问题
   ABC P6

8. 事业部制的优点有（　　）。
   (A) 权力下放
   (B) 有助于增强事业部管理者的责任感
   (C) 可以实现高度专业化
   (D) 各事业部经营责任和权限明确，物质利益与经营状况紧密挂钩。
   (E) 组织机构精简
   ABCD P8

9. 组织结构设计后的实施要则包括（　　）。
   (A) 管理系统一元化的原则
   (B) 严格监督与检查原则（先定岗再定员）
   (C) 合理分配职责的原则
   (D) 明确责任的权限的原则
   (E) 先定岗再定员（定编—定岗—定员）
   ACDE P8

10. 组织结构图绘制的基本图示包括（　　）。
    (A) 组织机构图　　　　　　(B) 组织职务图
    (C) 组织功能图　　　　　　(D) 组织功能图
    (E) 组织部门图
    ABCD P9

11. 劳动定额是一项生产技术性和经济性很强的管理性工作，它包括（　　）等重要环节。
    (A) 定额的制定　　　　　　(B) 贯彻执行
    (C) 统计分析　　　　　　　(D) 修订

(E) 定额的方法

ABCD　P24

12. 劳动定额的贯彻执行评价和衡量贯彻实施的情况,采用的标准有(　　)。

(A) 劳动定额面的大小

(B) 企业的各职能部门是不是按劳动定额管理的

(C) 是否按劳动定额进行了考核

(D) 为了推行新定额是不是采取了有效措施

(E) 劳动定额的统计分析

ABCD　P25

13. 巴克制的特点(　　)。

(A) 根据科学的标准时间测定员工的工作效率

(B) 发挥基层管理人员的主观能动性,强化物质刺激

(C) 有具体明确的职责范围和岗位责任,按岗位核定工作效率

(D) 提出分析工作效率的分析报告,不断提高工作效率

(E) 保证各部门人员配备的合理化,减少人力消耗。

ACDE　P26

14. 巴克制中包括的公式正确的有(　　)。

(A) 工作效率＝工人作业效率×开工率

(B) 工人作业效率＝定额工时/工人实耗工时

(C) 工人作业效率＝工人实耗工时/定额工时

(D) 开工率＝工人实耗工时/实际可利用工时

(E) 开工率＝实际可利用工时/工人实耗工时

ABD　P26

15. 劳动定额水平按综合程度分为(　　)。

(A) 工序定额水平　　　　　　　(B) 企业定额水平

(C) 工种定额水平　　　　　　　(D) 零件定额水平

(E) 产品定额水平

ACDE　P28

16. 劳动定额水平按所考察范围分为(　　)。

(A) 车间定额水平　　　　　　　(B) 企业定额水平

(C) 行业定额水平　　　　　　　(D) 部门定额水平

(E) 零件或者产品定额水平

ABCD　P28

17. 衡量劳动定额水平的方法(　　)。

(A) 用实耗工时来衡量　　　　　(B) 用实测工时来衡量

(C) 用标准工时来衡量　　　　　(D) 通过现行定额之间的比较来衡量

(E) 用标准差来衡量

ABCDE　P29

18. 劳动定额的定期修订包括(　　)。

· 112 ·

(A) 新产品的定额
(B) 新产品小批试制后要转入成批生产时
(C) 原材料材质、规格变动
(D) 专业生产或成批轮番生产的产品,修订间隔期一般是 1 年
(E) 老产品、标准件以及质量较好较高、工时定额比较稳定的时间标准,每年定期修订一次
ABDE P31

19. 劳动定额的不定期修订包括( )。
(A) 产品设计结构发生变动   (B) 劳动组织和生产组织变更
(C) 工艺方法改变   (D) 设备或工艺装置改变
(E) 新产品的定额
ABCD P32

20. 劳动定额定期修订的步骤准备、阶段思想准备的宣传提纲包括( )。
(A) 形式与任务   (B) 修订定额的意义和指导思想
(C) 定额的作用和当前现状   (D) 修订定额的步骤与方法
(E) 工作安排
ABCDE P32

21. 实耗工时按照范围的不同,分为( )。
(A) 总产品的实耗工时   (B) 单位产品的实耗工时
(C) 车间或者班组的实耗工时   (D) 工种的实耗工时
(E) 工序的实耗工时
AB P35

22. 按照生产单位和工艺过程的不同,分为( )。
(B) 总产品的实耗工时   (B) 单位产品的实耗工时
(C) 车间或者班组的实耗工时   (D) 工种的实耗工时
(E) 工序的实耗工时
CDE P35

23. 以各种原始记录为依据的产品实耗工时统计方法有( )。
(A) 按产品零件逐道工序   (B) 按产品投入批量统计
(C) 测时   (D) 按生产单位和生产者个人统计
(E) 工作日写实
ABD P36

24. 以现场测定为基础的产品实耗工时统计方法有( )。
(A) 工作日写实   (B) 按产品零件逐道工序
(C) 测时   (D) 按产品投入批量统计
(E) 瞬间观察法
ACE P37

25. 企业统计产品实耗工时指标,一般应以( )为基础。
(A) 原始记录   (B) 工时统计台账

(C) 厂内报表 (D) 工作日志
(E) 工作报告
ABC P38

第二章 人员招聘与配置

一、真题回顾

(一) 单选题

1. ( )不是内部招募法的优势。
   (A) 激励性强　　(B) 适应较快　　(C) 准确性高　　(D) 费用较高
   D　P69　2007(5)真题

2. ( )能够给员工提供发展的机会,强化员工为企业工作的动机。
   (A) 内部招募　　(B) 社会招聘　　(C) 校园招聘　　(D) 外部招聘
   A　P69　2011(5)真题

3. 同一组织内的员工有相同的文化背景,可能会产生( )的现象。
   (A) 团体思维　　(B) 惯性思维　　(C) 逆向思维　　(D) 发散思维
   A　P70　2014(5)真题

4. ( )是新经济环境下组织发现至关重要的两个因素。
   (A) 稳定和创新　　(B) 冒险和创新　　(C) 冒险和进取　　(D) 稳定与改革
   B　P70　2013(11)真题

5. 通过从外部招募优秀的技术人才和管理专家,可以产生( )。
   (A) 团体效应　　(B) 远期效应　　(C) 鲶鱼效应　　(D) 晕轮效应
   C　P71　2011(5)真题

6. 具有人员来源广、选择余地大、能招聘到许多优秀人才特点的员工招募方式是( )。
   (A) 校园招聘　　(B) 网络招聘　　(C) 内部招募　　(D) 外部招募
   D　P71　2012(11)真题

7. 有可能影响内部员工积极性的员工招聘方式是( )。
   (A) 校园招聘　　(B) 网络招聘　　(C) 内部招募　　(D) 外部招募
   D　P71　2013(5)真题

8. 参加招聘会的主要步骤有:① 招聘会的宣传工作;② 招聘会后的工作;③ 招聘人员的准备;④ 与协作方沟通联系;⑤ 准备展位;⑥ 准备资料和设备。其排序正确的是( )。
   (A) ⑤⑥③④①②　(B) ⑥③④⑤②①　(C) ⑥①③④⑤②　(D) ③①⑥④⑤②
   A　P73　2010(11)真题

9. 参加招聘会需要与协作方沟通联系,其中这些协作方不包括( )。
   (A) 招聘会的组织者　　　　(B) 招聘会信息发布的媒体
   (C) 负责后勤事务的单位　　(D) 学校的负责部门
   B　P73　2011(11)真题

10. 布告法经常用于非管理层人员的招聘,特别适合于( )的招聘。

(A) 销售人员　　(B) 技术人员　　(C) 普通职员　　(D) 高层人员
　　C　P74　2007(5)真题　2013(5)真题
11. 特别适合普通职员的招募方法是（　）。
(A) 推荐法　　(B) 布告法　　(C) 档案法　　(D) 任命法
　　B　P74　2014(11)真题
12. （　）使员工感觉到企业在招募人员这方面的透明度与公平性，有利于提高员工士气。
(A) 推荐法　　(B) 布告法　　(C) 档案法　　(D) 任命法
　　B　P74　2012(5)真题
13. 关于发布广告，描述不正确的是（　）。
(A) 广告是内部招募最常用的方法之一
(B) 有广泛的宣传效果，可以展示单位实力
(C) 发布广告要注重广告媒体的选择和广告内容的设计
(D) 工作空缺的信息发布迅速，能够在一两天内就传达给外界
　　A　P75　2007(11)真题
14. （　）承担着双重角色，既为单位择人，也为求职者择业。
(A) 职业技术学校　(B) 劳动部　　(C) 就业中介机构　(D) 再就业服务中心
　　C　P75　2007(11)真题　2014(5)真题
15. 人才交流中心不具有的特点是（　）。
(A) 一般建有人才资料库　　(B) 针对性强
(C) 适于热门人才的招聘　　(D) 费用低廉
　　C　P75　2010(11)真题　2014(5)真题
16. 对于高级人才和尖端人才，比较适合的招聘渠道是（　）。
(A) 人才交流中心　(B) 猎头公司　(C) 校园招聘广告　(D) 网络招聘
　　B　P76　2007(5)真题
17. 猎头公司的收费通常能达到所推荐人才年薪的（　）。
(A) 10%～20%　(B) 15%～25%　(C) 25%～35%　(D) 35%～45%
　　C　P76　2011(11)真题
18. 对求职者的信息掌握较全面，招聘成功率高的员工招募方式是（　）。
(A) 校园招聘　　(B) 借助中介　　(C) 猎头公司　　(D) 熟人推荐
　　C　P76　2009(11)真题　2014(11)真题
19. 企业招聘大批的初级技术人员，最适合的招聘渠道是（　）。
(A) 校园招聘　　(B) 猎头公司　　(C) 熟人推荐　　(D) 档案筛选
　　A　P76　2007(5)真题　2013(5)真题　2013(11)真题
20. 可能在组织中形成裙带关系的员工招募方法是（　）。
(A) 校园招募　　(B) 借助中介　　(C) 猎头公司　　(D) 熟人推荐
　　D　P77　2009(5)真题　2013(11)真题
21. （　）的优点是对候选人的了解比较准确。
(A) 校园招聘　　(B) 借助中介　　(C) 猎头公司　　(D) 熟人推荐

D P77 2010(5)真题

22. (   )通过测试应聘者基础知识和素质能力差异,判断应聘者对招聘岗位的适应性。
(A) 心理测验　　(B) 面试法　　(C) 物理测验　　(D) 笔试法
D P78 2010(11)真题

23. 在费用和时间允许的情况下,对应聘者同时进行筛选,效率较高的员工招募方式是(   )。
(A) 面试　　(B) 笔试　　(C) 调查　　(D) 档案
B P79 2008(5)真题

24. 笔试的缺点是不能全面考察应聘者的(   )。
(A) 财务知识　　(B) 观察能力　　(C) 管理知识　　(D) 管理能力
D P79 2011(11)真题

25. (   )的目的是筛选出那些背景和潜质都与职务规范所需条件相当的候选人。
(A) 档案筛选法　　(B) 综合筛选法　　(C) 初步筛选法　　(D) 素质筛选法
C P79 2011(5)真题

26. 筛选简历时,应更多地关注(   )。
(A) 学习成绩　　(B) 管理能力　　(C) 主观内容　　(D) 客观内容
D P79 2009(5)真题

27. 面试不能够考核应聘者的(   )。
(A) 交流能力　　(B) 风度气质　　(C) 表着外貌　　(D) 科研能力
D P81 2007(5)真题 2013(5)真题

28. 在招聘的笔试完成后,阅卷人在阅卷和成绩复核时,关键要(   )。
(A) 客观、合理、不徇私　　(B) 主观、合理、不徇私
(C) 客观、公正、不徇私　　(D) 主观、公正、不徇私
C P81 2008(11)真题 2012(5)真题

29. 在费用和时间允许前情况下,对应聘者的初选工作应坚持(   )。
(A) 细选原则　　(B) 精选原则　　(C) 重点原则　　(D) 面广原则
D P81 2008(5)真题 2013(5)真题

30. 面试的开始阶段应从(   )发问,从而营造和谐的面试气氛。
(A) 应聘者熟悉的问题　　(B) 应聘着不能预料到的问题
(C) 应聘者陌生的问题　　(D) 应聘者能够预料到的问题
D P82 2008(5)真题

31. 在面试过程中,考官不应该(   )。
(A) 创造融洽的气氛　　(B) 让应聘者了解单位的现实状况
(C) 决定应聘者是否被录用　　(D) 了解应聘者的知识技能和非智力素质
B P82 2007(5)真题

32. 对应聘者的评价应该做到(   )。
(A) 自下而上　　(B) 由表及里　　(C) 由里及表　　(D) 由远及近
B P82 2011(5)真题

33. 在面试活动中,面试考官始终处于( )。
    (A) 辅助地位　(B) 主导地位　(C) 引导地位　(D) 从属地位
    B　P83　2012(5)真题

34. ( )不是面试前应该做的准备工作。
    (A) 科学合理设计面试问题　　(B) 确定面试的时间和地点
    (C) 详细了解应聘者的资料　　(D) 消除应聘者的紧张情绪
    D　P84　2010(11)真题

35. 面试的开始阶段应从( )发问,从而营造和谐的面试气氛。
    (A) 应聘者熟悉的问题　　(B) 应聘者不能预料到的问题
    (C) 应聘者陌生的问题　　(D) 应聘者可以预料到的问题
    D　P84　2012(5)真题

36. 在面试评价阶段,运用评语式评估的缺点是对应聘者之间不能进行( )比较。
    (A) 横向　(B) 同一指标　(C) 纵向　(D) 多个指标
    A　P84　2009(11)真题

37. 面试的环境必须是( )。
    (A) 温馨的　(B) 舒适的　(C) 宽敞的　(D) 安静的
    D　P84　2012(11)真题

38. 在面试之前,已经有一个固定的框架或问题清单的面试方法是( )。
    (A) 初步面试　(B) 结构化面试　(C) 诊断面试　(D) 非结构化面试
    B　P86　2008(11)真题

39. 难以随机应变,所收集的信息的范围有限的面试类型是( )。
    (A) 初步面试　(B) 结构化面试　(C) 诊断面试　(D) 非结构化面试
    B　P86　2014(11)真题

40. ( )可以是漫谈式的,面试考官与应聘者随意交谈。
    (A) 初步面试　(B) 结构化面试　(C) 诊断面试　(D) 非结构化面试
    D　P86　2009(5)真题

41. ( )大于等于100%时,说明在数量上完成或超额完成了招聘任务。
    (A) 录用比　(B) 招聘完成比　(C) 应聘比　(D) 总成本效用
    B　P97　2008(5)真题

42. 一般在面试开始时,宜采用( )的提问方式,以缓解面试紧张气氛。
    (A) 开放式　(B) 封闭式　(C) 清单式　(D) 假设式
    A　P88　2014(5)真题

43. ( )让应聘者自由地发表意见或看法,以获取信息,避免被动。
    (A) 清单式提问　(B) 开放式提问　(C) 举例式提问　(D) 封闭式提问
    B　P88　2007(5)真题　2011(5)真题

44. 一般让应聘者对某一问题做出明确的答复的面试提问方式是( )。
    (A) 开放式提问　(B) 封闭式提问　(C) 清单式提问　(D) 假设式提问
    B　P88　2008(5)真题

45. ( )要求应聘者对某一问题做出明确的答复。

(A) 清单式提问　(B) 封闭式提问　(C) 举例式提问　(D) 开放式提问

B　P88　2007(11)真题 2013(5)真题

46. (　　)鼓励应聘者继续与面试考官交流,表达出对信息的关心和理解。
(A) 确认式提问　(B) 封闭式提问　(C) 重复式提问　(D) 假设式提问

A　P88　2008(11)真题　2012(11)真题

47. (　　)提问是鼓励应聘者从不同角度思考问题的面试提问方式。
(A) 开放式　(B) 封闭式　(C) 清单式　(D) 假设式

D　P88　2009(11)真题　2010(11)真题

48. "如果我理解正确的话,你说的意思是……",这属于(　　)。
(A) 开放式提问　(B) 封闭式提问　(C) 重复式提问　(D) 假设式提问

C　P88　2010(5)真题　2013(11)真题

49. (　　)即鼓励应聘者在众多选项中进行优先选择,以检验应聘者的判断、分析与决策能力。
(A) 清单式提问　(B) 假设式提问　(C) 确认式提问　(D) 举例式提问

A　P88　2011(11)真题

50. (　　)是面试的一项核心技巧,又称为行为描述提问。
(A) 引导式提问　(B) 举例式提问　(C) 交叉式提问　(D) 假设式提问

B　P88　2013(11)真题

51. 领导者失败的原因往往在于(　　)。
(A) 智力不足　(B) 能力不足　(C) 经验不足　(D) 人格特质不适合

D　P90　2008(11)真题

52. (　　)揭示了人们想做什么和他们喜欢做什么。
(A) 人格测试　(B) 能力测试　(C) 兴趣测试　(D) 道德测试

C　P90　2011(5)真题

53. (　　)用于测定从事某项特殊工作所具备的某种潜质。
(A) 人格测试　(B) 能力测试　(C) 兴趣测试　(D) 道德测试

B　P90　2010(5)真题　2014(11)真题

54. 情景模拟适用于测量员工的(　　)。
(A) 学习能力　(B) 道德品质　(C) 人格特性　(D) 表达能力

D　P91　2007(11)真题

55. 情景模拟适用于测量员工的(　　)。
(A) 学习能力　(B) 道德品质　(C) 人格特性　(D) 领导能力

D　P91　2014(5)真题

56. 在情景模拟测试方法中,(　　)经多年实践不断充实完善,并被证明是一种很有效的管理人员测评方法。
(A) 决策模拟竞赛法　　　(B) 即席发言法
(C) 无领导小组讨论　　　(D) 公文筐测试

D　P92　2007(5)真题

57. 测评者不布置议题,在进行过程中也不出面干预的情景模拟测试方法是(　　)。

（A）无领导小组讨论　　　　　　（B）案例分析法
（C）决策模拟竞赛法　　　　　　（D）公文处理模拟法
　A　P93　2014(5)真题

58. 在(　　)人员录用策略中，应聘者必须在每种测试中都达到一定水平，方能通过。
（A）补偿式　　（B）重点选择式　　（C）结合式　　（D）多重淘汰式
　D　P94　2009(5)真题　2013(11)真题

59. 不同测试的成绩可以互为补充的人员录用策略是(　　)。
（A）补偿式　　（B）多重式淘汰　　（C）结合式　　（D）领导决定式
　A　P94　2010(5)真题

60. 在做出最终录用决策时，错误的做法是(　　)。
（A）不能求全责备　　　　　　　（B）尽量使用全面衡量的方法
（C）坚持"少而精"　　　　　　　（D）必须使用全部的衡量方法
　D　P95 2007(11)真题

61. 应用心理测试的基本要求不包括(　　)。
（A）要注意对应聘者的隐私加以保护　（B）要有严格的程序
（C）要注意对结果的科学分析　　　　（D）结果不能作为唯一的评定依据
　C　P93　2011(11)真题

62. 招聘总成本中的成本部分不包括(　　)。
（A）招募成本　　（B）选拔成本　　（C）内部提升成本　（D）录用成本
　C　P96　2011(11)真题

63. 招聘总成本效益的计算公式为(　　)。
（A）总成本效益＝录用人数/招聘总成本
（B）总成本效益＝应聘人数/招募期间的费用
（C）总成本效益＝被选中人数/选拔期间的费用
（D）总成本效益＝正式录用的人数/录用期间的费用
　A　P97　2009(5)真题 2014(11)真题

64. 招募成本效益的计算公式为(　　)。
（A）招募成本效益＝录用人数/招募总成本
（B）招募成本效益＝应聘人数/招募期间的费用
（C）招募成本费益＝被选中人数/选拔期间的费用
（D）招募成本费用益＝正式录用的人数/录用期间的费用
　B　P97　2010(5)真题

65. (　　)是对招聘工作的有效性考核的一项指标。
（A）招聘预算　　（B）招聘管理成本　（C）招聘费用　　（D）招聘收益成本比
　D　P97　2009(11)真题

66. 人员录用成本效益的计算公式为(　　)。
（A）人员录用成本效益＝录用人数/招聘总成本
（B）人员录用成本效益＝应聘人数/招募期间的费用
（C）人员录用成本效益＝被选中人数/选拔期间的费用

(D) 人员录用成本效益＝正式录用的人数/录用期间的费用

D　P97　2008(11)真题

67. 人员录用效益的计算公式为（　　）。
(A) 人员录用成本效益＝录用人数/招聘总成本
(B) 人员录用成本效益＝应聘人数/招募期间的费用
(C) 人员录用成本效益＝被选中人数/选拔期间的费用
(D) 人员录用成本效益＝正式录用的人数/录用期间的费用

D　P97　2012(5)真题

68. 在招聘评估中，录用比和应聘比在一定程度上反映录用人员的（　　）。
(A) 数量　　　(B) 成本　　　(C) 质量　　　(D) 规模

A　P97　2010(11)真题

69. （　　）的比例越大，表示招聘信息发布的效果越好。
(A) 录用比　　(B) 招聘完成比　(C) 应聘比　　(D) 总成本效益

C　P97　2012(5)真题

70. 省时、能尽快检查出某种测试方法效度的测试效度类型是（　　）。
(1) 预测效度　　(B) 费用效度　　(C) 内容效度　　(D) 同侧效度

D　P99　2008(11)真题

71. （　　）是指将同一（组）应聘者进行的同一测试分为若干部分加以考察，各部分所得结果之间的一致性。
(A) 内在一致性系数　　　(B) 稳定系数
(C) 外在一致性系数　　　(D) 等值系数

A　P99　2007(5)真题　2013(5)真题

72. 对同一应聘者使用两种对等的、内容相当的测试，测试结果之间的一致性称为（　　）。
(A) 稳定系数　　　(B) 内在一致性系数
(C) 等值系数　　　(D) 外在一致性系数

C　P99　2007(11)真题

73. 同一种测试方法对一组应聘者在两个不同时间进行测试，其测试结果的一致性称为（　　）。
(A) 稳定系数　　　(B) 内在一致性系数
(C) 等值系数　　　(D) 外在一致性系数

A　P99　2010(11)真题　2011(5)真题

74. 常用的信度评估系数不包括（　　）系数。
(A) 稳定　　(B) 外在一致性　(C) 等值　　(D) 内在一致性

B　P99　2009(11)真题　2014(11)真题

75. （　　）不是效度的基本类型。
(A) 内容效度　　(B) 预测效度　　(C) 同侧效度　　(D) 结果效度

D　P99　2007(5)真题

76. （　　）是考虑选拔方法是否有效的一个常用指标。

(A)预测效度　　(B)同侧效度　　(C)内容效度　　(D)异侧效度
　　A　P99　2007(11)真题

77. (　　)说明了根据测试结果预测将来行为的有效性。
(A)预测效度　　(B)费用效度　　(C)内容效度　　(D)同侧效度
　　A　P99　2008(5)真题　2013(5)真题

78. 考虑(　　)时,主要考虑所用的方法是否与想测试的特性有关。
(A)预测效度　　(B)同侧效度　　(C)内容效度　　(D)异侧效度
　　C　P99　2010(11)真题

79. (　　)强调人各有所长也各有所短,应以己之长补他人之短。
(A)要素有用原理　(B)能位对应原理　(C)互补增值原理　(D)动态适应原理
　　B　P106　2008(5)真题

80. (　　)不属于人员配置的原理。
(A)能位对应原理　(B)精确对应原理　(C)互补增值原理　(D)动态适应原理
　　B　P106　2010(11)真题

81. (　　)不属于人员配置的原理。
(A)要素有用原理　(B)品味对应原理　(C)互补增值原理　(D)动态适应原理
　　B　P106　2014(5)真题

82. (　　)工作属于全局性工作,能级最高。
(A)决策层　　(B)参谋层　　(C)经理层　　(D)作业层
　　A　P106　2011(5)真题

83. (　　)是一个单位或组织中能级最低的层次。
(A)决策层　　(B)管理层　　(C)执行层　　(D)操作层
　　D　P106　2012(5)真题

84. (　　)强调人各有所长也各有所短,应以己之长补他人之短。
(A)要素有用原理　(B)能位对应原理　(C)互补增值原理　(D)动态适应原理
　　C　P106　2012(5)真题

85. (　　)指出,人与事的不适应是绝对的,适应是相对的。
(A)要素有用原理　(B)能位对应原理　(C)互补增值原理　(D)动态适应原理
　　D　P107　2008(5)真题

86. (　　)组是企业中最基本的协作关系和协作形式。
(A)作业　　(B)管理　　(C)执行　　(D)操作
　　A　P110　2009(11)真题　2011(11)真题

87. 在生产型企业,(　　)是企业劳动协作的中间环节,起着承上启下的重要作用。
(A)管理层　　(B)车间　　(C)办公室　　(D)调度
　　B　P111　2009(5)真题

88. 将同一性质的作业,由纵向分工改为横向分工的劳动作业改进方式是(　　)。
(A)扩大业务法　(B)充实业务法　(C)工作连贯法　(D)轮换工作法
　　A　P112　2010(5)真题　2013(11)真题

89. 将紧密联系的工作交给一个人(组)连续完成的劳动分工改进方法是(　　)。

(A)扩大业务法　　(B)充实业务法　　(C)工作连贯法　　(D)轮换工作法
　　C　P112　2008(11)真题　2012(11)真题
90.(　　)是将工作性质与负荷不完全相同的业务重新进行劳动分工的方法。
(A)扩大业务法　　(B)充实业务法　　(C)工作连贯法　　(D)轮换工作法
　　B　P112　2014(11)真题
91.(　　)可能导致一个人同时被多个岗位选中。
(A)以人员为标准进行配置　　　　(B)以单向选择为标准进行配置
(C)以岗位为标准进行配置　　　　(D)以双向选择为标准进行配置
　　C　P113　2011(5)真题
92.(　　)的组织效率最高。
(A)以人员为标准进行配置　　　　(B)以单向选择为标准进行配置
(C)以岗位为标准进行配置　　　　(D)以双向选择为标准进行配置
　　C　P113　2014(5)真题
93."5S"活动是加强现场管理的方法,其核心是(　　)。
(A)安全　　　(B)素养　　　(C)清扫　　　(D)整顿
　　B　P121　2011(11)真题
94.在夏季,工作地点的温度经常超过(　　),应采取降温措施。
(A)25℃　　　(B)30℃　　　(C)35℃　　　(D)40℃
　　C　P123　2008(11)真题
95.在冬季,室内温度低于(　　)时,应采取防寒保暖措施。
(A)0℃　　　(B)5℃　　　(C)10℃　　　(D)15℃
　　B　P123　2013(11)真题
96.以下关于劳动环境优化的说法错误的是(　　)。
(A)色彩可以调节情绪　　　　　　(B)照明亮度越高越好
(C)色彩可以降低疲劳度　　　　　(D)不同环境照明度不同
　　B　P122～123　2009(11)真题
97.不仅可以调解人的情绪,还可以降低人的疲劳程度的劳动环境优化因素是(　　)。
(A)绿化　　　(B)噪声　　　(C)照明　　　(D)色彩
　　D　P123　2009(5)真题
98.(　　)不仅能改善自然环境,还能为劳动环境中各因素的优化起到辅助作用。
(A)音乐　　　(B)温度　　　(C)湿度　　　(D)绿化
　　D　P123　2010(5)真题　2014(11)真题
99.灵活的工作时间制度不包括(　　)。
(A)对班制　　(B)弹性工作制　(C)分职制　　(D)非全时工作制
　　A　P125～126　2014(5)真题
100.四班三运转轮休制的循环周期不可能为(　　)。
(A)4天　　　(B)6天　　　(C)8天　　　(D)12天
　　B　P127　2009(11)真题　2013(11)真题　2014(11)真题
101.五班四运转的轮休制循环期为(　　)。

(A) 6天　　　　(B) 7天　　　(C) 8天　　　　(D) 10天

D　P128　2010(5)真题

(二) 多项选择题

1. 内部招募的优点包括(　　)。
   (A) 准确性高　　　　　　　　(B) 成本较高
   (C) 适应较快　　　　　　　　(D) 激励性强
   (E) 费用较低
   ACDE　P69　2008(11)真题　2012(5)真题

2. 内部选拔的缺点包括(　　)。
   (A) 选拔费用高　　　　　　　(B) 抑制个体创新
   (C) 产生"团体思维"　　　　　(D) 不利于组织的内部团结
   (E) 导致部门之间"挖人才"的现象
   BCDE　P69　2010(5)真题

3. 外部招募的优势包括(　　)。
   (A) 带来新思想和新方法　　　(B) 树立形象的作用
   (C) 外部招募成本比较小　　　(D) 存在着较少风险
   (E) 有利于招聘一流人才
   ABE　P69　2009(5)真题　2013(11)真题

4. 外部招募的优势主要体现在(　　)。
   (A) 适应性较快　　　　　　　(B) 有利于招聘一流人才
   (C) 带来新思想　　　　　　　(D) 有利于树立良好形象
   (E) 带来新方法
   BCDE　P71　2007(11)真题

5. 内部招募存在明显的不足,主要体现在(　　)。
   (A) 容易抑制创新　　　　　　(B) 筛选难度大、时间长
   (C) 增加招募成本　　　　　　(D) 容易出现不公正现象
   (E) 影响内部员工的积极性
   AD　P70　2010(11)真题　2014(5)真题

6. 外部招募的不足主要体现在(　　)。
   (A) 进入角色慢　　　　　　　(B) 筛选的难度大且时间长
   (C) 招募成本高　　　　　　　(D) 影响内部员工的积极性
   (E) 决策风险大
   ABCDE　P71　2007(5)真题

7. 外部招募存在的不足包括(　　)。
   (A) 进入角色慢　　　　　　　(B) 筛选难度大、时间长
   (C) 招募成本高　　　　　　　(D) 影响内部员工积极性
   (E) 决策风险小
   ABCD　P71　2009(11)真题　2014(11)真题

8. （　　）属于内部招募方法。
   (A) 推荐法　　(B) 校园招聘　　(C) 档案法　　(D) 网络招聘
   (E) 布告法
   ACE　P73~74　2007(11)真题　2014(5)真题

9. （　　）属于外部招募方法。
   (A) 公布广告　(B) 记忆能力　(C) 借助中介　(D) 数字能力
   (E) 熟人推荐
   ACE　P73　2010(11)真题

10. 参加招聘会前,关于招聘人员的准备说法正确的有（　　）。
    (A) 招聘人员的服装服饰整洁大方
    (B) 现场人员要有用人部门的人员
    (C) 所有的人在回答问题时要口径一致
    (D) 现场人员最好有人力资源部的人员
    (E) 对求职者可能问到的问题对答如流
    ABCDE　P73　2011(5)真题

11. 关于内部招募中的布告法说法正确的是（　　）。
    (A) 特别适用招聘非管理层员工　　(B) 容易引起不公平
    (C) 花费的时间比较长　　(D) 容易形成小团体
    (E) 成功率高
    AC　P74　2010(11)真题

12. 员工档案可以帮助了解到员工的信息有（　　）。
    (A) 教育　　(B) 培训　　(C) 经验　　(D) 技能　　(E) 绩效
    ABCDE　P74　2008(5)真题　2013(5)真题

13. 从员工档案中可以了解到员工（　　）等方面的信息。
    (A) 技能水平　　　　　　(B) 工作业绩
    (C) 工作经验　　　　　　(D) 受教育程度
    (E) 人际关系
    ABCD　P74　2012(11)真题

14. 广告媒体的总体特点包括（　　）。
    (A) 信息传播范围窄　　(B) 信息传播速度快
    (C) 应聘人员数量大　　(D) 单位选择余地大
    (E) 应聘人员层次单一
    BCD　P75　2008(5)真题

15. 网络招聘的优点包括（　　）。
    (A) 成本较低　　(B) 选择余地大,涉及范围广
    (C) 方便快捷　　(D) 不受地点和时间的限制
    (E) 成功率高
    ABCD　P77　2007(5)真题　2013(5)真题

16. 网络招聘的优点有（　　）。

(A) 选择的余地大(幅度大)　　　(B) 成本较低
(C) 涉及的范围广　　　　　　　(D) 方便快捷
(E) 较高吸引力
　　ABCD　P77　2012(5)真题　注：新版教材是选择幅度大,旧版为选择余地大

17. 关于熟人推荐这种招聘方式的说法正确的有(　　)。
(A) 工作更加努力　　　　　　(B) 对候选人的了解比较准确
(C) 招募成本较高　　　　　　(D) 易在组织内形成裙带关系
(E) 适应范围较窄
　　ABD　P77　2012(11)真题

18. 采用校园上门招聘方式时应注意的问题包括(　　)。
(A) 要注意了解大学生在就业方面的一些政策和规定
(B) 一部分大学生在就业中有脚踩两只船的现象
(C) 注意对学生的职业指导
(D) 注意纠正他们的错误认识
(E) 所有工作人员在回答问题上口径一致
　　ABCDE　P77~78　2011(11)真题

19. 选择招聘洽谈会时应关注的问题有(　　)。
(A) 了解招聘会的档次　　　　(B) 了解招聘会面对的对象
(C) 注意招聘会组织者　　　　(D) 注意招聘会的信息宣传
(E) 注意招聘会的场地
　　ABCD　P78　2008(11)真题

20. 采用招聘洽谈会方式时应了解招聘会的档次,收集的信息包括(　　)。
(A) 招聘会规模有多大　　　　(B) 招聘会面对的对象
(C) 都有哪些单位参加　　　　(D) 招聘会的信息宣传
(E) 场地在哪里
　　ACE　P78　2011(11)真题

21. 以下属于专业知识和能力的是(　　)。
(A) 管理知识　　　　　　　　(B) 人际关系能力
(C) 观察能力　　　　　　　　(D) 财务会计知识
(E) 记忆能力
　　ABCD　P78　2009(5)真题

22. 以下属于一般知识和能力的是(　　)。
(A) 智商　　　　　　　　　　(B) 记忆能力
(C) 理解速度　　　　　　　　(D) 数字才能
(E) 财务会计知识
　　ABCD　P78　2010(5)真题　2013(11)真题

23. 下列对笔试法的描述正确的是(　　)。
(A) 成绩评定比较主观
(B) 可以对大规模的应聘者同时进行筛选,花较少的时间达到较高的效率

(C) 由于考试题目较多,可以增加对知识、技能和能力的考察信度与效度
(D) 不有全面考察应聘者的态度、品德、管理能力、口头表达能力和操作能力
(E) 笔试往往作为应聘者的初次竞争,成绩合格者才能继续参加面试或下轮的竞争
BCDE　P79　2007(5)真题

24. 笔试不能全面考察应聘者的(　　)。
(A) 工作态度　　　　　　　　　(B) 品德修养
(C) 管理能力　　　　　　　　　(D) 操作能力
(E) 文字表达能力
ABCD　P79　2014(11)真题

25. 笔试的优点包括(　　)。
(A) 成绩评定比较客观　　　　　(B) 花较少时间达到较高效率
(C) 对大量应聘者同时筛选　　　(D) 应聘者的心理压力比较大
(E) 增加考察的信度和效度
ABCE　P79　2011(5)真题

26. 属于简历中客观内容的是(　　)。
(A) 个人信息　(B) 教育经历　(C) 工作经历　(D) 工作业绩
(E) 个性描述
ABCD　P79　2010(11)真题

27. 简历的筛选应涉及(　　)等几个方面。
(A) 审查应聘者的隐私　　　　　(B) 审查简历中的逻辑性
(C) 分析简历内部结　　　　　　(D) 审查简历的客观内容
(E) 对简历的整体印象
BCDE　P79　2007(11)真题

28. 简历的内容大体上可以包括(　　)。
(A) 主观内容　(B) 客观内容　(C) 学历背景　(D) 身体状况
(E) 心理素质
AB　P79　2009(11)真题

29. 提高笔试的有效性应注意的问题包括(　　)。
(A) 命题是否恰当　　　　　　　(B) 确定命题记分规则
(C) 学历水平相当　　　　　　　(D) 阅卷以及成绩复核
(E) 经历大致相同
ABD　P81　2010(5)真题　2014(11)真题

30. 提高笔试的有效性应注意阅卷及成绩复核,这其中的关键是要(　　)。
(A) 客观　　　　　　　　　　　(B) 公平
(C) 打分的宽严尺度　　　　　　(D) 成绩复核制度
(E) 不徇私情
ABE　P81　2011(11)真题

31. 在面试过程中,面试考官根据应聘者的反应考察其(　　)。
(A) 相关知识的掌握程度　　　　(B) 判断、分析问题的能力

(C) 衣着外貌、风度气质　　　　(D) 应聘者现场的应变能力
(E) 是否符合岗位的要求

ABCDE　P81　2008(11)真题　2012(11)真题

32. 面试能够使用人单位全面了解应聘者的(　　)。
(A) 外貌风度　　　　　　(B) 业务知识水平
(C) 工作经验　　　　　　(D) 道德品质水平
(E) 求职动机

ABCE　P81　2010(5)真题

33. 通过直接接触,面试可以使用人单位全面了解应聘者的(　　)。
(A) 社会背景　　　　　　(B) 语言表达能力
(C) 个人修养　　　　　　(D) 逻辑思维能力
(E) 反应能力

ABCDE　P82 2010(11)真题

34. 面试可以使用人单位全面了解应聘者的(　　)。
(A) 社会背景　(B) 专业能力　(C) 反应能力　(D) 心理素质
(E) 身体能力

AC　P82　2013(11)真题

35. 现代面试以面谈问答为主,加入一些辅助形式,具体包括(　　)。
(A) 答辩式　　(B) 案例分析　(C) 演讲式　　(D) 模拟操作
(E) 讨论式

ABCDE　P82　2009(5)真题

36. 面试中的问题安排应(　　)。
(A) 先易后难　　　　　　(B) 先熟悉后生疏
(C) 循序渐进　　　　　　(D) 先具体后抽象
(E) 由内而外

ABCD　P82　2012(11)真题

37. 在面试过程中,应聘者通常希望(　　)。
(A) 创造融洽的会谈气氛
(B) 充分了解自己所关心的问题
(C) 被理解、尊重、被公平对待
(D) 决定是否愿意到该单位工作
(E) 有足够时间向考官展示自己的能力(条件)

ABCDE　P82　2007(5)真题　2013(5)真题

38. 在面试过程中,考官应该做到(　　)。
(A) 让应聘者充分理解和尊重自己　(B) 创造一个融洽的会谈气氛
(C) 让应聘者了解应聘单位的情况　(D) 了解应聘者的知识和技能
(E) 决定应聘者是否通过本次面试

BCDE　P82　2007(11)真题

39. 面试考官的目标包括(　　)。

(A) 使应聘者发挥实际水平　　　　(B) 使应聘者了解单位状况
(C) 了解应聘者的专业技能　　　　(D) 了解应聘者的生活习惯
(E) 决定应聘者是否通过面试
ABCE　P82　2009(11)真题

40. 面试考官和应聘者双方面试目标的区别(　　)。
(A) 双方面试目的并不完全相同　　(B) 双方之间是双向选择的关系
(C) 面试考官始终处于主导地位　　(D) 应聘者始终处于主导地位
(E) 双方需要创造融洽的气氛
ABC　P83　2011(11)真题

41. 在面试评估阶段可采用的评估方式包括(　　)。
(A) 专家式评估　　　　　　　　　(B) 评语式评估
(C) 团队式评估　　　　　　　　　(D) 评分式评估
(E) 分组式评估
BD　P84　2014(5)真题

42. 从面试所达到的效果看,面试可分为(　　)。
(A) 初步面试　　　　　　　　　　(B) 结构化面试
(C) 诊断面试　　　　　　　　　　(D) 非结构化面试
(E) 正式面试
AC　P85~86　2011(5)真题

43. 非结构化面试的优点包括(　　)。
(A) 灵活自由　　　　　　　　　　(B) 问题因人而异
(C) 标准统一　　　　　　　　　　(D) 得到信息较深入
(E) 效率较高
ABD　P86　2008(5)真题　2012(5)真题　2013(5)真题

44. 结构化面试的优点包括(　　)。
(A) 对面试考官的要求较低　　　　(B) 所收集信息范围不受限
(C) 有利于提高面试的效率　　　　(D) 对所有应聘者均按同一个标准进行
(E) 便于进行分析、比较,减少主观性
ACDE　P86　2010(5)真题

45. 开放式提问的类型包括(　　)。
(A) 无限开放　　　　　　　　　　(B) 结构化开放式
(C) 有限开放式　　　　　　　　　(D) 非结构化开放式
(E) 综合开放式
AC　P88　2009(5)真题　2014(11)真题

46. 面试问题的提问方式包括(　　)。
(A) 开放式提问　　　　　　　　　(B) 举例式提问
(C) 封闭式提问　　　　　　　　　(D) 重复式提问
(E) 假设式提问
ABCDE　P88　2007(5)真题

47. 面试中的提问方式包括（　　）。
   (A) 开放式提问　　　　　　　　(B) 压力式提问
   (C) 情景式提问　　　　　　　　(D) 假设式提问
   (E) 重复式提问
   ADE　P88　2012(5)真题

48. 能力测试的内容主要包括（　　）。
   (A) 普通能力倾向测试　　　　　(B) 健康状况测试
   (C) 特殊职业能力测试　　　　　(D) 道德水平测试
   (E) 心理运动机能测试
   ACE　P90　2008(11)真题

49. 心理运动机能测试的内容主要包括（　　）。
   (A) 思维能力　　　　　　　　　(B) 想象能力
   (C) 身体能力　　　　　　　　　(D) 体质素质
   (E) 心理运动能力
   CE　P90　2014(5)真题

50. 情景模拟测试比较适用于招聘（　　）。
   (A) 服务人员　　　　　　　　　(B) 科学研究人员
   (C) 管理人员　　　　　　　　　(D) 事务性工作人员
   (E) 销售人员
   ACDE　P91　2008(5)真题　2010(11)真题　2014(5)真题

51. 根据测试内容的不同，情境模拟测试可分为（　　）。
   (A) 语言表达能力测试　　　　　(B) 组织能力测试
   (C) 心理运动机能测试　　　　　(D) 学历水平测试
   (E) 事务处理能力测试
   ABE　P90　2009(5)真题　2013(11)真题

52. 最常用的情境模拟方法有（　　）。
   (A) 决策模拟竞赛法　　　　　　(B) 角色扮演法
   (C) 公文处理模拟法　　　　　　(D) 案例分析
   (E) 无领导小组讨论
   BCE　P92～93　2009(11)真题　2013(11)真题（说明**角色扮演法**是新版教材增加内容）

53. 人员录用的主要策略有（　　）。
   (A) 补偿式　　　　　　　　　　(B) 多重淘汰式
   (C) 结合式　　　　　　　　　　(D) 综合决定式
   (E) 推荐式
   ABC　P94　2009(11)真题　2014(11)真题

54. 招聘成本效益评估的类型主要包括（　　）。
   (A) 录用成本效益分析　　　　　(B) 招募成本效益分析
   (C) 选拔成本效益分析　　　　　(D) 招聘总成本效益分析

(E) 招聘成本与录用人数比

ABCD　P97　2011(5)真题　2014(11)真题

55. 通常信度评估系数主要包括(　　)。
　　(A) 稳定系数　　　　　　　　(B) 外在一致性系数
　　(C) 随机系数　　　　　　　　(D) 内在一致性系数
　　(E) 等值系数

ADE　P99　2009(5)真题

56. 效度评估中的效度主要有(　　)。
　　(A) 预测效度　　　　　　　　(B) 内容效度
　　(C) 信度效度　　　　　　　　(D) 同侧效度
　　(E) 内部一致性

ABD　P99　2007(11)真题　2010(5)真题　2013(11)真题　2014(5)真题

57. 人员配置的原理包括(　　)。
　　(A) 同素异构原理　　　　　　(B) 能位对应原理
　　(C) 互补增值原理　　　　　　(D) 动态适应原理
　　(E) 弹性冗余原理

BCDE　P105～107　2008(11)真题　2012(5)真题

58. 人员配置的原理包括(　　)。
　　(A) 要素有用原理　　　　　　(B) 能位对应原理
　　(C) 互补增值原理　　　　　　(D) 动态适应原理
　　(E) 弹性冗余原理

ABCDE　P105～107　2011(11)真题

59. 企业内部劳动分工包括(　　)等几种形式。
　　(A) 职能分工　　(B) 专业分工　　(C) 特殊分工　　(D) 个别分工
　　(E) 技术分工

ABE　P108　2011(5)真题

60. 作业组是企业中最基本的协作方式,需要组成作业组的情况包括(　　)。
　　(A) 生产作业需工人共同完成　　(B) 看管大型复杂的机器设备
　　(C) 工人的工作彼此密切相关　　(D) 为了便于加强管理和交流
　　(E) 没有固定工作地但为了调配分配工作

ABCDE　P110　2012(5)真题

61. 关于工作地组织,下列说法正确的有(　　)。
　　(A) 要有利于工人进行生产劳动　　(B) 增加工人辅助生产的时间
　　(C) 要为企业创造良好的工作环境　　(D) 要有利于工人的身心健康
　　(E) 要有利于发挥工作地装备使用

ADE　P112　2008(5)真题　2013(5)真题

注意:**缩短**工人辅助生产的时间,为企业所有人员创造良好的劳动环境

62. 关于工作地组织说法正确的有(　　)。
　　(A) 要有利于工人的身心健康　　(B) 要增加工人消除疲劳的时间

· 131 ·

(C) 要为工人创造良好的工作环境　　(D) 要有利于工人进行生产劳动
(E) 要有利于发挥工作地装备效能
ACDE　P112　2012(11)真题

63. 对过细的劳动分工进行改进的方法包括(　　)。
(A) 扩大业务法　　　　　　　　(B) 充实业务法
(C) 工作连贯法　　　　　　　　(D) 小组工作法
(E) 个人包干负责
ABCDE　P112　2011(11)真题

64. 可以对过细的劳动分工进行改造的方法包括(　　)。
(A) 交叉作业法　　　　　　　　(B) 充实业务法
(C) 工作连贯法　　　　　　　　(D) 轮换工作法
(E) 小组工作法
BCDE　P112　2012(11)真题

65. 员工配置的基本方法包括(　　)。
(A) 以人为标准进行的配置　　　(B) 以岗位为标准进行配置
(C) 以性别为标准进行配置　　　(D) 以单项选择为标准进行配置
(E) 以双向选择为标准进行配置
ABE　P113　2008(5)真题

66. 工作轮班制的主要组织形式有(　　)。
(A) 混合制　　　　　　　　　　(B) 三班制
(C) 多班制(也可以是四班制)　　(D) 交叉制
(E) 两班制
BCE　P126　2007(5)真题　2013(5)真题

67. 以下属于四班制轮班组织形式的是(　　)。
(A) 四六工作制　　　　　　　　(B) 四三制
(C) 五班轮休制　　　　　　　　(D) 四八交叉
(E) 四班三运转
ACD　P127　2008(11)真题　2013(5)真题

68. 劳动环境优化的内容包括(　　)。
(A) 办公桌安排　　　　　　　　(B) 噪声
(C) 温度和湿度　　　　　　　　(D) 空气
(E) 照明与色彩
BCE　P122　2007(11)真题

69. 优化劳动环境因素主要包括(　　)。
(A) 照明　　(B) 绿化　　(C) 色彩　　(D) 噪声　　(E) 温度
ABCDE　P122　2009(11)真题

二、新增预测题

(一) 单选题

1. ( )是一种主要用来测评被测者人际关系处理能力的情境模拟测试法。
   (A) 角色扮演法　　　　　　　　(B) 公文处理模拟法
   (C) 无领导小组讨论法　　　　　(D) 决策模拟法
   A　P91

2. 招聘单位成本是招聘总成本与( )之比。
   (A) 应聘人数　　(B) 被选中人数　　(C) 录用人数　　(D) 实际录用人数
   D　P96

3. ( )该指标反映的是测评题目对所有被测者是否具有相同的难度。
   (A) 稳定系数　　(B) 预测效度　　(C) 内容效度　　(D) 公平程度
   D　P100

4. 面试方法的评估不包括( )。
   (A) 提问的有效性
   (B) 面试考官是否做到有意识地避免各种心理偏差的出现
   (C) 面试考官在面试过程中对技巧使用情况的评价
   (D) 对考官表现的综合评价
   D　P101

5. 工时制度不包括( )。
   (A) 标准工时工时制度　　　　　(B) 综合工时工时制度
   (C) 不定时工时制度　　　　　　(D) 工作轮班的组织
   D　P124

6. ( )主要适用于交通、铁路、邮电、水运、航空、渔业等企业中因工作性质特殊、需要连续作业的员工。
   (A) 标准工时工时制度　　　　　(B) 综合工时工时制度
   (C) 不定时工时制度　　　　　　(D) 工时制度
   B　P124

7. 企业中从事高级管理、推销、货运、装卸、长途运输驾驶、押运、非生产性值班和特殊工作形式的个体工作岗位的员工、出租驾驶员等。
   (A) 标准工时工时制度　　　　　(B) 综合工时工时制度
   (C) 不定时工时制度　　　　　　(D) 工时制度
   C　P124

(二) 多选题

1. 招聘成本的形式( )。
   (A) 招募成本　　(B) 选拔成本　　(C) 录用成本　　(D) 安置成本
   (E) 离职成本
   ABCDE　P97

2. 面试考官是否做到有意识地避免出现(　　)心理偏差。
   (A)第一印象　　(B)晕轮效应　　(C)刻板印象　　(D)与我相似
   (E)对比效应
   ABCD　P101

3. 招募环节的评估主要是对(　　)的评估。
   (A) 招聘广告　　　　　　　　(B) 招聘申请表
   (C) 招聘渠道的吸引力　　　　(D) 对甄选方法的质量评估
   (E) 对职位填补的及时性的评估以及对录用员工的评估
   ABC　P100

4. 录用环节的评估包括(　　)。
   (A) 录用员工的质量
   (B) 职位填补的及时性
   (C) 用人单位或部门对招聘工作的满意度
   (D) 新员工对所在岗位的满意度
   (E) 面试考官的表现
   ABCD　P101

5. 招聘工作的有效性调查包括(　　)。
   (A) 企业招聘信息的发布　　　(B) 招聘活动的组织
   (C) 面试结果的公布　　　　　(D) 招聘活动的善后处理是否及时和合理
   (E) 选拔程序的合理性
   ABCD　P101

6. 选拔程序的合理性调查包括(　　)。
   (A) 考核是否科学,有无重复　　(B) 选拔过程是否公正
   (C) 能否尊重应聘者　　　　　　(D) 招聘联络人是否合格
   (E) 选拔考官的能力和素质是否合格
   ABCDE　P104

7. 企业人力资源空间配置主要包括(　　)。
   (A) 组织结构的设计　　　　　(B) 劳动分工协作形式的选择
   (C) 作地的组织　　　　　　　(D) 劳动环境优化
   (E) 工作轮班的组织
   ABCD　P104

第三章 培训与开发

一、真题回顾

（一）单选题

1. 现代培训活动的首要环节是（　　）。
   (A) 确定培训目标　　　　　　(B) 选择培训范围
   (C) 设计培训计划　　　　　　(D) 分析培训需求
   　D　P131　2014(5)真题

2. 培训需求循环评估模型不包括（　　）的分析。
   (A) 整体层面　(B) 班组层面　(C) 作业层面　(D) 个人层面
   　B　P133　2014(11)真题

3. （　　）设计的开发要坚持"满足需求、突出重点、立足当前、讲求实用、考虑长远、提高素质"。
   (A) 培训项目　　　　　　　　(B) 培训计划
   (C) 培训方法　　　　　　　　(D) 培训方式
   　A　P136　2010(11)真题修改

4. 培训项目设计的原则不包括（　　）。
   (A) 可操作性原则　　　　　　(B) 职业发展性原则
   (C) 因材施教原则　　　　　　(D) 反馈及强化性原则
   　A　P136　2014(11)真题

5. 培训规划的主要内容不包括（　　）。
   (A) 培训项目的确定　　　　　(B) 培训需求的分析
   (C) 评估手段的选择　　　　　(D) 培训成本的预算
   　B　P137　2010(5)真题　2013(11)真题

6. 培训成果不包括（　　）。
   (A) 研究成果　(B) 认知成果　(C) 技能成果　(D) 情感成果
   　A　P151　2014(11)真题

7. （　　）用于衡量受训者从培训中学到了哪些知识。
   (A) 绩效成果　(B) 情感成果　(C) 认知成果　(D) 技能成果
   　C　P151　2010(11)真题

8. 评估（　　）的重要途径是了解受训者对培训项目的反应。
   (A) 情感成果　(B) 认知成果　(C) 技能成果　(D) 绩效成果
   　A　P151　2007(11)真题

9. （　　）信息是指培训实施与需求在时间上是否相对应。
   (A) 培训及时性　(B) 培训有效性　(C) 培训广泛性　(D) 培训可信性

A P151 2010(11)真题

10. 培训有效性评估的技术不包括（　　）。
（A）泰勒模式　（B）层次评估法　（C）投入产出法　（D）目标导向模型法
C P153~158 2014(11)真题

11. 层次评估法中学习评估的方式不包括（　　）。
（A）书面测验　（B）模拟情境　（C）投射测验　（D）操作测验
C P155~156 2014(11)真题

12. 培训效果信息的收集方法中，通过观察收集信息不包括（　　）。
（A）编写的培训教程　　　　（B）培训组织准备工作
（C）培训实施现场　　　　　（D）培训对象反映情况
A P161 2011(11)真题

13. 在培训中要对培训效果进行跟踪与反馈，对培训机构和培训人员的评估不包括（　　）。
（A）教师的教学经验　　　　（B）管理人员工作积极性
（C）教师的领导能力　　　　（D）管理人员的合作精神
C P163 2009(5)真题　2013(11)真题

14. 培训效果评估的内容不包括（　　）。
（A）新知识新技能掌握的程度　（B）企业运营成本降低的程度
（C）企业经营绩效改进的程度　（D）受训人员工作改进的程度
B P164 2014(5)真题

15. （　　）是指教师按照准备好的讲稿系统地向受训者传授知识的方法。
（A）讲授法　　　　　　　　（B）专题讲座法
（C）研讨法　　　　　　　　（D）案例研讨法
A P186 2007(11)真题　2013(5)真题

16. （　　）不属于直接传授型培训法的具体方式。
（A）讲授法　（B）案例分析法　（C）研讨法　（D）专题讲座法
B P186~187 2007(5)真题　2011(5)真题

17. （　　）是在形式上和课堂教学法基本相同，但在内容上有所差异。
（A）讲授法　（B）专题讲座法　（C）研讨法　（D）参观访问
B P187 2011(11)真题

18. 以下关于以任务或过程为取向的研讨的说法错误的是（　　）。
（A）后者重点是发现受训人员的优缺点
（B）前者需要设计具有探索价值的题目
（C）后者着眼于讨论中成员间的相互影响
（D）前者着眼于达到某种事先确定的目标
A P187 2008(5)真题　2012(11)真题

19. 专题讲座法的优点不包括（　　）。
（A）形式比较灵活
（B）员工的培训成本比较低

(C) 可随时满足员工某一方面的培训需求

(D) 培训对象易于加深理解

B P187 2008(11)真题 2012(5)真题

20. 在培训方法中,(　　)适用于管理人员或技术人员了解专业技术发展方向或当前热点问题。

(A) 实践法　　(B) 讲授法　　(C) 专题讲座法　　(D) 研讨法

C P187 2011(11)真题

21. 在培训方法中,(　　)主要适用于以掌握技能为目的的培训。

(A) 实践法　　(B) 讲授法　　(C) 专题法　　(D) 研讨法

A P188 2009(11)真题

22. 运用研讨法实施培训时,选择研讨题目的注意事项不包括(　　)。

(A) 具有代表性　　(B) 具有启发性　　(C) 难度要适当　　(D) 不提前发放

D P188 2013(5)真题

23. 在培训方法中,(　　)适用于从事具体岗位所应具备的能力,技能和管理实务类的培训。

(A) 实践法　　(B) 讲授法　　(C) 专题法　　(D) 研讨法

A P188 2009(5)真题

24. (　　)不属于案例研究法。

(A) 案例分析法　　(B) 个案分析法　　(C) 工作指导法　　(D) 事件处理法

C P188 2007(11)真题

25. 在实践型培训法中,常用于管理培训的方法是(　　)。

(A) 工作指导法　　(B) 工作轮换法　　(C) 个别指导法　　(D) 特别任务法

D P188 2012(5)真题

26. (　　)是指由一位有经验的工人或直接主管人员在工作岗位上对受训者进行培训的方法。

(A) 特别任务法　　(B) 工作轮换法　　(C) 个别指导法　　(D) 工作指导法

D P188 2010(11)真题

27. 工作指导法运用中应注意培训的要点不包括(　　)。

(A) 关键工作环节的要求　　(B) 做好工作的原则和技巧

(C) 须避免、防止的问题和错误　　(D) 必须要有详细、完整的教学计划

D P189 2011(11)真题

28. 在实践型培训中,工作轮换法的优点不包括(　　)。

(A) 适用于企业各类人员　　(B) 丰富受训者的多岗位工作经验

(C) 改善部门之间的合作　　(D) 使受训者找到适合自己的位置

A P189 2012(11)真题

29. 在特别任务法的培训任务中,委员会或初级董事会是为(　　)提供的。

(A) 任何提出申请的员工　　(B) 需要再进修的高层管理人员

(C) 表现突出的基层员工　　(D) 有发展前途的中层管理人员

D P189 2008(5)真题

30. 特别任务法常用于( )。
 (A) 技能培训 (B) 离职培训 (C) 管理培训 (D) 在职培训
 C P189 2007(5)真题 2011(5)真题

31. ( )是指企业通过为某些员工分派具体任务对其进行培训的方法。
 (A) 工作指导法 (B) 个别指导法 (C) 工作轮换法 (D) 特别任务法
 D P189 2007(11)真题

32. 参与型培训法是( )的方法。
 (A) 以学习知识为目的 (B) 调动员工积极性
 (C) 以掌握技能为目的 (D) 针对行为调整和心理训练
 B P190 2008(11)真题

33. 自学作为一种培训方式,其优点不包括( )。
 (A) 学习费用低 (B) 学习者自主性很强
 (C) 不影响工作 (D) 学习内容不受限制
 D P190 2010(5)真题

34. ( )是指在自然地域,通过模拟探险活动进行的情景体验式心理训练。
 (A) 野外拓展训练 (B) 一般拓展训练
 (C) 场地拓展训练 (D) 特殊拓展训练
 A P190 2010(11)真题

35. ( )不属于案例研究法。
 (A) 案例分析法 (B) 个案分析法 (C) 工作指导法 (D) 事件处理法
 C P191 2013(5)真题

36. 在案例分析法中,解决问题的过程包括以下7个环节,排序正确的是( )。
 ① 找问题;② 查原因;③ 分主次;④ 提方案;⑤ 细比较;⑥ 试运行;⑦ 做决策
 (A) ①②③④⑤⑥⑦ (B) ①③②④⑤⑦⑥
 (C) ①②④⑤③⑦⑥ (D) ①③②⑤④⑥⑦
 B P191 2010(5)真题 2013(11)真题

37. 以下关于案例分析法的表述,不正确的是( )。
 (A) 它包括描述评价型和分析决策型两种
 (B) 描述评价型对案例进行事后分析,提出"亡羊补牢"性的建议
 (C) 描述评价型能更加有效地培养学员分析决策、解决问题的能力
 (D) 分析决策型只介绍某一待解决的问题,由学员分析并提出对策
 C P191 2014(11)真题

38. ( )比较适用于对操作技能要求较高的员工进行培训。
 (A) 模拟训练法 (B) 头脑风暴法 (C) 敏感性训练 (D) 事件处理法
 A P192 2013(5)真题

39. 角色扮演法和拓展训练适合于( )方面的培训。
 (A) 知识 (B) 行为调整和心理训练
 (C) 技能 (D) 调动员工积极性
 B P193 2013(11)真题修改

40. 模拟训练法能够( )。
    (A) 提供互教互学的机会　　　　(B) 让学员掌握更多业务知识
    (C) 提高处理问题的能力　　　　(D) 让学员掌握更多理论知识
       C　P193　2010(10)真题　2014(5)真题

41. 头脑风暴法的优点不包括( )。
    (A) 帮助企业解决实际问题　　　(B) 有利于解决学员工作中的困惑
    (C) 挑选讨论主题的难度小　　　(D) 有利于加深学员对问题的理解
       C　P192　2014(5)真题

42. 头脑风暴法的缺点不包括( )。
    (A) 学员参与性较强　　　　　　(B) 对培训顾问要求高
    (C) 培训顾问主要扮演引导的角色　(D) 主题的挑选难度大
       A　P192　2011(11)真题

43. ( )又称T小组法,简称ST(Sensitivity Training)法。
    (A) 头脑风暴法　(B) 管理者训练　(C) 模拟训练法　(D) 敏感性训练
       D　P193　2007(11)真题　2014(5)真题

44. 管理者培训适用于培训( )。
    (A) 核心管理人员　　　　　　　(B) 高层管理人员
    (C) 技术管理人员　　　　　　　(D) 中低层管理者
       D　P193　2014(5)真题

45. 模拟训练法的缺点不包括( )。
    (A) 模拟情景准备时间长　　　　(B) 对学员要求较高
    (C) 模拟情景质量要求高　　　　(D) 对组织者要求高
       B　P193　2008(5)真题　2012(5)真题

46. 以下关于敏感性训练的说法错误的是( )。
    (A) 要求学员在小组中就个人情感等进行坦率、公正的讨论
    (B) 目的是为了提高学员对自己的行为和他人行为的洞察力
    (C) 常采用集体住宿训练、小组讨论、个别交流等活动方式
    (D) 适用于组织发展训练,不适用于晋升前的人际关系训练
       D　P193　2009(5)真题

47. 在态度性培训法中,行为模仿法不适宜于( )的培训。
    (A) 高层管理人员　　　　　　　(B) 基层管理人员
    (C) 中层管理人员　　　　　　　(D) 一般生产人员
       A　P194　2010(5)真题　2014(11)真题

48. 以下关于行为模仿法的说法错误的是( )。
    (A) 它能够提高学员的行为能力
    (B) 使学员能更好地处理工作环境中的人际关系
    (C) 适用于高层管理人员、中层管理人员的培训
    (D) 该方法可根据培训的具体对象确定培训内容
       C　P194　2012(11)真题

49. 以下关于行为模仿法的说法错误的是（　　）。
    （A）能够提高学员的行为能力
    （B）适用于高层管理人员的培训
    （C）根据培训的具体对象确定培训内容
    （D）使学员能更好地处理工作环境中的人际关系
    B　P194　2008(11)真题

50. 行为模仿法的操作步骤包括：① 角色扮演与体验；② 建立示范模型；③ 社会行为强化；④ 培训成果的转化与应用。其正确的排序是（　　）。
    （A）①②③④　　（B）③①②④　　（C）①②④③　　（D）②①③④
    D　P194　2009(11)真题

51. （　　）不属于场地拓展训练游戏。
    （A）高空断桥　　（B）接力赛跑　　（C）空中单杠　　（D）扎筏泅渡
    B　P195　2007(11)真题

52. 场地拓展训练的特点不包括（　　）。
    （A）有限的空间，无限的可能　　（B）锻炼无形的思维
    （C）无限的空间，无限的可能　　（D）简便，容易实施
    C　P195　2007(5)真题

53. 场地拓展训练的特点不包括（　　）。
    （A）有限的空间，无限的可能　　（B）简便，容易实施
    （C）提供了真实的情景模拟体验　　（D）锻炼无形的思维
    C　P195　2011(5)真题

54. 虚拟培训的优点不包括（　　）。
    （A）仿真性　　（B）自主性　　（C）针对性　　（D）安全性
    C　P197　2010(11)真题

55. 针对（　　）的培训与开发，应采用案例分析、文件筐和课题研究等培训方法。
    （A）基础理论知识　　（B）创造能力
    （C）解决问题能力　　（D）特殊技能
    C　P197　2009(11)真题　2013(11)真题

56. 针对（　　）的培训与开发，应采用头脑风暴法，形象训练和等阶变换思考等培训方法。
    （A）基础理论知识　　（B）创造性
    （C）解决问题能力　　（D）技能性
    B　P197　2009(5)真题　2014(11)真题

57. 针对（　　）培训和开发，应采用工作传授、个人指导和模拟培训等训练方法。
    （A）基础理论知识　　（B）创造性
    （C）解决问题能力　　（D）技能性
    D　P197　2010(5)真题

58. 针对（　　）的培训开发，应采用讲义法、项目指导法、演示法、参观等培训方法。
    （A）基础理论知识(事实和概念)　　（B）创造性

(C) 解决问题能力 　　　　　(D) 技能性
A　P197　2014(5)真题

59. 自我开发的支持以及工作中的跟踪培训等属于培训方法中( )的开发方法。
(A) 态度、价值观　(B) 基本能力　(C) 解决问题能力　(D) 技能水平
B　P198　2008(11)真题

60. 在案例分析法中,案例讨论的步骤如下,排序正确的是( )。
① 展示案例资料　② 确定核心问题　③ 小组分别讨论　④ 选择最佳方案　⑤ 全体讨论解决问题的方案
(A) ①②③④⑤　(B) ①③②④⑤　(C) ①⑤②③④　(D) ①⑤③②④
B　P198　2009(5)真题　2013(11)真题

61. 在事件处理法中,记录个案发生的背景时应依据( )原则。
(A) 5W2H　　(B) 4W2H　　(C) 5W1H　　(D) 4W1H
A　P200　2012(5)真题

62. 对培训师进行培训的主要内容不包括( )。
(A) 教学工具的使用培训　　(B) 授课技巧培训
(C) 教学风度的展现培训　　(D) 教学内容培训
C　P205　2007(5)真题　2011(5)真题

63. 以下关于培训师的说法错误的是( )。
(A) 授课技巧的高低是影响培训效果的关键因素
(B) 培训师必须能够熟练使用现代化的教学工具
(C) 内部培训师了解企业情况并熟悉行业新动向
(D) 外部培训师的一般知识较扎实,但对企业情况不甚了解
C　P205　2013(11)真题

64. 培训课程实施的前期准备工作不包括( )。
(A) 确认培训时间　　(B) 准备相关资料
(C) 培训后勤准备　　(D) 培训器材维护
D　P206　2011(5)真题

65. 在确认培训时间时,需考虑的因素不包括( )。
(A) 时间控制　　　　(B) 配合员工的工作状况
(C) 公司制度　　　　(D) 合适的培训时间长度
C　P206　2008(5)真题

66. 选择理想的培训师时,须考虑的因素不包括( )。
(A) 符合培训目标　　(B) 培训师的专业性
(C) 培训师的学历　　(D) 培训师的配合性
C　P206　2008(11)真题

67. 培训课程实施的前期准备工作不包括( )。
(A) 培训后勤准备　　(B) 准备相关资料
(C) 确认培训时间　　(D) 学员自我介绍
D　P206　2007(5)真题

68. 培训开始实施以后,第一件事情就是对有关事项进行介绍,具体内容不包括(　　)。
　　(A) 管理规则　　(B) 培训课程　　(C) 培训主题　　(D) 培训教材
　　D　P206　2013(5)真题

69. 培训开始实施以后要做的第一件事情是介绍,具体内容不包括(　　)。
　　(A) 破冰活动　　　　　　　(B) 学员自我介绍
　　(C) 培训主题介绍　　　　　(D) 确认培训时间
　　D　P206　2007(11)真题

70. 要用"以人为本"的指导思想和管理理念制定培训制度,保证制度的(　　)。
　　(A) 稳定性和连贯性　　　　(B) 稳定性与现实性
　　(C) 周期性和变化性　　　　(D) 创新性和变革性
　　A　P209　2013(5)真题

71. 一般而言,员工培训结束后的工作不包括(　　)。
　　(A) 引导学员心态　　　　　(B) 发放调查问卷
　　(C) 向培训师致谢　　　　　(D) 评估培训效果
　　A　P207　2014(5)真题

72. 企业培训制度的基本内容不包括(　　)。
　　(A) 制定员工培训制度的依据　　(B) 实施员工培训的目的或宗旨
　　(C) 员工培训制度的实施周期　　(D) 企业培训制度的核准与施行
　　C　P210　2012(11)真题

73. (　　)是培训管理的首要制度。
　　(A) 培训奖惩制度　(B) 培训激励制度　(C) 培训服务制度　(D) 培训考核制度
　　C　P211　2007(5)真题　2011(5)真题

74. 在培训激励制度中,对员工激励不包括(　　)。
　　(A) 对员工的激励　　　　　(B) 对培训实施者的激励
　　(C) 对企业的激励　　　　　(D) 对部门及主管的激励
　　B　P211　2008(5)真题

75. 培训激励制度的主要内容不包括(　　)。
　　(A) 公平竞争的晋升规定　　(B) 奖惩实施的方式方法
　　(C) 完善的岗位任职资格　　(D) 以能力和业绩为导向的分配原则
　　B　P211　2009(11)真题

76. 培训激励制度的主要激励对象,不包括对(　　)的激励。
　　(A) 企业员工　　(B) 培训师　　(C) 部门主管　　(D) 企业
　　B　P211　2014(11)真题

77. 有关培训激励制度的说法错误的是(　　)。
　　(A) 企业要建立起培训使用考核奖惩的配套制度
　　(B) 建立岗位培训责任制,使培训与部门领导利益挂钩
　　(C) 应在培训激励制度中明确规定奖惩执行的方法
　　(D) 激发企业的培训积极性,满足企业生产发展的需要

C　P211~212　2013(5)真题

78. 有关培训考核评估制度的说法错误的是(　　)。
    (A) 目的是在于检验培训的最终成果
    (B) 为培训奖惩制度的确立提供依据
    (C) 是规范培训人员行为的重要途径
    (D) 抽样选择员工进行培训考核评估
    D　P213　2008(11)真题　2012(5)真题

79. 企业的培训风险不包括(　　)。
    (A) 人才流失带来的经济损失　　(B) 培训成本超出预算
    (C) 专业技术的保密难度增大　　(D) 送培人员选拔失当
    B　P214　2010(5)真题

80. 下列有关培训制度的推行与完善说法错误的是(　　)。
    (A) 监督检查人员仅限于企业高层领导
    (B) 在执行各项规章制度时，要加大监督和检查的力度
    (C) 培训制度的推行要贯穿于培训体系的各个环节之中
    (D) 实际运行过程中不断发现问题，及时调整培训制度
    A　P215　2008(5)真题　2012(11)真题

81. 要用"以人为本"的指导思想和管理理念制定培训制度，保证制度的(　　)。
    (A) 稳定性和连贯性　　(B) 稳定性与现实性
    (C) 周期性和变化性　　(D) 创新性和变革性
    A　P209　2007(11)真题

(二) 多选题

1. 培训需求分析是(　　)的前提。
    (A) 确定培训目标　　(B) 进行培训评估
    (C) 设计培训计划　　(D) 培训经费预算
    (E) 有效实施培训
    ACE　P132　2007(11)真题　2014(5)真题

2. 培训规划的主要内容包括(　　)。
    (A) 培训项目的确定　　(B) 培训成本的预算
    (C) 培训内容的开发　　(D) 培训资源的筹备
    (E) 实施过程的设计
    ABCD　P137　2010(11)真题

3. 培训效果信息的种类包括(　　)方面的信息。
    (A) 培训时间选定　　(B) 受训群体选择
    (C) 培训场地选定　　(D) 培训形式选择
    (E) 培训教师选定
    ABCDE　P151　2007(5)真题

4. 在培训效果信息中，有关教师选派方面的信息包括(　　)。

(A) 是否具有能力做好培训　　　　(B) 是否能够了解受训人员
(C) 是否有良好的教学水平　　　　(D) 是否掌握受训人员能接受的教学方法
(E) 是否能让受训人员全部或者部分地接受培训内容
ABCDE　P151　2008(5)真题

5. 培训效果评估的指标包括(　　)。
(A) 认知成果　　　　　　　　　(B) 技能成果
(C) 情感成果　　　　　　　　　(D) 效果性成果
(E) 投资净收益
ABCDE　P151　2008(11)真题　2012(5)真题

6. 在培训效果信息中，有关教师选定方面的信息包括(　　)。
(A) 是否具有能力做好培训
(B) 是否能够了解受训人员
(C) 是否有良好的教学水平
(C) 是否掌握受训人员能接受的教学方法
(E) 教师个人家庭背景以及过往实践经验
ABCD　P151　2012(11)真题

7. 培训效果信息的种类包括(　　)方面的信息。
(A) 培训时间选定　　　　　　　(B) 受训群体选择
(C) 培训场地选定　　　　　　　(D) 培训形式选择
(E) 培训教师选定
ABCDE　P152　2010(11)真题

8. 可以通过访问收集培训效果信息，访问对象可以是(　　)。
(A) 培训实施者　　　　　　　　(B) 培训学员同事
(C) 培训组织者　　　　　　　　(D) 培训学员领导和下属
(E) 培训的对象
ACDE　P161　2012(5)真题

9. 导致培训内容与计划出现差异的原因在于(　　)。
(A) 外部环境的干扰
(B) 不同项目之间的交叉或相互影响
(C) 培训教师的素质与培训内容不符
(D) 培训项目的管理机构没有按照规划实施培训
(E) 规划中的培训内容没有得到受训员工的认同
ABDE　P163　2008(11)真题

10. 培训中对培训效果的跟踪与反馈包括(　　)。
(A) 培训进度与中间效果　　　　(B) 受训者与培训内容的相关性
(C) 培训机构和培训人员　　　　(D) 受训者对培训项目的认知度
(E) 培训费用的使用情况
ABCD　P163　2012(11)真题

11. 培训效果的评估方法主要包括(　　)。

(A) 问卷评估法 (B) 访谈法
(C) 综合比较法 (D) 测验法
(E) 360度评估
ABDE　P165～167　2014(11)真题

12. 直接传授型培训法适用于知识类培训,具体包括(　　)。
(A) 模拟训练法 (B) 讲授法
(C) 头脑风暴法 (D) 研讨法
(E) 专题讲座法
BDE　P186　2010(10)真题

13. 讲授法的优点包括(　　)。
(A) 对培训环境的要求不高 (B) 学员容易完全消化吸收
(C) 学员可利用教室环境相互沟通 (D) 传授内容较多,知识较系统
(E) 单向传授有利于教学双方互动
ACD　P186～187　2014(11)真题

14. 专题讲座法的优点包括(　　)。
(A) 形式比较灵活 (B) 员工的培训成本比较低
(C) 内容有系统性 (D) 培训对象易于加深理解
(E) 可随时满足员工某一方面的培训需求
ADE　P187　2009(5)真题

15. 讲授法的局限性在于(　　)。
(A) 不能满足学员的个性需求 (B) 传授的方式较为枯燥单一
(C) 内容部具备较好的系统性 (D) 教师水平直接影响培训的效果
(E) 单向传授不利于教学双方互动
ABDE　P187　2010(5)真题　2013(11)真题

16. 研讨法的优点包括(　　)。
(A) 形式多样适应性强 (B) 多向式信息交流
(C) 有利于大面积培养人才 (D) 有利于培养学员综合能力
(E) 加深学员对知识的理解
ABDE　P188　2009(11)真题

17. 实践型培训法的优点包括(　　)。
(A) 培训经济高效,节约企业培训成本
(B) 无需特别准备教室及其他培训设施
(C) 多向式信息交流有利于提高培训效果
(D) 能迅速得到关于工作行为的反馈和评价
(E) 使培训内容与受训者将要从事的工作紧密结合
ABDE　P188　2013(11)真题

18. 个别指导法的优点包括(　　)。
(A) 可以避免新员工的盲目摸索 (B) 有利于企业传统优良作风的传递
(C) 有利于新员工尽快融入团队 (D) 使受训者找到适合于自己的位置

(E) 消除刚毕业员工开始工作的紧张感

ABCE　P190　2010(5)真题

19. 适宜行为调整和心理训练的具体方法包括(　　)。
    (A) 角色扮演法　　　　　　(B) 拓展训练
    (C) 管理者训练　　　　　　(D) 模拟训练
    (E) 敏感性训练

    AB　P193　2007(5)真题　2011(5)真题

20. 参与型培训法包括(　　)。
    (A) 案例研究法　　　　　　(B) 特别任务法
    (C) 头脑风暴法　　　　　　(D) 个别指导法
    (E) 模拟训练法

    ACE　P190　2007(11)真题

21. 个别指导法的缺点主要在于(　　)。
    (A) 指导者可能有意保留自己的经验
    (B) 不利于新员工在工作岗位的创新
    (C) 指导者的水平对学习效果有影响
    (D) 不利于新员工融入团队,与同事合作
    (E) 指导者不良的工作习惯会影响新员工

    ABCE　P190　2008(11)真题　2012(11)真题

22. 个别指导法的优点包括(　　)。
    (A) 有利于新员工尽快融入团队
    (B) 可以避免新员工的盲目摸索
    (C) 有利于企业传统优良作风的传递
    (D) 有利于新员工的工作创新
    (E) 消除刚毕此员工开始工作的紧张感

    ABCE　P190　2014(11)真题

23. 敏感性训练法适用于(　　)。
    (A) 组织发展训练
    (B) 晋升前的人际关系训练
    (C) 新进人员的集体组织训练
    (D) 外派人员的异国文化训练
    (E) 中青年管理人员人格塑造训练

    ABCDE　P193　2009(11)真题

24. 角色扮演法的优点包括(　　)。
    (A) 学员参与性强　　　　　(B) 增强感情交流
    (C) 增强培训效果　　　　　(D) 问题有普遍性
    (E) 提高业务能力

    ABCE　P194　2009(5)真题

25. 态度型培训法中,角色扮演法的缺点包括(　　)。

(A) 设计者需要精湛的设计能力　　　(B) 模拟环境是静态不变的
(C) 若学员参与意识不强,影响效果　　(D) 角色固定不够灵活
(E) 问题分析不具有普遍性
ABCE　P194　2013(5)真题

26. 场地拓展训练可以使团队在(　　)方面得到收益和改善。
(A) 变革与学习　　　　　　　(B) 杰出指导
(C) 心态和士气　　　　　　　(D) 共同愿景
(E) 沟通与默契
ACDE　P195　2008(5)真题

27. 以下属于与态度、价值观及陶冶人格情操教育相适应的培训方法是(　　)。
(A) 集体决策法　　　　　　　(B) 等价变换
(C) 角色扮演法　　　　　　　(D) 悟性训练
(E) 个人指导法
ACD　P197　2008(5)真题

28. 与技能培训相适应的培训方法包括(　　)。
(A) 工作传授法　　　　　　　(B) 模拟训练法
(C) 项目指导法　　　　　　　(D) 个人指导法
(E) 实习或练习法
ABDE　P197　2014(11)真题　2012(11)真题

29. 虚拟培训的优点在于它的(　　)。
(A) 仿真性　　(B) 超时空性　　(C) 自主性　　(D) 低成本性
(E) 安全性
ABCE　P197　2014(5)真题

30. 根据培训要求优选培训方法时,应(　　)。
(A) 与企业的培训文化相适应　　(B) 与受训者群体特征相适应
(C) 与岗位的职责权限相适应　　(D) 与培训的资源及可能性相适应
(E) 与培训目的及课程目标相适应
ABDE　P198　2014(5)真题

31. 采用案例分析法,培训前的准备工作包括(　　)。
(A) 选择适当案例　　　　　　(B) 展示案例资料
(C) 让学员熟悉案例　　　　　(D) 制定培训计划
(E) 确定培训时间地点
ADE　P198　2013(5)真题

32. 培训方法的选用要与受训者群体特征相适应,学员构成这一参数通过学员的(　　)等方面影响培训方法的选择。
(A) 职务特征　　　　　　　　(B) 技术心理成熟度
(C) 个性特征　　　　　　　　(D) 工作内容熟练度
(E) 家庭背景
ABC　P198　2009(11)真题　2013(11)真题

33. 选择培训方法时要与受训者群体特征相适应,分析受训者群体特征可使用的参数有( )。
    (A) 学员构成   (B) 工作程序
    (C) 工作压力   (D) 工作内容
    (E) 工作可离度
    ACE   P198   2012(5)真题

34. 培训前对培训师的基本要求包括( )。
    (A) 做好准备工作   (B) 与学员搞好关系
    (C) 了解学员的喜好   (D) 决定如何在学员之间分组
    (E) 对"培训者指南"中提到的材料进行检查,根据学员的情况进行取舍
    ADE   P204   2007(11)真题

35. 培训前对培训师的基本要求( )。
    (A) 做好准备工作
    (B) 决定如何在学员之间分组
    (C) 对培训者指南中提到的材料进行检查,根据学员的情况进行取舍
    (D) 检查日程安排,留出余地
    (E) 授课技巧培训
    ABCD   P204   2010(11)真题

36. 进行培训课程的前期准备工作包括( )。
    (A) 确认培训学员   (B) 培训后勤准备
    (C) 确认培训时间   (D) 准备相关资料
    (E) 确认培训教师
    ABCDE   P205~206   2012(5)真题

37. 进行培训后勤准备工作时,应该考虑的因素有( )。
    (A) 培训性质   (B) 行政服务
    (C) 交通情况   (D) 座位安排
    (E) 教材准备
    ABCD   P206   2009(5)真题   2013(11)真题

38. 培训课程开始前应做好后勤准备工作,确认( )。
    (A) 培训师   (B) 培训时间   (C) 公司政策   (D) 培训设备
    (E) 培训场地
    ABDE   P206   2010(5)真题

39. 在培训课程的实施与管理中,关于培训后的工作描述正确的是( )。
    (A) 向培训师致谢   (B) 作问卷调查
    (C) 颁发结业证书   (D) 清理、检查设备
    (E) 培训效果评估
    ABCDE   P207   2010(11)真题

40. 企业允许、鼓励员工外出培训应当做好的工作包括( )。
    (A) 员工自己提出申请

(B) 签订员工培训合同
(C) 工作日外出学习的要提供学习考勤单
(D) 工作日外出学习的要提供学习成绩单
(E) 提倡外出全脱产学习以尽快完成培训
ABCD　P207　2009(11)真题　2014(11)真题

41. 培训资源中培训空间的充分利用,对学习者空间位置的不同设计可以有(　　)等。
(A) U形布置法　　　　　　　　(B) 臂章形布置法
(C) V形布置法　　　　　　　　(D) 环形布置法
(E) 梯形布置法
ABD　P208　2010(11)真题

42. 企业培训管理制度包括(　　)。
(A) 培训监督制度　　　　　　　(B) 培训资金管理制度
(C) 培训后勤制度　　　　　　　(D) 培训风险管理制度
(E) 培训服务制度
BDE　P209　2008(11)真题

43. 培训激励制度的主要内容包括(　　)。
(A) 公平竞争的晋升规定　　　　(B) 奖惩执行的方式方法
(C) 完善的岗位任职资格需要　　(D) 以能力和业绩为导向的分配原则
(E) 公平、公正、客观的业绩考核标准
ACDE　P211　2009(5)真题　2014(11)真题

二、新增预测题

(一) 单选题

1. 培训需求分析的调查与确认步骤(　　)。
① 提出需求意向　② 需求分析　③ 需求确认
(A) ①②③　　　　　　　　　　(B) ③②①
(C) ②①③　　　　　　　　　　(D) ③①②
A　P131

2. 确定培训目标、设计培训计划的前提是(　　)。
(A) 确定培训项目　　　　　　　(B) 选择培训范围
(C) 确定培训课程　　　　　　　(D) 培训需求分析
D　P132

3. 决定培训效果的首要决定因素是(　　)。
(A) 确定培训目标　　　　　　　(B) 选择培训范围
(C) 设计培训计划　　　　　　　(D) 培训需求分析
D　P132

4. 具备连续、周而复始,前瞻性分析,为未来发展做准备特点的培训需求分析技术模型是(　　)。
(A) 前瞻性培训需求评估模型

（B）Goldstein组织培训需求分析模型
（C）培训需求循环评估模型
（D）三维培训需求分析模型
C　P132～134

5. 为工作调动准备需求,适用于企业未来需要的高层管理与技术人才的培训需求分析技术模型是(　　)。
（A）前瞻性培训需求评估模型
（B）Goldstein组织培训需求分析模型
（C）培训需求循环评估模型
（D）三维培训需求分析模型
A　P132～134

6. 基于岗位胜任力和人力测评,适用于企业中高层管理者和核心员工的培训需求分析技术模型是(　　)。
（A）前瞻性培训需求评估模型
（B）Goldstein组织培训需求分析模型
（C）培训需求循环评估模型
（C）三维培训需求分析模型
D　P132～134

7. 培训需求循环评估模型中,(　　)是其他分析的前提。
（A）组织整体层面的分析　　　（B）作业层面的分析
（C）个人层面的分析　　　　　（D）战略层面的分析
A　P133

8. (　　)是分析该任务所需的各类知识,从而确定所需的技能培训(侧重职业理想情况)。
（A）组织整体层面的分析　　　（B）作业层面的分析
（C）个人层面的分析　　　　　（D）战略层面的分析
B　P133

9. (　　)是培训项目计划和培训方案制定与实施的导航灯。
（A）培训目标　（B）培训师　（C）培训需求　（D）受训者
A　P139

10. (　　)是培训流程的最后环节,是对培训活动的评价总结。
（A）培训评估　（B）培训需求　（C）培训课程　（D）培训计划
A　P149

11. (　　)指培训产生的货币收益与培训成本的差。
（A）认知成果　（B）技能成果　（C）投资净收益　（D）效果性成果
C　P151

12. (　　)用来判断培训项目给企业的回报。
（A）认知成果　（B）技能成果　（C）情感成果　（D）效果性成果
D　P151

13. 培训有效性评估的技术不包括( )。
    (A) 泰勒模式　　　　　　　　　(B) 层次评估法
    (C) 目标导向模型法　　　　　　(D) 循环模式
    D　P153

14. 柯克帕特里克四层评估模式的层级不包括( )。
    (A) 目标评估　(B) 学习评估　(C) 行为评估　(D) 结果评估
    A　P155

15. ( )评估时间通常在培训现场或课程一结束。
    (A) 反应评估　(B) 学习评估　(C) 行为评估　(D) 结果评估
    A　P155

16. ( )评估时间通常在培训结束后3个月。
    (A) 反应评估　(B) 学习评估　(C) 行为评估　(D) 结果评估
    C　P156

17. ( )评估时间通常在培训结束后半年或一年。
    (A) 反应评估　(B) 学习评估　(C) 行为评估　(D) 结果评估
    D　P156

18. 层次评估法中行为评估的方式不包括( )。
    (A) 问卷调查法　(B) 模拟情境　(C) 面谈法　(D) 观察法
    B　P156

19. 菲利普斯五层评估模型在四级评估基础上增加( )评估。
    (A) 投资回报率　(B) 利润率　(C) 项目成本　(D) 项目净收益
    A　P157

20. 培训效果评估方案的设计正确的步骤为( )。
    ① 培训评估方案的制订　② 明确培训评估的目的　③ 培训评估信息的收集
    ④ 资料整理分析　⑤ 评估报告
    (A) ①②③④⑤　　　　　　　　(B) ③②①⑤④
    (C) ②①③④⑤　　　　　　　　(D) ③①②⑤④
    C　P158

21. 不同类型培训效果信息的采集不包括( )。
    (A) 主观信息　(B) 客观信息　(C) 对比分析　(D) 差距分析
    D　P160

22. 关于通过调查收集信息说法错误的是( )。
    (A) 要注意避免主观因素
    (B) 只有客观的调查结果才是后期统计和效果评估的客观依据
    (C) 未能参加培训的员工不调查
    (D) 调查对象尽量全面
    C　P161

23. 通过对员工上课的表现、课下员工的反应来体现的培训效果信息收集渠道是( )。

(A) 资料收集　　(B) 观察收集　　(C) 访问收集　　(D) 调查收集
B　P161

24. 下列不是通过访问可收集的信息是(　　)。
(A) 会议记录　　　　　　(B) 培训实施者
(C) 培训组织者　　　　　(D) 培训学员领导和下属
A　P161

25. 关于信息收集过程中的访谈前做好充足准备说法错误的是(　　)。
(A) 了解访谈者相关信息　(B) 设计访谈方案
(C) 了解访谈对象的个人隐私　(D) 合理安排时间和地点
C　P162

26. 下列关于培训有效性的要求错误的是(　　)。
(A) 明确评估目的　　　　(B) 确定评估项目及评估内容
(C) 评估方式的设计　　　(D) 确定培训需求
D　P165

27. 访谈法的程序正确的是(　　)。
① 设计访谈方案　② 明确需要采集的信息　③ 测试访谈方案　④ 进行资料分析　⑤ 全面实施
(A) ①②③④⑤　　　　　(B) ①②③⑤④
(C) ②①③⑤④　　　　　(D) ②①③④⑤
C　P166

28. 结果层面的评估是最困难的测评的原因错误的是(　　)。
(A) 需要大量的时间　　　(B) 缺乏评估费用
(C) 短期内很难有结果　　(D) 企业缺乏必要的技术和经验
B　P171

29. 培训直接成本不包括(　　)。
(A) 办公用品、设施设备及相关费用　(B) 培训使用的材料和设施费用
(C) 设备或教室的租金或购买费用　　(D) 交通费用
A　P171

30. 课程设计的首要任务是(　　)。
(A) 课程定位　(B) 课程目标　(C) 课程内容　(D) 课程评价
A　P174

31. 课程设计的基础(　　)。
(A) 最大限度地调动受训者主动参与培训的积极性
(B) 对一切利用的培训资源充分利用加以开发和利用
(C) 形成好的教学计划和方案
(D) 提高个人和组织的效率
B　P176

32. (　　)以经验和感觉为基础,倾向于亲身参与。
(A) 主动型学习　(B) 理论型学习　(C) 反思型学习　(D) 应用型学习

A　P177

33. (　　)以理论实践结合为基础,倾向于实践。
　　(A) 主动型学习　(B) 理论型学习　(C) 反思型学习　(D) 应用型学习
　　D　P177

34. (　　)以逻辑推理和演绎分析为基础,倾向于假设思维、系统分析和理论模型。
　　(A) 主动型学习　(B) 理论型学习　(C) 反思型学习　(D) 应用型学习
　　B　P177

35. (　　)以多维思考和归纳推理为基础,倾向于观察与思考。
　　(A) 主动型学习　(B) 理论型学习　(C) 反思型学习　(D) 应用型学习
　　C　P177

36. 课程目标分析不包括(　　)。
　　(A) 受训人员分析　(B) 任务分析　(C) 课程目标分析　(D) 课程需求分析
　　D　P178

37. 撰写培训大纲流程正确的是(　　)。
　　① 搭建框架　② 确定主题　③ 写下每项具体内容　④ 修改或调整安排内容　⑤ 选择授课方式
　　(A) ①②③④⑤　(B) ①②③⑤④　(C) ②①③⑤④　(D) ②①③⑤④
　　C　P180

38. 关于培训大纲中决定内容的优先级说法错误的是(　　)。
　　(A) 根据互为依据的课题编排
　　(B) 按照问题需求编排
　　(C) 问题由易到难编排
　　(D) 按照问题出现频率编排
　　B　P180

39. 关于培训制度说法错误的是(　　)。
　　(A) 包括培训的法律和政令、培训的具体制度和政策
　　(B) 培训的法律和政令是企业员工培训健康发展的根本保证
　　(C) 企业培训的主体是企业和员工
　　(D) 制度的目的是调动员工参与培训的积极性和培训活动系统系统化、规范化和制度化
　　B　P208

40. 起草与修订培训制度的要求不包括(　　)。
　　(A) 战略性　(B) 长期性　(C) 适用性　(D) 科学性
　　D　P209

41. 与培训相关的档案不包括的内容(　　)。
　　(A) 培训老师的教学及业绩档案　(B) 培训财物档案
　　(C) 培训工作往来单位的档案　(D) 受训者的个人档案
　　D　P215

(二) 多选题

1. 下列关于培训需求分析说法正确的是(　　)。

(A) 是现代培训活动的首要环节
(B) 是培训评估的基础
(C) 对培训工作至关重要
(D) 是使培训工作准确、及时和有效的重要保证
(E) 具有很强的指导性
ABCDE P131

2. 培训需求分析具有很强的指导性，它是（   ）的前提。
(A) 确定培训目标   (B) 进行培训评估
(C) 有效实施培训   (D) 制订培训计划
(E) 计算培训成本
ACD P131

3. 培训需求分析的调查与确认的目的是（   ）。
(A) 确定谁需要培训   (B) 需要培训什么
(C) 确定培训对象   (D) 培训内容
(E) 培训的时间和地点
ABCD P131

4. 常见的培训需求分析技术模型有（   ）。
(A) 前瞻性培训需求评估模型
(B) Goldstein 组织培训需求分析模型
(C) 培训需求循环评估模型
(D) 三维培训需求分析模型
(E) 全面性任务分析模型
ABCD P132～134

5. 考虑培训需求原因或"压力点"有（   ）。
(A) 基本技能欠佳   (B) 新技术应用
(C) 客户要求   (D) 培训次数
(E) 法律和法规
ABCE P132

6. 需求评估结果有（   ）。
(A) 学些什么、谁接受培训   (B) 培训类型、培训次数
(C) 购买或自行培训   (D) 借助培训或其他方式
(E) 法律和法规
ABCD P132

7. 培训需求循环评估模型包括（   ）。
(A) 组织整体层面的分析   (B) 作业层面的分析
(C) 个人层面的分析   (D) 战略层面的分析
(E) 策略层面的分析
ABC P133

8. 培训项目设计的原则包括（   ）。

(A) 可操作性原则　　　　　　(B) 职业发展性原则
(C) 因材施教原则　　　　　　(D) 反馈及强化性原则
(E) 目标性原则
BCDE　P136

9. 培训项目规划内容中,评估手段的选择要考虑(　　)。
(A) 如何考核培训的成败
(B) 如何进行中间效果的评估
(C) 如何评估培训结束时受训者的学习效果
(D) 如何考察在工作中的运用情况
(E) 培训内容的开发
ABCD　P137

10. 界定清晰的培训目标要达到(　　)。
(A) 培训目标要解决员工培训要达到什么样标准的问题
(B) 将培训目标具体化、数量化、指标化、标准化
(C) 培训目标要能有效地指导培训者
(D) 培训目标要能有效地指导受训者
(E) 培训目标要有前瞻性
ABCD　P139

11. 制定培训完整培训方案的基本要求有(　　)。
(A) 培训目标对受训者传达的意图
(B) 组织对受训者的希望
(C) 受训者如何将培训项目要求与自身情况结合
(D) 明确员工培训目的
(E) 对培训需求分析结果的有效整合
ABC　P139

12. 培训项目计划的内容包括(　　)。
(A) 培训目的和目标　　　　　(B) 培训时间和地点
(C) 受训人员和内容　　　　　(D) 培训需求
(E) 培训范围
ABCE　P140

13. 培训方式包括(　　)。
(A) 问卷　　　(B) 多媒体　　　(C) 案例讨论　　　(D) 角色扮演
(E) 商业游戏
ABCDE　P143 表3-4

14. 角色扮演具体内容包括(　　)。
(A) 三个人一组　　　　　　　(B) 一个人观察并给出反馈
(C) 其他两个人练习,轮换角色　(D) 发现3~4个优点
(E) 发现3~4个可以改进之处
ABCDE　P143 表3-4(建议把表中其他方法的具体内容都要简单记忆!)

15. 小组讨论可以选择以下哪些问题(　　)。
    (A) 与学习内容相关联的问题
    (B) 一些复杂、有竞争性的问题
    (C) 有代表性的问题
    (D) 每个人都会有自己观点的问题
    (E) 可以从不同角度看的问题
    ABCDE　P143 表3-4(建议把表中其他方法的都要简单记忆!)

16. 内部培训资源包括(　　)。
    (A) 标准化培训产品　　　　(B) 企业内部培训师
    (C) 经理人作为培训资源　　(D) 成立员工互助学习小组
    (E) 专业培训公司
    ABCD　P145

17. 外部培训资源包括(　　)。
    (A) 专业培训公司　　　　　(B) 咨询公司商学院校
    (C) 建立配套的培训制度和文化　(D) 标准化培训产品
    (E) 经理人作为培训资源
    ABC　P145

18. 构建配套的培训制度与文化包括(　　)。
    (A) 建立配套制度,规范培训流程
    (B) 建立培训档案,针对性培训,避免重复和无效培训
    (C) 建立培训奖惩制度和激励保障体系
    (D) 建立培训时间保证制度,使活动系统化、规范化开展
    (E) 营造培训文化,建立学习型组织
    ABCDE　P146

19. 下列情况说明培训的有效性(　　)。
    (A) 利润的增加　　　　　　(B) 扩大市场占有率
    (C) 专业素质的提升　　　　(D) 知识的增长
    (E) 技能的提高
    ABCDE　P149

20. 从企业培训的一般角度看培训评估,培训评估的作用主要体现在(　　)。
    (A) 是否达到原定的目标和要求
    (B) 提高或行为表现的改变是否直接来自培训本身
    (C) 找出不足,归纳教训,改进今后培训
    (D) 发现新的需求,为下一轮培训提供依据,提高受训者的兴趣激发积极性和创造性
    (E) 检查出培训的费用效益
    ABCDE　P149

21. 下列关于从企业的战略角度看培训有效性评估说法正确的有(　　)。
    (A) 用作战略的培训是一种分析方法。

(B) 从企业战略角度下的有效培训应要了解能为组织及其成员带来什么好处和多少好处。
(C) 此时培训目标已经成为组织目标的而一部分,而不再仅是培训部门的部门目标。
(D) 客观地评价培训者的工作。
(E) 为管理者决策提供所需的信息。
ABC P150

22. 培训成果包括( )。
(A) 认知成果 (B) 技能成果
(C) 情感成果 (D) 效果性成果
(E) 投资净收益
ABCDE P151

23. 情感成果包括( )。
(A) 受训者对培训项目的反应 (B) 对多元化的容忍度
(C) 学习的动机 (D) 对安全的态度
(E) 客户服务中的定向
ABCDE P151

24. 培训效果评估的评估目标包括( )。
(A) 确定培训评估是否展开 (B) 确定培训评估的可行性分析
(C) 确定培训评估的项目 (D) 确定培训评估的目标
(E) 培训的时间和地点
ABCD P152

25. 培训效果的评估方法主要包括( )。
(A) 问卷评估法 (B) 360度评估
(C) 时间序列法 (D) 测试法
(E) 观察法
ABCDE P153

26. 关于泰勒模式的优点有( )。
(A) 较多注意学生的意见 (B) 以目标为中心,结构紧密
(C) 具有计划性 (D) 简单易行,
(E) 主要用于学生评估
BCDE P153

27. 关于层次评估法说法正确的是( )。
(A) 最为完善、最为广泛的一种评估方法
(B) 层次分明,由易到难,循序渐进
(C) 定性和定量相结合
(D) 对个人素质能力的提高转移到整个组织绩效提高的评估上来
(E) 能形成一个有机的整体
ABCD P154

28. 层次评估法中学习评估的方式包括（　　）。
    (A) 书面测验　　　　　　　　(B) 模拟情境
    (C) 投射测验　　　　　　　　(D) 操作测验
    (E) 学前学后比较
        ABDE　P155~156

29. 有关柯克帕特里克四层评估模式的反应评估说法正确的有（　　）。
    (A) 是指评估学员对课程的满意程度
    (B) 是最低级别的评估
    (C) 评估方法有问卷调查、抽样访谈
    (D) 评估时间在培训现场或结束之后
    (E) 柯克帕特里克将反应定义为受训者对培训的感受和想法
        ABCE　P155

30. 有关柯氏模型说法正确的有（　　）。
    (A) 柯氏模型是应用最广泛的评估模型。
    (B) 适用于不同项目、不同层次的评估；
    (C) 在评估级别上缺少有效衡量的价值体系。
    (D) 难以区分什么因素带来改变，变量众多，具体运作存在很大困难
    (E) 注重预期效果的评估、忽略非预期目标的评估
        ACD　P156

31. 目标导向型模型法的精髓有（　　）。
    (A) 关注受训者动机
    (B) 关注非培训者的
    (C) 评估受训者个人素质能力的提高
    (D) 把培训效果的测量和确定作为优先考虑的因素
    (E) 培训者和公司的其他人员是培训的执行者和评估者
        ACDE　P158

32. 目标导向型模型法的最大贡献包括（　　）。
    (A) 弹性和适应性　　　　　　(B) 定性和定量相结合
    (C) 落脚点是受训者的能力或行为　(D) 适用各种类型的企业
    (E) 不用花费很长的时间和精力
        ABCD　P158

33. 培训评估数据收集的方法有（　　）。
    (A) 通过资料收集　　　　　　(B) 通过观察收集
    (C) 通过访问收集　　　　　　(D) 通过参与收集
    (E) 通过培训调查收集信息收集
        ABCDE　P159

34. 培训评估信息的收集注意数据的（　　）特点。
    (A) 有效性　　　　　　　　　(B) 可靠性
    (C) 简单易行性　　　　　　　(D) 经济的特点

(E) 防止数据错漏
ABCDE　P159

35. 通过资料可收集的信息(　　)。
    (A) 培训方案的资料
    (B) 有关培训方案的领导批示
    (C) 有关培训的录音录像
    (D) 有关培训的问卷分析
    (E) 观察培训后一段时间内培训对象的变化
    ABCD　P161

36. 通过观察可收集的信息(　　)。
    (A) 培训组织的准备工作情况　　(B) 培训实施现场情况
    (C) 培训对象参加情况　　(D) 培训对象反应情况
    (E) 编写的培训教程
    ABCD　P161

37. 通过调查可收集的信息(　　)。
    (A) 培训需求调查　　(B) 培训组织调查
    (C) 培训内容和形式调查　　(D) 培训效果调查
    (E) 培训师调查
    ABCDE　P161

38. 关于信息收集过程中的沟通技巧说法正确的有(　　)。
    (A) 收集信息中访谈是一个耗费时间的过程
    (B) 访谈前做好充足准备
    (C) 根据访谈对象的实际情况,有针对性的访谈
    (D) 主管的意见是评定受训者培训成效的重要依据
    (E) 访谈结束后一段时期,需要通过调查参训者的工作效益评定培训成效
    ABCE　P162

39. 培训结束时的个人访谈和集体会谈,了解(　　)。
    (A) 受训者的收获及培训满意度
    (B) 员工对培训的改进建议
    (C) 培训期间出席人员的变动情况
    (D) 受过培训和未受过培训员工的工作效率
    (E) 主管和下属的意见
    ABC　P162

40. 为提高受训者的参与意识,可以(　　)。
    (A) 宣传培训目的　　(B) 让受训者调整态度与行为
    (C) 监测参与热情和持久性　　(D) 监测出勤率和合作态度
    (E) 注意受训者与培训内容相关性
    ABCD　P163

41. 培训后的管理效率评估时(　　)。

(A) 向高层管理人汇报 　　　　　(B) 提供详细的培训项目评估报告
(C) 有助于提高培训效率 　　　　(D) 通过比较找出差距提高培训质量
(E) 受训人员摸底调查
ABCD　P164

42. 培训效果综合评估的测评标准必须(　　)。
　　(A) 以培训目标为基础 　　　　(B) 与培训计划相匹配
　　(C) 可操作性强 　　　　　　　(D) 一定时期保持稳定
　　(E) 统一不变
　　ABCD　P164

43. 对培训效果的评估包括(　　)等方面。
　　(A) 受训者的满意度 　　　　　(B) 受训者的知识收获
　　(C) 工作绩效的改善 　　　　　(D) 受训者的态度
　　(E) 对组织绩效的贡献
　　ABCE　P165

44. 一份优秀的问卷具备(　　)。
　　(A) 以工作目标为基础 　　　　(B) 与受训者的培训内容有关
　　(C) 关注培训中的次要因素 　　(D) 评价结果容易数量化
　　(E) 鼓励受训者真实反映情况
　　ABDE　P165

45. 360度评估的特征有(　　)。
　　(A) 全方位、多角度 　　　　　(B) 动态地检查发展效果
　　(C) 重视信息反馈 　　　　　　(D) 减少误差
　　(E) 重视双向交流的理念
　　ABCDE　P166

46. 学习层面的评估中测试的方式要把握(　　)。
　　(A) 试题库按照1∶10建设，随机抽取试卷，每年30％更新
　　(B) 教考分离
　　(C) 考评等级
　　(D) 培训内容
　　(E) 考题难度充分反应培训目标
　　ABCE　P169

47. 管理人员培训的测评指标有(　　)。
　　(A) 产量增加、成本下降 　　　(B) 缺勤和怠工减少、离职率降低
　　(C) 员工建议数增加 　　　　　(D) 新客户数目增加
　　(E) 士气和员工态度改变
　　ABCE　P170　表3-10

48. 营销培训的测评指标有(　　)。
　　(A) 销售量提高 　　　　　　　(B) 新客户数目增加
　　(C) 按期付款比率上升 　　　　(D) 销售费用下降

(E) 货品数量增加
ABCDE P170 表 3-10

49. 客户关系培训测评指标有（　　）。
    (A) 订单数增加   (B) 回访次数增加
    (C) 失去的顾客数减少   (D) 顾客投诉数量下降
    (E) 货品数量增加
    ABCD P170 表 3-10

50. 培训成本收益评估困难的原因（　　）。
    (A) 培训效果很难分解
    (B) 培训后的效果大多隐性且难以量化
    (C) 用货币价值衡量收益成本往往比较复杂
    (D) 花费较长时间计算货币价值
    (E) 计算公式复杂
    ABCD P171

51. 培训课程目标分为三个领域（　　）。
    (A) 认知领域   (B) 情感领域
    (C) 精神运动领域   (D) 态度领域
    (E) 行为领域
    ABC P174

52. 现代培训按其性质分为五个层次，包括（　　）。
    (A) 知识培训 (B) 技能培训 (C) 态度培训 (D) 观念培训
    (E) 心理培训
    ABCDE P175

53. 培训目标两个转化为（　　）。
    (A) 重视知识和技能培训的基础上加强态度、观念和心理培训
    (B) 重视知识和技能培训的基础上加强实践培训
    (C) 重视知识和技能培训的基础上加强岗前培训
    (D) 注重目标的单一性和专业化转变为重视目标的综合性和多样化
    (E) 注重目标的单一性转变为重视目标的可变性
    AD P175

54. 学习型组织培训战略制定四原则包括（　　）。
    (A) 系统地学习经验   (B) 鼓励使用量化的基准进行反馈
    (C) 参与者的支持为进步的依据 (D) 促进各个主体的联系，实现资源共享
    (E) 课程设置与组织经营发展紧密结合
    ABCD P174

55. 培训课程设计过程的阶段（　　）。
    (A) 定位   (B) 目标   (C) 策略   (D) 模式   (E) 评价
    ABCDE P176

56. 培训课程设计的要素（　　）。

(A) 培训课程目标　　　　　　(B) 培训课程内容
(C) 培训课程模式　　　　　　(D) 培训课程策略
(E) 培训课程评价
ABCDE　P176

57. 主动型学习通过（　　）施行。
(A) 头脑风暴　　(B) 游戏法　　(C) 演讲法　　(D) 角色扮演
(E) 讲授
ABCD　P176

58. 理论型学习倾向于假设思维、系统分析和理论模型。通过（　　）以实施。
(A) 头脑风暴　　　　　　　　(B) 案例教学
(C) 计算机辅助教学　　　　　(D) 角色扮演
(E) 座谈会
BCE　P176

59. 基于资源整合的课程设计内容包括（　　）。
(A) 培训者的选择　　　　　　(B) 对时间和空间的设计
(C) 教材的选择　　　　　　　(D) 教学技术手段和媒体的应用
(E) 培训方法的优选
ABCDE　P176

60. 对课程设计效果的事先控制可以（　　）。
(A) 对授课内容充满自信　　　(B) 在预定时间达到培训目的
(C) 控制授课时间　　　　　　(D) 可应用于各种对象
(E) 有利于培训者的自我启发
ABCDE　P178

61. 培训环境分析包括（　　）。
(A) 实际环境　　　　　　　　(B) 限制条件
(C) 器材与媒体可用性　　　　(D) 报名条件
(E) 课程报名与结业程序
ABCDE　P178

62. 培训教学设计的内容包括（　　）。
(A) 期望学员学习什么　　　　(B) 如何进行培训和学习
(C) 如何安排时间　　　　　　(D) 如何及时反馈信息
(E) 课程报名与结业程序
ABCD　P179

63. 培训课程设计的评估从（　　）等方面进行。
(A) 课程评估的设计　　　　　(B) 学员的反映
(C) 学员的掌握情况　　　　　(D) 培训后学员的工作情况
(E) 经济效果
ABCDE　P181

64. 教学资料的分类包括（　　）。

162

(A) 整理资料　　　(B) 课题资料　　　(C) 教材　　　(D) 资讯资料
(E) 摘要
ABDE　P181

65. 培训课程内容的制作包括(　　)。
    (A) 理论知识　　　(B) 相关案例　　　(C) 测试题　　　(D) 游戏
    (E) 课外阅读材料
    ABDE　P182

66. 常见的培训教学设计程序有(　　)。
    (A) 肯普的教学设计程序　　　　　(B) 罗斯的教学设计程序
    (C) 迪克和凯里的教学设计程序　　(D) 现代常用的教学设计程序
    (E) 加利福尼亚大学的教学设计程序
    ACD　P181~182

67. 实施培训教学活动的注意事项有(　　)。
    (A) 做好充分准备　　　　(B) 讲求授课效果
    (C) 动员学员参与　　　　(D) 预设培训考核
    (E) 培训需求分析
    ABCD　P185

68. 选择理想的培训师时,须考虑的因素包括(　　)。
    (A) 符合培训目标　　　　(B) 培训师的专业性
    (C) 培训师的学历　　　　(D) 培训师的配合性
    (E) 在培训经费预算内
    ABDE　P206

69. 受训者的培训档案应包括的内容(　　)。
    (A) 员工的基本情况　　　(B) 上岗培训情况
    (C) 升职晋级培训情况　　(D) 专业技术培训情况
    (E) 考核和评估情况
    ABCDE　P215

70. 培训经费管理制度内容包括(　　)。
    (A) 简历健全培训经费管理制度,专款专用、防止挪用
    (B) 履行培训经费预算决算制度
    (C) 科学调控培训的规模和速度
    (D) 突出重点,统筹兼顾
    (E) 以人为本的预算
    ABCDE　P215

· 163 ·

第四章 绩效管理

一、真题回顾

(一) 单选题

1. 绩效管理系统设计包括绩效管理程序的设计与（　　）。
   (A) 绩效管理目标的设计　　　(B) 绩效管理制度的设计
   (C) 绩效管理方法的设计　　　(D) 绩效管理内容的设计
   B　P219　2007(5)真题

2. （　　）是从企业宏观的角度对绩效管理程度进行的设计。
   (A) 绩效管理的制度设计　　　(B) 绩效管理的总流程设计
   (C) 绩效管理的方法设计　　　(D) 绩效管理具体程序设计
   B　P219　2010(11)真题

3. 由于涉及的工作对象和内容的不同，绩效管理程序的设计可分为具体考评程序设计和（　　）。
   (A) 管理的方法设计　　　　　(B) 绩效管理内容设计
   (C) 绩效管理目标设计　　　　(D) 管理的总流程设计
   D　P219　2014(5)真题

4. （　　）是企业单位组织实施绩效管理活动的准则和行为的规范。
   (A) 绩效管理制度　　　　　　(B) 绩效管理目标
   (C) 绩效管理方法　　　　　　(D) 绩效管理内容
   A　P219　2007(11)真题　2011(5)真题　2012(5)真题

5. （　　）应当从程序、步骤和方法上。切实保障企业绩效管理制度得到有效贯彻和实施。
   (A) 绩效管理程序设计　　　　(B) 绩效管理制度设计
   (C) 绩效管理方法设计　　　　(D) 绩效考评标准设计
   A　P219　2008(5)真题

6. （　　）应当充分体现企业的价值观和经营理念，以及人力资源管理发展战略和策略的要求。
   (A) 绩效管理程序设计　　　　(B) 绩效管理方法设计
   (C) 绩效管理制度设计　　　　(D) 绩效考评标准设计
   C　P219　2007(11)真题

7. 在选择确定绩效考评方法时，应当充分考虑的重要因素不包括（　　）。
   (A) 工作适用性　(B) 管理成本　(C) 工作实用性　(D) 成果效用
   D　P223　2013(5)真题　2014(11)真题

8. 在一些大的公司中，总经理、管理人员或专业人员的绩效考评一般采用（　　）。

(A) 结果导向型考评方法　　　　(B) 行为导向型主观考评方法
(C) 品质导向型考评方法　　　　(D) 行为导向型客观考评方法
A　P224　2008(11)真题　2012(11)真题

9. 以下关于绩效管理的说法错误的是(　　)。
(A) 考评时间的确定只取决于绩效考评的目的
(B) 考评时间的确定包括考评时间和考评期限的设计
(C) 用于员工晋升晋级的绩效考评属于不定期的绩效考评
(D) 以定期提薪和奖金分配为目的的绩效考评是定期举行的
A　P224　2013(11)真题

10. 宏观上看,企业强化绩效管理的目的是提高(　　)。
(A) 员工个人素质　　　　　　　(B) 企业收益
(C) 企业整体素质　　　　　　　(D) 劳动效率
C　P226　2009(11)真题

11. 通常人们认为绩效考评的偏误和误差的主要原因不包括(　　)。
(A) 考评标准缺乏客观性和准确性
(B) 行政程序不合理、不完整
(C) 被考评者不了解相关考评规定
(D) 信息不对称,资料数据不准确
C　P227~228　2011(11)真题

12. 在考评的组织实施阶段,应关注的事项不包括(　　)。
(A) 考评信息的虚假程度　　　　(B) 考评的准确性
(C) 考评结果的反馈方式　　　　(D) 考评的公正性
A　P227~228　2007(11)真题　2011(5)真题

13. 绩效反馈的主要目的是(　　)。
(A) 改进绩效　　　　　　　　　(B) 指出员工的不足
(C) 激励员工　　　　　　　　　(D) 提供更好的工作方法
A　P228　2009(5)真题　2014(11)真题

14. 为了保证考评的公正和公平性,人力资源部门应当确立保障系统,即员工(　　)系统。
(A) 绩效评审　　　　　　　　　(B) 绩效申诉和监察
(C) 绩效监察　　　　　　　　　(D) 绩效申诉和评审
D　P228　2009(11)真题

15. 绩效管理的最终目标是(　　)。
(A) 提高组织工作效率　　　　　(B) 为员工的发展提供平台
(C) 改善组织工作氛围　　　　　(D) 促进企业与员工的共同发展
D　P229　2010(5)真题　2014(11)真题

16. 召开年度绩效总结会的目的是(　　)。
(A) 促进企业和员工共同提高和发展
(B) 对企业绩效管理系统的全面诊断

(C) 把绩效结果的被使用情况告知员工
(D) 避免讨论人事晋升、绩效得分等
　　C　P230　2011(11)真题

17. 企业组织的绩效开发的目的是(　　)。
(A) 改善组织的环境　　　　　　　(B) 提高组织的知名度
(C) 提高组织效率和经济效益　　　(D) 提高组织员工的素质
　　C　P231　2008(5)真题

18. 在绩效管理的各个环节中,管理者关心的中心和焦点应当始终是(　　)。
(A) 考评指标　　(B) 考评标准　　(C) 考评方法　　(D) 被考评者
　　D　P231　2012(5)真题　2008(11)真题

19. (　　)是保证考评者和被考评者正常活动的前提和条件。
(A) 企业成本管理体系　　　　　　(B) 企业绩效管理体系
(C) 企业文化管理体系　　　　　　(D) 企业薪酬管理体系
　　B　P231　2012(5)真题

20. 在绩效管理的总结阶段,绩效诊断的主要内容不包括(　　)。
(A) 对企业绩效管理制度的诊断
(B) 对企业绩效管理体系的诊断
(C) 对考评者、被考评者的全面全过程的诊断
(D) 对各单位主管应承担的责任的诊断
　　D　P229　2011(11)真题

21. (　　)较注重工作业绩,特别是员工或团队的产出和贡献。
(A) 结果主导型考评方法　　　　　(B) 行为主导型考评方法
(C) 价值主导型考评方法　　　　　(D) 品质主导型考评方法
　　A　P245　2007(5)真题

22. (　　)导向型绩效考评,以考评员工的潜质为主,着眼于"他这个人怎么样"。
(A) 品质　　　(B) 特征　　　(C) 行为　　　(D) 结果
　　A　P245　2009(11)真题　2014(11)真题

23. (　　)的绩效考评着眼于专评"干什么""如何去干"等内容。
(A) 品质导向型　(B) 过程导向型　(C) 行为导向型　(D) 效果导向型
　　C　P245　2010(5)真题

24. 行为主导型的考评方法不太适合对(　　)工作岗位人员的考评。
(A) 管理性　　　　　　　　　　　(B) 事务性
(C) 操作性　　　　　　　　　　　(D) 人际接触和交往频繁的工作岗位
　　C　P245　2011(11)真题

25. 以下关于行为主导型的绩效考评的说法错误的是(　　)。
(A) 操作性较强　　　　　　　　　(B) 适合对管理性工作岗位的考评
(C) 重在工作过程　　　　　　　　(D) 适合生产性、操作性工作岗位的考评
　　D　P245　2010(11)真题

26. 关键事件法的缺点是(　　)。

(A) 无法为考评者提供客观事实依据　(B) 记录和观察费时费力
(C) 不能了解下属如何消除不良绩效　(D) 不能贯穿考评期始终
B　P249　2007(11)真题　2011(5)真题

27. 假设员工的工作行为和工作绩效整体呈正态分布的绩效考评方法为(　　)。
(A) 关键事件法　(B) 行为观察法　(C) 强制分布法　(D) 目标管理法
C　P246　2007(11)真题　2011(5)真题

28. 关键事件法的缺点不包括(　　)。
(A) 不能作定量分析
(B) 关键事件的记录和观察费时费力
(C) 不能具体区分工作行为的重要性程度
(D) 具有滞后性、短期性和表现性的特点
D　P249　2012(5)真题

29. 以下关于行为锚定等级评价法的说法错误的是(　　)。
(A) 设计和实施的费用比较低　(B) 将关键事件和等级评价有效的结合
(C) 绩效评价的等级是5～9级　(D) 是关键事件法的进一步拓展和应用
A　P249　2010(5)真题　2013(11)真题

30. 行为锚定等级评价法是将(　　)和等级评价有效地结合在一起,通过行为等级评价表来评价员工。
(A) 关键事件　(B) 绩效标准　(C) 胜任特征　(D) 工作行为
A　P249　2014(11)真题

31. (　　)是要求评定者根据某一工作行为发生的频率或次数的多少,对被评定者打分的绩效考评方法。
(A) 关键事件法　　　　　　(B) 行为锚定量表法
(C) 行为观察法　　　　　　(D) 加权选择量表法
C　P251　2009(11)真题

32. 行为观察法是在关键事件法的基础上发展起来的,与行为锚定等级评价法大体接近,只是在(　　)有所不同。
(A) 量表的结构上　　　　　(B) 确定工作行为的水平上
(C) 确认员工某种行为出现的概率上　(D) 量化指标上
A　P251　2011(11)真题

33. 加权选择量表法用一系列的形容或描述性的语句,说明员工的各种(　　)。
(A) 工作能力　(B) 工作态度　(C) 工作行为　(D) 工作潜力
C　P252　2007(5)真题

34. 结果导向型的绩效考评方法的基础是(　　)。
(A) 实际产出　(B) 计划产出　(C) 工作成效　(D) 劳动成果
A　P254　2014(11)真题

35. 以下关于目标管理法的说法错误的是(　　)。
(A) 评价标准可间接反映员工的工作内容
(B) 以制定的目标作为对员工考评的依据

(C) 使员工个人努力目标与组织目标一致
(D) 以可观察、可测量的工作结果作为衡量员工工作绩效的标准
A　P254　2012(11)真题

36. 以下关于绩效标准法的说法错误的是( )。
(A) 适用于管理岗位的员工　　　(B) 要规定完成目标的先后顺序
(C) 有时间空间、数量质量的约束　(D) 采用的指标要具体、合理、明确
A　P254　2008(5)真题

37. 结果导向型的绩效考评方法的基础是( )。
(A) 实际产出　(B) 计划产出　(C) 工作成效　(D) 劳动成果
D　P254　2010(5)真题

38. ( )与目标管理法相近,采用更直接的工作绩效衡量指标,通常应用于非管理岗位的员工。
(A) 间接指标法　　　　　　　(B) 绩效标准法
(C) 直接指标法　　　　　　　(D) 成绩记录法
B　P254　2010(11)真题

39. 下列绩效考评方法中人力、物力耗费相对较低的是( )。
(A) 成绩记录法　(B) 绩效标准法　(C) 直接指标法　(D) 360度考评法
C　P255　2008(5)真题　2012(5)真题

40. ( )是选取可监测、可核算的指标构成若干考评要素,以此作为考评员工的主要依据的绩效考评方法。
(A) 目标管理法　(B) 绩效标准法　(C) 直接指标法　(D) 成绩记录法
C　P255　2012(11)真题

41. 比较适合对从事科研教学工作的人员进行考评的绩效考评方法是( )。
(A) 目标管理法　(B) 绩效标准法　(C) 直接指标法　(D) 成绩记录法
D　P255　2009(5)真题

42. 绩效考评方法中可以克服员工优异表现与较差表现的共生性的考评方法为( )。
(A) 目标管理法　(B) 绩效标准法　(C) 直接指标法　(D) 成绩记录法
B　P255　2014(5)真题

43. 结果导向型考评方法不包括( )。
(A) 直接指标法　(B) 绩效标准法　(C) 成绩记录法　(D) 关键事件法
D　P255　2013(11)真题

44. ( )一般是在绩效管理初期进行。
(A) 绩效考评面谈　(B) 绩效总结面谈　(C) 绩效计划面谈　(D) 绩效指导面谈
C　P270　2014(5)真题

45. ( )是在绩效管理活动的过程中,根据下属不同阶段上的实际表现,主管与下属围绕思想认识、工作程序等方面的问题所进行的面谈。
(A) 绩效考评面谈　　　　　　(B) 绩效总结面谈
(C) 绩效计划面谈　　　　　　(D) 绩效指导面谈

D　P270　2012(11)真题　2013(5)真题

46. （　　）是在绩效管理末期，主管与下属就本期绩效计划的贯彻执行情况，以及工作表现和工作业绩等方面所进行的全面回顾、总结和评估。
（A）绩效考评面谈　　　　　　　　（B）绩效反馈面谈
（C）绩效计划面谈　　　　　　　　（D）绩效指导面谈
A　P270　2011(5)真题

47. （　　）是在本期绩效管理活动完成之后的面谈。
（A）绩效考评面谈　　　　　　　　（B）绩效反馈面谈
（C）绩效计划面谈　　　　　　　　（D）绩效指导面谈
B　P270　2007(5)真题　2012(11)真题

48. （　　）即在本期绩效管理活动完成之后，将考核结果以及有关信息反馈给员工本人，并为下一期绩效管理活动创造条件的面谈。
（A）绩效计划面谈　　　　　　　　（B）绩效指导面谈
（C）绩效考评面谈　　　　　　　　（D）绩效反馈面谈
D　P270　2009(5)真题　2013(11)真题　2010(5)真题

49. （　　）通过对比考评期内员工的实际工作表现与绩效计划的目标，来寻找工作绩效的差距和不足。
（A）横向比较法　（B）目标比较法　（C）纵向比较法　（D）水平比较法
B　P275　2007(5)真题　2010(11)真题　2014(5)真题

50. （　　）在各个部门或单位之间、各个下属成员之间进行对比，以发现组织与下属员工工作绩效实际存在的差距和不足。
（A）水平比较法　（B）目标比较法　（C）纵向比较法　（D）横向比较法
D　P275　2013(5)真题

51. 可以有效地防止和减少员工在工作中出现重复性差错和失误的绩效改进策略为（　　）。
（A）正激励策略　（B）预防性策略　（C）负激励策略　（D）制止性策略
B　P275　2012(11)真题

52. 在绩效考核管理中，通过对下属员工采取惩罚的手段，以防止和克服他们绩效低下的行为，属于绩效改进策略的（　　）。
（A）正激励策略　（B）预防性策略　（C）负激励策略　（D）制止性策略
C　P278　2008(11)真题　2013(5)真题

（二）多项选择题

1. 绩效管理系统的设计包括（　　）。
（A）绩效管理制度的设计　　　　　（B）绩效管理程序的设计
（C）绩效管理标准的设计　　　　　（D）绩效管理计划的设计
（E）绩效管理人员的选拔
AB　P219　2009(5)真题　2013(11)真题

2. 由于涉及的对象和内容不同，绩效管理程序的设计可以分为（　　）。

(A) 绩效管理制度设计　　　　(B) 具体考评标准设计
(C) 管理的总流程设计　　　　(D) 具体考评程序设计
(E) 考评信息系统设计
CD　P219　2010(5)真题

3. 绩效管理由(　　)等环节构成。
(A) 目标设计　(B) 过程指导　(C) 考核反馈　(D) 系统管控
(E) 激励发展
ABCE　P220　2014(11)真题

4. 国外专家认为,绩效管理主要由(　　)组成。
(A) 考核　(B) 指导　(C) 激励　(D) 奖励　(E) 控制
BCDE　P220　2007(5)真题

5. 在选择具体的绩效考评方法时,应当考虑(　　)。
(A) 管理成本　(B) 工作实用性　(C) 工作责任　(D) 工作适用性
(E) 能力素质
ABD　P223　2012(5)真题

6. 设计绩教考评方法时,需要进行管理成本的分析。分析的内容包括(　　)。
(A) 不可抗拒力造成的费用　　(B) 预付成本
(C) 考评者定时观察的费用　　(D) 改进绩教的成本
(E) 考评方法的研制开发的成本
BCDE　P223　2008(5)真题

7. 设计绩效考评方法时,需要进行管理成本的分析,分析的内容包括(　　)。
(A) 改进绩效的成本　　　　(B) 隐性成本
(C) 考评者定时观察的费用　　(D) 投资回报
(E) 考评方法的研制开发的成本
ACE　P223　2012(11)真题

8. 在绩效管理的准备阶段,绩效管理人员应完成的工作有(　　)。
(A) 考评方法的选择　　　　(B) 考评要素的确定
(C) 绩效管理对象的确定　　(D) 标准体系的确定
(E) 对实施步骤提出具体要求
ABCDE　P221~224　2007(5)真题

9. (　　)可以保证和提高企业绩效管理制度和管理系统的有效性和可行性。
(A) 建立企业工会　　　　(B) 聘请外部专家
(C) 获得高层领导的支持　　(D) 赢得一般员工的理解和认同
(E) 寻求中间各层管理人员的全心投入
CDE　P225　2008(11)真题　2012(5)真题

10. 一个有效的绩效管理系统是通过五个环节提高员工工作绩效,从而保持和增强企业的竞争优势。下列对**指导环节**的工作表述正确的(　　)。
(A) 当下属有困难时,上级主管一定对其作出必要的指导,交换意见
(B) 可以召集有关人员共同研讨,集思广益,合作攻关

(C) 对员工的业绩作出评估,找出差距和问题,分析原因并反馈
(D) 对达不到考评标准的员工,通过监测和确认,帮助改进工作
(E) 也可以对不切合实际的计划、目标进行必要的调整,在精神上、物质上给予帮助
ABE　P226~227　2011(11)真题

11. 绩效管理的考评阶段需要从(　　)方面做好组织实施工作。
(A) 考评方法的再审核　　　(B) 考评的准确性
(C) 考评结果的反馈方式　　(D) 考评的公正性
(E) 考评使用表格的再检验
BCD　P227　2009(5)真题　原答案是五项　注意:该题的答案新教材改为三项

12. 原始记录的登记制度能保证绩效管理信息的有效性和可靠性,它要求(　　)。
(A) 说明材料的来源
(B) 以图像记录为依据
(C) 应包括有利和不利的记录
(D) 详细记录事件发生的时间、地点和参与者
(E) 尽可能对行为的过程、环境和结果作出说明
ACDE　P227　2013(11)真题　2010(5)真题　注意应以**文字描述记录**为依据

13. 公司员工绩效评审系统的功能有(　　)。
(A) 监督考评者　　　　　　(B) 解决绩效考评中存在的问题
(C) 对考评结果进行甄别　　(D) 为员工提供发表意见的机会
(E) 确保考评结果的公正性
ABCE　P228　2010(11)真题修改

14. 建立员工申诉系统,主要功能应包括(　　)。
(A) 减少矛盾和冲突　　　　(B) 使考评者了解员工意愿
(C) 提高员工的工作积极性　(D) 允许员工对考评结果提出异议
(E) 使考评者重视信息的采集和证据的获取
ADE　P228　2007(11)真题　2011(5)真题

15. 以下关于绩效面谈的说法正确的有(　　)。
(A) 实现员工"自己解放自己"
(B) 能够帮助管理者了解员工的态度和感受
(C) 为主管与下属讨论工作业绩提供沟通机会
(D) 考评者要明确指出员工的不足,帮其改正
(E) 是总结绩效管理工作的重要手段
ABCE　P230　2012(11)真题

16. 绩效管理的应用开发阶段包括(　　)。
(A) 被考评者的绩效开发　　(B) 绩效管理的系统开发
(C) 考评者管理能力开发　　(D) 企业组织的绩效开发
(E) 过程与成果全面开发
ABCD　P230~231　2014(11)真题

17. 企业绩效管理体系是保证考评者和被考评者正常活动的前提和条件。一个绩效管

理系统需要经过多次实践验证、多次修改和反复调整,才能成为一个具有(　　)的系统。
(A) 科学性　(B) 可靠性　(C) 准确性　(D) 适用性　(E) 实用性
BCE　P231　2011(11)真题

18. (　　)属于行为导向型考评方法。
(A) 行为观察法　　　　　　(B) 成对比较法
(C) 选择排列法　　　　　　(D) 强迫分布法
(E) 关键事件法
ABCDE　P245~253　2013(5)真题

19. 以下关于关键事件法的说法正确的有(　　)。
(A) 只包含有效的工作行为　　(B) 描述了员工的行为
(C) 描述了员工行为产生的结果　(D) 描述了行为产生的背景
(E) 员工自己描述工作中的关键事件
BD　P248~249　2008(5)真题

20. 关键事件法可以为其他考评方法提供参考依据,其特点为(　　)。
(A) 时间跨度较大　　　　　　(B) 考评员工的短期表现
(C) 能做定性分析　　　　　　(D) 记录和观察费时费力
(E) 提供客观事实依据
ACDE　P248~249　2008(11)真题

21. 以下关于关键事件法的说法正确的有(　　)。
(A) 对事不对人　　　　　　　(B) 考虑到行为的情境
(C) 考评特定的工作行为　　　(D) 也可考评品质特征
(E) 具有较小的时间跨度
ABC　P248~249　2012(5)真题

22. 行为锚定等级评价法的优点有(　　)。
(A) 考评更加精准　　　　　　(B) 考评标准明确
(C) 反馈功能较好　　　　　　(D) 考评维度清晰
(E) 实施的费用低
ABCD　P249　2009(5)真题　2014(11)真题

23. 关于行为观察法这一绩效考评方法表述正确的是(　　)。
(A) 只能定性分析　　　　　　(B) 不能量化
(C) 能区分行为重要性　　　　(D) 费时费力
(E) 注重行为过程的结果
CD　P251　2010(11)真题

24. 以下关于加权选择量表法的说法正确的有(　　)。
(A) 便于反馈　　　　　　　　(B) 适用范围较大
(C) 核算简单　　　　　　　　(D) 根据工作内容设计不同的考评表
(E) 打分容易
ACDE　P253　2012(11)真题

25. 关于目标管理法说法正确的是(　　)。

(A) 目标管理法的结果易于观测
(B) 目标管理法适合对员工提供建议
(C) 便于不同部门间绩效横向比较
(D) 目标管理法直接反映员工的工作内容
(E) 目标管理法适合对员工进行反馈和辅导
ABDE　254　2007(11)真题　2011(5)真题

26. 以下关于目标管理法的说法正确的有(　　)。
(A) 能为晋升决策提供依据　　　(B) 很少出现评价失误
(C) 能提高员工工作积极性　　　(D) 可以进行横向比较
(E) 适合对员工提供建议,进行反馈和辅导
BCE　P254　2009(11)真题　2013(11)真题

27. 选取可监测、核算的指标,构成若干考评要素,以此来作为考评员工的主要依据的绩效考评方法为(　　)。
(A) 目标管理法　(B) 绩效标准法　(C) 直接指标法　(D) 成绩记录法
C　P255　2008(11)真题

28. 下列属于工作质量的衡量指标的有(　　)。
(A) 工时利用率　　　　　　　(B) 顾客不满意率
(C) 顾客投诉率　　　　　　　(D) 不合格返修率
(E) 产品包装缺损率
BCDE　P255　2014(5)真题

29. 关于成绩记录法的描述正确的是(　　)。
(A) 成绩记录法比较适合于从事科研教学工作的人
(B) 适合大学教师、律师等考评
(C) 本方法需要从外部请来专家参与评估
(D) 人力、物力耗费较高,时间耗费较长
(E) 属于结果导向型考评方法
ABCDE　P255　2011(11)真题

30. 成绩记录法的步骤包括:① 由其上级主管来验证成绩的真实准确性;② 由外部的专家评估资料,决定个人绩效的大小;③ 被考评者把自己与工作职责有关的成绩写在一张成绩记录表上。其正确的排序是(　　)。
(A) ③②①　(B) ①③②　(C) ②①③　(D) ③①②
D　P255　2009(11)真题

31. 根据面谈内容的不同,绩效面谈可以区分为(　　)。
(A) 绩效计划面谈　　　　　　(B) 绩效提高面谈
(C) 绩效指导面谈　　　　　　(D) 绩效总结面谈
(E) 绩效考评面谈
ACDE　P270　2007(11)真题　2011(5)真题

32. 为了保证绩效面谈的质量,提高信息反馈的有效性,信息反馈应具有(　　)。
(A) 真实性　(B) 系统性　(C) 针对性　(D) 主动性　(E) 及时性

ACDE　P273　2014(5)真题

33. 有效的绩效信息反馈应具有适应性,即(　　)。
    (A) 反馈信息要因人而异　　　　(B) 信息反馈是为了沟通而非命令
    (C) 应解析员工的心理动机　　　(D) 应集中于重要的、关键的事项
    (E) 应考虑到下属的心理承受能力
    ABDE　P274　2010(11)真题

34. 分析工作绩效的差距的具体方法(　　)。
    (A) 行为比较法　　　　　　　　(B) 目标比较法
    (C) 水平比较法　　　　　　　　(D) 纵向比较法
    (E) 横向比较法
    BCE　P275　2008(5)真题　2012(5)真题　2013(5)真题

35. 绩效受多方面因素的影响,其中个人行为和工作的影响因素包括(　　)。
    (A) 企业外部环境　　　　　　　(B) 个人生理条件
    (C) 企业内部因素　　　　　　　(D) 个人心理条件
    (E) 国内政治局势
    ACD　P276　2010(5)真题　2014(11)真题

36. (　　)等策略的制定可以促进工作绩效的改进与提高。
    (A) 全面激励　(B) 组织变革　(C) 负向激励　(D) 人事调整
    (E) 正向激励
    BCDE　P275~278　2007(11)真题　2011(5)真题

37. 在新一轮的绩效管理期内,可从组织的实际情况出发,制定(　　)。
    (A) 预防性策略　　　　　　　　(B) 人事调整策略
    (C) 制止性策略　　　　　　　　(D) 组织变革策略
    (E) 应急性策略
    ABCD　P275~279　2009(5)真题

38. 正向激励策略的形式包括(　　)。
    (A) 物质性策略　　　　　　　　(B) 货币形式策略
    (C) 精神性策略　　　　　　　　(D) 非货币形式策略
    (E) 荣誉性策略
    ABCDE　P278　2009(11)真题　注意:精神与荣誉策略从属于非货币策略

39. 遵守(　　)等原则,可以保障激励策略的有效性。
    (A) 预告性　(B) 及时性　(C) 同一性　(D) 明确性　(E) 开发性
    ABCE　P279　2007(5)真题

二、新增预测题

(一) 单选题

1. (　　)是保证绩效管理有效运行和工作质量的主体。
    (A) 被考评者　(B) 考评者　(C) 考评指标　(D) 考评方法
    B　P222

2. (　　)是管理者和员工就工作目标和标准达成一致意见、形成契约的过程,是整个绩效管理过程的起点。
   (A) 绩效管理　　(B) 绩效计划　　(C) 绩效流程　　(D) 绩效评估
   B　P237

3. 绩效计划的特征不正确的是(　　)。
   (A) 是绩效管理过程的终点
   (B) 绩效计划是一个双向沟通的过程
   (C) 参与和承诺是制定绩效计划的前提
   (D) 绩效计划是关于工作目标和标准的契约
   A　P237

4. 绩效计划的沟通阶段需要主要的不包括(　　)。
   (A) 沟通环境　　(B) 沟通原则　　(C) 沟通过程　　(D) 沟通艺术
   D　P240

5. 以下关于结构式叙述法的说法错误的是(　　)。
   (A) 此法属于行为导向型客观考评法
   (B) 采用一种预先设计的结构式表格
   (C) 简便易行,但受考评者的主观因素制约
   (D) 以文字对员工的行为作出描述的考评方法
   A　P247

6. (　　)由被考评者写一篇短文以描述绩效,特别是突出的重要的业绩,或特别列举其突出的长处和短处的事实。
   (A) 结构式叙述法　(B) 短文法　　(C) 目标管理法　　(D) 成绩记录法
   B　P255

7. 劳动定额法的步骤(　　)。
   ① 时间研究　　② 工作研究　　③ 贯彻实施新的劳动定额
   (A) ②①③　　(B) ①②③　　(C) ②③①　　(D) ①③②
   A　P256

8. (　　)企业根据自己需要,灵活将几种比较有效的方法综合在一起。
   (A) 结构式叙述法　(B) 合成考评法　(C) 目标管理法　(D) 成绩记录法
   B　P257

(二) 多选题

1. 确定考评者因素取决于(　　)。
   (A) 被考者考评类型　　　　(B) 考评目的
   (C) 考评方法　　　　　　　(D) 考评指标
   (E) 考评标准
   ABDE　P221

2. 企业绩效管理系统包括(　　)。
   (A) 绩效管理制度设计　　　(B) 绩效管理工具开发

(C) 绩效管理组织构建 (D) 管理信息系统设计
(E) 绩效管理流程设计
ABCD P224

3. 绩效管系统评估的内容包括( )。
   (A) 对管理制度的评估 (B) 对绩效管理体系的评估
   (C) 对绩效考评指标体系的评估 (D) 对考评全面、全过程的评估
   (E) 对绩效管理系统与人力资源管理其他系统的衔接的评估
   ABCDE P232

4. 绩效管理调查问卷的内容包括( )。
   (A) 基本信息 (B) 时间和地点 (C) 问卷说明 (D) 主体部分
   (E) 意见征询
   ACDE P232

5. 关于绩效计划说法正确的有( )。
   (A) 绩效计划是绩效管理系统闭合环节中的第一环节
   (B) 从工作内容来看,绩效计划的最后总结过是签订绩效合同
   (C) 绩效计划是一个双向沟通的过程
   (D) 参与和承诺是制定绩效计划的前提
   (E) 绩效计划是关于工作目标和标准的契约
   ABCDE P237~238

6. 绩效计划的目的有( )。
   (A) 使员工明确自身工作目标
   (B) 形成书面文件,作为考评依据
   (C) 明确双方应作出什么努力、采用什么方式、进行什么样技能开发
   (D) 明确考评指标
   (E) 明确考评周期
   ABCDE P237~238

7. 绩效计划的准备阶段让员工了解"大目标"的方式有( )。
   (A) 总结大会 (B) 部门事业部传达会
   (C) 高层走访 (D) 通告
   (E) 内网
   ABCDE P239

8. 绩效合同的内容包括( )。
   (A) 受约人信息 (B) 发约人
   (C) 合同期限 (D) 计划内容
   (E) 考评意见
   ABCDE P241

9. 行为观察法确认员工某种行为出现的概率然后按照不同工作的行为评定分数相加或赋予不同权重相加,频率描述分为( )。
   (A) 从不 (B) 偶尔 (C) 有时 (D) 经常 (E) 总是

ABCDE P251

10. 以下关于强迫选择法的说法正确的是( )。
    (A) 对员工的行为表现使用中性描述语句,避免考评者趋中、过宽、过严、晕轮效应
    (B) 是一种定量化方法
    (C) 不但可以考评特殊工作行为表现也适用不同类别的人员的绩效描述不考评
    (D) 会使考评者试图揣测哪些积极,哪些消极
    (E) 难以在人力开发中发挥作用,不会反馈给员工
    ABCDE P253

11. 关于短文法说法正确的是( )。
    (A) 属于结果导向型考评方法   (B) 可减少考评者偏见
    (C) 可减少晕轮效应   (D) 被考评者费时费力
    (E) 能用于员工间比较,适用范围小。
    ABCE P255

12. 下列属于工作数量的衡量指标的有( )。
    (A) 工时利用率   (B) 月度营业额
    (C) 销售量   (D) 不合格返修率
    (E) 产品包装缺损率
    ABC P255

13. 劳动定额法贯彻执行的环节有( )。
    (A) 定额制定   (B) 定额贯彻   (C) 定额考评   (D) 定额统计
    (E) 定额修订
    ABCDE P256

14. 结果主导型绩效考评的方法包括( )。
    (A) 绩效标准法   (B) 合成考评法
    (C) 目标管理法   (D) 短文法
    (E) 劳动定额法
    ACDE P254~256

15. 以下关于图解式评价量表法的说法正确的是( )。
    (A) 又称图表评估尺度法、尺度评价法、图尺度评价法
    (B) 涉及范围大,涵盖个人品质、行为表现和工作结果
    (C) 简单易行,使用方便,设计简单,汇总快捷
    (D) 不易产生晕轮效应或集中趋势
    (E) 考评的信度和效度,取决二考评因素及项目的完整性和代表性
    ABCE P257

16. 综合型绩效考评的方法包括( )。
    (A) 图解式评价量表法   (B) 合成考评法
    (C) 目标管理法   (D) 加权选择量表法
    (E) 强制分布法
    AB P257

17. 关于绩效反馈面谈的目的说法正确的是( )。
    (A) 使员工认识到自己在本期工作中取得的进步和存在的缺点
    (B) 业绩回顾
    (C) 对绩效评价结果达成共识,分析原因,找出需要改进的地方
    (D) 制定绩效改进计划,共同商讨下一期的绩效目标和计划
    (E) 为员工职业规划和发展提供信息
    ACDE　P270

第五章 薪酬管理

一、真题回顾

（一）单选题

1. （　　）泛指员工获得的一切形式的报酬。
   (A) 薪酬　　　　(B) 给付　　　　(C) 收入　　　　(D) 分配
   A　P282　2007(5)真题

2. （　　）是指员工完成任务后，所获得的一切有形和无形的待遇。
   (A) 报酬　　　　(B) 奖励　　　　(C) 薪金　　　　(D) 工资
   A　P283　2008(5)真题

3. （　　）是指以较长的时间为单位计算员工的劳动报酬，国内常使用"薪水"一词。
   (A) 薪酬　　　　(B) 工资　　　　(C) 薪资　　　　(D) 薪金
   D　P283　2007(11)真题

4. （　　）通常指员工所获得的全部报酬。
   (A) 收入　　　　(B) 奖励　　　　(C) 薪金　　　　(D) 工资
   A　P283　2012(5)真题

5. （　　）通常指员工超额劳动的报酬。
   (A) 收入　　　　(B) 奖励　　　　(C) 薪金　　　　(D) 工资
   B　P283　2013(5)真题

6. （　　）通常以工时或完成产品的件数计算员工应当获得的劳动报酬。
   (A) 薪酬　　　　(B) 薪资　　　　(C) 薪金　　　　(D) 工资
   D　P283　2012(11)真题

7. （　　）分为工资和薪金两种形式。
   (A) 收入　　　　(B) 奖励　　　　(C) 薪金　　　　(D) 薪给
   D　P283　2008(11)真题

8. 外部薪酬包括直接薪酬和间接薪酬，间接薪酬又称（　　）。
   (A) 福利　　　　(B) 工资　　　　(C) 薪资　　　　(D) 薪金
   A　P283　2007(5)真题

9. 薪酬的非货币形式不包括（　　）。
   (A) 员工福利　　(B) 表彰嘉奖　　(C) 荣誉称号　　(D) 奖章授予
   A　P283　2009(5)真题

10. 奖励不包括（　　）。
    (A) 红利　　　　(B) 带薪年假　　(C) 佣金　　　　(D) 利润分享
    B　P283　2010(5)真题

11. 间接形式的薪酬不包括（　　）。

(A) 利润分成　　(B) 其他补贴　　(C) 社会保险　　(D) 员工福利
　　A　P283　2009(11)真题　2013(11)真题

12. 直接形式的薪酬不包括(　　)。
　　(A) 基本工资　(B) 绩效工资　(C) 年终分红　(D) 额外津贴
　　D　P283　2014(5)真题

13. (　　)是指员工自身感受到的社会和心理方面的回报。
　　(A) 内部回报　(B) 外部回报　(C) 直接回报　(D) 间接回报
　　A　P283　2010(11)真题　2014(5)真题

14. 外部回报是指员工因雇佣关系从自身以外所得到的各种形式的回报，也称(　　)。
　　(A) 外部奖金　(B) 外部激励　(C) 外部薪酬　(D) 外部分配
　　C　P283　2013(5)真题

15. 影响员工个人薪酬水平的因素不包括(　　)。
　　(A) 劳动绩效　(B) 工会的力量　(C) 工作条件　(D) 员工的技能
　　B　P284　2007(5)真题

16. 影响企业整体薪酬水平的因素不包括(　　)。
　　(A) 产品的需求弹性　　　　(B) 工会的力量
　　(C) 企业的薪酬策略　　　　(D) 职务或岗位
　　D　P284　2007(11)真题

17. 适当拉开员工之间的薪酬差距体现了(　　)原则。
　　(A) 对外具有竞争力　　　　(B) 对员工具有激励性
　　(C) 对内具有公正性　　　　(D) 对成本具有控制性
　　B　P285　2007(11)真题　2011(11)真题　2012(11)真题

18. 计算工资总额的方法不包括(　　)。
　　(A) 盈亏平衡点法　　　　(B) 工资总额占附加值比例
　　(C) 工资总额与销售额　　(D) 工资总额占利润值比例
　　D　P286　2008(11)真题　2012(5)真题

19. 企业员工工资总额管理不包括(　　)。
　　(A) 工资水平的调整　　　　(B) 工资总额的计划
　　(C) 工资总额的调整　　　　(D) 工资总额的控制
　　A　P286　2011(5)真题

20. 企业薪酬职能不包括(　　)。
　　(A) 激励　　(B) 保障　　(C) 监督　　(D) 调节
　　B　P289　2011(5)真题

21. 从其所涉及的范围和内容来看，薪酬战略不包括薪酬的(　　)。
　　(A) 决定标准　(B) 支付结构　(C) 增长水平　(D) 管理机制
　　C　P296　2014(11)真题

22. 岗位评价的对象是(　　)。
　　(A) 岗位员工的工作任务　　(B) 岗位的绝对价值
　　(C) 岗位员工的能力素质水平　(D) 岗位的责任权限

A　P308　2013(5)真题修改

23. 以下有关工作岗位评价的说法,不正确的是(　　)。
　　(A) 评价中心是现有的人员　　　　(B) 以岗位员工的工作活动为对象
　　(C) 是工作岗位分析的延续　　　　(D) 为岗位的分类分级提供了前提
　　A　P308　2009(11)真题

24. (　　)为企业岗位归级列等奠定了基础。
　　(A) 岗位分析　　(B) 岗位评价　　(C) 绩效考核　　(D) 培训开发
　　A　P310　2010(5)真题　2013(11)真题

25. 岗位评价结果的形式多种多样,但最值得关注的是(　　)。
　　(A) 岗位与薪酬的对应关系　　　　(B) 岗位等级的高低
　　(C) 岗位与绩效的对应关系　　　　(D) 岗位与职务的相关度
　　A　P311　2007(5)真题

26. 工作岗位评价结果有多种表示形式,但不包括(　　)。
　　(A) 分值形式　　(B) 排序形式　　(C) 等级形式　　(D) 比例形式
　　D　P311　2014(11)真题　2013(5)真题

27. 岗位评价标准不包括(　　)。
　　(A) 指标分级标准　(B) 指标量化标准　(C) 定性标准　　(D) 方法标准
　　C　P312　2014(11)真题

28. 工作岗位评价标准不包括(　　)标准。
　　(A) 指标的分级　(B) 指标的量化　(C) 评价的方法　(D) 评价的流程
　　D　P312　2008(5)真题

29. 在岗位评价中,劳动强度要素不包括(　　)。
　　(A) 工时利用率　(B) 产量责任　　(C) 劳动紧张程度　(D) 工作轮班制
　　B　P313　2009(5)真题

30. 在岗位评价中,(　　)评价的是岗位的劳动卫生状况。
　　(A) 劳动责任　　(B) 劳动技能　　(C) 劳动强度　　(D) 劳动环境
　　D　P314　2010(11)真题

31. 人员流向属于工作岗位评价指标的(　　)。
　　(A) 劳动责任　　(B) 劳动技能　　(C) 劳动强度　　(D) 社会心理因素
　　D　P315　2012(11)真题

32. 确定岗位评价要素和指标时,要使不同岗位之间可以在时间上或空间上进行对比,这体现了(　　)的原则。
　　(A) 少而精　　(B) 综合性　　(C) 可比性　　(D) 重要性
　　C　P315　2008(11)真题

33. (　　)的主要作用是对岗位评价的计量误差进行调整。
　　(A) 总体加权　(B) 局部加权　(C) 内部加权　(D) 外部加权
　　A　P316　2012(5)真题　2008(5)真题

34. 从权数使用的范围来看,(　　)是对评价要素结构的加权,亦称结构加权。
　　(A) 总体加权　　　　　　　　　　(B) 局部加权

(C) 要素指标(项目)加权　　　　(D) 自重加权
B　P316　2011(11)真题

35. (　　)是指评价要素和评价标准体系反映岗位特征的有效程度。
(A) 内容效度　(B) 统计效度　(C) 过程效度　(D) 结构效度
A　P317　2013(5)真题

36. 在工作岗位评价中,不适合采用平衡系数调整法对评价总分进行(　　)调整。
(A) 事先　(B) 初始　(C) 中期　(D) 终结
A　P317　2013(11)真题　2009(11)真题

37. (　　)是指岗位测评结果的前后一致性程度。
(A) 信度　(B) 效度　(C) 标度　(D) 精度
A　P317　2009(5)真题　2014(11)真题

38. (　　)是指岗位测评本身可能达到期望目标的程度,也就是测评结果反映被评价对象的真实程度。
(A) 信度　(B) 效度　(C) 准度　(D) 精度
B　P317　2010(5)真题

39. (　　)是通过建立一定指标(简称效标)来检查岗位测评结果的效度。
(A) 内容效度　(B) 统计效度　(C) 过程效度　(D) 结构效度
B　P318　2008(5)真题

40. 在评价要素分值之前设定常数,将其乘积作为评定结果的岗位评价方法是(　　)。
(A) 函数法　(B) 简单相加法　(C) 常数法　(D) 百分比系数法
C　P325　2010(5)真题

41. 评价指标计量的基础标准不包括(　　)。
(A) 计分　(B) 误差调整　(C) 权重　(D) 权重调整
D　P325　2013(11)真题

42. 成本相对较低的岗位评价方法是(　　)。
(A) 排列法　(B) 关键事件法　(C) 分类法　(D) 因素比较法
A　P328　2007(5)真题

43. 通过将岗位与事先设定好的代表性岗位比较,确定岗位相对价值的工作岗位评价方法是(　　)。
(A) 排列法　(B) 分值法　(C) 分类法　(D) 评分法
A　P328　2008(5)真题

44. 分类法是一种典型的岗位评价方法,关于它的描述不正确的是(　　)。
(A) 划分类别是关键　　　　(B) 成本相对较高
(C) 适用大企业管理岗位　　(D) 对精度要求高
D　P328　2007(11)真题

45. 选择关键评价要素,确定权重,并赋予分值,然后对每个岗位进行评价的岗位评价方法是(　　)。
(A) 排列法　(B) 分值法　(C) 因素比较法　(D) 评分法
D　P330　2012(11)真题

46. 下列是关于**评分法**的具体步骤,① 确定工作岗位评价的主要影响因素;② 对各评价因素区分级别并赋予点数;③ 确定工作岗位评价的具体项目;④ 对评价项目分别给定权数;⑤ 将工作岗位评价的总点数分为若干级别。排列正确的是( )。
    (A) ①⑤②③④   (B) ③④①②⑤
    (C) ①③②④⑤   (D) ①②③④⑤
    C P330~331   2011(11)真题

47. 在岗位评价的方法中,因素比较法是由( )衍化而来。
    (A) 分类法   (B) 分值法   (C) 排序法   (D) 评分法
    C P334   2014(11)真题

48. ( )是指企业在生产经营活动中用于和支付给员工的全部费用。
    (A) 人工成本   (B) 基本费用   (C) 员工工资   (D) 员工薪资
    A P337   2011(5)真题

49. ( )是指企业人工成本占企业增加值的比率。
    (A) 成本收益率 (B) 人工费用率 (C) 劳动分配率 (D) 人工投入产出比率
    C P342   2010(11)真题

50. 新成立的单位应当自成立之日起( )内办理住房公积金缴存登记。
    (A) 15 日   (B) 30 日   (C) 60 日   (D) 90 日
    B P352   2008(11)真题   2012(5)真题

51. 单位录用员工的,应当自录用之日起( )内到住房公积金管理中心办理缴费存登记。
    (A) 15 日   (B) 30 日   (C) 60 日   (D) 90 日
    B P352   2010(11)真题   2014(5)真题

(二) 多选题
1. 薪酬表现形式包括( )。
    (A) 精神的与物质的   (B) 稳定的与非稳定的
    (C) 有形的与无形的   (D) 货币的与非货币的
    (E) 内在的与外在的
    ACDE P282   2007(11)真题

2. 外部薪酬包括直接薪酬和间接薪酬,直接薪酬包括( )。
    (A) 基本工资   (B) 年薪   (C) 激励薪酬   (D) 红利
    (E) 绩效工资
    ABCDE P283   2007(11)真题

3. 外部薪酬包括( )。
    (A) 基本工资   (B) 绩效工资   (C) 社会保险   (D) 晋升机会
    (E) 额外津贴
    ABCE P283   2008(11)真题   2012(11)真题

4. 内部回报包括( )。
    (A) 参与企业决策   (B) 更大的责任

    (C) 更大工作空间 (D) 免费工作餐
    (E) 更加有趣的工作
    ABCE　P283　2008(11)真题　2012(5)真题　免费工作餐属于外部回报中的间接薪酬

5. 薪酬的货币形式包括（　　）。
    (A) 奖金津贴　　(B) 工资　　(C) 销售提成　　(D) 福利
    (E) 劳动分红
    ABCDE　P283　2011(5)真题

6. 外部薪酬包括直接薪酬和间接薪酬,间接薪酬包括公司向员工提供的（　　）。
    (A) 各种各样保险 (B) 单身公寓
    (C) 免费的工作餐 (D) 岗位津贴
    (E) 非工作日工资
    ABCE　P283　2012(5)真题

7. 影响企业整体薪酬水平的因素包括（　　）。
    (A) 员工的劳动绩效 (B) 劳动力市场供求状况
    (C) 企业的薪酬策略 (D) 生活费用与物价水平
    (E) 企业工资支付能力
    BCDE　P284 图5-2　2009(5)真题　2013(11)真题

8. 影响员工个人薪酬水平的因素包括（　　）。
    (A) 年龄与工龄 (B) 劳动绩效
    (C) 产品的需求 (D) 工作条件
    (E) 工会的力量
    ABD　P284　2010(5)真题

9. 企业员工薪酬管理的基本目标包括（　　）。
    (A) 确立薪酬激励机制 (B) 保证内部公平
    (C) 吸引并留住优秀人才 (D) 保证外部公平
    (E) 合理控制企业人工成本
    CE　P284　2007(5)真题

10. 企业员工薪酬管理的基本目标包括（　　）。
    (A) 保证薪酬具有竞争性 (B) 吸引并留住优秀人才
    (C) 对员工贡献给予肯定 (D) 使员工及时得到回报
    (E) 合理控制企业人工成本
    ABCDE　P284　2009(11)真题　2014(11)真题

11. 企业薪酬管理应遵循（　　）。
    (A) 对内具有公正性原则 (B) 对成本具有控制性原则
    (C) 对外具有竞争力原则 (D) 对员工具有激励性原则
    (E) 体现劳动差别的原则
    ABCD　P285　2011(5)真题

12. 日常薪酬管理工作具体包括（　　）。

(A) 开展薪酬的市场调查　　　　　(B) 制定年度员工薪酬激励计划
(C) 调查各类员工的薪酬状况　　　(D) 对员工的薪酬进行必要调整
(E) 对报告期内人工成本进行核算
ABCDE　P286　2008(5)真题

13. 在企业员工工资总额管理中,可以采用(　　)方法推算合理的工资总额。
(A) 工资总额与销售额　　　　　　(B) 盈亏平衡点
(C) 概率加权　　　　　　　　　　(D) 工资总额占附加值比例
(E) 成本一收益
ABD　P286　2011(11)真题

14. 工资总额的准确统计为国家(　　)提供了重要依据。
(A) 计算经济补偿金　　　　　　　(B) 了解人民的收入水平
(C) 计算有关保险金　　　　　　　(D) 了解人民的生活水平
(E) 计算离休退休金
ABCDE　P286　2010(11)真题　2014(5)真题

15. 从分类来看,企业薪酬制度是由多种单项制度组合而成,包括(　　)。
(A) 工资制度　(B) 福利制度　(C) 奖励制度　(D) 津贴制度
(E) 补贴制度
ABCD　P297　2014(11)真题

16. 工作岗位评价**间接**的信息来源包括(　　)。
(A) 数据采集　　　　　　　　　　(B) 现场调查
(C) 规章制度　　　　　　　　　　(D) 岗位规范
E 工作说明书
CDE　P310　2012(11)真题

17. 工作岗位评价的信息来源包括(　　)。
(A) 数据采集　　　　　　　　　　(B) 现场调查
(C) 规章制度　　　　　　　　　　(D) 岗位规范
(E) 工作说明书
ABCDE　P310　2008(11)真题

18. 要使员工的薪酬能够更好地体现内部公平的原则,就应当实现(　　)。
(A) 以岗定事　　　　　　　　　　(B) 以人定岗
(C) 以职责定权限　　　　　　　　(D) 以绩效定薪酬
(E) 以岗位定基薪
ABCDE　P310　2014(5)真题

19. 岗位评价与薪酬的比例关系如图(课本311)所示。其中曲线 A 与曲线 B 的关系为(　　)。
(A) A 比 B 的岗位之间薪酬差距大　(B) B 的激励作用小
(C) A 比 B 的岗位之间薪酬差距小　(D) A 的激励作用小
(E) 无法确定
AB　P311　2007(5)真题

20. 属于工作岗位评价的测评指标的有（　　）。
   (A) 劳动责任要素　　　　　　　　(B) 劳动技能要素
   (C) 劳动强度要素　　　　　　　　(D) 劳动环境要素
   (E) 社会心理要素
   ABCDE　P313　2009(5)真题

21. 一般来说，影响员工工作的数量和质量的主要因素包括（　　）。
   (A) 劳动责任　　(B) 劳动强度　　(C) 劳动技能　　(D) 劳动环境
   (E) 社会心理
   ABCDE　P313　2010(11)真题

22. 岗位劳动责任主要包括（　　）。
   (A) 质量责任　　(B) 管理责任　　(C) 看管责任　　(D) 安全责任
   (E) 消耗责任
   ABCDE　P314　2014(5)真题

23. **劳动环境指标**主要包括（　　）程度。
   (A) 粉尘危害　　(B) 高温危害　　(C) 劳动紧张　　(D) 噪声危害
   (E) 操作复杂
   ABD　P314　2009(11)真题

24. 工作岗位评价要素和指标的基本原则包括（　　）。
   (A) 少而精原则　　　　　　　　(B) 综合性原则
   (C) 可比性原则　　　　　　　　(D) 重要性原则
   (E) 界限清晰便于测量的原则
   ABCE　P315　2010(5)真题　2014(11)真题

25. 确定工作岗位评价要素和指标的基本原则包括（　　）。
   (A) 少而精原则　　　　　　　　(B) 细致性原则
   (C) 可比性原则　　　　　　　　(D) 精确性原则
   (E) 综合性原则
   ACE　P315　2007(5)真题

26. 岗位评价中的权重系数的作用主要有（　　）。
   (A) 便于评价结果的汇总
   (B) 突出不同类别岗位的主要特征
   (C) 使同类岗位的不同要素的得分可以进行比较
   (D) 使不同类岗位的同一要素的得分可以进行比较
   (E) 使不同类岗位的不同要素的得分可以进行比较
   ABCDE　P316　2013(5)真题　2013(11)真题

27. 在工作岗位评价结果误差的调整中，平衡系数可用于调整总分，也可用于调整各要素结构和各项目指标，适用于测评过程的（　　）阶段。
   (A) 初始调整　　(B) 中期调整　　(C) 跟踪调整　　(D) 终结调整
   (E) 纠偏完善
   ABD　P317　2011(11)真题

28. 在因素比较法中，需要选定岗位共有的影响因素，作为工作岗位评价的基础。这些共有的影响因素包括（   ）。
    (A) 智力条件   (B) 技能
    (C) 责任   (D) 身体条件
    (E) 劳动环境条件
        ABCDE   P334   2011(11)真题

29. 我国工业企业人工成本的构成范围中，列支渠道属于营业外支出的是（   ）。
    (A) 劳动保护费   (B) 劳动保险费
    (C) 工会经费   (D) 子弟学校经费
    (E) 技工学校经费
        DE   P337   2011(11)真题

30. 从业人员劳动报酬包括（   ）。
    (A) 外籍及港澳台人员的劳动报酬   (B) 社会保险费用总额
    (C) 聘用的离退休人员的劳动报酬   (D) 在岗员工工资总额
    (E) 留用的离退休人员的劳动报酬
        ACDE   P337   2008(5)真题

31. 影响企业支付能力的因素有（   ）。
    (A) 劳动分配率   (B) 销货劳动生产率
    (C) 损益分歧点   (D) 实物劳动生产率
    (E) 税率水平高低
        ABCD   P339   2009(5)真题   2014(11)真题

32. 核算人工成本的基本指标包括（   ）。
    (A) 企业增加值   (B) 企业利润总额
    (C) 企业年缴税总额   (D) 企业销售收入
    (E) 企业从业人员年平均人数
        ABDE   P341   2009(11)真题   2013(11)真题

33. 合理确定人工成本的方法包括（   ）。
    (A) 销售净额基准法   (B) 附加值基准法
    (C) 损益分歧点基准法   (D) 净利润基准法
    (E) 劳动分配率基准法
        ACE   P342~344   2014(5)真题

34. 福利管理的主要内容包括（   ）。
    (A) 确定福利总额   (B) 明确实施福利的目标
    (C) 确定福利对象   (D) 确定福利的支付形式
    (E) 福利制度与绩效考评结合
        ABCD   P346   2008(5)真题

35. 员工福利管理的原则包括（   ）。
    (A) 共享性原则   (B) 协调性原则
    (C) 必要性原则   (D) 合理性原则

(E) 计划性原则

BCDE　P346　2014(5)真题　2013(5)真题　2012(11)真题

36. 社会保险包括(　　)。
    (A) 养老保险　　(B) 失业保险　　(C) 工伤保险　　(D) 医疗保险
    (E) 生育保险

    ABCDE　P348　2007(11)真题

37. 企业人工成本一般包括(　　)。
    (A) 劳动报酬总额　　　　　　　(B) 福利费用
    (C) 房屋折旧费用　　　　　　　(D) 教育费用
    (E) 劳动保护费用

    ABDE　P337　2012(5)真题

38. 福利费用包括(　　)。
    (A) 生活困难补助　　　　　　　(B) 医疗卫生费
    (C) 计划生育补贴　　　　　　　(D) 住房公积金
    (E) 冬季取暖补贴费

    ABCE　P338　2010(5)真题

39. 社会福利的内容包括(　　)。
    (A) 公共设施　　(B) 财政补贴　　(C) 居民住房　　(D) 生活补贴
    (E) 集体福利

    ABCDE　P348　2010(11)真题

二、新增预测题

(一) 单选题

1. 关于薪酬体系说法错误的是(　　)。
    (A) 薪酬体系基本模式包括工资、津贴、奖金、福利、保险等
    (B) 企业可以从职位、技能、能力三个要素中选择其一作为薪酬体系的依据
    (C) 企业只能选择一种薪酬体系
    (D) 薪酬体系的主要任务是确定企业的基本薪酬以什么为基础

    C　P287

2. (　　)是根据员工在组织中的不同岗位特征来确定其薪酬等级与薪酬水平。
    (A) 岗位薪酬体系　　　　　　　(B) 技能薪酬体系
    (C) 绩效薪酬体系　　　　　　　(D) 薪酬策略

    A　P287

3. (　　)是将员工个人或者团体的工作绩效与薪酬联系起来,根据绩效水平的高低确定薪酬结构和薪酬水平。
    (A) 岗位薪酬体系　(B) 技能薪酬体系　(C) 绩效薪酬体系　(D) 薪酬策略体系

    C　P288

4. (　　)适用于科技型企业或专业技术要求较高的部门和岗位。
    (A) 岗位薪酬体系　(B) 技术薪酬体系　(C) 绩效薪酬体系　(D) 能力薪酬体系

B　P288

5. （　　）适用于中高层管理者和研究开发人员
　　（A）岗位薪酬体系　（B）技术薪酬体系　（C）绩效薪酬体系　（D）能力薪酬体系
　　D　P288

6. （　　）主要适用于工作程序性、规则性较强，绩效容易量化的岗位或团队。
　　（A）岗位薪酬体系　（B）技术薪酬体系　（C）绩效薪酬体系　（D）能力薪酬体系
　　C　P288

7. （　　）是根据每个岗位的相对价值来确定薪酬等级，通过市场薪酬水平调查来确定每个等级的薪酬幅度。
　　（A）岗位薪酬体系　（B）技术薪酬体系　（C）绩效薪酬体系　（D）能力薪酬体系
　　A　P292

8. （　　）是薪酬设计的前提和基础。
　　（A）环境分析　　（B）岗位分析　　（C）市场薪酬调查　（D）岗位评价
　　A　P292

9. 关于岗位等级说法错误的是（　　）。
　　（A）等级数目少，薪酬宽度大，员工晋升慢，激励效果差
　　（B）等级数目多，薪酬宽度大，员工晋升慢，激励效果差
　　（C）等级数目多，岗位层次多，管理成本增加
　　（D）宽带薪酬模式是一种与企业组织偏平化相适应的新型设计
　　B　P293

10. （　　）以员工所掌握的与职位相关的知识和技术的深度与广度的不同为依据来确定薪酬等级和薪酬水平。
　　（A）岗位薪酬体系　（B）技能薪酬体系　（C）绩效薪酬体系　（D）薪酬策略体系
　　B　P294

11. 技能薪酬体系设计不包括（　　）。
　　（A）技能分类　　（B）技能单元　　（C）技能模块　　（D）技能种类
　　A　P294

12. （　　）是对特定工作的具体说明，是最小的分析单元。
　　（A）技能分类　　（B）技能单元　　（C）技能模块　　（D）技能种类
　　B　P294

13. （　　）是指企业为了把握员工的薪酬总额、薪酬结构和薪酬形式，所确立的薪酬管理导向和基本思路的文字说明或统一意向。
　　（A）薪酬政策　　（B）薪酬体系　　（C）薪酬水平　　（D）薪酬管理
　　A　P296

14. 薪酬管理不涉及（　　）。
　　（A）薪酬设计的科学化
　　（B）薪酬决策的透明度
　　（C）员工参与度
　　（D）薪酬的支付结构

D P296

15. ( )是对员工额外的劳动消耗或因特殊原因而支付的劳动报酬,是员工薪酬的一种补充形式,是职工工资的重要组成部分。
　　(A) 工资制度　　(B) 奖励制度　　(C) 福利制度　　(D) 津贴制度
D P297

16. ( )对员工超额或高绩效工作的货币报酬。
　　(A) 工资制度　　(B) 奖励制度　　(C) 福利制度　　(D) 津贴制度
B P297

17. 关于福利制度说法错误是( )。
　　(A) 福利制度是企业对员工劳动贡献的一种间接补偿
　　(B) 福利制度不是企业薪酬制度的一个重要的组成部分
　　(C) 根据福利内容可分为法定福利与补充福利
　　(D) 根据福利享受的对象可以分为集体福利和个人福利
B P297

18. 佣金的设计注意事项不包括( )。
　　(A) 比例适中
　　(B) 比例不轻易改变
　　(C) 鼓励员工尽量在规定时间内完成任务
　　(D) 兑付及时
C P298

19. 工作岗位评价的基本原则不包括( )。
　　(A) 系统原则　　(B) 实用性原则　　(C) 标准化原则　　(D) 责权利对应原则
D P309

20. 效标建立途径不包括( )。
　　(A) 岗位的生产工作记录　　　　(B) 担任上级岗位的人员对本岗位的评估
　　(C) 专家对岗位的评估　　　　　(D) 其他有关岗位的信息
C P318

21. ( )容易被理解和接收,准确性较高,但耗时耗力,适合生产过程复杂、岗位类别较多的组织。
　　(A) 排列法　　(B) 分值法　　(C) 因素比较法　　(D) 评分法
D P333

22. ( )将每个岗位按照所有的评价要素与其他所有岗位一一进行对比,将各个评价要素的考评结果整理汇总,求得最后的综合考评结果。
　　(A) 排列法　　(B) 分值法　　(C) 因素比较法　　(D) 成对比较法
D P335

23. ( )是针对劳动者的社会保障
　　(A) 社会保险　　(B) 社会救助　　(C) 社会福利　　(D) 社会优抚
A P347

24. ( )是针对全体居民 的社会保障

(A) 社会保险　　(B) 社会救助　　(C) 社会福利　　(D) 社会优抚

C　P347

25. 住房公积金存缴比例不得低于职工上一年年度月平均工资的(　　)。
    (A) 2%　　(B) 5%　　(C) 8%　　(D) 12%

    B　P348

26. 基本养老保险费个人存缴比例不得低于缴费工资的(　　)。
    (A) 2%　　(B) 5%　　(C) 8%　　(D) 12%

    C　P350　注：社会保险的征缴比例全部都要掌握，看知识点75或者教材P350

(二) 多选题

1. 薪酬管理的内容包括(　　)。
   (A) 薪酬调整
   (B) 薪酬制度设计
   (C) 日常薪酬管理
   (D) 工资管理
   (E) 奖金管理

   BC　P285

2. 薪酬制度设计主要是指(　　)。
   (A) 薪酬策略设计
   (B) 薪酬体系设计
   (C) 薪酬水平设计
   (D) 薪酬结构设计
   (E) 浮动薪酬设计

   ABCD　P285

3. 完善企业薪酬制度设计包括(　　)。
   (A) 单项薪酬设计
   (B) 薪酬结构的完善
   (C) 薪酬等级标准的设计
   (D) 薪酬支付形式的设计
   (E) 福利管理

   BCD　P285

4. 薪酬日常管理由(　　)组成的循环，称为薪酬成本管理循环。
   (A) 薪酬预算　(B) 薪酬支付　(C) 薪酬调整　(D) 福利调整
   (E) 福利支付

   ABC　P285

5. 薪酬体系类型主要有(　　)。
   (A) 岗位薪酬体系
   (B) 技能薪酬体系
   (C) 绩效薪酬体系
   (D) 稳定薪酬体系
   (E) 浮动薪酬体系

   ABC　P287

6. 薪酬职能包括(　　)。
   (A) 激励　(B) 补偿　(C) 监督　(D) 调节　(E) 效益

   ABCDE　P289

7. 薪酬体系设计中劳动的基本形态有(　　)。
   (A) 潜在劳动　(B) 流动劳动　(C) 凝固劳动　(D) 直接劳动

(E) 间接劳动
ABC　P290

8. 企业的薪酬管理的目的是为了实现企业战略,应该掌握的企业战略规划的内容(　)。
(A) 企业的战略目标　　　　　(B) 关键成功因素
(C) 具体实现战略的计划和措施　(D) 重要驱动力的资源
(E) 最大绩效的方法论
ABCDE　P291

9. 薪酬体系设计的前期准备工作有(　)。
(A) 明确企业的价值观和经营理念
(B) 掌握企业生产经营特点和员工特点
(C) 掌握企业的财力状况
(D) 明确掌握企业劳动力供给与需求关系
(E) 明确掌握竞争对手的人工成本状况
ABCDE　P291

10. 关于岗位薪酬体系说法正确的有(　)。
(A) 不同的岗位有不同的相对价值,相对价值越高的岗位对企业的贡献就越大,因而就应获得较高的报酬
(B) 要求岗位说明书清楚、组织环境稳定、工作对象比较固定
(C) 同岗同薪,凸显公平性
(D) 忽视了同一岗位可能存在的绩效差异,挫伤员工热情
(E) 管理成本较高
ABCD　P292

11. 企业所处的外部环境有(　)。
(A) 经济社会水平　　(B) 产业政策
(C) 劳动力供给　　　(D) 员工素质
(E) 失业率
ABCE　P292

12. 岗位评价常用的方法有(　)。
(A) 排序法　　　　(B) 归类法
(C) 因素比较法　　(D) 计点法
(E) 海氏评估法
ABCDE　P293

13. 关于绩效薪酬体系设计说法正确的有(　)。
(A) 属于高激励薪酬,薪酬数额会随着既定绩效目标的完成而变化
(B) 将员工或团体的业绩与薪酬相连,使薪酬支付更具客观性和公平性
(C) 对员工行为和成果难以准确衡量
(D) 易使绩效流于形式,导致更大的不公平
(E) 不利于企业提高生产率、改善产品质量、增加员工的积极性
ACDE　P295

14. 薪酬战略包括（　　）。
    (A) 薪酬的决定标准　　　　　　(B) 薪酬的支付结构
    (C) 薪酬的管理机制　　　　　　(D) 薪酬的监督机制
    (E) 薪酬的预算标准
    ABC　P296

15. 形成一个薪酬战略需要（　　）。
    (A) 评价企业文化、价值观、全球化竞争、员工需求和组织战略对薪酬的影响
    (B) 使薪酬决策与组织战略、环境相适应
    (C) 设计一个把薪酬战略具体化的体系
    (D) 对薪酬体系运行状况进行控制和监督，以减少运行过程中的偏差
    (E) 重新评估薪酬战略与组织战略、环境之间的适应性
    ABCE　P296

16. 宽泛的薪酬制度包括（　　）。
    (A) 薪酬战略　　(B) 薪酬体系　　(C) 薪酬结构　　(D) 薪酬政策
    (E) 薪酬管理
    ABCDE　P296

17. 薪酬结构包括（　　）。
    (A) 固定薪酬　　(B) 变动薪酬　　(C) 短期薪酬　　(D) 长期薪酬
    (E) 经济薪酬
    ABCDE　P296

18. 单向薪酬制度包括（　　）。
    (A) 工资制度　　(B) 奖励制度　　(C) 福利制度　　(D) 津贴制度
    (E) 休假制度
    ABCD　P297

19. 关于超时奖说法正确的有（　　）。
    (A) 超时奖指企业支付员工在规定时间之外工作的奖金
    (B) 在节假日加班的加班费也属于超时奖的一种
    (C) 一般以固定工资为主要收入的第一线员工有超时奖
    (D) 以计件或计时工资为主要收入的员工及管理者有超时奖
    (E) 允许一段时间内由于完成特殊任务而支付超时奖
    ABCE　P299

20. 建议奖设计的注意事项有（　　）。
    (A) 只要处于达到组织目标的动机，都应获奖
    (B) 若重复建议，只奖励第一个
    (C) 奖金的面不要太宽
    (D) 金额额度应该较低
    (E) 若建议被采纳，除建议奖外，还可给予其他奖金
    ABDE　P299

21. 特殊贡献奖的设计的注意事项有（　　）。

(A) 制定标准要有可操作性,内容可测量
(B) 为企业增加的金额要大
(C) 明确规定只有在他人或平时无法完成的情况下,该员工完成才能获奖
(D) 受奖人数较少,金额较大
(E) 颁奖时大力宣传,激励他人
ABCDE P299

22. 佣金设计注意事项包括(　　)。
(A) 比例适中
(B) 比例不轻易改变
(C) 兑付及时(月结或完成任务2周内)
(D) 明确、合理
(E) 鼓励员工尽量在规定时间内完成任务
ABC P298

23. 绩效奖设计注意事项包括(　　)。
(A) 绩效标准要明确、合理
(B) 达到某一绩效标准后的奖金要一致,即任何人达到都应获得
(C) 以递增的方法设立奖金,鼓励员工不断提高绩效
(D) 比例适中
(E) 允许一段时间内由于完成特殊任务而支付超时奖
ABC P299

24. 节约奖设计注意事项包括(　　)。
(A) 奖励节约、反对假节约
(B) 明确规定指标来确定是否降低了成本
(C) 降低的成本可以通过累计而获奖
(D) 受奖人数较少,金额较大
(E) 颁奖时大力宣传,激励他人
ABC P300

25. 超利润奖设计注意事项包括(　　)。
(A) 只奖励与超额完成利润指标有关的人员
(B) 根据每个人超额完成指标的贡献大小发奖金,切忌平均主义
(C) 明确规定超出部分多少百分比作为奖金,不轻易改动
(D) 受奖人数较少,金额较大
(E) 颁奖时大力宣传,激励他人
ABC P300

26. 岗位评价指标要素包括(　　)。
(A) 岗位责任　　(B) 工作技能　　(C) 工作心理　　(D) 工作强度
(E) 工作环境
ABCDE P312

27. 岗位评价系统包括(　　)子系统。

(A) 岗位评价指标 (B) 岗位评价标准
(C) 岗位评价技术方法 (D) 岗位分析
(E) 岗位评价结果的加工和分析
ABCE　P312～313

28. 合理的人工费用(　　)因素为基准衡量。
(A) 企业支付能力 (B) 国民生产总值
(C) 员工的生计费用 (D) 社会消费水平
(E) 工资的市场行情
ACE　P338～339

29. 住房公积金的性质(　　)。
(A) 普遍性　(B) 强制性　(C) 政策性　(D) 福利性　(E) 返还性
ABCDE　P348

30. 住房公积金的缴存范围(　　)。
(A) 机关、事业单位
(B) 国有企业、城镇集体企业
(C) 外商投资企业、港澳台商体资企业、城镇私营企业或其他
(D) 民办非企业单位、社会团体
(E) 外国及港澳台投资企业或其他常驻代表机构
ABCDE　P348

第六章 劳动关系管理

一、真题回顾

(一) 单选题

1. （　　）是由企业职工经过民主选举产生的职工代表组成的，代表全体职工实行民主管理权力的机构。
   (A) 创新开发委员会　　　　(B) 质量管理小组
   (C) 技术参与工作组　　　　(D) 职工代表大会
   D　P355　2013(5)真题

2. 下列关于职工代表大会制度的说法，错误的是（　　）。
   (A) 非国有企业主要实行民主协商制度
   (B) 职工代表大会主要在国有企业中实行
   (C) 职工大会和民主协商是并行不悖的制度
   (D) 职工代表大会制度是对企业管理的替代
   D　P355～356　2014(11)真题　2010(5)真题

3. 职工通过组织一定的代表性机构参与企业管理的形式称为（　　）。
   (A) 组织参与　(B) 岗位参与　(C) 个人参与　(D) 合理化建议
   A　P356　2014(11)真题

4. 职工通过在本岗位的工作和自治实现对管理的参与，这属于（　　）。
   (A) 组织参与　(B) 岗位参与　(C) 个人参与　(D) 合理化建议
   B　P356　2009(5)真题

5. 职工代表大会的职权不包括（　　）。
   (A) 推荐选举权　(B) 审议建议权　(C) 重大决策权　(D) 审议决定权
   C　P357　2014(11)真题

6. （　　）是劳动关系双方就企业生产经营与职工利益的事务进行商讨、沟通，相互理解和合作，并达成一定协议的活动
   (A) 集体协商制度　　　　(B) 集体协商
   (C) 劳动争议处理　　　　(D) 平等协商
   D　P358　2007(5)真题　2010(11)真题

7. 关于平等协商和"作为订立集体合同程序"的集体协商说法错误的是（　　）。
   (A) 两者的主体不同　　　　(B) 两者的内容不同
   (C) 两者的程序不同　　　　(D) 两者的目的相同
   D　P358　2014(5)真题

8. （　　）是以实现劳动关系双方的沟通，但不一定达成协议为目的的企业民主管理制度。

(A) 组织参与　　　(B) 平等协商制度　(C) 个人参与　　　　(D) 职工代表大会
B　P359　　2008(5)真题　2012(11)真题

9. (　　)是企业高层管理人员充分了解情况,掌握管理实际进程的工具。
(A) 汇总报表　　　(B) 正式通报　　　(C) 例会制度　　　　(D) 劳动管理表单
A　P360　　2012(11)真题

10. (　　)是由企业劳动管理制度规定,有固定传输渠道,按照规定程序填写的统一表格。
(A) 汇总报表　　　(B) 满意度调查表　(C) 例会制度　　　　(D) 劳动管理表单
D　P360　　2014(5)真题

11. 用于说明企业劳动关系管理计划、目标、发布规定和管理标准的信息载体是(　　)。
(A) 汇总报表　　　(B) 正式通报　　　(C) 例会制度　　　　(D) 劳动管理表单
B　P360　　2008(5)真题

12. 直接以口头语言的形式,综合上向沟通、下向沟通、横向沟通的信息沟通方式是(　　)。
(A) 例会制度　　　　　　　　　(B) 正式通报
(C) 员工满意度调查　　　　　　(D) 劳动管理表单
A　P361　　2008(11)真题

13. 例会制度的优点不包括(　　)。
(A) 信息不易受到歪曲　　　　　(B) 沟通具有亲切感
(C) 易获得沟通对方的反馈　　　(D) 有利于双向沟通
A　P361　　2013(11)真题

14. 以下关于标准信息载体的说法错误的是(　　)。
(A) 例会制度是以书面的形式沟通
(B) 终向信息沟通报考上向沟通和下向沟通
(C) 汇总报表包括工作进行状况汇总报表与业务报告两类
(D) 正式通报的优点是信息传递准确且沟通内容易于保存
A　P361　　2009(5)真题

15. 正式通报的优点不包括(　　)。
(A) 信息不易收到歪曲　　　　　(B) 信息传递准确
(C) 沟通内容易于保存　　　　　(D) 便于双向沟通
D　P361　　2010(5)真题　2013(5)真题

16. (　　)不属于目标型调查法。
(A) 选择法　　　(B) 序数表示法　　(C) 正误法　　　　(D) 描述调查
D　P362~363　　2007(11)真题

17. 一般形式以提出问题、设定问题的若干个答案、由被调查者进行选择的调查方法是(　　)。
(A) 确定性提问　　(B) 描述型调查法　(C) 不定性提问　　　(D) 目标型调查法
D　P362　　2008(5)真题　2012(5)真题

18. 员工满意度调查中,调查对象不包括( )。
    (A) 同行业企业人员   (B) 管理人员
    (C) 办公室工作人员   (D) 生产工人
    A P362   2012(5)真题

19. ( )是由法律直接规定或由劳动合同约定的。
    (A) 标准工作时间   (B) 工作时间
    (C) 计件工作时间   (D) 综合计算工作时间
    B P374   2010(5)真题

20. ( )是指由国家法律制度规定,在正常情况下劳动者从事工作或劳动的时间。
    (A) 标准工作时间 (B) 工作时间   (C) 计件工作时间 (D) 综合计算工作时间
    A P375   2008(5)真题   2011(5)真题

21. ( )是指以劳动者完成一定劳动定额为标准的工作时间
    (A) 标准工作时间   (B) 不定时工作时间
    (C) 计件工作时间   (D) 综合计算工作时间
    C P375   2009(5)真题   2014(11)真题

22. 工作时间的种类不包括( )。
    (A) 标准工作时间   (B) 不定时工作时间
    (C) 缩短工作时间   (D) 灵活性工作时间
    D P375~376   2014(11)真题

23. ( )是指在特殊情况下,劳动者实行的少于标准工作时间长度的工作时间制度。
    (A) 标准工作时间   (B) 正常工作时间
    (C) 计件工作时间   (D) 缩短工作时间
    D P376   2007(11)真题

24. 以下关于工作时间的说法错误的是( )。
    (A) 标准工作时间是其他工作时间制度的基准
    (B) 工作时间由法律直接规定或由劳动合同约定
    (C) 在综合计算时间制下,周六、周日工作的计为延长工作时间
    (D) 在综合计算时间制下,法定节假日工作的计为延长工作时间
    C P376   2014(5)真题

25. 延长工作时间是指超过( )的工作时间。
    (A) 定额工时   (B) 平均工时   (C) 实耗工时   (D) 标准工时
    D P376 2007(5)真题   2010(11)真题

26. 以下关于工作时间的说法错误的是( )。
    (A) 每月制度工作时间为20.83天
    (B) 用人单位延长工作时间每日可超过3个小时
    (C) 劳动者在法定节假日、公休日工作的称为加班
    (D) 劳动者超过日标准工作时间以外延长工作时间的称为加点
    B P376~377   2009(11)真题   2013(11)真题

27. 限制延长工作时间的措施不包括( )。

(A) 条件限制　　　(B) 时间限制　　　(C) 人员限制　　　(D) 程序限制

D　P377　2011(11)真题

28. 确定最低工资标准时一般考虑的因素不包括(　　)。
(A) 城镇居民人均生活费用　　　　(B) 职工平均工资
(C) 个人缴纳的社会保险费　　　　(D) 个人的所得税

D　P380　2012(11)真题

29. 确定和调整最低工资标准应考虑的因素,不包括(　　)。
(A) 社会平均工资水平　　　　(B) 劳动生产率和就业状况
(C) 地区之间经济发展水平的差异　(D) 企业人工成本的平均水平

D　P380　2012(5)真题

30. 某地区最低收入组人均每月生活费用支出为200元。每一就业者赡养系数为2,a为工资整数额。则该地区月最低工资标准为(　　)。
(A) 150+a　　(B) 200+a　　(C) 240+a　　(D) 400+a

D　P381　2008(5)真题

31. 某地区最低收入组人均每月生活费用支出为200元,每一就业者赡养系数为2,最低食物费用为120元,恩格尔系数为0.6,当地平均工资为900元,(a)为工资调整系数,则按恩格尔系数法计算得出该地区月最低工资标准为(　　)。
(A) 150+a　　(B) 200+a　　(C) 240+a　　(D) 400+a

C　P381　2008(11)真题

32. 非因劳动者本人造成用人单位停工、停业的,在一个工资支付周期内,用人单位(　　)支付劳动者工资。
(A) 无需　　　(B) 部分　　　(C) 酌情　　　(D) 按照正常提供劳动

D　P383　2010(5)真题　2013(5)真题　2013(11)真题

33. 下列关于企业内部劳动规则的说法错误的是(　　)。
(A) 以员工为制定主体　　　　(B) 只在本企业内适用
(C) 由劳动者参与制定　　　　(D) 由单位行政决定和公布

A　P385　2011(5)真题

34. 以下关于用人单位内部劳动规则的说法不正确的是(　　)。
(A) 劳动者单方的行为规范　　　(B) 企业规章制度的组成部分
(C) 以用人单位为制定的主体　　(D) 企业劳动关系调节的重要形式

A　P385　2009(11)真题

35. 用人单位内部劳动规则以用人单位为制定的主体,以(　　)为表现形式,只在本单位范围内适用。
(A) 红头文件　　　　　(B) 公开、正式的行政文件
(C) 规章制度　　　　　(D) 标准、签字的内部文件

B　P385　2011(11)真题

36. 下列哪一项不属于制定劳动纪律应当符合的要求(　　)。
(A) 劳动纪律的内容应当全面约束劳动行为
(B) 劳动纪律的内容必须合法

(C) 标准一致
(D) 结构完整

A　P387　2011(11)真题　应当法律允许的范围约束劳动行为

37.（　）是企业依据自身的实际情况确定企业机构的设置和配备各类人员的数量界限。
(A) 编制定员规则
(B) 劳动纪律
(C) 劳动定额规则
(D) 劳动岗位规范

A　P387　2009(11)真题

38. 企业根据劳动岗位特点对上岗员工提出客观要求的综合规定属于（　）。
(A) 编制定员规则
(B) 劳动纪律
(C) 劳动定额规则
(D) 劳动岗位规范

D　P387　2012(5)真题

39. 以下关于用人单位内部劳动规则的说法错误的是（　）。
(A) 以正式文件的形式公布
(B) 用人单位可不考虑职工的意见
(C) 内容不合法的不具有法律效力
(D) 其制定程序是先职工参与后正式公布

B　P388　2013(11)真题　2013(5)真题

40. **集体合同**是用人单位与本单位职工根据法律的规定，就劳动报酬、工作时间、休息休假等事项，通过集体协商签订的（　）。
(A) 文本协议　(B) 口头协议　(C) 网络协议　(D) 书面协议

D　P394　2007(5)真题

41. 集体合同由（　）代表职工与企业签订。
(A) 工会
(B) 企业人事部门
(C) 企业法人
(D) 职工所在部门负责人

A　P395　2009(11)真题　2013(11)真题

42. 在没有成立工会组织的企业中，集体合同由（　）与企业签订。
(A) 职工代表
(B) 企业人事部门
(C) 法人代表
(D) 职工所在部门负责人

A　P395　2009(5)真题　2014(11)真题

43. 根据劳动法的规定，（　）由工会代表职工与企业签订，没有成立工会组织的，由职工代表代表职工与企业签订。
(A) 劳动合同　(B) 专项协议　(C) 集体协议　(D) 集体合同

D　P395　2007(5)真题

44. 按照主体和范围不同，我国的集体合同不包括（　）。
(A) 部门集体合同
(B) 基层集体合同
(C) 行业集体合同
(D) 地区集体合同

A　P395　2014(5)真题

45. 以下关于集体合同的说法不正确的是（　）。

(A) 集体合同规定了企业的最低劳动标准
(B) 集体合同文本须提交政府劳动行政部门审核
(C) 集体合同的目的是确立劳动者和企业的劳动关系
(D) 集体合同以全体劳动者共同权利和义务作为内容
C　P395　2008(11)真题　2012(5)真题

46. 以下关于集体合同的说法不正确的是(　　)。
(A) 集体合同的法律效力等同于劳动合同
(B) 集体合同不可以由劳动者个人与企业签订
(C) 现实劳动关系的存在是集体合同存在的基础
(D) 集体合同经政府劳动行政部门审核后才具有法律效力
A　P395　2010(5)真题

47. 集体合同与劳动合同的主体、内容、功能和法律效力不同,集体合同的法律效力(　　)劳动合同。
(A) 低于　　(B) 等于　　(C) 高于　　(D) 相当于
C　P395　2011(11)真题

48. 下列关于集体合同的说法不正确的是(　　)。
(A) 集体合同为定期合同
(B) 口头形式的集体合同不具有法律效力
(C) 我国立法规定集体合同的期限为3—5年
(D) 劳动条件标准部分条款不得低于法律法规规定的最低标准
C　P397　2012(11)真题

49. 集体合同是用人单位与本单位职工根据法律的规定,就劳动报酬、工作时间、休息休假等事项,通过集体协商签订的(　　)。
(A) 临时协议　　　　　　(B) 口头协议
(C) 网络协议　　　　　　(D) 书面协议
D　P397　2010(11)真题

50. 我国劳动立法规定集体合同的期限为(　　)。
(A) 1～3年　　(B) 2～4年　　(C) 3～5年　　(D) 3～6年
A　P397　2011(5)真题

51. (　　)在集体合同内容的构成中处于核心地位。
(A) 一般性规定　　　　　(B) 其他规定
(C) 过渡性规定　　　　　(D) 劳动条件标准条款
D　P397　2014(5)真题

52. 现阶段,我国法定集体合同的附件主要是(　　)。
(A) 工资协议　(B) 专项集体合同　(C) 要式合同　(D) 综合性集体合同
A　P397　2011(11)真题

53. 下列关于签订集体合同过程中协商集体合同的协商准备描述正确的是(　　)。
(A) 集体合同协商代表双方人数对等,各方至少4名
(B) 首席代表可以由非本单位人员代理

(C) 委托人数不得超过本方代表的 1/3
(D) 记录员可以在协商代表之外或当中指派

C P400   2011(11)真题

54. (   )是指因集体合同的订立而获得利益,并且受集体合同约束的主体。
    (A) 所有者   (B) 集体合同的关系人
    (C) 经营者   (D) 集体合同的当事人

B P401   2008(11)真题

55. 劳动行政部门在收到集体合同后的(   )内将审核意见书送达。
    (A) 7 天   (B) 10 天   (C) 15 天   (D) 30 天

C P401   2009(11)真题

56. 劳动行政部门在收到集体合同后的(   )内未提出异议的,集体合同即行生效。
    (A) 7 日   (B) 10 日   (C) 15 日   (D) 20 日

C P401   2013(11)真题   2014(11)真题   2009(5)真题

57. 职工代表大会讨论集体合同草案应当有(   )职工出席。
    (A) 2/3 以上   (B) 全部   (C) 3/4   (D) 半数以上

A P401   2008(5)真题

58. 个别劳动者不履行集体合同规定的义务,则(   )。
    (A) 承担道义上的责任   (B) 无须承担责任
    (C) 按照劳动合同的规定承担责任 (D) 承担法律责任

C P402   2011(5)真题

59. (   )应承担法律责任
    (A) 企业违反集体合同的规定   (B) 个人不履行集体合同规定的义务
    (C) 工会履行集体合同规定义务不当   (D) 工会不履行集体合同规定的义务

A P402   2007(11)真题

60. 以下关于平等协商和"作为订立集体合同程序"的集体协商的说法错误的是(   )。
    (A) 集体协商是平等协商的准备阶段
    (B) 平等协商属于职工民主参与管理的形式
    (C) 集体协商所达成的集体合同受国家法律保护
    (D) 集体协商的法律依据是劳动法中的集体合同制度

A P358 P400   2012(11)真题   2008(5)真题

61. 在集体合同上签字盖章的工会代表、职工代表和用人单位属于(   )。
    (A) 所有者   (B) 集体合同的关系人
    (C) 经营者   (D) 集体合同的当事人

D P404   2012(11)真题

62. 在工伤事故分类中,按照事故类别可以划分为(   )类别。
    (A) 10 个   (B) 15 个   (C) 20 个   (D) 30 个

C P417   2014(11)真题   2009(11)真题

63. 根据致残后丧失劳动能力程度和护理依赖程度,可以将伤残划分为(   )等级

(A) 8 个　　　　(B) 10 个　　　　(C) 12 个　　　　(D) 20 个
B　P417　2012(11)真题

64. 劳动保障行政部门应当自受理工作认定申请之日起(　　)内作出工伤认定
(A) 30 日　　　(B) 45 日　　　(C) 60 日　　　(D) 90 日
C　P420　2009(5)真题　2013(11)真题

65. 停工留薪期最长不超过(　　)。
(A) 6 个月　　(B) 12 个月　　(C) 18 个月　　(D) 24 个月
B　P420　2009(5)真题　2009(11)真题

66. 劳动能力鉴定中，对生活自理障碍的等级鉴定，不包括(　　)。
(A) 生活大部分不能自理　　(B) 生活完全不能自理
(C) 生活少部分不能自理　　(D) 生活部分不能自理
C　P420　2014(11)真题

67. 工伤职工治疗非工伤引发的疾病，(　　)享受工伤医疗待遇。
(A) 不　　(B) 酌情　　(C) 全部　　(D) 部分
A　P421　2008(5)真题

68. 职工因工致残待遇被鉴定为一至四级，应当(　　)发给工伤伤残抚恤证件。
(A) 退出生产、工作岗位，保留劳动关系
(B) 退出生产、工作岗位，解除劳动关系
(C) 该职工可以与用人单位解除或者终止劳动关系
(D) 只有由职工本人提出才可以解除劳动关系
A　P421　根据 2011(11)真题

69. 职工因工致残退出生产、工作岗位，三级伤残应支付的一次性伤残补助金为(　　)的本人工资。
(A) 27 个月　　(B) 25 个月　　(C) 23 个月　　(D) 21 个月
C　P421　根据 2012(5)真题修改　伤残补助金的标准新教材改变了

70. 职工因工致残退出生产岗位，二级伤残应按月支付伤残津贴为本人工资的(　　)。
(A) 75%　　(B) 80%　　(C) 85%　　(D) 95%
C　P421　2008(11)真题

(二) 多项选择题

1. 雇员参与民主管理的形式包括(　　)。
(A) 职工大会　　(B) 岗位参与　　(C) 质量小组　　(D) 政策参与
(E) 合理化建议
ABCE　P356　2007(5)真题　2010(11)真题　2009(11)真题

2. 职工参与企业民主管理的形式包括(　　)。
(A) 个人参与　　(B) 合作参与　　(C) 岗位参与　　(D) 间接参与
(E) 组织参与
ACE　P356　2014(5)真题

3. 职工代表大会的职权表现在(　　)。

(A) 审议建议权 　　　　　　　　(B) 审议通过权
(C) 审议决定权 　　　　　　　　(D) 重大决策权
(E) 推荐选举权
ABCE　P357　2012(11)真题

4. 集体合同也具有一般协议的(　　)等特征。
   (A) 合法性 　　　　　　　　　(B) 主体平等性
   (C) 内容一致性 　　　　　　　(D) 客体平等性
   (E) 法律约束性
   ABE　P358　2014(11)真题　2013(5)真题

5. 目前我国职工参与管理的形式主要是(　　)。
   (A) 平等协商制度 　　　　　　(B) 代表参与
   (C) 有组织地参与 　　　　　　(D) 个人参与
   (E) 职工代表大会制度
   AE　P358　2008(5)真题

6. 企业民主管理制度的基本形式包括(　　)。
   (A) 合理化建议 　　　　　　　(B) 职工大会
   (C) 平等协商制度 　　　　　　(D) 质量小组
   (E) 职工代表大会制度
   BCE　P358　2014(11)真题

7. 平等协商与作为订立集体合同程序的集体协商的区别在于(　　)。
   (A) 主体不同 　　　　　　　　(B) 客体不同
   (C) 程序不同 　　　　　　　　(D) 内容不同
   (E) 法律效力和法律依据不同
   ACDE　P359　2013(5)真题

8. 平等协商与集体协商的主要区别是(　　)。
   (A) 主体不同 　　　　　　　　(B) 法律效力不同
   (C) 目的不同 　　　　　　　　(D) 法律依据不同
   (E) 程序不同
   ABCDE　P359　2007(11)真题

9. 企业民主管理的平等协商形式包括(　　)。
   (A) 民主对话　　(B) 民主议事　　(C) 民主质询　　(D) 民主选举
   (E) 民主咨询
   ACE　P359　2014(11)真题

10. 员工满意度调查应围绕(　　)等方面进行全面评估。
    (A) 薪酬　　(B) 工作　　(C) 环境　　(D) 机遇　　(E) 管理
    ABCE　P361　2014(11)真题

11. 限制延长工作时间的措施包括(　　)。
    (A) 条件限制 　　　　　　　　(B) 缩短工作时间
    (C) 时间限制 　　　　　　　　(D) 报酬限制

(E) 人员限制

ACDE　P377　2007(5)真题　2010(11)真题

12. 一个地区最低工资标准的确定需要考虑的因素包括（　　）。

(A) 职工平均工资　　　　　　(B) 住房公积金
(C) 经济发展水平　　　　　　(D) 社会救济金
(E) 个人缴纳社会保险费

ABCE　P380　2014(11)真题

13. 在劳动者提供正常劳动的情况下,用人单位应支付给劳动者的工资在剔除下列(　　)各项后,不得低于当地最低工资标准。

(A) 延长工作时间
(B) 中班、夜班等特殊工作环境、条件下的津贴
(C) 代扣代缴的社保个人承担部分
(D) 劳动者由于本人原因未提供正常劳动的
(E) 法律、法规规定的劳动者福利待遇等

ABE　P381　根据2011(11)真题

14. 工资支付的一般规则为(　　)。

(A) 货币支付　(B) 直接支付　(C) 按时支付　(D) 间接支付
(E) 部分支付

ABC　P382　2012(11)真题

15. 以下关于用人单位扣除劳动者工资的情况,合法的是(　　)。

(A) 代扣代缴的个人所得税
(B) 因劳动者请事假等原因相应减发工资
(C) 法院判决、裁定中要求代扣的抚养费、赡养费
(D) 劳动者加班加点工资
(E) 代扣代缴的应由劳动者个人负担的各项社会保险费用

ABCE　P382～383　2012(5)真题

16. 用人单位可以代扣劳动者工资的情形包括(　　)。

(A) 代扣代缴的个人所得税
(B) 应由劳动者个人负担的各项社会保险费用
(C) 法院判决、裁定中要求代扣的抚养费、赡养费
(D) 劳动合同中约定的劳动者自愿放弃的权利
(E) 依法参加选举、先进生产者大会等社会活动期间的工资

ABC　P382　2011(11)真题

17. 用人单位内部劳动规则的特点包括(　　)。

(A) 制定主体的特定性
(B) 属于劳动关系的协议
(C) 企业和劳动者共同的行为规范
(D) 企业经营权与职工民主管理权相结合的产物
(E) 是定期的书面合同,其生效需经过特定程序

ACD　P385　2009(5)真题　2014(11)真题

18. 劳动合同管理制度的内容包括（　　）。
（A）试用期考查办法　　　　　（B）劳动合同续订的审批办法
（C）集体合同草案的拟定、协商程序　（D）劳动合同解除的审批办法
（E）劳动合同管理制度修改、废止的程序
ABCDE　P386　2008(5)真题

19. 劳动合同管理制度的内容包括（　　）。
（A）试用期考查办法　　　　　（B）企业内部劳动规则
（C）集体合同草案的拟定、协商程序　（D）劳动定员定额规则
（E）劳动合同管理制度修改、废止的程序
ACE　P386　2012(11)真题

20. 劳动合同管理制度包括（　　）。
（A）劳动纪律　　　　　　　　（B）应聘人员相关材料的保存办法
（C）劳动定额定员规则　　　　（D）劳动合同草案审批权限的确定
（E）劳动合同履行的原则
BDE　P386　2008(11)真题

21. 劳动纪律的内容包括（　　）。
（A）请假程序　（B）职业培训　（C）岗位职责　（D）员工发展
（E）操作规程
ACE　P386　2009(5)真题

22. 劳动纪律的内容包括（　　）。
（A）请假程序　（B）职业培训　（C）岗位职责　（D）员工发展
（E）操作规范
ACE　P386　2013(11)真题

23. 劳动纪律的内容包括（　　）。
（A）作息时间　（B）考勤办法　（C）考核制度　（D）劳动任务
（E）薪酬结构
ABD　P386　2013(5)真题　2010(5)真题

24. 劳动纪律的主要内容包括（　　）。
（A）组织规则　（B）定员规则　（C）岗位规则　（D）定额规则
（E）时间规则
ACE　P386　2011(5)真题

25. 以下属于劳动合同管理制度内容的有（　　）。
（A）企业各类规章制度　　　　（B）应聘人员相关材料的保存办法
（C）劳动定额定员规则　　　　（D）劳动合同草案审批权限的确定
（E）劳动安全卫生制度
BD　P386　2012(5)真题

26. 劳动纪律的制定应当符合（　　）等方面的要求。
（A）内容合法　　　　　　　　（B）结构完整

(C) 严格履行制定的程序　　　　(D) 标准一致
(E) 内容应当全面约束管理行为和劳动行为
ABDE　P387　2013(11)真题　2009(11)真题

27. 用人单位内部劳动规则的其他制度包括(　　)。
(A) 工资制度　　(B) 福利制度　　(C) 考核制度　　(D) 工作说明书
(E) 培训制度
ABCE　P387　2012(5)真题

28. 用人单位内部劳动规则包括(　　)。
(A) 劳动法律、法规　　　　　(B) 劳动合同管理制度
(C) 劳动定员定额规则　　　　(D) 劳动安全卫生制度
(E) 劳动岗位规范制定规则
BCDE　P386~387　2008(11)真题

29. 用人单位内部劳动规则的内容包括(　　)。
(A) 劳动纪律　　　　　　　　(B) 民主管理制度
(C) 劳动合同管理制度　　　　(D) 劳动岗位规范
(E) 劳动安全卫生制度
ACDE　P387　2011(5)真题

30. 集体合同是集体协商双方代表根据劳动法律法规的规定,就(　　)等事项,在平等协商一致的基础上签订的书面协议。
(A) 劳动报酬　　(B) 休息休假　　(C) 工作时间　　(D) 保险福利
(E) 试用期限
ABCD　P395　2014(5)真题

31. 一般协议的特点包括(　　)。
(A) 合法性　　　　　　　　　(B) 主体平等性
(C) 意思表示一致性　　　　　(D) 法律约束性
(E) 双方利益的公平性
ABCD　P395　2010(5)真题　2013(11)真题

32. 集体合同除具有一般协议的特征外,还有(　　)等自身的特征。
(A) 合法性　　　　　　　　　(B) 是整体性规定劳动条件的协议
(C) 意思表示全面与一致性　　(D) 是定期的书面合同,生效需经特定程序
(E) 工会或劳动者代表职工一方与企业签订
BDE　P395　2014(5)真题修改　注意:"整体性规定劳动条件的协议"是新教材内容

33. 集体合同的特征包括(　　)。
(A) 合法性和法律约束性
(B) 主体平等性和意思表示一致性
(C) 由工会或劳动者代表代表职工一方与企业签订
(D) 集体合同是整体性规定劳动关系的协议
(E) 集体合同是定期的书面合同,其生效需经特定程序
ABCDE　P395　2011(5)真题　2011(11)真题

34. 集体合同与劳动合同的区别体现在（ ）。
    (A) 功能不同
    (B) 主体不同
    (C) 内容不同
    (D) 法律效力不同
    (E) 集体合同必须采用书面形式，劳动合同可以不采用书面形式
    ABCD P395 2007(11)真题 2013(5)真题

35. 集体合同在协调劳动关系中的重要作用包括（ ）。
    (A) 有利于企业约束员工
    (B) 加强企业的民主管理
    (C) 有利于协调劳动关系
    (D) 维护职工的合法权益
    (E) 弥补劳动法律法规的不足
    BCDE P396 2007(11)真题

36. 订立集体合同应当遵循的原则包括（ ）。
    (A) 不得采取过激行为
    (B) 诚实守信、公平合作
    (C) 兼顾双方合法权益
    (D) 相互尊重、平等协商
    (E) 遵守法律、法规和国家有关规定
    P396 ABCDE 2007(5)真题 2010(11)真题

37. 订立集体合同应当遵循的原则包括（ ）。
    (A) 互利互惠、力求双赢
    (B) 诚实守信、公平合作
    (C) 兼顾双方的合法权益
    (D) 相互尊重、平等协商
    (E) 遵守法律、法规和国家有关规定
    BCDE P396 2014(5)真题

38. 集体合同的内容包括（ ）。
    (A) 劳动条件标准部分
    (B) 一般性规定
    (C) 实现目标的主要措施
    (D) 过渡性规定
    (E) 有效期间应达到的具体目标
    ABD P397 2009(5)真题

39. 下列关于集体合同的说法正确的有（ ）。
    (A) 集体合同为法定要式合同
    (B) 集体合同应以书面形式订立
    (C) 集体合同可以分为主体和附件
    (D) 口头形式的集体合同也具有法律效力
    (E) 我国法定集体合同的附件主要是工资协议
    ABCE P397 2008(5)真题

40. 以下属于集体合同中的一般性规定的有（ ）。
    (A) 集体合同条款的解释
    (B) 集体合同的争议处理
    (C) 集体合同条款的变更
    (D) 集体合同的违约责任
    (E) 集体合同的有效期限
    ACE P399 2008(11)真题

41. 以下属于集体合同中的过渡性规定的有（ ）。
    (A) 集体合同的争议处理
    (B) 集体合同的检查
    (C) 集体合同的违约责任
    (D) 集体合同的监督
    (E) 集体合同的有效期限

ABCD　P399　2012(5)真题

42. 下列关于集体合同协商的说法正确的有(　　)。
    (A) 是法律行为
    (B) 主要采取协商会议的形式
    (C) 协商会议由有关政府部门主持
    (D) 协商代表双方人数各方至少3名
    (E) 全体职工讨论集体合同草案须半数以上同意方可通过
    ABDE　P400~401　2011(5)真题

43. 人力资源行政部门审核集体合同时,企业需报送的材料包括(　　)。
    (A) 双方代表的身份证
    (B) 委托授权书
    (C) 职工代表的劳动合同书
    (D) 企业缴费证明
    (E) 相关审议会议通过的集体合同的决议
    ABCE　P401　2010(5)真题　2012(11)真题

44. 劳动争议处理制度中的调解的基本特点包括(　　)。
    (A) 群众性　(B) 法律性　(C) 自治性　(D) 社会性　(E) 非强制性
    ACE　P408　2007(5)真题　2010(11)真题　2012(5)真题

45. 企业劳动争议调解委员会由(　　)组成。
    (A) 职工代表
    (B) 行政机构代表
    (C) 工会代表
    (D) 用人单位代表
    (E) 法律顾问
    ACD　P409　2008(5)真题　2012(5)真题

46. 劳动争议贯彻自愿原则,具体包括(　　)。
    (A) 申请调解自愿
    (B) 接受调解自愿
    (C) 调解过程自愿
    (D) 和解自愿
    (E) 履行协议自愿
    ACE　P410　2010(5)真题修改

47. 以下属于劳动保护费用的有(　　)。
    (A) 工伤认定费用
    (B) 工伤医疗费用
    (C) 工伤评残费用
    (D) 工伤保险费用
    (E) 工伤人工费用
    ACD　P415　2008(5)真题

48. 劳动保护费用包括(　　)。
    (A) 工伤医疗费用
    (B) 劳动安全卫生教育培训费用
    (C) 健康检查和职业病防治费用
    (D) 有毒有害作业场所定期检测费用
    (E) 劳动安全卫生保护设施建设费用
    BCDE　P415　2008(11)真题

49. 下列属于职业病范围的是(　　)。
    (A) 职业中毒
    (B) 尘肺
    (C) 肿瘤
    (D) 皮肤病

(E) 物理因素职业病考

ABE　P417　根据2011(11)真题

50. 在(　　)情况下,劳动者应当被认定为工伤。

(A) 患职业病

(B) 受到机动车事故伤害

(C) 因工外出期间受到伤害

(D) 在工作时间和工作场所内工作原因受到事故伤害

(E) 在工作时间和工作场所内履行工作职责受到暴力伤害

ACDE　P418　2010(5)真题　2014(5)真题

51. 在(　　)情况下,劳动者应当被认定为工伤。

(A) 患职业病

(B) 受到机动车事故伤害

(C) 外出期间受到某种伤害

(D) 在工作时间和工作场所内工作原因受到事故伤害

(E) 在工作时间和工作场所内履行工作职责受到暴力伤害

ADE　P418　2013(11)真题

52. 在(　　)情况下,劳动者视同工伤。

(A) 突发疾病死亡

(B) 在抢险救灾中受到伤害

(C) 在维护国家利益、公共利益中受到伤害

(D) 突发疾病在48小时之内经抢救无效死亡

(E) 已取得革命伤残军人证的劳动者到用人单位后旧病复发

BCE　P418　2009(5)真题

53. 工伤认定申请表应当包括(　　)。

(A) 职工伤害程度　　　　　　(B) 事故发生的地点

(C) 事故发生的原因　　　　　(D) 事故发生的时间

(E) 事故发生时在场人

ABCD　P419　2013(5)真题

二、新增预测题

(一) 单选题

1. 平等协商的形式不包括(　　)。

(A) 民主对话　　(B) 民主质询　　(C) 民主咨询　　(D) 民主讨论

D　P359

2. 关于信息沟通制度说法错误的是(　　)。

(A) 成功的信息沟通不仅需要信息传递,还要被理解,形成一个管理信息系统

(B) 信息沟通的作用是将适当的信息,用适当的方法传给适当的人

(C) 是确定决策的前提和基础,是管理者和被管理者之间的桥梁

(D) 企业信息沟通渠道有横向沟通和纵向沟通

D　P360

3. 专业调研公司参与员工满意度调查工作不具有的优势(　　)。
   (A) 专业程度高　　　　　　　　(B) 员工配合较好
   (C) 调查结果的分析客观程度高　(D) 高效率

   D　P362

4. 员工满意度调查的步骤包括：① 确定调查方法　② 确定调查项目　③ 调查结果分析　④ 确定调查组织　⑤ 确定调查对象　⑥ 结果反馈　⑦ 落实与跟踪
   其排序正确的是(　　)。
   (A) ⑤①②④③⑥⑦　　　　　　(B) ①⑤②④③⑦⑥
   (C) ②⑤①④③⑥⑦　　　　　　(D) ⑤②①④③⑦⑥

   A　P362

5. 企业劳动关系调整信息系统的设计的内容不包括(　　)。
   (A) 信息需求分析　　　　　　　(B) 信息收集与处理
   (C) 信息沟通　　　　　　　　　(D) 信息提供

   C　P364

6. 关于制度工作时间错误的是(　　)。
   (A) 年制度工作工时 2000 工时　　(B) 月制度工作日 20.66 天/月
   (C) 月制度工作工时 166.67/月　　(D) 月计薪天数 21.75 天/月

   B　P377

7. 关于延长工作时间说法错误的是(　　)。
   (A) 延长工作时间是指用人单位应当以高于劳动者正常工作时间的工资标准支付延长工作时间的劳动报酬
   (B) 在法定标准工作时间以外延长工作时间的,按照不低于劳动合同规定的劳动者本人小时工资标准的 150% 支付劳动报酬
   (C) 劳动者在休息日工作,而又不能安排劳动者补休的,按照劳动合同规定的劳动者本人日或小时工资标准正常支付劳动报酬
   (D) 劳动者在法定节假日工作的,按照不低于劳动合同规定的劳动者本人小时工资标准的 300% 支付劳动报酬

   C　P377

8. 最低工资标准确定和调整方案内容不包括(　　)。
   (A) 最低工资确定和调整的依据　(B) 适用范围
   (C) 拟订标准和说明　　　　　　(D) 适用企业范围

   D　P379

9. 关于最低工资说法错误的是(　　)。
   (A) 国家规定的休假期间,及法定工作时间内依法参加社会活动期间,视为提供了正常劳动
   (B) 出发点是维护市场经济秩序,保护劳动者的合法权益,规范用人单位的工资分配行为
   (C) 月最低工资标准适用于全日制就业劳动者

(D) 非全日制就业劳动者不具体规定

D P379

10. 劳动保障部对方案可以提出修订意见,若在方案收到后( )内未提出修订意见的,视为同意。

(A) 7日　　　(B) 10日　　　(C) 14日　　　(D) 30日

C P379

11. 本地区最低工资标准方案报省、自治区、直辖市人民政府批准,并在批准后( )内在当地政府公报上和至少一种全地区性报纸上发布。

(A) 7日　　　(B) 10日　　　(C) 14日　　　(D) 30日

A P379

12. 省自治区直辖市劳动保障行政部门应在发布后( )内将最低工资标准报劳动保障部。

(A) 7日　　　(B) 10日　　　(C) 14日　　　(D) 30日

B P379

13. 用人单位应在最低工资标准发布后( )内将该标准向本单位全体劳动者公示。

(A) 7日　　　(B) 10日　　　(C) 14日　　　(D) 30日

B P379

14. 关于用人单位内部劳动规则说法错误的是( )。

(A) 用人单位制定并实施内部劳动规则是其行使经营管理权和用工权的主要方式,发挥着用人单位内部强制性规范的功能

(B) 用人单位内部劳动规则具有劳动规范属性

(C) 用人单位内部劳动规则不具有法律规范两种属性

(D) 用人单位内部劳动规则企业单方面制定

C P384

15. 集体合同中劳动条件标准部分的具体内容有关工作时间的不包括( )。

(A) 工时制度　　(B) 加班加点办法　　(C) 日休息时间　　(D) 劳动定额标准

C P398

16. 集体合同中劳动条件标准部分的具体内容有关补充保险和福利的不包括( )。

(A) 补充保险的种类、范围　　　　(B) 基本福利制度和福利设施

(C) 医疗期延长及其待遇　　　　　(D) 工伤保险待遇

D P398

17. 劳动争议特征不包括( )。

(A) 劳动争议的当事人是特定　　　(B) 劳动争议的内容是特定

(C) 劳动争议的表现形式是特定　　(D) 劳动争议的冲突是特定

D P406

18. ( )是工会与用人单位因签订或履行集体合同发生的争议

(A) 个别争议　　(B) 集体争议　　(C) 团体争议　　(D) 劳动争议

C P406

19. ( )是职工一方当事人在10人以上

(A) 个别争议　　(B) 集体争议　　(C) 团体争议　　(D) 劳动争议

B　P406

20. (　　)是职工一方当事人在9人以下
 (A) 个别争议　　(B) 集体争议　　(C) 团体争议　　(D) 劳动争议

A　P406

21. 关于劳动争议的说法错误的是(　　)。
 (A) 劳动争议实质上是劳动关系当事人之间利益矛盾、利益冲突的表现
 (B) 劳动争议的内容不一定是以劳动权利义务为标的
 (C) 是否遵循法律规范和合同规范是劳动争议产生的直接原因
 (D) 按性质可分为权利争议和利益争议

B　P406

22. (　　)劳动关系当事人基于劳动法律、法规的规定，或集体合同、劳动合同约定的权利与义务所发生的争议。
 (A) 权利争议　　(B) 利益争议　　(C) 个别争议　　(D) 集体争议

A　P406

23. (　　)当事人因主张有待确定的权利和义务所发生的争议
 (A) 权利争议　　(B) 利益争议　　(C) 个别争议　　(D) 集体争议

B　P406

24. 劳动争议处理的原则不包括(　　)。
 (A) 合法原则　　　　　　　　(B) 公正原则
 (C) 时处理、着重调解原则　　(D) 自愿原则

D　P408

25. 尊重当事人申请仲裁和诉讼权利的内涵不包括(　　)。
 (A) 当事人自由选择协商，调解或仲裁，不得阻止
 (B) 当事人可提出申请仲裁，不得干涉
 (C) 调解达成协议，当事人反悔，不愿履行，享有提请仲裁的权利，不得阻拦和干涉
 (D) 调解达成协议后，当事人不可反悔

D　P410

26. 当事人(　　)内不做出回应的，视为不愿协商；
 (A) 3日　　(B) 5日　　(C) 7日　　(D) 10日

B　P410

27. 调解协议生效之日起(　　)内向仲裁委员会提出仲裁申请；调解委员会调解劳动争议，应当自受理调解申请之日起(　　)内结束。
 (A) 7日 7日　　(B) 10日 10日　　(C) 14日 14日　　(D) 15日 15日

D　P410

28. 劳动安全卫生标准中保障人体健康、人身、财产安全的标准为(　　)。
 (A) 国家标准　　(B) 行业标准　　(C) 强制性标准　　(D) 推荐性标准

C　P413

29. 关于组织岗位安全教育说法错误的是(　　)。

(A) 岗位安全卫生教育的内容为安全卫生知识教育和遵守劳动安全卫生规范教育
(B) 对特种作业人员进行生产技术、特定的安全卫生技术理论教育和操作培训后即可上岗
(C) 组织生产管理人员,特种设备、设施检测、检验人员,救护人员的专门培训
(D) 凡采用新技术、新工艺、新材料、新设备,员工调整工作岗位都必须结合新情况进行相关教育和培训

　　B　P416

30. 关于工伤说法错误是(　　)。
    (A) 又称职业伤害、工作伤害　　(B) 由事故伤害和职业病伤害两类组成
    (C) 按照损伤原因划分20种　　(D) 按照伤残等级划分为4级

　　D　P417

31. 在工伤事故分类中,按照伤害而致休息的时间长度划分,(　　)以上的失能伤害为重伤
    (A) 90日　　(B) 100日　　(C) 105日　　(D) 125日

　　C　P417

32. 在工伤事故分类中,按照伤害而致休息的时间长度划分,(　　)的失能伤害为轻伤
    (A) 1～24日　　(B) 1～64日　　(C) 1～84日　　(D) 1～104日

　　D　P417

33. (　　)是指造成10人以上30人以下,或者50人以上100人以下重伤(包括急性工业中毒)或者5 000万元以上1亿元以下直接经济损失的工伤事故
    (A) 重大事故　　(B) 较大事故　　(C) 特别重大事故　　(D) 一般事故

　　A　P417

34. (　　)是指造成3人以上10人以下,或者10人以上50人以下重伤或者1 000万元以上5 000万元以下直接经济损失的工伤事故
    (A) 重大事故　　(B) 较大事故　　(C) 特别重大事故　　(D) 一般事故

　　B　P417

35. 职工因工致残退出生产、工作岗位,一级伤残应支付的一次性伤残补助金为(　　)的本人工资。
    (A) 27个月　　(B) 25个月　　(C) 23个月　　(D) 21个月

　　A　P421

36. 职工因工致残退出生产岗位,四级伤残应按月支付伤残津贴为本人工资的(　　)。
    (A) 75%　　(B) 80%　　(C) 85%　　(D) 95%

　　A　P421

37. 工伤认定申请的期限是被诊断、鉴定为职业病之日起(　　)用人单位提出工伤认定申请
    (A) 6日内　　(B) 7日内　　(C) 15日内　　(D) 30日内

　　D　P418

38. 工伤认定申请的主体首先是(　　)。
    (A) 企业(所在单位)　　(B) 工伤职工

(C) 近亲家属　　　　　　　　　(D) 工会组织(E)
A　P418

(二) 多选题

39. 一个完整的员工沟通,总是包括(　　)因素。
    (A) 发出者　　　　　　　　　(B) 信息
    (C) 沟通渠道　　　　　　　　(D) 信息的接受者
    (E) 信息载体
    ABCD　P365

40. 关于劳动标准的理解说法正确的是(　　)。
    (A) 对重复性事物、概念和行为作出的统一规定
    (B) 以科学技术、社会科学的发展及实践经验为基础
    (C) 不同的效力等级和范围
    (D) 制定主体多样性
    (E) 表现形式多样性和作用方式多样性
    ABCDE　P372

41. 劳动标准功能结构可分为(　　)。
    (A) 基础类　(B) 管理类　(C) 工作类　(D) 技术类　(E) 不便分类
    ABCDE　P374

42. 基础类劳动标准有专用劳动标准(　　)。
    (A) 术语　　(B) 符号　　(C) 代码　　(D) 图形　　(E) 标志
    ABCDE　P374

43. 工作类劳动标准有(　　)。
    (A) 时间标准　　　　　　　　(B) 劳动安全标准
    (C) 用人单位内的岗位规范　　(D) 劳动定额定员标准
    (E) 最低工资标准
    ACDE　P374

44. 工作时间的法律范围包括(　　)。
    (A) 从事劳动准备和结束工作的时间
    (B) 实际完成作业的时间(直接用于完成任务的时间)
    (C) 工作过程自然需要的中断时间(劳动者生理必须)
    (D) 工艺中断时间、依法或单位安排的离岗时间
    (E) 从事有害健康工作的必须的间歇时间
    ABCDE　P375

45. 员工满意度调查中,调查项目包括(　　)。
    (A) 薪酬制度　　　　　　　　(B) 考核制度
    (C) 培训制度　　　　　　　　(D) 组织结构及效率
    (E) 管理行为方式
    ABCDE　P362

46. 最低工资标准的确定和调整参与的相关方有（　　）。
    （A）国务院劳动行政主管部门
    （B）省、自治区、直辖市人民政府劳动行政主管部门
    （C）工会
    （D）企业家协会
    （E）劳动者
    ABCD　P379

47. 用人单位内部劳动规则只要经过（　　）条件,就具有法律效力了。
    （A）民主程序制定　　　　　　　（B）内容不违反国家法律法规和政策
    （C）已向劳动者公示　　　　　　（D）平等协商
    （E）共同制定
    ABC　P384

48. 集体合同中劳动条件标准部分的具体内容有关劳动报酬包括（　　）。
    （A）加班加点工资及津贴补贴标准和奖金分配方法
    （B）工资调整办法
    （C）试用期及病、事假等期间的工资待遇
    （D）特殊情况下职工工资（生活费）支付办法
    （E）医疗期延长及其待遇
    ABCD　P398

49. 劳动争议按标的可划分（　　）。
    （A）劳动合同争议
    （B）劳动安全、工作时间、休息休假、保险福利的劳动争议
    （C）关于劳动报酬、培训、奖惩等的争议
    （D）权力争议
    （E）利益争议
    ABC　P406

50. 按标的划分劳动争议分为（　　）。
    （A）劳动合同争议　　　　　　　（B）利益争议
    （C）权利争议　　　　　　　　　（D）因劳动条件而发生的劳动争议
    （E）因劳动报酬而发生的争议
    ADE　P407

51. 调解委员会调解与劳动争议仲裁委员会、人民法院处理劳动争议时的调解的区别包括（　　）。
    （A）地位不同　　　　　　　　　（B）主持的主体不同
    （C）调解案件的范围不同　　　　（D）调解的效力不同
    （E）程序不同
    ABCD　P408

52. 调解员及其职责有（　　）。
    （A）宣传劳动保障法律法规和政策

(B) 关注本企业劳动关系状况,及时向调解委员会报告
(C) 接受指派,调解争议
(D) 监督和解协议,调解协议的履行
(E) 完成调解委员会交办的其他工作
BCDE　P409

53. 劳动安全卫生标准是劳动标准的组成部分,是技术标准,分为(　　)。
(A) 国家标准　　(B) 行业标准　　(C) 地方标准　　(D) 企业标准
(E) 车间标准
ABCD　P413

54. 劳动安全卫生标准的特点为(　　)。
(A) 法律强制性　(B) 科学性　　(C) 综合性　　(D) 系统性
(E) 普遍性
AC　P413

55. 按照具体功能,劳动安全卫生标准可以分为(　　)。
(A) 劳动安全卫生基础标准　　(B) 劳动安全卫生管理标准
(C) 劳动安全卫生工程标准　　(D) 职业卫生标准
(E) 劳动防护用品标准
ABCDE　P413

56. 劳动保护费用分为(　　)。
(A) 劳动安全卫生教育培训经费　　(B) 健康检查和职业病防治费用
(C) 有毒有害作业场所定期检测费　(D) 工伤保险费
(E) 工伤认定、评残费用
ABCDE　P415

57. 建立职业安全卫生防护用品管理台账包括(　　)。
(A) 防护用品购置台账　　(B) 一般防护用品发放台账
(C) 特殊防护用品发放台账　(D) 防护用品修理、检验、检测台账
(E) 个人防护用品预算
ABCD　P415

58. 新员工实行三级安全卫生教育包括(　　)。
(A) 组织入厂教育　　(B) 组织车间教育
(C) 组织班组教育　　(D) 组织文化教育
(E) 组织生产教育
ABC　P416

59. 职业病包括(　　)。
(A) 职业中毒　　(B) 尘肺
(C) 物理因素职业病　(D) 职业性传染病
(E) 触电
ABCD　P417

60. 工伤认定申请表应当包括事故发生的(　　)。

(A) 时间　　　　　　　(B) 地点
(C) 原因　　　　　　　(D) 职工伤害程度
(E) 责任认定
ABCD　P419

模块3 专业能力(技能题部分)

第一章 人力资源规划

一、真题分析

年份	简答8次、计算6次 方案设计3次		题型
	分值	题目	
200705	22	为该公司人力资源都经理重新编写一份工作说明书	方案设计
200711	15	企业定员核算(按劳动效率定员)	计算
200805	10	在工作岗位分析准备阶段,主要应当做好哪些工作?	简答
200811	10	简要说明工作岗位调查设计方案的构成。	简答
200905	20	该公司采用何种方法核定设备看管及维修工的定员人数核定定员时,应考虑哪些影响因素?	案例/计算
200911	18	企业定员核算(按设备定员/岗位定员)	计算
201005	10	简要说明岗位规范的定义和主要内容	简答
201011	17	为该公司人力资源都经理重新编写一份工作说明书(与2007年5月重复)	方案设计
201105	15	知识点已删	简答
201111	15	按劳动效率定员	计算
201205	15	知识点已删	简答
201211	14	进行工作岗位分析,在准备阶段需要设计岗位调查方案,请问该方案应该包括哪些内容?(与2008年11月重复)	简答
201305	15	知识点已删	简答
201311	15	简述劳动定员标准由几大要素构成?行业定员标准包括哪些内容?	简答
201405	16	采用劳动效率定员法核算人数;工作轮班制度算人数	计算
201411	20	概率论推算医务人员人数	计算
201505	18	请根据组织机构设置的情况,绘制出组织结构框图。	方案设计

本章重点题型是计算题,要做到所有计算题型全部会做;新增预测简答题也要重视。

二、真题讲解

（一）简答题

1. 在工作岗位分析准备阶段，主要应当做好哪些工作？（10分）2008年5月真题

答：(1) 根据工作岗位分析的总目标、总任务，对企业各类岗位的现状进行初步了解，掌握各种基本数据和资料。

(2) 设计岗位调查方案。

(3) 做好员工的思想工作，说明该工作岗位分析的目的和意义。

(4) 根据工作岗位分析的任务、程序，分解成若干工作单元和环节，逐项完成。

(5) 对工作分析的人员进行必要的培训。

2. 简要说明岗位规范的定义和主要内容。（10分）2010年5月真题

答：岗位规范亦称劳动规范，岗位规则和岗位标准，它是对组织中某一专项事物或对某类员工劳动行为，素质要求所作的规定。

内容：(1) 岗位劳动规则：时间规则，组织规则，岗位规则，协作规则，行为规则，(2) 定员定额标准 (3) 岗位培训规范 (4) 岗位员工规范

3. 简述劳动定员标准由几大要素构成？行业定员标准包括哪些内容？2013年11月真题

答：（一）劳动定员标准应由以下三大要素构成：

1）概述。这一部分应由封面、目次、前言、首页等要素构成。

2）标准正文。它由一般要素和技术要素构成。在一般要素中，包括标准名称、范围和引用标准三项内容。在标准的技术要素中，应包括：定义、符号、缩略语，各工种、岗位、设备、各类人员的用人数量和质量要求。

3）补充。这一部分包括：提示的附录、脚注、条文注、表注、图注等项内容。

（二）行业定员标准包括内容

1）企业管理体制以及机构设置的基本要求和规范，按照不同生产能力和生产规模，提出年实物劳动生产率和全员劳动生产率的原则要求，规定出编制总额以及各类人员员额控制幅度。

2）根据不同生产类型和生产环境、条件，提出不同规模企业各类人员比例控制幅度。

3）规定各类人员划分的方法和标准。

4）对本标准涉及的新术语给出确切定义。

5）企业各工种、岗位的划分，其名称、代号、工作程序、范围、职责和要求。

6）各工种、工序的工艺流程及作业要求。

7）采用的典型设备与技术条件。

8）用人的数量与质量要求。

9）人员任职的国家职业资格标准（等级）。

（二）计算题

2009年11月真题（设备定员、岗位定员）

某印刷集团公司下属的印制厂购置了25台C型数字化印制设备。由于供货方提供的

定员资料不够完整,厂方领导要求人力资源部在最短的时间内,提出该类设备的定员方案。

于是人力资源部门负责组建的测评小组,首先,对已经试运行的五台设备进行了全面的测定,通过工作日写实,发现看管该种设备的岗位有三个工作点,甲点的工作时间为300工分,乙点工作时间为220工分,丙点工作时间为280工分,根据以往的经验,该种设备的个人需要与休息宽放时间为60工分。

此外,根据2009年的计划任务量,该种设备每台需要开动2个班次,才能满足生产任务的需要。已知过去3年该厂员工的平均出勤率为96%。

请根据上述资料:

(1) 核算出每台设备的看管定额(人/台)(8分)

计算单台设备定员人数,即看管定额。

① 由于多人一机共同进行看管的设备,其岗位定员人数,亦即单台设备的看管定额的计算

公式是:班定员人数=共同操作各岗位生产工作时间总和÷(工作班时间一个人需要与休息宽放时间)

② 则该类设备的班定员人数=(300+220+280)÷(480-60)=1.905≈2(人/台) 即0.5(台/人)

(2) 核算出2009年该类设备的定员人数。(10分)

① 核算该种设备定员总人数时,按设备定员的计算公式是:

定员人数=(需要开动设备台数×开动班次)/(员工看管定额×出勤率)

② 则:该种印制设备的定员人数=(25×2)/(0.5×0.96)=80/0.48=104.17≈104(人)

2007年11月真题(劳动效率定员)

某企业是主要生产A、B、C三种产品的单位,产品加工时定额和2008年的订单如表1所示,预计该企业2008年的定额完成率为110%,废品率为3%,员工出勤率为95%

类型	产品工时定额(小时)	2008年订单(台)
A	100	30
B	200	50
C	300	60

计算该单位企业2008年生产人员定员人数。

解:

$$\frac{A产品小时数×A产品数量+B产品小时数×B产品数量+C产品小时数×C产品数量}{年工作日×日工作小时×定额完成率×出勤率×(1-废品率)}$$

$$=\frac{100×30+200×50+300×60}{250×8×110\%×95\%×(1-3\%)}$$

=15(人)

2011年11月真题(劳动效率定员)

某机械工业企业主要生产A、B、C、D四种产品,其单位产品工时定额和2011年的订单

如表1所示。该企业在2010年的定额平均完成率为110%,废品率为2.5%,员工出勤率为98%。请计算该企业2011年生产人员的定员人数。(15分)

表1　某单位产品定额及2011年订单

产品类型	单位产品工时定额(工时)	2011年的订单(台)
A类产品	150	100
B类产品	200	200
C类产品	350	300
D类产品	400	400

【解析】　(1) 2011年各产品工时总额:
A类产品=150×100=15 000
B类产品=200×200=40 000
C类产品=350×300=105 000
D类产品=400×400=160 000
2011年工时总额=15 000+40 000+105 000+160 000=320 000
(2) 定员人数=320 000÷(250×8×110%×98%)÷(1－2.5%)≈152(人)

2014年5月真题(劳动效率定员)

某地机场年度旅客吞吐量近800多万人,在航站楼进口处原设有20个值机柜台负责接待旅客,办理登机卡,托运行李。随着出港旅客流量的日益增长,为了提高服务质量,尽可能地减少旅客的等待时间,机场旅客服务中心从2013年起,又增加了10个值机柜台。同时,采用新的工作轮班方式,即每个值机柜台配置3名员工,每人工作1天休息2天,每天的早上6:00上班,晚上22:30下班,其间轮流安排吃饭和休息(但不能超过1个小时)。员工轮流倒班如遇法定节假日上班时,一律按照国家标准补付加班工资。同时,为了满足夜航航班旅客出港的需要,该中心还根据航班运行的变动情况,配备一定数量人员负责夜航值机服务。根据过去3年的统计数据,该类值机柜台的员工平均出勤率为98%。

请根据本案例回答下列问题:
采用劳动效率定员法核算出该旅客服务中心2013年值机柜台定员总人数。(10分)
推行新的每个员工"工作1天休息2天"的工作轮班制度后,值机柜台员工全年实际工作工时是多少,并说明其合法性。(10分)

【解析】　设备共20+10=30(台)　开动班次为1班　看管定额1/3
① 核算该种设备定员总人数时,按设备定员的计算公式是:
定员人数=(需要开动设备台数×开动班次)/(员工看管定额×出勤率)
则:该种印制设备的定员人数=(30×1)/(1/3×0.98)≈92(人)
② "工作1天休息2天"的工作轮班　员工实际工作天数 365/3=121.67(天)
每班一个员工工作时间是15.5小时　365/3×15.5=1 885.8(小时)
劳动法规定制度工作时间:(365－52×2－11)×8=2 000(小时)
1 885.8<2 000　所以合法。

2014年11月（医务人员定员）

某大型企业人力资源部组成了定员核定小组，正在核定该企业后勤服务系统的定岗定员标准。该企业下属的医务所现有编制定员人数12人，包括正、副所长各1人，医师7人，医务辅助人员2人，勤杂人员1人。此外，该医务所实行标准工时制度，即每周一至周五，每天上午8:00～12:00，下午13:00～17:00应诊，中午休息。

定员核定小组随机抽取了该所10个工作日每天就诊人数的原始记录，如表1所示。同时，根据岗位工作日写实和工作抽样等方面采集到的资料，得到以下数据：医生平均的制度工作时间利用率为90%，每位患者的平均诊治时间为20分钟；医务辅助和勤杂人员岗位的工作负荷量均在85%以上，该两类岗位人员定员达到先进合理的要求。

表1　医务所就诊人数统计表

日/月	8/1	25/2	15/3	23/5	25/7	8/8	27/9	9/10	8/11	21/12
就诊人数	104	106	100	104	101	101	101	100	103	100

请根据上述信息资料计算：

(1) 该医务所平均每天就诊的患者人数。（4分）

(2) 在各种条件正常的情况下，请采用概率推断法，在可靠性为95%的前提下（$//\approx1.6$），计算该医务所每天必须安排几名医生应诊？（10分）

(3) 根据该医务所实际工作任务量，确定该所的定员总人数。（4分）

【解析】(1) 设该医务所每天就诊的患者人数为x，则平均每天就诊的患者人数
$y=(104+106+100+104+101+101+101+100+103+100)/10=102$（人）。

(2) $\sigma=2$，在可靠性为95%的前提下，该医务所每天就诊的患者人数为$102+1.6\times2\approx106$（人），

该医务所每天必须安排的医生$=(106\times20)/(8\times60\times0.9)\approx5$（人）

在核算出必要的医务人员人数后，还应按一定比例配备辅助人员和勤杂工（如各配备1人）。考虑夜班员工的医疗保健需要，应再增加1名医务人员。最后初步核算出该医务所定员人数为$5+2+1=8$（人）。

（三）案例分析

2009年5月真题　黄某是某化工公司的人力资源经理，要制定一份企业定员计划书。目前设备看管工、维修工有725人，行政文秘有103人，中层干部有59人，技工有58人，销售人员有43人，黄某在制定计划书时还收集以下数据：近5年员工平均离职率4%，生产工人离职率为8%，技术和管理干部离职率为3%，同时按公司扩产计划，销售人员要新增10%～15%，工程技术增5%～6%，其他不变。

(1) 公司应采用何种方法核定设备看管工及维修工的定员人数？（8分）

(2) 在核定定员时应考虑哪些影响因素？（12分）

【解析】　1) 设备看管工应采用按设备定员的方法核定定员人数。

按设备定员是根据设备需要开动的台数和开动的班次、工人看管定额以及出勤率来计算定员人数的方法。

按设备定员主要适用于机械操作为主，使用同类型设备，采用多机床看管的工种。因为

这类工种的定员人数,主要取决于机器设备的数量和工人在同一时间内能够看管设备的台数。

2)维修工应采用按岗位定员的方法核定定员人数。

按岗位定员是根据岗位的多少,以及岗位的工作量大小来计算定员人数的方法。

按岗位定员适合于有一定岗位,但没有设备,而又不能实行定额的人员。

维修工这一岗位没有设备,而又不能实行定额,故采用按岗位定员的方法核定定员人数。

(2)答:在核定定员时应考虑以下影响因素:

1)定员必须以企业的生产经营目标为依据。

2)定员必须以精简、高效、节约为目标。为此,应做好三方面工作:产品方案设计要科学、提倡兼职、工作应有明确的分工和职责划分。

3)各类人员比例关系要协调。

4)要做到人尽其才、人事相宜。

5)创造贯彻执行定员标准的良好环境。

6)定员标准适时修订。

(四)方案设计

2010年11月真题 某公司人力资源部经理的工作说明书的主要内容如下:

1. 负责公司的劳资管理,并按绩效考评情况实施奖罚;
2. 负责统计、评估公司人力资源需求情况,制度人员招聘计划并按计划招聘公司员工;
3. 按实际情况完善公司《员工工作绩效考核制度》;
4. 负责向总经理提交人员鉴定、评价的结果;
5. 负责管理人事档案;
6. 负责本部门员工工作绩效考核;
7. 负责完成总经理交代的其他任务。

该公司总经理认为这份工作说明书格式过于简单、内容不完整、内容描述不准确。

请为该公司人力资源部经理重新编写一份工作说明书。(17分)

【解析】 人力资源部经理工作说明书

一、基本资料(1分)

岗位名称:人力资源部经理

岗位等级: 岗位编码: 所属部门:人力资源部

直接上级:总经理 直接下级:

定员标准 1 人 分析日期:

二、岗位职责(2分)

(一)概述

(二)工作职责

1. 负责人力资源发展规划的制定与完善。
2. 负责人力资源管理系统的建立与完善。
3. 负责人员的招聘与人才的储备。

4. 负责各种绩效管理制度的制定。

5. 负责处理员工劳动关系。

6. 完成公司交付的其他任务。

三、监督与岗位关系(2分)

(一)所受监督与所施监督

1. 所受监督:总经理

2. 所施监督:下属人力资源管理人员

(二)与其他岗位关系

1. 内部联系 2. 外部联系

四、工作内容和要求(2分)

工作内容 工作要求

1. 建立人力资源发展规划

2. 人力资源规划应符合公司发展目标…

五、工作权限……(2分)

六、劳动条件和环境……(2分)

七、工作时间……(2分)

八、任职资格

1. 学历;2. 工作经验……(2分)

九、身体条件……(2分)

十、心理品质要求 ……(2分)

十一、专业知识和技能要求……(2分)

十二、绩效考评……(1分)

三、新增预测题

(一)简答题

P11　绘制组织结构图的前期准备【新增】

P12　绘制组织结构图的基本方法【新增】

P14　工作岗位分析的作用

P15　岗位规范主要内容

P18　工作岗位分析准备阶段步骤

P18　岗位调查方案的构成

P29　衡量劳动定额水平的方法及注意事项【新增】

P36　产品实耗工时统计的方法【新增】

P45　企业定员具体原则

P50　运用数理统计方法:对管理人员进行定员

P50　零基定员法

P57　定员标准总体编排

P58　行业定员标准应包括9项内容

P58　劳动定员标准表的格式设计

P62 审核人力资源费用预算的基本程序
(二) 计算题
P34 核算新的工时定额【新增,特别重要!】
P39 劳动定额完成程度 表1-1【新增,特别重要!】
P41 分析劳动条件不正常和工时利用不充分对定额的影响【新增,特别重要!】
P47 劳动效率定员   2007年11月真题   2011年11月真题 2014年5月真题
P48 设备定员   2009年5月真题 2009年11月真题
P49 岗位定员   2009年11月真题
P51 医务人员定员   2014年11月真题
(三) 案例分析
P3 企业组织机构设置的原则
P5 现代企业组织机构的类型的优缺点
P12 绘制组织结构图实例 2015年5月真题
P45 企业定员的原则(核定定员时应考虑的影响因素)2009年5月真题
(四) 方案设计
P17 工作说明书的内容   2007年5月真题   2010年11月真题

第二章 人员招聘与配置

一、真题分析

年份	分值	题目	题型
	简答4次、案例8次、计算5次		
200705	20	匈牙利法	计算
200711	20	在起步阶段,TS集团公司为什么采用外部招募的方式?为什么优先从组织内部寻找人才?	案例题
200805	10	如何运用无领导小组讨论进行人员选聘?	简答
200811	20	(1)人才市场召开招聘会,要做哪些准备工作?(2)审查申请表时,您认为该注意哪些问题?	案例题
200905	8	知识点已删	简答
200911	20	(1)宝洁公司为什么只招收应届大学毕业生?(2)招聘应届大学毕业生应该注意哪些问题?	案例题
201005	20	分别为A和B两位岗位各提出1名最终候选人	计算
201011	15	(1)人员配置要遵循哪些原理?(2)怎样能改善当前局面和实现交叉销售的经营战略?	案例题
201105	20	计算出本次招聘的总成本效用、招募成本效用、招聘完成比、录用比和应聘比。	计算
201111	20	(1)结合图,对常见的一对一面试座位排列方式做出说明。(2)面试,您将会选择何种座位排列方式?为什么?(3)选择何种座位排列方式?	案例题
201205	20	(1)导致这次面试失败的主要原因有哪些?(2)面试考官在进行面试时,应该明确哪些目标?	案例题
201211		分析外部招募的优势和不足,并提出具体的对策建议。	案例题
201305	15	匈牙利法	计算
201311	16	简述为实现有效的工作时间组织,企业可以采用哪些工作轮班制?	简答
201405	14	简述可采用哪些方法改进过细的劳动分工?	简答
201411	18	心理测试法进行人员招聘时,需注意的基本要求?情境模拟测试方法有哪些?	案例题
201505	18	匈牙利法	计算

　　本章重点题型是案例,重点内容是如何根据招聘和选拔方法的特点以及企业的具体情况选择合适的方法;

本章新增知识比较少,新增角色扮演法、招募环节的评估、甄选环节的评估、录用环节的评估;

历年对人力资源有效配置(第三节)大题考的比较少,从2013年后开始覆盖该部分内容,复习时要重视这部分的预测大题。

二、真题讲解

(一) 简答题

1. 如何运用无领导小组讨论进行人员选聘?(10分)2008年5月真题

【解析】 (1)无领导小组讨论法是对一组人同时进行测试的方法。
(2)讨论小组一般由4至6人组成。
(3)不指定谁充当主持讨论的组长,也不布置议题与议程。
(4)在小组讨论的过程中,测评者不出面干预。
(5)测评过程中由几位观察者给每一个参试者评分。
(6)评分的维度通常是主动性、沟通能力、人际协调能力、自信、心理承受力等。
(7)要考察的素质和能力可以通过被测者在讨论中所扮演的角色(如主动发起者、指挥者、鼓动者、协调者等)的行为来表现的。

2. 简述为实现有效的工作时间组织,企业可以采用哪些工作轮班制?2013年11月真题

【解析】 工作轮班的组织形式很多,企业曾经采用过的有两班制、三班制和四班制。
(一)两班制 两班制是每天分早、中两班组织生产,工人不上夜班。
(二)三班制 三班制是每天分早、中、夜三班组织生产。根据公休日是否进行生产,又可分为间断性三班制和连续性三班制。
① 间断性三班制:间断性三班制是指有固定公休日的三班制轮班形式,即公休日停止生产,全体工人休息,公休日后轮换班次。
② 连续性三班制:对于生产过程不能间断的企业,一年内除了设备检修或停电等时间外,每天必须连续组织生产,公休日也不间断。
(三)四班制 四班制是指每天组织四个班进行生产。四班制轮班组织又分为三种形式,即"四八交叉"、四六工作制和五班轮休制。① "四八交叉"亦称四班交叉作业,是指在一昼夜24小时内组织四个班生产,每班工作8小时,前后两班之间的工作时间相互交叉。② 四六工作制是每一个工作日由原来组织三班生产,改为四班生产,每班由八小时工作制改为六小时工作制。③ 五班轮休制,即"五班四运转",它是员工每工作十天轮休两天的轮班制度。

3. 简述在整顿劳动组织时,可采用哪些方法改进过细的劳动分工?2014年5月真题

【解析】 ① 扩大业务法。将同一性质(技术水平相当)的作业,由纵向分工改为横向分工。
② 充实业务法。将工作性质与负荷不完全相同的业务重新进行分工。
③ 工作连贯法。将紧密联系的工作交给一个人(组)连续完成。例如将研究、试验、设计、工艺和制造等密切相关的各项工作交由一名技术人员担任,使其参与完整的工作过程。
④ 轮换工作法。将若干项不同内容的工作交给若干人去完成,每人每周轮换一次,实

行工作轮换制。

⑤ 小组工作法。将若干延续时间较短的作业合并,由几名工人组成的作业小组共同承担,改变过去短时间内一人只干一道工序的局面。

⑥ 兼岗兼职。例如安排生产工人负担力所能及的维修工作。

⑦ 个人包干负责。例如可由一个人负责装配、检验、包装整台产品,并挂牌署名,以便由用户直接监督。

(二)计算题

2007 年 5 月真题(匈牙利法)

某车间产品装配组有王成、赵云、江平、李鹏四位员工,现有 A、B、C、D 四项任务,在现有生产技术组织条件下,每位员工完成每项工作所需要的工时如表 1 所示。请运用匈牙利法求出员工与任务的配置情况,以保证完成任务的总时间最短,并求出完成任务的最短时间。

表 1　每位员工完成四项工作任务的工时统计表　　　　单位:小时

	A	B	C	D
王成	10	13	2	18
赵云	5	18	3	16
江平	9	6	4	10
李鹏	18	12	4	9

(1) 建立矩阵

```
10   13   2   18
 5   18   3   16
 9    6   4   10
18   12   4    9
```

(2) 进行约减(以下为参考答案,如有其他解法也可,但最终答案应与以下答案相同,才能给分)(4 分)

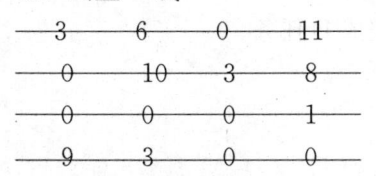

```
3   6   0   11
0  10   3    8
0   0   0    1
9   3   0    0
```

(3) 画盖 0 线

```
─3───6───0───11─
─0──10───3────8─
─0───0───0────1─
─9───3───0────0─
```

(4) 求最优解

根据求得结果找到表 1 中对应的数据,即得如下结果:

王成完成 C 任务；赵云完成 A 任务；江平完成 B 任务；李鹏完成 D 任务。
完成任务的总时间＝2＋5＋6＋9＝22(小时)。

2013 年 5 月真题(匈牙利法)

某车间产品装配组有甲、乙、丙、丁四位员工，现有 A、B、C、D 四项任务，在现有生产技术及组织条件下，每位员工完成每项工作所需要的工时如表 2 所示，请运用匈牙利法求出员工与任务的最佳分派方案，以保证完成任务的总时间最短，并求出完成任务需要的总工时。

表 2　每位员工完成四项工作任务的工时统计表　　　　　　　单位：工时

	甲	乙	丙	丁
A	13	8	12	21
B	16	21	9	15
C	5	6	7	7
D	21	19	13	12

(2) 建立矩阵

```
13   8   12  21
16  21    9  15
 5   6    7   7
21  19   13  12
```

(2) 进行约减(以下为参考答案，如有其他解法也可，但最终答案应与以下答案相同，才能给分)(4 分)

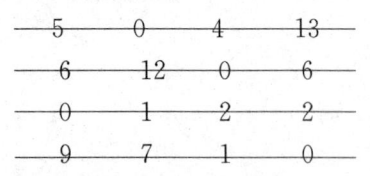

```
5   0   4  13
6  12   0   6
0   1   2   2
9   7   1   0
```

(3) 画盖 0 线

~~5　0　4　13~~
~~6　12　0　6~~
~~0　1　2　2~~
~~9　7　1　0~~

(4) 求最优解
根据求得结果找到表 1 中对应的数据，即得如下结果：
甲完成 C 任务；乙完成 A 任务；丙完成 B 任务；丁完成 D 任务。
完成任务的总时间＝5＋8＋9＋12＝34(工时)

2010 年 5 月真题(员工录用决策)

某公司拟招聘两名工作人员，表 3 是人力资源部通过笔试进行初选之后，对所挑选出来的甲、乙、丙、丁四名候选人进行综合素质测评的得分，以及 A 和 B 两位岗位素质测评指标

的权重(w1)。请根据表 1 的数据,分别为 A 和 B 两位岗位各提出 1 名最终候选人。(20 分)

表 3

项目		知识水平	事业心	表达能力	适应能力	沟通能力	协调能力	决策能力
	甲	0.9	0.5	1	1	0.8	0.9	1
	乙	0.7	1	0.5	0.6	1	0.8	0.9
	丙	0.8	0.8	0.7	0.8	0.8	1	0.8
	丁	1	0.9	1	0.9	0.7	0.7	0.9
权重	A 岗位	0.8	0.9	0.7	0.8	1	0.6	0.7
	B 岗位	0.9	1	0.8	0.9	0.9	1	1

A 岗位：

甲得分 = 0.9×0.8+0.5×0.9+1×0.7+1×0.8+0.8×1+0.9×0.6+1×0.7
     = 0.72+0.45+0.7+0.8+0.8+0.54+0.7 = 4.71　(2 分)

乙得分 = 0.7×0.8+1×0.9+0.5×0.7+0.6×0.8+1×1+0.8×0.6+0.9×0.7
     = 0.56+0.9+0.35+0.48+1+0.48+0.63 = 4.4　(2 分)

丙得分 = 0.8×0.8+0.8×0.9+0.7×0.7+0.8×0.8+0.8×1+1×0.6+0.8×0.7
     = 0.64+0.72+0.49+0.64+0.8+0.6+0.56 = 4.45　(2 分)

丁得分 = 1×0.8+0.9×0.9+1×0.7+0.9×0.8+0.7×1+0.7×0.6+0.9×0.7
     = 0.8+0.81+0.7+0.72+0.7+0.42+0.63 = 4.78　(2 分)

B 岗位：

甲得分 = 0.9×0.9+0.5×1+1×0.8+1×0.9+0.8×0.9+0.9×1+1×1
     = 0.81+0.5+0.8+0.9+0.72+0.9+1 = 5.63　(2 分)

乙得分 = 0.7×0.9+1×1+0.5×0.8+0.6×0.9+1×0.9+0.8×1+0.9×1
     = 0.63+1+0.40+0.54+0.9+0.8+0.9 = 5.17　(2 分)

丙得分 = 0.8×0.9+0.8×1+0.7×0.8+0.8×0.9+0.8×0.9+1×1+0.8×1
     = 0.72+0.8+0.56+0.72+0.72+1+0.8 = 5.32　(2 分)

丁得分 = 1×0.9+0.9×1+1×0.8+0.9×0.9+0.7×0.9+0.7×1+0.9×1
     = 0.9+0.9+0.8+0.81+0.63+0.7+0.9 = 5.64　(2 分)

通过以上核算可看出：

候选人丁应作为 A 岗位的最终候选人(2 分)

候选人甲应作为 B 岗位的最终候选人(候选人甲仅低于候选人丁 0.01 分)。(2 分)

2011 年 5 月真题(招聘的总成本效用、招募成本效用、招聘完成比、录用比和应聘比)

今年 3 月份某公司开展招聘活动,招聘结果和招聘经费的支出情况如表 4、表 5 所示。请计算出本次招聘的总成本效用、招募成本效用、招聘完成比、录用比和应聘比。(20 分)

表4 招聘情况统计表

招聘岗位	计划招聘人数	应聘人数	参加测试人数	候选人数	录用人数
营销主管	3	100	90	9	3
生产主管	2	90	70	7	2
人力资源主管	1	80	60	5	1

表5 招聘费用细目表

招聘阶段	费用项目
招聘方案设计	方案设计费:20 000元
招募	广告费:10 000元
招聘实施	招聘测试费:20 000元
	应聘者纪念品:2 700元
	招待费:5 000元
	杂费:3 500元
录用	体检费:10 000元
	家属安置费:5 000元

答:招聘总成本=20 000+10 000+20 000+2 700+5 000+3 500+10 000+5 000=76 200(元);

总成本效用=实际录用人数/招聘总成本=(3+2+1)/76 200=0.79(人/万元);

招募成本效用=应聘人数/招募期间的费用=(100+90+80)/10 000=270(人/万元);

招聘完成比=录用人数/计划招聘人数×100%=(3+2+1)/(3+2+1)×100%=100%;

录用比=录用人数/应聘人数×100%=(3+2+1)/(100+90+80)×100%=2.2%;

应聘比=应聘人数/计划招聘人数×100%=(100+90+80)/(3+2+1)×100%=4 500%。

(三)案例题

2007年11月真题 TS集团公司在刚刚起步时,曾在报纸上公开刊登向社会招聘高级技术管理人才的广告,在一周内就有200余名专业技术人员前来报名,自荐担任TS集团的经理、部门主管、总工程师等。公司专门从某大学聘请了人力资源管理方面的专家组成招聘团,并由总裁亲自参加。随后,招聘团对应聘者进行了笔试、面试等选拔测试,挑选出一批优秀的人才。这次向社会公开招聘人才的尝试,给TS集团带来了新的生机和活力,使其迅速发展成为当地知名的公司。

随着知名度的迅速提高,该公司开始从组织内部寻找人才。公司决策层认为:寻找人才是非常困难的,但是组织内部机构健全,管理上了轨道,大家懂得做事,单位主管有了知人之明,有了伯乐人才自然会被挖掘出来。基于这个思想,每当人员缺少的时候,该公司并不是立即对外招聘,而是先看本公司内部的其他部门有没有合适的人员可以调任,如果有,先在内部解决,各个部门之间可以互通有无进行人才交流,只要是本部门需要的人才,双方部门领导同意就可以向人力资源部提出调动申请。

请回答：

(1) 在起步阶段，TS集团公司为什么采用外部招募的方式？(6分)

(2) 随着企业的知名度越来越高，集团为什么优先从组织内部寻找人才？(14分)

【解析】(1) 在起步阶段，TS集团公司采用外部招募方式的原因：

① 在起步阶段，公司内部人才匮乏，只能采用外部招募。

② 有利于招聘到优秀人才。外部招募来源广，选择余地大，有利于招聘到优秀人才，同时也节省了内部培训费用。

③ 树立良好的企业形象。外部招募也是一种很有效的交流方式，TS集团公司可以借此机会宣传本企业，在员工、客户和其他外界人士中树立良好的企业形象。

④ 带来新思想和新方法。从外部招募来的员工对现有的组织文化有一种崭新的、大胆视角，能对现有员工形成压力，激发其斗志。

(2) 随着企业的知名度越来越高，TS集团开始从组织内部寻找人才的原因：

随着公司的发展，由于公司内部人才充实，有条件从内部招募人才。况且，外部招募存在着以下不足：

① 筛选难度大，时间长；② 招募成本高；③ 决策风险大；④ 新员工进入角色慢；⑤ 影响内部员工积极性。

公司采用内部招募方法具有以下优点：

① 内部招聘的准确性高；② 内部招聘的员工适应快；③ 激励性强；④ 费用较低。

2008年11月真题 2008年3月，著名的TZ超市在H市人才市场召开了专场招聘会，拟在H市招聘15名销售部门经理。招聘当天，TZ的招聘工作人员把H市人才市场的二楼大厅布置的井井有条。楼梯上贴着TZ超市的宣传画，二楼门口放着一台电视机，连续播放着介绍TZ资料的影碟。负责招聘工作的邢女士说："TZ重视流程管理，招聘工作也不例外。我们在招聘时早已做了充分的准备，制定了详细的招聘计划，我们只要在招聘的各个流程环节中把好关，招聘的质量不会有问题。"

TZ的招聘主要有以下几个步骤：

(1) 领表。进场的应聘者要先在入口处领取一张申请表，填写有关个人资料、教育程度、家庭状况、为什么来TZ工作等问题。领表，这个看似简单的过程却能淘汰掉不少应聘者。比如有些人到TZ来应聘却没有准备简历和照片等基本资料，TZ认为他可能缺乏策划组织能力，不太适合做零售业的部门经理，TZ通常是不给此类应聘者机会的。

(2) 初选。应聘者填好申请表之后，将其交给人力资源部的工作人员。由他们进行初选。邢女士说，在这个过程中TZ会认真地看申请表，问应聘者一些问题，再淘汰一些明显不适合的应聘者。

(3) 初试。通过TZ的初选后，应聘者就可以到部门经理那里面试了。TZ的一个门店的7位部门经理(包括4个销售部门的经理、人力资源部经理、收银处经理和财务经理)参加面试，经理们都会问一些问题。根据每一位应聘者回答的情况，都会写下A、B、C、D的评语。通常被评为"A、B"的应聘者才有可能参加下一轮面试。

(4) 复试。通过了初次面试的人员，一周内会接到TZ人力资源部的复试电话通知。

接下来还要经过至少 2 次面试,最后才接受总经理的面试。这时,初试过关的 10 位人员中大约会有 1 位能够成为 TZ 的员工。

请回答下列的问题:
(1) TZ 在 H 市人才市场召开招聘会,要做哪些准备工作?(10 分)
(2) 在招聘的"初选"阶段,审查申请表时,您认为该注意哪些问题?(10 分)

【解析】 (1) TZ 在 H 市人才市场召开招聘会,要做的准备工作有:

① 与 H 市人才市场的有关沟通联系,沟通的内容包括人才市场对招聘会的要求、需要对方的帮助等;

② 招聘会的宣传工作,可以利用报纸、电视广告等方式对外宣传,也可以在自己的网站上发布招聘会的消息;

③ 招聘人员的准备,内容包括招聘人员的人选确定、回答问题的方式、着装等;

④ 招聘所用资料和设备的准备,比如宣传单、申请表、电脑、投影仪等设备;

⑤ 招聘场所的准备,包括场所的选择、布置等。

(2) 在初选阶段审查中申请表时,应该注意以下问题:

① 重点看申请表的客观内容;

② 判断是否符合岗位资格要求和经验要求;

③ 判断应聘者的态度;

④ 关注与职业相关的问题;

⑤ 注明可疑之处。

2009 年 11 月真题 宝洁公司在用人方面是外企中最为独特的,它与其他外企不同,只接收刚从大学毕业的学生。由于我国只有每年的 7 月份才有毕业生,宝洁才不得不接收少量的非应届毕业生。中国宝洁公司北京地区人力资源部傅经理介绍说,在中国宝洁公司,90% 的管理人员是从各大学应届毕业生中招聘来的。

20 年来,宝洁公司已经聘用了几千名应届大学生。

请结合本案例回答以下问题:
(1) 宝洁公司为什么只招收应届大学毕业生?(8 分)
(2) 在招聘应届大学毕业生时,宝洁公司应该注意哪些问题?(8 分)

【解析】 (1) 分析保洁公司只招收应届大学毕业生的原因:

① 大学生具有可塑性,很容易接受组织文化,能很快融入企业,阻力相对较小。

② 大学毕业生是最具发展潜力的人员群体,用于评价其潜质的信息相对完整、可信度较高,从而能提高人员招聘的质量。

③ 宝洁很重视年轻人的发展,实行内部提升制原则,大学生刚离开学校走入社会,大家都处在同一个起跑线,竞争与升迁的条件是均等的,有利于激发他们的斗志。

④ 招聘有经验的管理人员进入企业,虽然有一定优势,但在工作安排、职务晋升、薪酬等方面必然会比大学生复杂得多,存在成本高、难管理、融入慢等问题,除非是特殊人才,企业不会冒此风险。

在进行校园招聘时,宝洁公司应注意以下问题:

① 要注意了解和掌握政府在大学生就业方面的相关政策和规定。

② 一部分大学生在就业中有脚踩两只船或几只船的现象。

③ 大学生由于缺乏社会经验，在走上社会之前，往往对自己有不切实际的过高评价，或存在好高骛远的倾向。

④ 针对学生感兴趣的问题做好应答准备。

2010年11月真题　某公司是一家经营办公设备的跨国公司。今年年初，该公司决定在售后服务部门实施交叉销售的经营战略，在提供售后服务同时，销售其他办公设备，并对售后服务人员进行销售技巧培训，但是许多售后服务人员还是不适应既是服务人员、又是销售人员的角色。后来，经过多次培训、教育、督促，甚至下达硬性指标，上半年销售业绩仍然没有明显改善，甚至有部分人产生了抵触情绪。

请回答下列问题：

(1) 人员配置要遵循哪些原理？（5分）

(2) 从人力资源管理的角度来看，公司应该怎样做才能改善当前局面、实现交叉销售的经营战略？（10分）

【解析】　(1) 人员配置的**原理**

① 要素有用原理；② 能位对应原理；③ 互补增值原理；④ 动态适应原理；⑤ 弹性冗余原理；

(2) 分析：由于大多数售后服务人员不适应既是服务人员、又是销售人员的角色，人岗不匹配，能位不对应，因此销售业绩难以提高。

为此，可以采取以下对策：

① 淘汰不能够适应交叉销售经营战略的员工，招聘新的合适的员工；

② 提供有吸引力的提成工资，激励越来越多的售后服务人员去销售产品；

③ 聘请培训咨询机构，根据公司的需要，设计专门的培训课程，对员工进行系统的培训，大力培养适用的专门人才，进一步促进公司现实交叉销售的经营战略；

④ 选拔优秀员工，树立交叉销售的标杆，发挥其引导和示范作用；

⑤ 建立完善员工的交流平台，鼓励员工之间互相帮助、不断交流成功的经验，总结失败的教训，从而提高整体的销售水平。

2011年11月真题　杨一平是某电子公司的招聘专员，在招聘选拔的最后阶段，公司总经理要采取一对一的面试方式，对候选人进行最终筛选，要求招聘专员负责组织面试考场的布置工作。

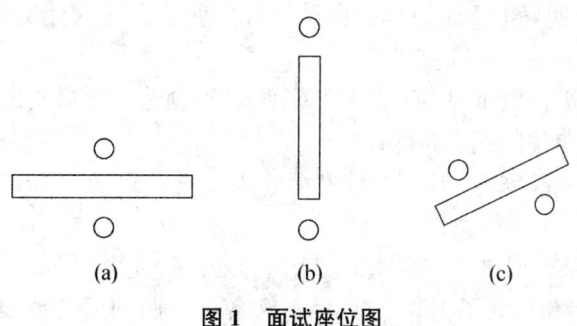

图1　面试座位图

请回答以下问题：
(1) 结合图1(a)、(b)、(c)，对常见的一对一面试座位排列方式做出说明。
(2) 如果您是杨一平，此次面试，您将会选择何种座位排列方式？为什么？
(3) 如果面试考察重点是应聘者的压力承受力，你会选择何种座位排列方式？

【解析】 应选择图(c)的座位排列方式。
理由如下：
① 图(a)中，招聘者应与应聘者面对面相视而坐，眼睛直视对方，给对方造成一种心理压力，有一种被质问的感觉，使应聘者更加紧张而不能自如的发挥应有的水平。
② 图(b)中，面谈双方相距甚远，不利于招聘者从对方的表情、言语中获得信息，而且由于空间的距离而造成心理上的远距离，从而不利于双方更好的合作。
③ 图(c)中，招聘者与应聘者斜着坐，视线形成一定角度，这样可以缓和紧张，在心理上避免冲突，因而此次一对一的招聘面试中宜采用这种方式。

2012年5月真题 一周前，张淮参加了某公司人事招聘的初选，并被要求在本周四上午参加第二阶段面试。面试 那天，张淮穿上他最好的西服，带着准备好的材料，出发去参加这次对他至关重要的面试。但令张淮意想不到的是，自己遇到了该公司人事部的王平经理——一位事先未对此次面试进行准备、工作十分繁忙的考官。首先，王平迟到了30分钟，张淮估计到了可能发生这种情况，因为这家公司的工作忙、人手少。其次，王平经理一边翻阅着张淮的应聘资料，一边向张淮提问，问他目前在哪儿工作和过去在哪儿上大学，在面试开始不到2分钟的时间里，张淮就意识到王平根本没有看过他的简历。在接下来的1个小时里，王平一直在即兴发挥，东拉西扯，提了一些似是而非的问题，而张淮则始终不得要领，疲于应付。

请结合本案例，回答以下问题：
(1) 导致这次面试失败的主要原因有哪些？（8分）
(2) 面试考官在进行面试时，应该明确哪些目标？（12分）

【解析】 (1) 导致这次面试失败的主要原因有：
① 面试考试考官未做好面试准备工作。如没有科学设计面试问题；没有安排好面试时间；没有详细了解应聘者资料等。
② 面试考官缺乏提问技巧。如没做到先易后难、循序渐进地提出问题；没有使用灵活多样的形式交流信息；没有选择适当的提问方式及其恰到好处地进行转换、收缩、结束等。
③ 面试考官没有明确的面试目标。面试目标不明确会导致面试考官失去方向甚至偏离主题。
(2) 面试考官在进行面试时，应明确以下目标：①创造一个融洽的会谈气氛；②让应聘者更清楚地了解应聘单位的现实状况；
③ 了解应聘者的专业知识、岗位技能和非智力素质；④决定应聘者是否通过本次面试。

2012年11月真题 某公司是一家大型的家用电器公司，人力资源部张经理正在召开一个专题工作会议，参加者包括公司招聘专员、助理和各个下属分厂劳动人事负责人等，大家在分析2012年上半年各类员工流动率时，发现去年通过外部招募来的员工，包括一些管理和技术人才的流失率都很高,而内部招募的技术、业务岗位的人员反而相当稳定,由此大家展开了热烈的讨论,有的认为以后技术业务骨干干脆就别从外部引进,有的则认为如果不从外部招募员工是根本不可能的事情,等等,大家的看法一时难以统一。

请结合本案例,分析说明外部招募的优势和不足,并提出具体的对策建议。(17分)

(1) 优势:① 带来新思想、新办法(鲶鱼效应);② 利于招聘一流人才;③ 树立组织新形象。

不足:① 筛选难度大、时间长;② 进入角色慢;③ 招募成本大;④ 决策风险大;⑤ 影响内部员工工作积极性

(2) 具体对策建议:

实施内部招募与外部招募的原则① 高级管理人才选拔应遵守内部有限原则。② 外部环境剧烈变化时,组织必须采取内外结合的人才选拔方式。③ 处于成长期的组织,应当广开外部渠道。

所以对于案例中的公司建议采用内部外招募相结合的方式。该公司是一家大型的家用电器公司,企业发展需要大量的人才,仅仅采用内部招聘方式很难完全满足企业发展对人才的需要。

关于减少管理和技术人才流失的建议:① 建立科学的人才选拔机制,针对不同的岗位任职要求科学选用人才选拔的方法;全面考虑候选人的综合素质、测评成绩和企业文化,做出合理的录用决策,提高录用人员的稳定性。② 建立好的用人机制和激励机制,构建公平的用人机制和薪酬体系,激发员工的工作积极性和主动性。留住优秀人才,降低人才的流失率。

注意:有关减少人才流失问题教材中没有明确的知识点,需要自己总结。复习时要看,以备下次再考。

2014年11月真题 某大型商业企业过去5年从外部招聘的中高层管理人员大约有4 006人左右,但不能胜任本岗位的工作,最近又有两位部门经理因年度考评不合格而被免职。因此,公司召开专门会议,试图找到有效的解决方法。会议最后接受人力资源部门的意见,在招聘环节丰富选拔的方法,除了组织结构化面试之外,拟采用心理测试方法对应聘者进行筛选,从而保证人员招聘的质量。

请结合本案例,回答以下问题:
(1) 应用心理测试法进行人员招聘时,需注意哪些基本要求?(6分)
(2) 对应聘人员进行能力测试时,可采用哪些情境模拟测试方法?(12分)

【解析】 (1) 应用心理测试法进行人员招聘时,需注意的基本要求有:
① 要注意对应聘者的隐私加以保护。② 要有严格的程序。③ 心理测试的结果不能作为唯一的评定依据。

(2) 对应聘人员进行能力测试时,可采用的情境模拟测试方法有:
① 公文处理模拟法。② 无领导小组讨论法。③ 角色扮演法。

三、新增预测题

(一) 案例题

- P69　内部招聘渠道的优缺点
- P69　外部招聘渠道的优缺点2012年11月真题
- P72　实施内部招募与外部招募的原则
- P72　选择招聘渠道的主要步骤
- P73　参加招聘会的主要程序
- P74　内部招募的主要方法
- P75　外部招募的主要方法
- P77　采用校园招聘方式应注意的问题
- P78　采用招聘洽谈会方式时应关注的问题
- P79　筛选简历的方法
- P80　筛选申请表
- P82　面试考官的目标、应聘者的目标2012年5月真题
- P83　面试的基本程序2012年5月真题
- P85　面试的环境布置2011年11月真题
- P86　面试问题的设计【新增】
- P89　面试提问时应关注的问题
- P88　面试提问的技巧
- P91　情景模拟测试的方法有哪些
- P92　公文处理模拟法步骤
- P92　无领导小组讨论法步骤2008年5月真题
- P93　角色扮演法步骤【新增】
- P92　应用心理测试法的基本要求2014年11月真题
- P94　人员录用的主要策略
- P96　招聘成本及招聘成本的形式【新增】
- P100　企业人员招聘的过程中招募的评估【新增】
- P101　面试方法的评估【新增】
- P101　无领导小组讨论的评估【新增】
- P100　录用环节的评估【新增】
- P105　人员配置的原理2010年11月真题
- P108　企业劳动分工的原则
- P110　有几种情况需要组成作业组
- P112　对过细的劳动分工进行改进2014年5月真题
- P113　员工配置的基本方法
- P120　整理具体步骤
- P120　整顿具体步骤
- P120　清扫具体步骤

P120　清洁具体步骤

P120　素养具体步骤

P122　5S活动的目标

P126　工作轮班的组织形式2013年11月真题

P129　组织工作轮班应注意的问题

注意第二章主要以案例题为主，上面的考点也可以改为简答题

(二) 计算题

P95　员工录用决策(结合式)　表2-1　2010年5月真题

P97～98　总成本效益、招募成本效益、招聘完成比、录用比和应聘比2011年5月真题

P98　表2-2、表2-3　能解读评估指标　当招聘完成比大于100%时，则说明在数量上完成或者超额完成了招聘任务。应聘比说明招募效果，比例越大，说明招聘信息发布效果越好。

P113～114　企业员工配置的方法

P115～120　匈牙利法(第2、3种题型要重点掌握)

匈牙利法有3种题型：

(1) 员工数目与任务数相等的情况求时间最小化、费用最小化问题

2007年5月真题2013年5月真题

(2) 员工数目与任务数不一致的情况 P118　2015年5月真题

(3) 求最大化问题 P119

P127～128　工作轮换算工作时间(全年制度工时为2 000小时，如果轮班换算的全年时间超过2 000小时，需要采用轮休的形式解决)2014年5月真题

第三章 培训与开发

一、真题分析

年份	简答2次、案例12次、方案设计3次		题型
	分值	题目	
200705	18	(1) 导致这次培训失败的主要原因是什么？ (2) 企业应当如何把员工培训落到实处？	案例
200711	18	知识点已删除	方案设计
200805	20	(1) 培训规划主要包括哪些内容？ (2) 如何制定培训规划？	案例
200811	20	培训在组织和管理上有哪些不合理的地方？ 如何制定培训规划？	案例
200905	20	如何选择适合的培训方法？	案例
200911	20	沃尔玛交叉培训	案例
201005	20	该公司设计一个适合于对这些大学生进行入职教育的培训方案。	方案设计
201011	15	请简述企业培训制度的基本内容	简答
201105	18	(1) 导致该公司培训效果不明显的原因有哪些？ (2) 培训主管可采用哪些方法收集培训效果信息？	案例
201111	18	(1) 导致这次培训失败的主要原因是什么？ (2) 企业应当如何把员工培训落到实处？	案例
201205	18	企业员工培训规划主要包括哪些内容？	案例
201211	18	分析说明头脑风暴法的操作程序。	案例
201305	18	设计一份培训服务协议	方案设计
201311	18	事件处理方法的基本程序和实施要点。	案例
201405	18	新教材知识点已删除	案例
201411	18	说明该公司培训项目计划方案应包括哪些主要内容。	案例
201505	14	简述培训信息效果收集的方法。	简答

本章重点题型是简答、案例和方案设计；
本章新增知识使所有章节中最多的！
对新增的简答和案例要条条有意识记忆。

二、真题讲解

(一) 简答题

1. 请简述企业培训制度的基本内容。(15分)   2010年11月真题

一项具有良好适用性、实用性和可行性的企业培训制度应包括：
(1) 制定企业员工培训制度的依据；   (3分)
(2) 实施员工培训的宗旨与目的；   (3分)
(3) 企业员工培训制度实施办法；   (3分)
(4) 企业培训制度的核准与施行；   (3分)
(5) 企业培训制度的解释与修订权限的规定。   (3分)

(二) 案例分析

2007年5月真题 某机械公司新任人力资源部长W先生，在一次研讨会上学到了一些他自认为不错的培训经验，回来后就兴致勃勃地向公司提交了一份全员培训计划书，要求对公司全体人员进行为期一周的脱产计算机培训以提升全员的计算机操作水平。不久，该计划书获批准，公司还专门下拨十几万元的培训费。可一周的培训过后，大家对这次培训说三道四，议论纷纷，除办公室的几名文员和45岁以上的几名中层管理人员觉得有所收获外，其他员工要么觉得收效甚微，要么觉得学而无用，白费功夫。大多数人认为，十几万元的培训费只买来了一时的"轰动效应"。有的员工甚至认为，这次培训是新官上任点的一把火，是某些领导拿单位的钱往自己脸上贴金！听到种种议论的W先生则感到委屈：在一个有着传统意识的老国企，给员工灌输一些新知识，为什么效果这么不理想？当今竞争环境下，每人学点计算机知识应该是很有用的，怎么不受欢迎呢？他百思不得其解。

请分析：(1) 导致这次培训失败的主要原因是什么？(8分)
(2) 企业应当如何把员工培训落到实处？(10分)

【解析】 (1) 这次培训失败的主要原因有：
① 培训与需求严重脱节。② 培训层次不清。
③ 没有确定培训目标。④ 没有进行培训效果评估。
(2) 企业应<u>如何把培训落到实处</u>？
① 培训前做好培训需求分析：培训需求分析的调查与确认目的是确定谁需要培训和需要培训什么即确定培训对象和培训内容。
② 尽量设立可以衡量的、标准化的培训目标。
③ 开发合理的培训考核方案，设计科学的培训考核指标体系。
④ 实施培训过程管理，实现培训中的互动。
⑤ 重视培训的价值体现。

注意：有关培训失败的案例分析教材中没有明确的知识点，需要自己总结。复习时要看，以备下次再考。

2008年5月真题 安岩公司里一些新来的会计在结算每天的账目时遇到了一些技术问题，于是公司请某高校财会系的吴教授开发了一门培训课程。该课程设计良好，而且完全适合

该公司的近三分之一需要在这方面提高技能的财会人员,公司总经理对此很满意,于是他决定,"既然有如此好的培训课程,那就让财务部所有人员参加,这对他们没有坏处。"但是培训主管却反对这一决定,他说:"即使是简单培训也需要详尽的规划。"在听完培训主管的详细陈述后,总经理要求培训主管尽快制定出公司的培训规划。

请您结合本案例,回答以下问题:

(1)一项培训规划主要包括哪些内容?(6分)

(2)如果你是安岩公司的培训主管,如何制定培训规划?(14分)

【解析】(1)一个完整的培训规划包括这样几个方面的内容:教材P137(6分)

① 培训项目的确定(1分) ② 培训内容的开发(1分) ③ 实施过程的设计(1分)
④ 评估手段的选择(1分) ⑤ 培训资源的筹备(1分) ⑥ 培训成本的预算(1分)

(2)如果你是安岩公司的培训主管,如何制定培训规划?(14分)

基于培训需求分析的培训项目设计教材P137

① 明确员工培训的目的 ② 对培训需求分析结果的有效整合 ③ 界定清晰的培训目标 ④ 制订培训项目计划和培训方案 ⑤ 培训项目计划的沟通和确认

解析:这道真题的第二问的答案已经与原来的教材大不相同,"基于培训需求分析的培训项目设计"这个知识点备考要重视,需要记忆!

2008年11月真题 RB公司是一家皮鞋制造企业,拥有近400名员工。针对公司生产线频频出现质量事故、质量检查员疏忽大意、管理部门质量意识淡薄等一系列问题,公司领导决定举办专门的质量管理培训课程来解决这些问题。质量管理培训课程被安排在每周五晚上七点至九点时进行,为期10周。员工可以自愿听课,公司不给员工支付额外的工资。但是公司主管表示,如果员工能积极地参加培训,那么其培训的考核结果将记入个人档案,作为公司以后提职或加薪的重要依据。

培训课程由质量监控部门的李工程师主讲。培训形式包括讲座、放映有关质量管理的录像片及一些专题讨论。内容包括质量管理的必要性、影响质量的客观条件、质量检验标准、检查的程序和方法、质量统计方法、抽样检查以及程序控制等内容。公司里所有对此感兴趣的员工和管理人员都可以去听课。

课程刚开始时,听课人数平均在60人左右。在课程快要结束时,听课人数下降到30人左右。而且,因为课程是安排在周五的晚上,所以听课的人员都显得心不在焉,有一部分离家远的人员课听到一半就提前回家了。

在总结这次培训的时候,人力资源部经理总结说:"李工程师的课讲得不错,内容充实,知识系统,而且幽默风趣,引人入胜。至于听课人数的减少并不是他的过错。"

请回答下列问题:

(1)您认为这次培训在组织和管理上有哪些不合理的地方?(10分)

(2)如果你是RB公司的人力资源部经理,你会怎样安排这个培训项目?(10分)

【解析】(1)RB公司的这项培训不合理的地方有:

① 没有对员工进行培训需求调查与分析,使得培训工作的目标不是很明确,也不了解员工对培训项目的认知情况(2分)

② 没有详细的培训计划,具体表现在对受训员工的对待问题上,没有"制度性"的规定,

不利于提高受训员工的学习积极性(2分)

③ 培训时间安排不合理,在周五晚上进行培训,学员"心不在焉",影响培训效果(2分)

④ 没有对培训进行全程的监控,不能及时发现问题,解决问题(2分)

⑤ 对培训工作的总结程度不够,没有对培训的效果(结果)进行评估(2分)

(2) 作为RB公司的人力资源部经理,在此次培训工作中应该做到:

① 首先进行培训需求分析,了解员工对质量监管培训的认识,了解员工对质量管理培训的意见和要求。

② 制定培训计划,做出培训费预算,合理的确定培训时间、地点、场地以及需要配置的器具设施和设备。

③ 选择合适的管理人员对培训的全过程进行监控,及时发现问题、解决问题。

④ 培训结束时,对受训人员进行培训考核,以了解培训工作的效果。

⑤ 对培训的总过程以及结果进行总结,保留优点剔除问题缺点,为下一次培训积累经验。

注意:有关培训在组织和管理上有哪些不合理没有明确的知识点,需要自己总结。该题备考时可以看看。

2009年5月真题 ZX橡胶公司成立于1982年,现有员工3 400人,管理人400人,在企业发展壮大时,重视管理人员的培养,根据不同人员采取一系列培训方法,如角色扮演,工作轮换,案例研究,积累丰富经验。如果你是ZX公司的培训主管,您将如何选择适合的培训方法?(20分)

【解析】 教材P197

(一)确定培训活动的领域根据培训目标,划定培训的领域。

(二)分析培训方法的适用性方法必须与教育培训需求、培训课程、培训目标相适应

(三)根据培训要求优选培训方法

① 保证培训方法的选择有针对性

② 保证培训方法与培训目的、课程目标相适应

③ 保证选用的培训方法与受训者群体特征相适应分析受训者群体特征可使用一下参数:a. 学员构成(职务特征、技术心理成熟度、个性特征)b. 工作可离度 c. 工作压力

④ 培训方式方法要与企业培训文化相适应

⑤ 培训方法的选择还取决于培训的资源与可能性

2009年11月真题 沃尔玛公司的飞跃,可以说离不开它的科学化管理体系,更离不开它所推行的世界上独一无二的交叉培训模式。所谓交叉培训就是一个部门的员工到其他部门学习,培训上岗,使这位员工在对自己从事的职务操作熟练的基础上,又获得了另外一种职业技能。零售业是人员流动最大的一种职业,造成这种现象的原因是员工对本身职务的厌烦。此外,还有人认为他们所从事的职务没有发展前途,不利于以后的发展,于是选择了离开。而沃尔玛正是利用交叉培训解决了这一问题。沃尔玛的交叉培训使上下级之间的关系变得随意亲切,没有隔阂,久而久之,大家形成了统一的思想认识:"我和总经理是同事,我就是这家店的一分子,"从而全心全意地投入经营,为沃尔玛更加茁壮成长打下基础。经过交叉培

训,员工以沃尔玛为家,为了沃尔玛的利益而努力奋斗,使之成为零售业的巨鳄,也使顾客对沃尔玛有了情感上的认同。

请结合本案例回答以下问题:

(1) 沃尔玛交叉培训的成功,对企业开展培训工作有哪些重要的启示?(8分)

【解析】 有关企业开展培训工作有哪些重要的启示没有明确的知识点,需要自己总结。

① 员工培训不是万能的灵丹妙药,但如果目标明确,措施得当,其所获得回报是无法估量的;

② 沃尔玛交叉培训的成功之处,首先在于其指导思想上的正确,它始终秉持了"以人为本"先进的管理理念,企业的发展是重要的,但员工的发展更重要;

③ 其次,沃尔玛交叉培训的成功之处,还在于创造了一种新型的培训模式,使每个员工由在熟练掌握一种技能的基础上,向掌握多种技能转化,增强了他们自身的核心竞争力,为他们职业生涯开辟了更为广阔的发展空间;

④ 最后,沃尔玛交叉培训的成功之处,还在于创造了一种新型的培训文化,他使员工与公司融为一体,成为利益的相关者,休戚与共的合作者,而不是充满了对立与冲突。

(2) 沃尔玛公司应当从哪几个方面跟踪和反馈交叉培训的效果?(6分)

【解析】 教材P162

① 从培训前对培训效果进行跟踪和反馈; (2分)
② 在培训中对培训效果进行跟踪和反馈; (2分)
③ 在培训结束后对培训效果进行跟踪和反馈。 (2分)

(3) 在撰写交叉培训效果监控总结报告时,其主要信息来源是什么?(4分)

① 培训者自评 (2分)
② 学员的评估 (2分)

2011年5月真题 某生产厨具和壁炉设备的企业,有150名员工。近几个月来,因为产品质量的问题。公司已经失去了三个主要客户。经调查发现,该公司产品的次品率为12%,是同行业平均水平的两倍。为此,人力资源部培训主管张平制定了一个关于质量控制的培训计划,目的是使次品率降低到同行业平均水平以下。张主管向所有的一线主管发出通知,要求他们检查工作记录,确定哪些员工的操作存在质量方面的问题,派其参加项目培训。通知还附有一份课程大纲,培训情况如下:

培训目标:在6个月内将次品率降低到行业平均水平。

培训地点:公司的餐厅。

培训时间:8个工时,分解为4个单元进行,每周实施一个单元,具体安排在早餐之后、午餐之前的时间。

培训方式:教师讲课、学员讨论、案例研讨和电影演示。准备课程时,教师把讲义中的很多内容印发给每个学员,以便学员准备每一章的内容。培训过程中,学员花费了相当多的时间来讨论教材中每章后面的案例。

培训人数:本来应该有大约50名员工参加培训,但是平均每次培训只有30名左右出席,大部分一线主管向张主管强调生产的重要性,有些学员告诉张主管,那些真正需要培训的人已经回到车间工作去了。

张主管因工作太忙一直没有亲临培训现场。培训结束后,产品的次品率并没有发生明显的变化。公司领导对培训没有能够实现预定的目标感到非常失望。

针对以上案例,回答下列问题:

(1) 导致该公司培训效果不明显的原因有哪些?(10分)

(2) 培训主管可采用哪些方法收集培训效果信息?(8分)

【解析】 导致该公司培训效果不明显的原因:

① 没有深入分析培训需求,未找出出现次品的真正原因,就直接断定次品率高是由于员工缺乏相关培训,而忽略了影响产品质量的其他因素。(2分)

② 培训方案的设计没有征询一线主管和工人们的意见,得不到广泛的支持。(2分)

③ 培训地点选择不当。在餐厅培训,培训氛围不佳,不利于员工集中精神,应安排专用教室,并适当进入车间培训,使培训效果立竿见影。(2分)

④ 培训方法使用不当。教师讲授特别是案例研讨的时间过长,而针对质量改进的实际操作性培训不足。(2分)

⑤ 一线主管不支持培训,只重视生产,没有采取有效措施让那些真正需要培训的人参与到整个培训过程。(2分)

⑥ 人力资源部主管对培训的协调监督不力,控制不到位。(2分)

(2)【解析】 P160-161

收集培训效果信息的方法包括:

资料收集(方案、批示、录音录像、问卷分析、会议记录现场记录)

调查收集(需求、组织、内容形式、效果、培训师)

访问收集(对象、实施者、组织者、学员领导下属)

观察收集(准备、实施、参加情况、反应、变化)

2011年11月真题 某公司新上任的人力资源部王经理,在一次研讨会上获得了一些他自认为不错的其他企业的培训经验,回来后就向公司主管领导提交了一份全员培训计划书,要求对公司全体人员进行为期一周的脱产计算机培训,以提升全员的计算机操作水平。不久,该计划书就获批准,公司还专门下拨十几万元的培训费。可一周的培训过后,大家对这次培训说三道四,议论纷纷。除办公室的几名文员和45岁以上的几名中层管理人员觉得有所收获外,其他员工要么觉得收效甚微,要么觉得学无所获,白费功夫。大多数人认为,十几万元的培训费用只买来了一时的"轰动效应"。有的员工甚至认为,这次培训是新官上任点的一把火,是某些领导拿单位的钱往自己脸上贴金!而听到这些议论后,王经理感到很委屈,他百思不得其解:当今竞争环境下,学点计算机知识应该是很有用的呀!怎么不受欢迎呢?请您结合本案例回答下列问题:

(1) 导致这次培训失败的主要原因是什么?

① 培训与需求严重脱节。(2分)

② 培训层次不清。(2分)

③ 没有确定培训目标。(2分)

④ 没有进行培训效果评估。(2分)

(2) 企业应当如何把员工培训落到实处?

① 培训前做好培训需求分析，包括培训层次分析、培训对象分析、培训阶段分析。(2分)
② 尽量设立可以衡量的、标准化的培训目标。(2分)
③ 开发合理的培训考核方案，设计科学的培训考核指标体系。(2分)
④ 实施培训过程管理，实现培训中的互动。(2分)
⑤ 重视培训的价值体现。(2分)

注意：有关培训失败的案例分析教材中没有明确的知识点，需要自己总结。该题与2007年5月题目重复

2012年5月真题 某公司每年都会引进一批新的会计人员，为此，公司请某高校财会学吴教授设计开发了一门针对新入职会计人员的培训课程。经过试讲，人家都觉得该课程结构完整，具有很强的实用性和适用性。公司主管领导听取了汇报之后，提出："既然有如此好的课程，那以后就让财务部门的所有人员都参加，这对提高他们的专业素质是十分有益的。"但是，培训主管却认为："任何一个培训项目，哪怕是一次简单的培训，也需要有计划、有准备、有步骤地进行。"在听完培训主管的详细陈述后，公司主管领导觉得很有道理，他随即要求人力资源部以此为契机，对公司的培训工作做一次系统全面的总结，并制定出符合企业总体发展战略目标要求的员工培训规划。

请结合本案例，回答以下问题：
(1) 企业员工培训规划主要包括哪些内容？(6分)
(2) 企业制定员工培训规划的基本步骤和方法是什么？(9分)

【解析】 培训规划的主要内容：
1) 培训项目的确定；2) 培训内容的开发；
3) 实施过程的设计；4) 评估手段的选择；
5) 培训资源的筹备；6) 培训成本的预算。

2012年11月真题 某公司人力资源部培训项目主管小王，正在为编制下一年度的管理人员、技术人员的培训计划做前期的准备工作。当他翻阅到一份由中介公司提供的年度培训评估报告时，有一段评语引起了他的关注："在中高层管理、技术类人员的培训中，普遍存在着培训方法过于单一、缺乏针对性等问题。没有让每一位受训者都能积极地参与培训，在培训过程中相互交流启迪，激发创新性思维……"。由此，小王很受启发，心想"在明年的中高层人员培训计划中，一定要针对不同培训内容，对培训方法做出具体的规定，如提倡采用案例分析法、头脑风暴法、模拟训练法等方法，鼓励受训者积极参与培训"。

请结合本案例，分析说明**头脑风暴法**的操作程序。(18分)

【解析】 教材P200
头脑风暴法：只规定一个主题，排除思维障碍、各抒己见，启发思想，创新思维
优点：解决实际困难、加深问题理解，相互启发
缺点：对顾问要求高(引导)，主题挑选难度大，受培训对象水平限制
头脑风暴法操作程序：① 准备 ② 热身 ③ 明确问题 ④ 记录参加者的思想 ⑤ 畅谈 ⑥ 解决问题

2014年11月真题 某公司是一家高科技生产企业,随着公司生产规模和市场范围的不断扩大,公司高层越来越感觉到现有员工的综合素质无法满足公司发展的需要,已成为制约公司可持续发展的一大瓶颈。于是公司决定将"全面提升员工技能素质"作为人力资源工作的重点。据此,人力资源部章经理要求培训主管小王,在一周之内做好员工培训需求分析的前期准备工作,并尽快提交一份培训项目计划方案。

请结合本案例,说明该公司**培训项目计划方案**应包括哪些主要内容。(18分)

(P131~140)答:该公司培训计划方案应包括以下内容:

(1)需求分析实施的背景:因公司生产规模和市场范围的不断扩大,现有员工的综合素质无法满足公司发展的需要。

(2)开展需求分析的目的和性质,全面提升员工技能素质。

(3)概述需求分析实施的方法和过程:① 培训前期的准备工作。② 制定培训需求调查工作。③ 实施培训需求调查工作。④ 分析与输出培训和计划需求结果采用方法,如面谈法、重点团队分析法等。

(4)阐明分析结果。

(5)解释评论分析结果。

(6)附录:收集和分析材料用的图表、问卷、部分原始材料。

(7)报告提要:对报告要点的概括。

(三)方案设计

2010年5月真题 某电信公司2009年3月份,从各大专院校招收了一批本科生和硕士研究生,这些人员将填补公司市场营销、财务人事、技术研发等各部门120多个工作岗位的空缺。请您为该公司设计一个适合于对这些大学生进行**入职教育的培训方案**。(20分)

【解析】 教材P211

起草入职培训制度时,应当主要包括如下几个方面的基本内容:

(1)培训的意义和目的;

(2)需要参加的人员界定;

(3)特殊情况不能参加入职培训的解决措施;

(4)入职培训的主要责任区(部门经理还是培训组织者);

(5)入职培训的基本要求标准(内容、时间、考核等);

(6)入职培训的方法。

2013年5月真题 某公司是一家高科技企业,其科研人员经常需要外派接受专项培训,例如该公司一项赴德国的技术人员培训,每年需要派数十人参加,为期6个月,人均费用达10万元。请为该公司设计一份**培训服务协议**,以明确公司和受训员工的责任和权利。

【解析】 教材P210

培训服务协议条款,明确内容:① 参加培训的申请人;② 参加培训的项目和目的;③ 参加培训的时间、地点、费用和形式等;④ 参加培训后要达到的技术或能力水平⋯参加培训后要在企业服务的时间和岗位;⑤ 参加培训后如果出现违约的赔偿;⑥ 部门经理人员的意见;⑦ 参加人与培训批准人的有效法律签署。

甲方：
乙方：_____　单位_____
性别：_____　出生年月_____　家庭地址：_____　户口所在地：_____　电话：_____

经甲乙双方平等协商，同意签订本协议，并共同遵守执行以下条款：

一、甲方的责任、权利、义务：

1. 根据工作需要，自年月日至年月日安排乙方在进行有关_____（脱产、半脱产、不脱产）的学习与培训，为期____个月。

2. 甲方为乙方提供学习（培训）费用预计_____元。

3. 甲方保证乙方在学习与培训期间享受规定的待遇，并有权对乙方的学习情况进行检查监督，并对乙方在学习培训中的不良表现进行惩处。

4. 甲方有权要求乙方自培训结束后正式上班之日起必须为甲方服务_____以上，服务期未满自己提出调动（离职），应将甲方支付的学习培训费用按"未履行月数／服务期月数"的比例退还。

二、乙方的责任、权利、义务：

1. 在学习与培训期间，自觉遵章守纪，努力学习，完成培训任务。

2. 在培训结束之后，按照培训协议规定的年限为公司服务。若不能完成，将依"员工培训协议管理"的相关规定为公司赔付相应培训费用。

3. 乙方学期培训期满，应将学习成绩单交人力资源部审核。如果成绩不及格，应将甲方支付的学费按比例退还甲方。乙方一次退还有困难的，甲方酌情从其月总收入中扣除。

4. 若乙方在培训期间内辞职，按实际发生金额赔付公司培训费用。

三、双方约定的其他事宜：

1. 培训后请填：实际培训费用为人民币_____元。

四、本协议一式两份，甲乙双方各执一份，自签字之日起生效。

甲方代表（签字）：_____　　　　　　　　乙方（签字）：_____

三、新增预测题

（一）简答题

P138　基于培训需求分析的培训项目设计【新增】

P140　培训项目计划的内容【新增】

P141　培训项目的开发与管理【新增】

P141　培训项目材料具体包括哪些内容【新增】

P144　培训内、外部资源有哪些【新增】

P146　构建配套的培训制度与文化【新增】

P152　培训效果评估的一般程序【新增】

P153　培训有效性评估的方法【新增】

P158　培训效果评估方案的设计【新增】

P159　培训评估效果信息的收集【新增】

P160　培训效果信息的收集渠道【新增】2015年5月真题

P165　培训有效性的要求【新增】

P165　培训效果的评估工具【新增】

P176　培训课程设计过程的几个阶段【新增】

P176　培训课程设计的要素【新增】

P176　培训课程的设计策略【新增】

P178　培训课程设计的项目与内容【新增】

P182　培训课程的修订程序【新增】

P183　培训教学设计程序【新增】

P184　现代常用的教学设计程序【新增】

P185　形成培训教学方案【简答】

P205　培训师的培训与开发

P205　培训课程的实施与管理(5阶段)

P206　培训的实施阶段【简答】

P207　企业外部培训的实施

P209　培训制度的构成

P210　企业培训制度的基本内容

P210　培训服务制度内容

P211　入职培训制度内容

P211　培训激励制度内容

P212　培训考核评估制度内容

P213　培训奖惩制度内容

P214　培训风险管理制度内容

P214　培训中心的工作档案应包括的内容【新增】

P215　受训者的培训档案应包括的内容【新增】

P215　培训经费管理制度内容【新增】

(二) 案例分析

P131　培训需求分析的调查与确认的步骤(3步)【新增】

P132　培训需求分析的含义,各类需求分析的技术模型的内容和特点【新增】

P137　培训项目规划的内容

P142　内部培训师选拔与培养制度【新增】

P144　外部培训师选拔【新增】

P146　案例分析:应紧紧把握培训需求的关键点

P149　培训有效性评估的作用【新增】

P151　培训成果的类型【新增】

P154　泰勒原理内容和泰勒模式评价步骤【新增】

P155　柯克帕特里克四层评估模式【新增】

P161　信息收集过程中的沟通技巧【新增】

P162　培训效果的跟踪与反馈包括四个方面【新增】
P168　培训效果四层次评估应用【案例或方案设计】
P178　课程目标分析【新增】
P178　培训环境分析【新增】
P180　撰写培训课程大纲需要考虑的问题【新增】
P180　如何设计出适合受训者学习的课程（出发点）【新增】
P181　培训课程材料的设计【新增】
P181　培训课程价值的评估【新增】
P182　培训课程的修订与更新【新增】
P185　实施培训教学活动的注意事项

P197　选择培训方法的程序
P197　根据培训要求优选培训方法
P198　案例分析法的操作程序
P198　案例编写的具体步骤
P199　事件处理法的操作程序
P200　头脑风暴法操作程序

（三）方案设计

P168　表3-8　表3-9管理人员培训行为测评表【方案设计】大致了解表格的结构和内容
P141　表3-2描述表 注意【方案设计】
P142　表3-3培训课程计划的内容【方案设计】
P168　表3-7员工培训满意度测评表
P203　表3-13角色扮演评价表

（四）计算

P172　培训投资回报率计算（两个例子）【新增】

第四章 绩效管理

一、真题分析

年份	分值	题目	题型
\[简答9次、案例8次\]			
200705	12	请问绩效管理中有哪些矛盾冲突?应如何化解这些矛盾冲突?	简答
200711	10	考评阶段是绩效管理的重心,如何做好考评的组织实施工作?	简答
200805	20	(1)请问按效标的不同,绩效考评方法可分为几级?企业管理人员宜采用哪一类考评方法?(2)运用行为观察量表法就案例中管理人员的"团队精神"指标,设计考评表。	案例
200811	20	财务部是否适合采用强制分布法?为什么? 强制分布法有何优点和不足?	案例
200905	20	(1)采用行为锚定等级评价法对营业人员进行考评,采取那些具体工作步骤?具有哪些优势和不足?	案例
200911	18	公司可以采取哪些具体的方法分析员工工作绩效的差距?公司为了改进并提高全员的工作绩效可以采取哪些策略?	案例
201005	10	说明绩效面谈的种类	简答
201011	15	如何做好考评的组织实施工作?	简答
201105	12	绩效管理中有哪些矛盾冲突?应如何化解这些矛盾冲突?	简答
201111	15	企业员工绩效管理总系统的设计流程及各阶段的主要任务。	简答
201205	18	请结合本案例说明为了有效避免和解决上述可能出现的情况和问题,在绩效考评中应注意采用哪些必要的措施和方法?	案例
201211	15	知识点已删除	简答
201305	15	简述绩效改进的方法与策略。	简答
201311	16	按照不同的培训对象和要求,应分别对哪几类人员进行培训?对相关人员绩效管理方面的培训,一般应包括哪些具体内容?	案例
201405	16	财务部是否适合采用强制分布法?为什么? 强制分布法有何优点和不足?	案例
201411	16	行为导向型的主观和客观考评方法有哪些?	简答
201505	14	简述员工绩效管理总系统的设计流程	简答

本章重点题型是简答和案例,特别要注意绩效管理的流程、绩效考评方法的步骤和优缺点、三大类考评方法、新增知识点绩效计划和绩效合同。

二、真题讲解

(一) 简答题

1. 请问绩效管理中有哪些矛盾冲突？应如何化解这些矛盾冲突？
2007年5月和2011年5月真题

P266　(1) 绩效管理中存在的矛盾冲突：
① 员工自我矛盾(得到客观考评结果,明确努力方向；又希望被高估,获得认同,树立形象；) ② 主管自我矛盾(考评过严,影响下属既得利益,导致关系紧张；考评过松,下属难以提高,影响组织目标实现) ③ 组织目标矛盾 (上述两种矛盾交互作用,带来组织目标与个人利益的冲突,组织开发目标与个人自我保护的冲突)

(2) 化解绩效管理中存在的矛盾冲突的措施：
① 在绩效面谈中,以行为为导向,以事实为依据,以制度为准绳,以理服人。② 在绩效考评中,将过去的、当前的及今后可能出现的目标适当区分开,将近期考评目标与远期开发目标区分开。③ 适当下放权限,鼓励下属参与。(增强下属参与感责任感、减轻工作压力抓大放小、减弱自我保护戒备心理)

2. 考评阶段是绩效管理的重心,请问应如何做好考评的组织实施工作？
2007年11月和2010年11月真题

(P227)绩效管理的考评阶段需要从以下三个方面做好组织实施工作：
① 考评的准确性：考评失真责任一般归谬于考评者,失真原因：考评标准、考评者不坚持原则、观察不全面、行政程序不合理、政治性考虑、信息不对称、数据不准确等。
② 考评的公正性：建立两个系统包括员工绩效评审系统和员工申诉系统
③ 考评结果的反馈方式

3. 说明绩效面谈的种类(10分) 2010年5月真题
按具体内容可分为
(1) 绩效计划面谈；初期,让其了解考评内容
(2) 绩效指导面谈；中期,指出问题和缺点并指导其改正
(3) 绩效考评面谈；末期,告知优缺点使其正确认识自己
(4) 绩效总结面谈：结束后,结果反馈给员工并提供申诉机会,同时为制定新的绩效管理制度提供依据。

4. 简述绩效改进的方法与策略。2013年5月真题
(1) 改进工作绩效的方法：
① 分析工作绩效差距
　A. 目标比较法　　　B. 水平比较法　　　C. 横向比较法
② 查明产生差距的原因：个人体力、心理条件、企业外部环境、企业内部因素等
(2) 制定改进工作绩效的策略：
① 预防性策略与制止性策略；② 正向激励策略与负向激励策略
③ 组织变革策略与人事调整策略：A. 劳动组织的调整；B. 岗位人员的调整

5. 行为导向型的主观和客观考评方法有哪些？(16分)2014年11月真题
答：(1) 行为导向型的主观考评方法有排列法、选择排列法、成对比较法、强制分布法、

结构式叙述法。

（2）行为导向型的客观考评方法有关键事件法、行为锚定等级评价法、行为观察法、加权选择量表法、强迫选择法。

6. 请简要说明企业员工绩效管理总系统的设计流程。（15分）2011年11月真题 2015年5月真题

绩效管理总流程的设计，可包括5个阶段：准备阶段、实施阶段、考评阶段、总结阶段、应用开发阶段。

（一）准备阶段需要解决四个基本问题：
（1）明确绩效管理的对象（谁来考评？考评谁？）
（2）根据考评对象提出各类人员绩效考评要素（指标）和标准体系（考评什么，如何衡量？）
（3）根据绩效考评的内容选择正确的绩效考评方法（什么方法？）
（4）对绩效管理的运行程序、实施步骤提出具体要求（如何操作？）
（二）实施阶段注意的两个问题
① 通过提高员工的工作绩效增强核心竞争力；
② 收集信息并注意资料的积累；
（三）考评阶段需要从以下三个方面做好组织实施工作：
① 考评的准确性　② 考评的公正性　③ 考评结果的反馈方式
（四）总结阶段
① 对企业绩效管理系统的全面诊断（企业）
② 各个主管应承担的责任（主管）
③ 各级考评者应当掌握面谈的技巧（个人）
（五）应用开发阶段
① 重视考评者绩效管理能力的开发
② 被考评者的绩效开发
③ 绩效管理系统的开发
④ 企业组织的绩效开发

（二）案例分析

2008年11月真题/2014年5月真题　某公司又到了年终绩效考核的时候，从主管人员到员工每个人都很紧张，大家议论纷纷。公司采用强制分布式的末位淘汰法，到年底根据员工的表现，将每个部门的员工划分为A、B、C、D、E五个等级。分别占10%、20%、40%、20%、10%，如果员工有一次被排在最后一级，工资降一级，如果有两次排在最后一级，则下岗进行培训，培训后根据考察的结果再决定是否上岗，如果上岗后再被排在最后10%，则被淘汰，培训期间只领取基本生活费。主管人员与员工对此都有意见，但公司强制执行。财务部主管老高每年都为此煞费苦心，把谁评为E档都不合适。该部门是职能部门，大家都没有什么错误，工作都完成得很好。去年，小田有急事，请了几天假，有几次迟到了，但是也没耽误工作。老高没办法只好把小田报上去了。为此小田到现在还耿耿于怀，今年不可能再把小田报上去了。那又该把谁报上去呢？请回答下列问题：

（1）财务部是否适合采用强制分布法进行绩效考评？为什么？（9分）

(2) 强制分布法有何优点和不足？（11分）

【解析】 教材 P246

(1) 财务部门不适合使用硬性分配法进行绩效考评

其原因是：① 强制分布法是假设组织中员工的工作行为和工作绩效整体呈正态分布，那么按照正态分布的规律，员工的工作行为和工作绩效好、中、差的分布存在一定的比例关系，在中间的员工应该最多，好的、差的是少数。

② 从案例中可以看出，财务部门员工的工作行为与工作绩效并不符合正态分布，员工业绩之间的差距很小，不具备推行强制分布法的前提。

(2) 优点：可避免过严或过松，克服平均主义；缺点：难以具体比较员工差别；不能在诊断工作问题时提供准确可靠的信息。

2008年5月真题 光华公司总经理认为，对管理人员评价的核心应放在行为管理，而不仅是考察指标完成了多少，销售额达到多少，利润率是多少。在光华公司对管理人员一般从六个方面采取综合素质的考评，这六个方面分别是：战略力、应变能力、协调配合力、团队精神、全局观、学习力与创新力。

(1) 按效标的不同，绩效考评方法可分为几级？企业管理人员宜采用哪一类考评方法？（5分）

(2) 运用行为观察量表法就案例中管理人员的"团队精神"指标，设计考评表。（15分）

【解析】 (1) ① 由于的效标不同，考评方法可分为**品质主导型**、**行为主导型**和**效果主导型**三种。（3分）② 对**管理人员**的考评，宜采用**行为主导型**的考评方法。（2分）

(2) 教材 P251 行为观察量表的设计：（15分）

＃＃公司管理人员考评表

【基本资料】　　　　　　（2分）
考评岗位：（　　　　　）　　所在部门：（　　　　　）
被考评者：（　　　　　）　　考评者：（　　　　　）

【考评说明】　　（4分）
考评管理者的行为，用5～1和NA代表下列各种行为出现的频率，评定后填在括号内：
5 表示 95%～100%都能观察到这一行为；
4 表示 85%～94%都能观察到这一行为；
3 表示 75%～84%都能观察到这一行为；
2 表示 65%～74%都能观察到这一行为；
0 表示 0～64%都能观察到这一行为；
NA 表示从来没有这一行为。

【考评项目】　　（6分）
　　团队精神
(1) 大方地传播别人需要的信息；　　　　　　　　　　　（　　　）
(2) 推动团体会议与讨论；　　　　　　　　　　　　　　（　　　）
(3) 确保每一个成员的参与经过深思；　　　　　　　　　（　　　）
(4) 为他人提供展示其成果的机会；　　　　　　　　　　（　　　）
(5) 了解激励不同员工的方式；　　　　　　　　　　　　（　　　）
(6) 若有冲突，第一时间弄清实质，并及时解决。　　　　（　　　）

(续表)

【等级划分标准】　　　(2分) A:06~10分:未达到标准; B:11~15分:勉强达到标准; C:16~20分:完全达到标准; D:21~25分:出色达到标准; E:26~30分:最优秀。 　　　　　　　　　　　　　　　　　　　本考评项目等级:(　　　　)
【签字确认】　　　　(1分) 　　考评者:　　　　　　　被考评者: 　　日期:　　　年　　　月　　　日

2009年5月真题　富凯公司是一家超市连锁公司,在当地拥有相当大的客户群,然而随着几家超市在当地开业,使富凯公司在当地的销售额和日客户量逐渐下降,该公司经调查发现:其下属超市的硬件设施、配套环境、人员比例、所销售货物的质量与数量都与竞争对手没有本质区别,有的方面甚至还有优势。但一线人员在服务态度、责任心、主动性和积极性却存在严重问题,为改变这一现状,富凯公司制定了一系列措施,其中包括要对员工的考评方式和内容进行全面调整。以前,公司将员工绩效考评的核心和重点放在考察其完成任务上,现在决定重点放在工作行为上,拟采用行为锚定等级评价法进行员工绩效考评,从而加大对员工工作积极性和主动性的考评力度。

(1)采用行为锚定等级评价法对营业人员进行考评,应采取哪些具体工作步骤?(10分)

(2)行为锚定等级评价法具有哪些优势和不足?(10分)

【解析】　教材P249

行为锚定等级评价法又称为行为定位法、行为定位等级法,是关键事件法的进一步拓展与应用。采用该法对营业人员进行考评,应采取以下具体工作**步骤**:

1)进行岗位分析,获取本岗的关键事件,由其主管人员作出明确简洁的描述。

2)绩效评价的等级,一般为5-9级,将关键事件归并为若干绩效指标,并给出确切定义。

3)由另一组管理人员对关键事件做出重新分配,将他们归入最适合的绩效要素及指标中,确定关键事件的最终位置,并确定出绩效考评指标体系。

4)审核绩效考评指标等级划分的正确性,由第二组人员将绩效指标中包含的重要事件,由优到差,从高到低进行排列。

5)建立行为锚定法的考评体系。

行为锚定等级评价法的**优势**:

1)对员工绩效的考量更加精确。2)绩效考评标准更加明确。

3)具有良好的反馈功能。4)具有良好的连贯性。

5)具有较高的信度。6)考评的维度清晰。

7)各绩效要素的相对独立性强。8)有利于综合评价判断。

不足:1)设计和实施的费用高。2)费时费力。

2009年11月真题 A公司是一家具有独立生产能力的、中等规模的医药股份公司,在国内拥有十几家分公司和办事处,经济效益较好,技术研发实力较强。虽然该公司发展较快,但它的绩效管理系统存在很大的问题,特别是在工作绩效的改进方面一直停滞不前,导致企业无法实现跨越式发展。

请结合本案例回答以下问题:
(1) 该公司可以采取哪些具体的方法分析员工工作绩效的差距?(6分)
(2) 公司为了改进并提高全员的工作绩效可以采取哪些策略?(12分)

【解析】 教材 P275
(1) ① 目标比较法(将员工的实际表现与绩效计划的目标进行比较)② 水平比较法(将员工实际业绩与上一期的工作业绩比较,即是和以前员工的绩效比较)③ 横向比较法(各个单位部门之间各个员工之间对比,发现员工或组织的差距)

(2)【解析】 教材 P275
预防性策略和制止性策略;
正向激励策略和负向激励策略;
组织变革策略与人事调整策略。

2012年5月真题 某公司多年以来,为了提高对一线员工的绩效管理水平,一直坚持分类管理的原则,即一般生产岗位的人员采用结果导向型的方法,如以生产原始记录为基础的直接指标法;而服务性和辅助性岗位的人员则采用行为导向型的考评方法,如行为观察量表法等。这些方法虽然能够体现岗位的工作性质和特点,但人力资源部门还时常收到员工的投诉,出现了诸如考评指标过高或过低;同级岗位员工绩效水平相当但考评结果却相差很大;各级主管对考评程序和方法把握得不好,各个单位进度参差不齐、尺度有松有紧等问题。请结合本案例说明为了有效避免和解决上述可能出现的情况和问题,**在绩效考评中应注意采用哪些必要的措施和方法?**(18分)

【解析】 绩效考评过程中,应该注意:
① 以工作岗位分析和岗位实际调查为基础,以客观准确的数据资料和各种原始记录为前提,明确 绩效管理的重要意义和作用,制定出科学合理、具体明确、切实可行的评价要素指标和标准体系。
② 从企业单位的客观环境和生产经营条件出发、根据企业的生产类型和特点,充分考虑本企业员工的人员素质状况与结构特征,选择恰当的考评工具和方法,更加强调绩效管理的灵活性和综合性、一切从实际出发,有的放矢,不断总结成功的经验,认真汲取失败的教训,从而有效地避免各种考评误差和偏颇的出现。
③ 绩效考评的重点应当放在绩效行为和产出结果上,尽可能建立以行为和成果为导向的考评体系。
④ 为了避免个人偏见等错误,可以采用360度的考评方法,由多个考评者一起来参与,由较多的 考评者参与,虽然可能会增加一些费用,但可以使绩效考评作出更准确可靠的判断。

⑤ 企业单位必须重视对考评者的培养训练,定期总结考评的经验并进行专门的系统性培训,使他们不断地增长绩效考评及其各种相关的管理理论知识,掌握绩效考评的各种方法,具有实际运作的操作技能,能独立地调整、处理绩效考评中出现的偏误和问题。

⑥ 为提高绩效管理的质量和水平,还应当重视绩效考评过程中各个环节的管理。

【注意:没有明确的知识点,需要自己总结】

2013年11月真题 某公司人力资源部在总结过去一年绩效管理工作时,发现了一些问题和不足。其中最主要问题是:在绩效管理准备阶段的很多工作流于形式,没有认真进行落实,导致考评者对考评的指标和标准概念模糊,把握不准;对具体考评的程序和要求不够明确;没有掌握绩效反馈的技巧,绩效反馈没有达到预定的目标。同样,被考评者也存在着这样或那样的问题,到这绩效管理的效果大打折扣。该公司为了提高绩效考评的质量和绩效管理的总体水平,计划在绩效管理的准备阶段进行一系列的培训。请结合本案例,回答一下问题:

(1)按照不同的培训对象和要求,应当分别对哪几类人员进行培训?(4分)
(2)对相关人员绩效管理方面的培训,一般应包括哪些具体内容?(12分)

【解析】 教材 P222 按不同的培训对象和要求,绩效考评者的技能培训与开发,可分为员工的培训、一般考评者的培训、中层干部的培训、考评者与被考评者的培训等。

培训的内容一般应包括:

(1)企业绩效管理制度的内容和要求,绩效管理的目的、意义,考评者的职责和任务,考评者与被考评者的角色扮演等;(2)绩效管理的基本理论和基本方法,成功企业绩效管理的案例剖析;(3)绩效考评指标和标准的设计原理,以及具体应用中应注意的问题和要点;(4)绩效管理的程序、步骤,以及贯彻实施的要点;(5)绩效管理的各种误差与偏误的杜绝和防止;(6)如何建立有效的绩效管理运行体系,如何解决绩效管理中出现的矛盾和冲突,如何组织有效的绩效面谈等。

三、新增预测题

(一)简答题

P221 企业员工绩效管理总系统的设计流程。2011年11月真题 2015年5月真题

P221 准备阶段需要解决四个基本问题

P222 对相关人员绩效管理方面的培训,一般应包括哪些具体内容? 2013年11月真题

P222 考评者需要具备哪些条件

P222 按不同的培训对象和要求

P223 在选择具体考评方法时,应考虑哪三个因素

P225 对绩效管理的运行程序、实施步骤提出具体要求

P225 绩效考评具体工作流程图

P226 实施阶段注意的两个问题

P227 考评阶段需要从以下三个方面做好组织实施工作2007年11月和2010年11月真题

P227 收集资料并注意资料的积累,建立原始记录的登记制度,具体有哪些要求

P228　为了保证绩效考评的公正性，应该确立以下两个保障系统

P229　绩效诊断的主要内容

P230　应用开发阶段要注意的问题

P232　绩效管系统评估的内容【新增】

P232　绩效管理调查问卷【新增】

P235　企业绩效管理系统再开发的案例

P239　绩效计划的实施流程【新增】

P241　绩效合同的内容【新增】

P248　行为导向型客观考评方法(2大类客观和主观)2014年11月真题

P254　结果导向型考评方法(6种)

P257　综合型绩效考评方法(2种)【新增】

P266　绩效管理可能产生的三种矛盾

P266　避免和解决绩效考评矛盾的方法2007年5月和2011年5月真题

P267　绩效申诉的内容、管理机构及处理流程

P267　绩效申诉的作用

P270　绩效反馈面谈的目的

P270　绩效面谈的类型2010年5月真题

P272　绩效面谈的准备工作

P272　提高绩效面谈有效性的具体措施

P274　绩效改进的方法与策略2009年11月真题 2013年5月真题

P274　有效的信息反馈应具有适用性

P278　采用正向激励策略的需要注意的事项

P278　负向激励的作用

P279　采用何种激励策略都要做的基础工作

【注意：第四章考试中很多案例题的问题等同于简答题】

(二) 案例分析

P246　强制分布法定义和优缺点 2014年5月真题 2008年11月真题

P247　结构式叙述法定义和优缺点

P248　关键事件法的定义和优缺点

P249　行为锚定等级法定义和优缺点2009年5月真题

P251　行为观察法定义和优缺点

P252　加权选择量表法定义和优缺点

P253　强迫选择法定义和优缺点【新增】

P257　图解式评价量表法定义和优缺点【新增】

(三) 方案设计

P242　业绩合同范本(了解合同的结构)

P250　行为锚定等级法考评表

P251　行为观察法表 4-9 2008 年 5 月**真题**
P252　加权选择量表表 4-10　表 4-11
P253　强迫选择法举例　表 4-12【新增】
P262　合成考评法将考评和绩效改进计划结合在一起(表 4-17 和表 4-18)【新增】

第五章 薪酬管理

一、真题分析

年份	简答4次、计算7次、案例5次、方案设计1次		题型
	分值	题目	
200705	13	影响企业的员工薪酬水平的主要因素。	简答
200711	20	奖金分配方案的设计应重点考虑哪些因素。	案例
200805	20	企业本年度目标人工成本总额及其目标人工成本的增长率。	计算
200811	20	指出各项人工成本的列支科目;人工成本,在制造费用、管理费用和公益金中所列支的金额。	计算
200905	20	该推销员年度目标销售毛利是多少?	计算
200911	15	知识点已删除	简答
201005	20	知识点已删除	案例
201011	20	计算出B岗位各评价要素指标的得分(X_i)以及评价总分。说明设计各评价要素和指标权重的基本要求	计算
201105	20	对生产岗位进行综合评价	方案设计
201111	20	在技术部门实行浮动工资制应考虑哪些因素?工资全额浮动在WH公司的技术部门失灵的原因是什么?	案例
201205	20	指出各项人工成本的列支科目;人工成本,在制造费用、管理费用和公益金中所列支的金额。(与200811重复)	计算
201211	17	计算该企业本年度目标人工成本总额及目标人工成本的增长率。	计算
201305	18	(1)岗位评价指标的计量标准由哪些标准组成? (2)在制定岗位评价指标的计分标准时,可采用哪几种计分标准和方法?	案例
201311	16	全年增加值(采用收入法)。全年人工成本总额。全年人工费用比率。全年从业人员小时劳动报酬率。	计算
201405	16	简述企业各项福利总额预算计划的制定程序和内容	简答
201411	12	简述制定企业奖金制度的基本程序。	简答
201505	18	企业核算人工成本时,首先需要核算哪些基本指标?核算人工成本投入产出指标时,需要核算哪些指标?	案例

本章重点题型是计算题和案例,要做到所有计算题型全部会做;

本章新增知识比较多!对新增的简答和案例要条条有意识记忆。

二、真题讲解

(一) 简答题

1. 简述影响企业员工薪酬水平的主要因素。2007年5月真题

答：教材P284 图5-2(1)影响员工个人薪酬水平的因素：① 劳动绩效；② 工作条件；③ 年龄与工龄；④ 职务或岗位；⑤ 综合素质与技能。

(2)影响企业整体薪酬水平的因素：① 工会的力量；② 行业工资水平；③ 地区工资水平；④ 产品的需求弹性；⑤ 企业的薪酬策略；⑥ 企业工资支付能力；⑦ 生活费用与物价水平；⑧ 劳动力市场供求状况。

2. 简述企业各项福利总额预算计划的制定程序和内容。2014年5月真题

答：教材P349① 该项福利的性质：设施或服务。
② 该项福利的起始执行日期、上年度的效果以及评价分数。
③ 该项福利的受益者、覆盖面、上年度总支出和本年度预算。
④ 新增福利的名称、原因、受益者、覆盖面、本年度预算、效果预测、效果评价标准。
⑤ 根据薪酬总额计划及工资、奖金等计划，检查该项目福利计划的成本是否可控。

3. 简述制定企业奖金制度的基本程序。(12分)2014年11月真题

答：教材P298 奖金制度的制定程序为：
(1) 按照企业经营计划的实际完成情况确定奖金总额。
(2) 根据企业战略、企业文化等确定奖金分配原则。
(3) 确定奖金发放对象及范围。
(4) 确定个人奖金计算方法。

(二) 计算题

2008年5月真题 某公司上年度相关费用如表1所示，上一年度净产值为9780万元，本年度确定目标净产值为12975万元，目标劳动分配率同上一年。

请根据上述资料，分别计算出该企业本年度目标人工成本总额及其目标人工成本的增长率。

表1 某公司上年度相关费用表

	数额万元
在岗员工工资总额	2300
不在岗员工工资总额	81
企业高管分红	260
社会保险费用	678
福利费用	219
教育经费	44
劳动保护费用	58
住房费用	127
工会经费	30
招聘费用	22
解聘费用	21

【解析】 教材 P341-343　(1) 由于:

人工成本费用(总额)＝企业在岗人员工资总额＋不在岗员工工资总额＋社会保险费用＋福利费用＋教育经费＋劳动保护费用＋住房费用＋工会经费＋招聘费用＋解聘费用(3分)

(2) 则上一年度人工成本费用总额＝2 300＋81＋678＋219＋44＋58＋127＋30＋22＋21＝3 580(3分)

(3) 又因:劳动分配率＝人工费用总额/净产值,则:

上一年度劳动分配率＝2 580÷9 780 ＝ 36.61%(3分)

(4) 根据已知条件,本年目标劳动分配率与上一年相同,则:

本年度目标劳动分配率＝36.61%(3分)

(5) 由于:目标劳动分配率＝目标人工成本费用/目标净产值 (2分)

即:36.61%＝目标人工费用/12 975

则:本年度目标人工成本＝12 975×36.61%＝4 749.54(万元)(3分)

(6) 本年度目标人工成本增长率＝4 749.51÷3 580－100%＝32.67%(3分)

2008年11月真题(2012年5月真题重复出现该题)

(1) 表1是某一机械制造企业2008年1月至3月企业人工成本支出的统计表。请您指出各项人工成本的列支科目并填写在(丙)栏内(14分) **教材 P337**

序号	工业企业人工成本构成(甲)	金额(乙)	列支科目(丙)
1	产品生产人员工资、奖金、津贴和补贴	520	制造费用(1分)
2	产品生产人员的员工福利费	41.6	制造费用(1分)
3	生产单位管理人员工资	24	制造费用(1分)
4	生产单位管理人员的员工福利费	2	制造费用(1分)
5	劳动保护费	18	制造费用(1分)
6	工厂管理人员工资	120	管理费用(1分)
7	工厂管理人员的员工福利费	10	管理费用(1分)
8	员工教育经费	36	管理费用(1分)
9	养老、医疗、失业、工伤和生育保险费	188	管理费用(1分)
10	销售部门人员工资	210	销售费用(1分)
11	销售部门人员的员工福利费	16	销售费用(1分)
12	技工学校经费	360	营业外支出(1分)
13	工会经费	44	管理费用(1分)
14	员工集体福利设施费	36	利润分配(公益金)(1分)
	合计		

(2) 分别核算出该企业2008年1月至3月的人工成本,在制造费用、管理费用和公益金中所列支的金额。(6分) **教材 P337**

① 在制造费用中列支的人工成本为:520+41.6+24+2+18=605.6(万元)(2分)
② 在管理费用中列支的人工成本为:120+10+36+188+44=398(万元)(2分)
③ 在公益金中列支的人工成本为:36(万元)(2分)

2009年5月真题 某公司毛利金额为5 400万元,公司中推销人员月工资1 860,一年发13个月工资,公司为推销人员花费的总费用如表2所示(单位:万元)

表2

员工工资总额	社会保险费用	福利费用	教育费	住房费用	招聘费用	解聘费用
530	151	59	13	28	10	7

① 该推销员年度**目标销售毛利**是多少?(16分) ② 该推销员月**目标销售毛利**是多少?(4分)

【解析】 教材P341-344 推销人员人工费用总额=员工工资总额+社会保险费用+福利费用+教育费+住房费用+招聘费用+解聘费用(3分)=532+151+59+13+28+10+7=800(万元)(3分)

推销人员人工费用率=推销人员人工费用总额÷毛利额(2分)=800÷5 400=14.81%(3分)

该推销员年目标销售毛利=某推销人员工资÷推销员人工费用率(2分)=1 860×13÷14.81%=163 268(元)(3分)

综上计算可得,该推销员年度目标销售毛利是163 268元。

该推销员月目标销售毛利=该推销员年目标销售毛利÷12(2分)=163 268÷12=13 605(元)

综上计算可得,该推销员年度目标销售毛利是13 605元。

2012年11月真题 某公司上年度人工费用如表3所示。上年度净产值为12 250万元,本年度确定目标净产值为14 550万元,目标劳动分配率与上年度相同。请根据上述资料,分别计算出该企业本年度目标人工成本总额及目标人工成本的增长率。(17分)

表3 某公司上年度人工费用统计表(单位:万元)

在岗员工工资总额	不在岗员工工资总额	社会保险费用	福利费用	教育费用	劳保费用	住房费用	工会经费	招聘费用
3 060	70	800	220	50	58	120	30	42

【解析】 教材P341-344 上年度人工费用总额=在岗员工工资总额+不在岗员工工资总额+社会保险费用+福利费用+教育费用+劳保费用+住房费用+工会经费+招聘费用=3 060+70+800+220+50+58+120+30+42=4 450

上年度劳动分配率=上年度人工费用总额/上年度净产值=4 450/12 250=36.33%

由于目标劳动分配率=目标人工成本总额/目标净产值

所以目标人工成本总额=目标劳动分配率×目标净产值=14 550×36.33%=5 286.02

目标人工成本增长率=(本年度目标人工成本-上年度人工成本)/上年度人工成本=

(5 286.02－4 450)/4 450＝18.79%

2013年11月真题 某工业企业2012年有关统计数据如表4所示。

表4 某企业2012年生产经营指标完成情况统计表

序号	统计指标	指标数值
1	营业收入	32 000万元
2	固定资产折旧	3 000万元
3	生产税净额	2 400万元
4	营业盈余	6 000万元
5	企业从业人员劳动报酬	3 600万元
6	社会保险费用	1 440万元
7	福利费用	400万元
8	教育培训费用	200万元
9	劳动保护费	400万元
10	住房费用	300万元
11	其他人工成本	180万元
12	全年从业人员投入总工时	1 200 000工时

请根据表4中的相关数据，核算出该企业2012年以下4项经济指标：
(1) 全年增加值(采用收入法)(4分)　(2) 全年人工成本总额。(4分)
(3) 全年人工费用比率。(4分)　(4) 全年从业人员小时劳动报酬率。(4分)

【解析】 教材P341
(1) 企业增加值(纯收入)
采用收入法：增加值＝劳动者报酬＋固定资产折旧＋生产税净额＋营业盈余＝3 600万元＋3 000万元＋2 400万元＋6 000万元＝15 000万元
(2) 企业人工成本总额
核算方法：人工成本＝企业从业人员劳动报酬总额＋社会保险费用＋福利费用＋教育费用＋劳动保护费用＋住房费用＋其他人工成本＝3 600万元＋1 440万元＋400万元＋200万元＋400万元＋300万元＋180万元＝6 520万元
(3) 全年人工费用比率＝人工费用/销售收入(营业收入)＝6 520万元/32 000万元＝20.38%
(4) 全年从业人员小时劳动报酬率＝人工成本／从业人员投入总工时＝6 520万元/1 200 000工时＝54.3元/工时

2010年11月真题 A公司在岗位评价过程中，采取了百分比系数法。以B岗位为例，其评价要素(E_i)及其权重(P_i)、评价指标(E_{ij})及其权重(P_{ij})、评价指标得分(X_{ij})如表5所示。
请回答以下问题：
(1) 填写表5，计算出B岗位各评价要素指标的得分(X_i)以及评价总分。(16分)

(2) 说明设计各评价要素和指标权重的基本要求(4分)

(1)

表5　B岗位综合合计分标准表

评价要素 E_i	评价指标 E_{ij}	评价指标评定			评价要素得分		
		X_{ij}	$P_{ij}(\%)$	$X_{ij} \cdot P_{ij}$	X_i	$P_i(\%)$	$X_i \cdot P_i$
任职资格	专业知识水平	80	40			30	
	工作检验	80	60				
能力要求	组织协调能力	80	40			30	
	沟通能力	80	40				
	创造能力	60	20				
责任与强度	工作复杂程度	60	20			40	
	工作责任	80	30				
	监督责任	80	25				
	工作强度	60	25				
工作岗位评价总分							

评分标准:每格1分,共16分

【解析】 教材P327　　B岗位综合合计分标准表

评价要素 E_i	评价指标 E_{ij}	评价指标评定			评价要素得分		
		X_{ij}	$P_{ij}(\%)$	$X_{ij} \cdot P_{ij}$	X_i	$P_i(\%)$	$X_i \cdot P_i$
任职资格	专业知识水平	80	40	32	80	30	24
	工作检验	80	60	48			
能力要求	组织协调能力	80	40	32	76	30	22.8
	沟通能力	80	40	32			
	创造能力	60	20	15			
责任与强度	工作复杂程度	60	20	15	71	40	28.4
	工作责任	80	30	24			
	监督责任	80	25	20			
	工作强度	60	25	15			
工作岗位评价总分				75.2			

评分标准:每格1分,共16分

(2) 设计各评价要素和指标权重的基本要求

在企业中,不同类别的岗位具有不同的性质和特点,在设计各评价要素及其指标的权重时,应根据其性质和特点,确定各岗位评价要素和指标的权重值,以体现出各类岗位(如管理岗位、技术岗位、生产岗位等)之间的差异性。

(三) 综合分析题

2007年11月真题　A煤矿是有2 000余人的年产120万吨原煤的中型煤矿。2006年上级主管部门特拨下15万元奖金,奖励该矿在安全与生产中做出贡献的广大员工。在这15万元奖金的分配过程中,该矿矿长召集下属五位副矿长和工资科长、财务科长、人事科长和相关科室的领导开了一个"分配安全奖金"的会议。这些高层管理者认为,工人只需保证自身安全,而主管们不但要保证自身安全,还要负责一个班组、区、队或一个矿的安全工作,尤其是矿领导,不但要负经济责任,还要负法律责任。因此,会议决定,将奖金根据责任的大小分为五个档次:矿长3 000元、副矿长2 500元、科长800元、一般管理人员500元,工人一律50元。奖金刚好发完,奖金下发后全矿显得风平浪静,但几天后矿里的安全事故就接连发生。当矿长亲自带领工作组到各工队追查事故起因时,矿工们说:"我们拿的安全奖少,没那份安全责任,干部拿的奖金多,让他们干吧!"还有一些工人说:"老子受伤,就是为了不让当官的拿安全奖。"请结合本案例回答下列问题:

(1) 请剖析A煤矿的奖金分配方案,并说明它产生负激励作用的原因。(6分)

① 安全奖金的分配按行政级走,得不到广大基层矿工的认同。

② 对同一行政级别的员工搞平均主义,对内缺乏公平性。

③ A煤矿的员工人数多,基数大,每个人能得到的奖金不多,尤其是基层矿工,每个人才50元,员工对激励的感受度弱,很难起到激励作用。

(2) 本次奖金分配方案的设计应重点考虑哪些因素?(10分)

1) 员工的安全责任。在奖金方案的分配过程中:①区分负有直接安全责任和负有间接安全责任的员工。②区分安全意识淡薄和安全责任意识强的员工。③借此机会完善安全责任制。

2) 奖金分配方式。应根据不同部门、岗位的特点设计分配方式,不同分配方式的激励力度不同,不同分配方式激励持续的时间不同。

(3) 如你是该矿负责人会如何分配这批奖金?并说明理由。(4分)

奖金分配方案:A煤矿员工人数多,基数大,如果将15万元分发下去,每个员工得到的金额很少,起不到激励的作用,因此建议采取团队激励的方式分配奖金。例如,根据工人的工作特点,把他们分成若干小组,每小组有组长。记录每小组安全事故数量,并结合每个小组的生产效率来评估每个小组的安全系数,最终得出每个小组的安全奖。

这种激励方式的优点如下:① 激励效果大;② 增强了员工的小组荣誉感;③ 为企业员工的沟通提供新的平台;④ 可以避免为了提高生产效率而盲目扩大生产,又可以制止为了降低安全事故放慢生产节奏的情况发生;⑤ 促进考核的公平性。

注意:该题教材中没有明确的知识点,需要自己总结。复习时要看,以备下次再考。

2013年5月真题　某设备工业公司是一家中型企业,根据岗位的工作性质和特点,该公司将工作岗位划分为管理人员、技术人员和操作人员三大类。公司人力资源部根据薪酬制度改革的要求,拟对现有各类岗位组织一次系统全面的岗位评价。为了切实保证岗位评价的质量,从各个职能业务部门抽调了一些有丰富工作经验的主管人员,组成了岗位评价专家小组。人力资源部张经理在总结吸收同行业岗位评价的经验的基础上,提出了包含岗位责任、劳动强度、技能要求和工作条件四方面要素共 22 项评价指标的岗位评价体系,但在与专家小组讨论如何制定岗位评价指标的计分标准时,大家各执一词,使他一筹莫展。请结合本案例,回答下列问题:

(1) 岗位评价指标的计量标准应由哪些基础标准组成?(6 分)

(2) 在制定岗位评价指标的计分标准时,可采用哪几种计分标准和方法?(12 分)

【解析】 教材 P325

(1) 岗位评价指标的计量标准包括:

1) 评价指标计分标准。2) 评价指标权重标准。3) 结果误差调整标准。

(2) 制定岗位评价指标的计分标准时,可采用:

1) 单一计分标准具体方法包括:A. 自然数法。B. 系数法。C. 系数法包含函数法和常数法。

2) 多种要素综合计分标准具体方法包括:A. 简单相加法。B. 系数相乘法。C. 连乘积法。D. 百分比系数法。

2011 年 11 月真题 WH 建筑公司曾经在一线工人和经营人员中率先实行工资全额浮动,获得了不错的效果。为了进一步激发二线工人、技术人员及分厂管理人员的积极性,公司宣布全面实行工资全额浮动。决定宣布后,连续两天,技术部门几乎无人画图,大家议论纷纷,抵触情绪很大。实行工资全额浮动后,技术人员的月收入包括:基本生活补贴和按当月完成设计任务的工程产值提取的设计费。如玻璃幕墙设计费,按工程产值的 0.27% 提成,即如果设计的工程产值达 100 万元,可提成设计费 2 700 元。当然,技术人员除了绘制工程设计方案图和施工图,还必须作为技术代表参与投标,负责计算材料用量以及加工、安装现场的技术指导和协调工作。分配政策的改变使技术部各小组每日完成的工作量有较大幅度提高。然而随之而来的是,小组里出现了争抢任务的现象,大家都想搞产值高、难度小的工程项目设计,而难度大或短期内难见效益的技术开发项目倍受冷落。尽管技术组组长总是尽可能公平地安排设计任务,平衡大家的利益,但是意见还是一大堆。各小组内人心浮动,好几个人有跳槽的意向,新分配来的大学生小王干脆不辞而别。

请回答下列问题:

(1) 在技术部门实行**浮动工资制**应考虑哪些因素?

① 企业效益。② 研发周期与风险。③ 个人效益。④ 团队效率。⑤ 浮动工资的比例。

(2) 工资全额浮动在 WH 公司的技术部门失灵的原因是什么?

① 一味追求效益,而忽视工程项目研发周期。

② 工资全额浮动容易使技术人员只考虑个人利益,忽视团队合作的重要性,进而影响企业的整体效率。

③ 仅把完成当月设计任务作为主要指标,而忽略了对技术人员的研发能力与成果的全面考核。

④ 在技术部门实施这一工资方案,对刚毕业的大学生来说很不公平。因为工程设计是一项实践性与技术性很强的工作,刚毕业的大学生缺乏经验,难以胜任。

⑤ 全额工资浮动使技术人员缺乏职业安全感。

注意:该题教材中没有明确的知识点,需要自己总结。复习时要看,以备下次再考。

(三) 方案设计

2011年5月真题 某机械制造企业为了进行岗位工资制度设计,拟对生产岗位进行综合评价。

请您对"安全生产责任"和"原材料消耗责任"两项重要评价指标的分级标准做出设计,填入表6和表7中(要求:评价标准划分为五级,并对每个等级做出明确的界定)。(20分)

表6 安全生产责任指标分级标准表

等级	分级定义
1	
2	
3	
4	
5	

表7 原材料消耗责任指标分级标准表

等级	分级定义
1	
2	
3	
4	
5	

【解析】 教材P320

安全生产责任指标分级标准表(10分)

等级	分级定义
1	不会发生事故的岗位。
2	事故发生率小,造成的伤害和损失都较小的岗位。
3	事故发生率小,但能造成较大伤害和损失的岗位。
4	事故发生率大,造成的伤害轻,但损失大的岗位。
5	事故发生率大,易造成严重伤害和重大损失的岗位。

原材料消耗责任指标分级标准表(10分)

等级	分级定义
1	使用原材料少,价值小,或不使用原材料。
2	使用原材料较多,但消耗不受人为因素影响。
3	使用原材料较少,作业人员对原材料、能耗有影响。
4	使用原材料较多,价值较大,作业人员对原材料、能耗有一定影响。
5	使用原材料多,价值大,作业人员对原材料、能耗影响很大。

三、新增预测题

（一）简答题

P284　影响企业员工薪酬水平的主要因素。2007年5月真题

P290　薪酬体系设计的前期准备工作【新增】

P292　岗位薪酬体系设计的八个步骤【新增】

P294　技能薪酬体系设计【新增】

P296　薪酬管理制度的内容【新增】

P297　设计单项薪酬（工资）制度的基本程序【新增】

P298　岗位工资或能力工资的制定程序【新增】

P298　奖金制度的制定程序2014年11月真题

P298　奖金的设计方法（七个设计单独选考，重点掌握注意事项）【新增】

P311　岗位评价的主要步骤【新增】

P328　排列法的步骤

P330　分类法的步骤

P330　评分法（点数法）的步骤

P334　因素比较法的步骤

P341　核算人工成本的基本指标

P341　核算人工成本投入产出指标

P349　各项福利总额预算计划的制订程序2014年5月真题

P352　员工住房公积金的缴费【新增】

（二）计算题

P326　评价指标权重标准的制定2010年11月真题

P337　我国列支人工成本2008年11月真题、2012年5月真题

P341　核算人工成本投入产出指标2013年11月真题

P342　劳动分配率基准法【P342计算　例1和例2】2008年5月真题、2012年11月真题

P343　销售净额基准法【P343 例3、4、5】2009年5月真题

P350　社会保险企业缴费【P350　例1、2 新增计算题！！】

（三）案例分析

P284　薪酬管理的基本目标

P286　日常薪酬管理的具体工作【新增】

P288　薪酬体系设计的基本要求【新增】

P290　企业的价值观和经营理念对薪酬的指导【新增】

P290　企业的薪酬管理的目的是为了实现企业战略，应该掌握的企业战略规划的内容【新增】

P295　绩效薪酬体系设计（定义、优缺点、作用）【新增】

P309　工作岗位评价的基本原则【新增】

P339　影响企业的支付能力的因素

（四）方案设计
P319-324　岗位评价指标的分级标准设定 2011 年 5 月真题
（已考过安全生产责任指标分级标准表、原材料消耗责任指标分级标准表）

第六章 劳动关系管理

一、真题分析

年份	分值	题目	题型
	简答6次、案例11次		
200705	15	违背了哪些劳动法律法规？应该如何正确解决？	案例
200711	14	知识点已删除	简答
200805	20	如果您是当地劳动争议仲裁人员，您如何进行裁决？	案例
200811	10	劳动法对确定和调整最低工资标准应考虑的因素做了哪些原则性的规定？	简答
200905	12	简要说明员工满意度调查的基本步骤。	简答
200911	15	简要说明签订集体合同的程序。	简答
201005	15	用人单位违反劳动安全卫生法规，不对职工实施劳动安全保护而引发的劳动争议案件。	案例
201011	15	集体合同与劳动合同有出入而引发的劳动争议	案例
201105	14	这是一起因集体合同与劳动合同相抵触而引发的劳动争议案例。	案例
201111	14	知识点已删除	简答
201205	14	简要说明什么是标准工作时间以及限制延长工作时间的措施。	简答
201211	18	本案涉及试用期内员工工资待遇和择业主动权的法律问题。	案例
201305	17	劳动合同试用期的约定，及劳动合同解除的法律问题。	案例
201311	18	工伤复发赔偿纠纷案件	案例
201405	18	企业签订集体合同的签约人的条件	案例
201411	18	因集体合同与劳动合同有出入而引起的劳动争议	案例
201505	20	伤残补助金有法律依据	案例

　　本章技能题复习重点是涉及劳动法律关系纠纷的案例，真题和教材中的案例都要一一掌握，做到"三知道"：知道案例涉及的知识点、知道案例的分析思路、知道相关法律法规的规定。

二、真题讲解

（一）简答题

　　1. 劳动法对确定和调整最低工资标准应考虑的因素做了哪些原则性的规定？2008年11月真题

确定和调整最低工资标准应考虑的因素：
(1) 劳动者本人及平均赡养人口的最低生活费用
(2) 社会平均工资水平
(3) 劳动生产率
(4) 就业状况
(5) 地区之间经济发展水平的差异

2. 简要说明员工满意度调查的基本步骤。(12分)2009年5月真题
(一) 确定调查对象
(二) 确定满意度调查指向（调查项目）
(三) 确定调查方法：目标型调查法 和 描述型调查
(四) 确定调查组织
(五) 调查结果分析
(六) 结果反馈
(七) 制定措施落实，实施方案跟踪【第三版由原来的5点改为7点】

3. 简要说明签订集体合同的程序。(15分)2009年11月真题
(1) 确定集体合同的主体；
(2) 协商集体合同；
(3) 政府劳动行政部门审核；
(4) 经过审核，集体合同生效；
(5) 公布集体合同。

4. 简要说明标准工作时间的定义以及限制延长工作时间的措施。2012年5月真题
标准工作时间：在法定标准工作时间以外延长工作时间的，按照不低于劳动合同规定的劳动者本人小时工资标准的150％支付劳动报酬；

劳动者在休息日工作，而又不能安排劳动者补休的，按照不低于劳动合同规定的劳动者本人日或小时工资标准的200％支付劳动报酬；

劳动者在法定节假日工作的，按照不低于劳动合同规定的劳动者本人小时工资标准的300％支付劳动报酬。

(二) 案例分析

2007年5月真题 李某2000年被甲公司雇佣，并与公司签订了劳动合同，其工作岗位是在产生大量粉尘的生产车间。李某上班后，要求发给劳动保护用品。被公司以资金短缺为由拒绝。李某于2006年初生病住院。2006年3月，经承担职业病鉴定的医疗卫生机构诊断，李某被确诊患有尘肺病。出院时，职业痛鉴定机构提出事某不应再从事原岗位工作。李某返回公司后，要求调到无粉尘环境的岗位工作，并对其尘肺病进行疗养和治疗。但公司3个月后仍没有为其更换工作岗位，也未对其病进行治疗，当李某再次催促公司领导调动工作岗位时，公司以各岗位满员，不好安排别的工作为由，让其继续从事原工作。李某无奈，向当地劳动争议仲裁委员会提出申诉，要求用人单位为其更换工作岗位。对其尘肺病进行疗养和治疗，并承担治疗和疗养的费用。

请分析本案例甲公司的做法违背了哪些劳动法律法规？应该如何正确解决？(15分)

【解析】 (1) 本案例是因用人单位违反劳动安全生产法规,不对职工实施劳动安全保护而引发的纠纷。

(2) 按照劳动法有关规定,劳动者有获得劳动安全保护的权利。公司没有为李某提供必要的劳动保护用品,违反了劳动安全卫生法规,公司必须发给李某劳动保护用品。

(3) 劳动者职业病需要暂停工作接受工伤医疗的期间为停工留薪期。劳动者在评定伤残等级后,劳动者在停工留薪期满后仍需治疗的,继续享受工伤医疗待遇。

(4) 本案中李某被职业病鉴定机构确诊为尘肺病,患有尘肺病的劳动者有权享受职业病待遇。李某在暂停工作接受工伤医疗期间,公司应给予李某停工留薪待遇。同时,在医疗期终结后,公司依据劳动鉴定委员会的伤残鉴定等级,支付李某一次性伤残补助金。

(5) 本案中李某被确诊为职业病后,即向公司提出调离岗位的请求,李某的要求是正当合理的。本案中公司在李某提出调离要求3个月,仍不调换李某的工作岗位,这是违法的。公司应为李某调换工作岗位,并承担在此期间的治疗费用。

2008年5月真题 2006年3月10日振兴公司与公司工会推选出的协商代表经过集体协商,签订了一份集体合同草案,双方首席代表签字后,该草案经五分之四的职工代表通过。其中,关于工资和劳动时间条款规定:公司所有员工每月工资不得低于1 300元,每天工作用8小时。同年3月17日振兴公司将集体合同将集体合同文本及说明材料报送当地劳动和社会保障局登记、审查、备案,劳动和社会保障局在15日内未提出异议。所以,2006年4月2日,振兴公司和工会以适当的方式向各自代表的成员公布了集体合同。

2006年5月,刘某应聘于振兴公司,公司于当年5月18日与刘某签订了为期2年的劳动合同,合同规定其每月工资1 000元,每天只需工作6小时。1个多月后,刘某在与同事聊天时偶然得知公司与工会签订了集体合同,约定员工每月工资不得低于1 300元。刘某认为自己的工资标准低于集体合同的约定,于是与公司交涉,要求提高工资,但公司始终不同意,刘某不服,于2006年7月中旬,向当地劳动争议仲裁委员会提起申诉,要求振兴公司按照集体合同规定的月工资标准1 300元履行劳动合同,并补足2006年5月至2006年7月低于集体合同约定的月工资标准部分的劳动报酬。

如果您是当地劳动争议仲裁人员,您如何进行裁决?(20分)

【解析】 教材P402 (1) 这是一起因集体合同与劳动合同有出入而引发的劳动争议,主要涉及集体合同的订立、生效以及劳动合同和集体合同的约束力等内容。

(2) 本案例订立集体合同的过程中,振兴公司的工会推选了协商代表,就员工最低工资、劳动时间等达成了一致,并经2/3以上职工代表审议通过,因此,振兴公司集体合同的订立程序是符合法律、法规相关规定的。

(3) 本案例中,振兴公司将双方签订后的集体合同报送到劳动行政部门,劳动行政部门自收到集体合同文本之日起15日内未提出异议,因此该集体合同即行生效。

(4) 本案中,振兴公司与刘某签订劳动合同时,该公司与工会签订的集体合同已经生效,所以,集体合同对刘某同样具有效力。同时刘某与公司签订的劳动合同中约定的工资报酬低于集体合同中约定的标准,因此该项的规定无效。

综上所述,劳动争议仲裁委员会应该做出以下裁决:

(1) 振兴公司补发刘某2个月的工资差额:即(1 300−1 000)×2=600元。

(2) 在劳动合同剩余期限内,振兴公司应当每月按照不低于1 300元的标准,支付刘某的工资;

(3) 振兴公司与刘某所订立的劳动合同依然有效,除工资条款外,其他条款不变。

2010年5月 2005年6月,19岁的李某从东北农村来到北京,经亲戚介绍到一家印刷厂当了一名印刷工。2007年8月,已有两年多工作经验的李某,在工作中不慎将左手卷进机器,虽经医院紧急抢救,仍没有保留住李某的左手。在医院治疗期间,劳动社会保障部门认定了李某的工伤。2008年3月李某治疗终结后,被制定的工伤鉴定机构确定为工伤致残四级。身为农民工的李某失去了劳动能力,给其今后生活带来了许多困难。在其家人的陪同下,他向印刷厂提出按国家规定支付一次性伤残补助金、异地安家费、并按社会平均寿命70岁计算,一次性支付他抚恤金58万元。

请回答下列问题:

(1) 李某的要求是否有法律依据?(8分)

(2) 根据法律规定,李某应享受什么样的工伤致残待遇?(12分)

【解析】 1) 李某的要求中**部分**是**有法律依据**的。

2) 李某要求印刷厂**一次性支付伤残补助金**有法律依据。

3) 李某要支付安家费明有法律的依据不予以支持。(因李某是外地人,不存在安家之事,所以不能享有此待遇。)

李某要求一次支付58万抚恤金是无法律依据的。**(教材P421)** 补偿条件为:

1) 因工负伤被鉴定为**四级**,**应退出生产岗位**,**终止劳动关系**。发给工伤伤残抚恤金证件。

2) 按月发给伤残补助金,李某为四级工伤,抚恤金标准为本人工资的**75%**

3) 发给一次性伤残补助金,李某为四级工伤,可得到18个月工资的伤残补助金。

4) 患病按医疗保险有关规定执行,对其中由个人负担的部分有困难时,由工伤保险基金酌情补助。

注:新版书中四级工伤,可得到21个月工资的伤残补助金

2010年11月真题 某酒店于去年7月5日与杨某签订了为期3年的劳动合同,合同规定试用期为6个月,试用期间每个月工资人民币850元,试用期满以后每月1 000元。当地规定的服务业最低工资标准为每月900元。杨某从去年7月5日至10月8日一直在酒店上班,按规定提供正常服务。10月9日,杨某看到另一家宾馆招收女服务员,工资为1 200元,奖金另发。10月20日,杨某等5名礼仪小姐向酒店人事部提出辞职申请,并要求酒店补付所欠工资。人力部经理当场拒绝并报至总经理高某,高某认为杨某等人故意拆台,决定不支付9月份工资。杨某不服,向当地劳动争议仲裁委员会提出申诉。

请结合相关法律法规对本案件进行剖析。(18分)

【解析】 (1) 本案涉及**试用期内员工工资待遇和择业主动权的法律问题**。

(2) 按照劳动法有关规定,在试用期内,劳动者可以提出解除劳动合同并且无须说明理由或者承担赔偿责任。在本案中,杨某等人在试用期内提出辞职,应受法律保护,该酒店以不发工资为要挟,要求员工继续履行劳动合同,与法律相违背。

(3) 我国有关法律规定没有规定最低工资适用的排除范围。只要是在法定时间提供了正常劳动的劳动者，其工资待遇都受最低工资制度的保护。本案中，杨某等人在法定时间内提供了正常劳动，该酒店给付的工资低于当地服务业最低工资标准，与法律相违背，应予补付。

(4) 我国有关法律规定，劳动关系双方依法解除劳动合同时，用人单位应在解除或终止劳动合同时一次性付清劳动者工资。本案例中，该公司有义务向杨某等人支付其应得的工资。

2011年5月真题 去年6月初，甲公司代表与工会代表经过集体协商，签订了一份集体合同草案。其中，关于工资和劳动时间条款规定：公司所有员工每月工资不得低于2 000元。6月17日甲公司将集体合同文本及说明材料报送当地劳动行政部门登记、审查、备案，劳动行政部门在15日内未提出异议。该集体合同自行生效，并在公司内张榜公布。

去年7月末，刘某到甲公司应聘并被录用。公司于8月1日与刘某签订了为期2年的劳动合同，合同规定其每月工资1 500元。1个多月后，刘某在与同事聊天时偶然得知公司与工会订立了集体合同，约定员工每月工资不得低于2 000元。刘某认为自己的工资标准低于集体合同的约定，于是与公司进行交涉，要求提高工资。但公司始终不同意，刘某不服，在当年10月中旬，向当地劳动争议仲裁委员会提起申诉，要求甲公司按照集体合同规定的月工资标准2 000元履行劳动合同，并补足去年8月至10月低于集体合同约定的月工资标准的部分劳动报酬。

请您对本案例做出评析。(15分)

(1) 这是一起因**集体合同与劳动合同相抵触而引发的劳动争议**案例。

(2) 该公司集体合同的订立程序是符合法律、法规相关规定的。公司将双方签订后的集体合同报送到劳动行政部门，劳动行政部门自收到集体合同文本之日起15日内未提出异议，该集体合同因此即行**生效**。

(3) 根据《劳动法》和《集体合同规定》等有关规定，用人单位和职工个人签订的劳动合同约定的劳动条件和劳动报酬等标准不得低于集体合同的规定。低于集体合同的标准无效，要适用集体合同的规定。

(4) 公司与刘某签订劳动合同时，集体合同已经生效。刘某与公司签订的劳动合同中约定的工资低于集体合同中约定的标准，因此劳动合同的规定无效。

(5) 公司应补足刘某2个月的工资，剩余合同期限内的工资按每月2 000元履行。

2012年11月真题 某企业向社会招聘一名销售主管，梁先生前往应聘，双方协商洽谈中，梁先生向企业提交了以往在多个企业担任过销售主管的书面材料。企业对梁先生的工作经历相当满意，于是双方协商签订了劳动合同。合同规定：企业聘用梁先生为销售主管，试用期3个月，梁先生全权负责企业销售业务，并对销售部人员的聘用享有决定权，劳动合同签订后，企业即要求梁先生上班工作。

两个月以后，该企业通过调查发现，梁先生所说的在多个企业担任过销售主管纯属虚构。为了避免梁先生继续工作可能产生的问题，企业当即做出了与梁先生解除劳动合同的决定。双方因此发生劳动争议。

请结合本案例,对本案的焦点,企业做出决定的合法性以及争议处理做出分析说明。(18分)

【解析】 根据《最高人民法院关于审理劳动争议案件适用法律若干问题的解释》(法释〔2001〕14号)第十三条规定,因用人单位作出开除、除名、辞退、解除劳动合同、减少劳动报酬、计算劳动者工作年限等决定而发生的劳动争议,**用人单位负举证责任**。

根据《中华人民共和国劳动合同法》第八条规定,用人单位招用劳动者时,应当如实告知劳动者工作内容、工作条件、工作地点、职业危害、安全生产状况、劳动报酬,以及劳动者要求了解的其他情况;用人单位有权了解劳动者与劳动合同直接相关的基本情况,劳动者应当如实说明。

《劳动法》第十八条也作出明确规定,下列劳动合同无效:(一)违反法律、行政法规的劳动合同;(二)采取欺诈、威胁等手段订立的劳动合同;无效的劳动合同,从订立的时候起,就没有法律约束力。

一般来说,与劳动合同直接相关的基本情况包括但不限于以下信息:姓名、性别、年龄、健康状况、教育背景、工作经历、就业状况、奖惩状况、有效联系地址等。

工作经历能够反映劳动者的相关工作经验、工作能力等,属于与劳动合同直接相关的基本情况,劳动者入职时未尽如实说明义务,虚构工作经历,显然不符合录用条件。

所以,该企业通过调查发现,梁先生所说的在多个企业担任过销售主管纯属虚构。该企业在合理期限,即试用期3个月内的第2个月,据此解除劳动合同,并无不当。

2013年5月真题 2010年10月8日,于某通过招工考试被录用为某商场营业员,双方当事人签订劳动合同,约定聘用期3年,并明确试用期从2010年10月10日开始。于某上岗后,工作表现不错,得到主管和同事的一致好评。

2011年5月初该商场又从社会公开招聘女营业员50名。2011年7月7日,商场同时以试用期不符合录用条件为由解聘了30名女营业员,于某也接到了商场人事部的解聘通知。当日下午,于某到商场人事部质询,人事部负责人出示了2010年10月招聘女营业员的广告,其中规定,应聘者身高应在165厘米以上。于某身高只有160厘米,但在笔试和面试时表现都非常出色,当时商场开业在即,怕一时招不到合适人选,因此决定录用于某为营业员。于某不服,向当地劳动争议仲裁委员会申诉,要求用人单位履行原劳动合同。请结合本案例进行评析。(17分)

【解析】 (1)本案涉及**劳动合同试用期的约定,以及劳动合同解除的法律问题**。

(2)我国《劳动合同法》规定,劳动合同中可以约定试用期,但试用期属于选择性条款,是否约定试用期由双方协商,不得强迫。本案中,商场与于某签订的劳动合同中明确了试用期开始时间,并没有违背法律的规定。

(3)我国《劳动合同法》规定,试用期最长不能超过6个月。本案中,于某和商场签订的劳动合同中约定了试用期,但没有写明试用期的期限,因此默认试用期限为6个月,即从2010年10月10日始到2011年4月9日止。

(4)我国《劳动合同法》规定,试用期内不符合录用条件的劳动者,企业可以解除劳动合同。本案例中,除了身高以外,于某完全符合录用条件,不属于试用不合格,该商场不能以"试用期不符合录用条件"为由辞退于某。

(5) 按照我国劳动法的相关规定,超过试用期的,企业不能以试用期内不符合录用条件为由解除劳动合同。本案中,于某的劳动合同已实际履行了9个月,超过了相关法律规定的最长6个月的试用期,该商场不能以"试用期不符合录用条件"为由辞退于某,应继续按劳动合同规定的期限聘用于某。

2013年11月真题 吕某于2003年8月到某汽车俱乐部工作,双方没有签订劳动合同。吕某任汽车修理工,每月工资为1 000元。2003年9月25日,吕某在工作中铁屑飞入左眼受伤,经专科医院检查,诊断为"左眼外伤性白内障、左眼内异物、做角膜裂伤"。2004年8月30日,吕某经所在区劳动鉴定委员会鉴定为工伤十级伤残。2004年9月17日吕某因工伤赔偿为题向所在区劳动争议仲裁委员会提起申诉,要求该汽车俱乐部向其赔偿一次性伤残补助金、一次性工伤医疗补助金和伤残就业补助金、拖欠工资以及仲裁费用等共计3万余元。2004年10月16日,双方经区劳动争议仲裁委员会调解达成了协议。按照协议,自本调解书生效之日起7日内,俱乐部向吕某支付一次性伤残补助金、一次性工伤医疗补助金和伤残就业补助金共9 000元,吕某自愿放弃其他申诉请求。之后俱乐部向吕某支付了9 000元,吕某将工伤证交回,双方解除劳动关系。

2006年4月15日吕某左眼视力突然下降,到眼科医院治疗,北医院确诊为"左视网膜脱离、左人工晶体眼。"2006年6月16日,区劳动争议仲裁委员会作出裁决,吕某不服裁决,遂向区人民法院起诉。在审理过程中,根据吕某申请,经双方当事人一致同意,委托当地法庭科学技术鉴定研究所对吕某的伤情进行了鉴定。其结论为:被鉴定人吕某左眼视网膜脱离与其2003年外伤有直接因果关系;被鉴定人吕某的伤残程度为七级。吕某支付了1 600元的鉴定费。2006年4月15日至2006年9月间,吕某在眼科医院花费检查费、住院费、医药费共计9 945.31元交通费650元。本案在审理过程中,汽车俱乐部没有提供吕某离开该汽车俱乐部后再次受伤的证据,陆某提出该俱乐部应当按照2006年以后工伤的相关标准进行赔偿。

请结合本案例,分析说明一审法院应当如何做出合法公正的裁决。(18分)

【解析】 教材P423-424

本案是一起非常特殊而又具有代表性的**工伤复发赔偿**纠纷案件,牵涉到多个法律问题。

1. 当事人双方签署赔偿协议并解除劳动关系后,面对新发生的争议如何界定该赔偿协议的性质。(1)《工伤保险条例》规定,十级工伤可以解除劳动关系,但用人单位需给予劳动者经济补偿。据此,吕某根据该赔偿协议拿到了相应的补偿,这是符合法律规定的,体现了意思自治的原则,**该赔偿协议应该是有效的**。(2)按常理,吕某拿到补偿、交回工伤证、双方解除关系,该赔偿协议已经得到完全的履行,双方之间的纠纷应到此为止。

2. 吕某的伤情在两年后发生了变化,其伤残等级提高到七级。

(1) 双方签订的赔偿协议的前提条件发生了根本性改变,相较不同伤残等级所应享受的待遇,原赔偿协议明显存在缺陷,失去了客观存在的基础。

(2) 由于吕某享受的赔偿低于国家法定标准,**故原赔偿协议由有效转为无效**,俱乐部也因此不能免除赔偿责任。

3. 双方解除劳动关系后旧伤复发,吕某能否得到赔偿。

(1) 依《工伤保险条例》规定:经劳动能力鉴定委员会复查鉴定,工伤职工伤残等级、生活费自理障碍等级发生变化的,自作出劳动能力鉴定结论次月起,其伤残津贴、生活护理费作相应的调整。

(2)尽管该规定是在双方存在劳动关系的前提下作出的,但从立法的目的、立法的宗旨去认识,不应生搬套用法律规定,应遵从凡工伤者应得到救济的原则。

4.吕某旧伤复发适用的赔偿标准。

(1)因双方已经不存在劳动关系,适用吕某初次鉴定时的标准更加客观公平。理由是吕某重新要求俱乐部赔偿,也是基于双方原有的劳动关系,既然双方曾就该问题达成过协议,只是赔偿的前提发生了变化,那么,工伤赔偿的标准应当按照原赔偿协议的标准予以确定。

(2)它再次体现了司法的公平与正义。

2014年5月 某制药股份有限公司(以下简称制药公司)与工会签订了集体合同。合同规定:职工工作时间为8小时,每周40小时,在上午和下午连续工作4小时,期间安排工间操一次,时间为20分钟,这20分钟计入每日8小时工作时间。职工每月工资不低于2800元,于每月4日前支付,合同有效期自2010年7月1日至2013年6月30日。同年7月中旬,制药公司从人才市场招聘了一批技术工人去新建的制药分厂工作。每个技术工人都和制药公司签订了劳动合同,合同有效期2010年7月15日至2013年7月14日,工作时间为每日8小时,每周40小时,上、下午各4小时,期间无工间休息,工人每月工资不低于2500元。技术工人上班后发现车间药味很浓,连续工作头昏脑涨。部分工人向分厂负责人提出要向总厂工人那样有工间休息,且每月工资不低于2800元。但分厂的答复是:总厂集体合同订立在先,分厂设立在后,集体合同对分厂职工无效,分厂职工不能要求和总厂职工享受同等待遇。

请根据我国现行劳动法律法规,对本案例作出评析(18分)

【解析】P402-404

(1)这是一起因**集体合同与劳动合同有出入而引起**的劳动争议。(1分)

(2)《劳动法》第35条规定,依法签订的集体合同对企业和企业全体职工都具有约束力。制药分厂属于制药公司的一部分,受集体合同的约束和规范,因此,该制药公司的集体合同条款也适用于制药分厂。(4分)

(3)分厂工人与分厂签订劳动合同时,集体合同已经生效,所以,集体合同对这部分工人同样具有效力。(4分)

(4)《**集体合同规定**》第6条规定,符合本规定的集体合同或专项集体合同,对用人单位和本单位的全体职工具有法律约束力。用人单位与职工个人签订的劳动合同约定的劳动条件和劳动报酬等标准,不得低于集体合同或专项集体合同的规定。可见,集体合同的法律效力高于劳动合同。(5分)

(5)综上所述,分厂工人的要求是合理的。企业应做如下调整:(4分)

1)按每月工资不低于2800元,补齐所欠差额;

2)在劳动合同剩余期限内,按每月工资不低于2800元标准支付分厂工人工资;

3)由于工作环境特殊,应适当增加休息时间,并提供一定的防护用具;

4)劳动合同其他条款依然有效。

2014年11月真题 去年年初,某民营企业的400多名员工要求与企业签订一份集体合同。由于企业刚成立尚未组建工会,部分员工就委托本企业的5名员工和当地商会的高某作为代表,向企业提出了进行集体协商的请求,其协商的主要内容包括:劳动报酬、工作时间、休息休假、劳动安全卫生、保险福利等。

企业领导经过考虑,接受了员工代表的请求。双方约定在2月25日,由各方的代表在企业的会议室里就集体合同的相关内容进行集体协商。当日,商会的高某和5名员工作为员工方的代表参加了集体协商会议,企业总经理(兼法定代表人)并未到场,企业的一位副总经理、人事部门经理和律师3人代表企业参加协商会议。经过认真的讨论,双方就协商内容基本达成一致,高某作为员工方的首席代表在集体合同草案上签了字,副总经理作为企业方的首席代表也签字认可。随后,高某等员工代表向全体员工公布了集体合同草案,但大部分员工对高某的代表资格提出质疑,由此出现了激烈的争辩。

依据我国现行劳动法律法规,对本案例作出评析。(18分)

【解析】 (1)依据我国现行劳动法律法规,以高某为最高代表所签订的集体合同无效。因为根据劳动法的规定,**集体合同是由工会代表职工与企业签订的,没有成立工会组织的,由职工代表与企业签订**。而上述案例中,高某为当地商会会员而非该民营企业职工,故其签订的集体合同无效。

该民营企业职工应选择职工代表,再由其职工代表与企业签订集体合同。

(2)依据我国现行劳动法律法规,企业副总经理签订的集体合同无效。因为根据劳动法的规定,企业签订集体合同的签约人应为法定代表人,而副总经理并不是法定代表人。

该集体合同的企业签约人应由身为法定代表人的企业总经理签订。

2015年5月真题 2012年10月,19岁的赵某从农村来到某经济开发区,经朋友介绍到某机械公司当了一名冲压工。2014年10月,已有两年多工作经验的李某,在工作中不慎将左手卷进及其,虽经医院紧急抢救,仍没有保留住李某的左手。在医院治疗期间,劳动社会保障部门认定了李某的工伤。2015年3月刘某治疗终结后,被制定的工伤鉴定机构确定为工伤致残四级。身为农民工的赵某失去了劳动能力,给其今后生活带来了许多困难。在其家人的陪同下,他向印刷厂提出按国家规定支付一次性伤残补助金、异地安家费,并按社会平均寿命70岁计算,一次性支付他抚恤金58万元。

请回答下列问题:

(1)赵某的要求是否有法律依据?(8分)

① 赵某的要求中部分是有法律依据的。

② 赵某要求印刷厂一次性支付伤残补助金有法律依据。

③ 赵某要求支付安家费用有法律的依据不予以支持。(因赵某是外地人,不存在安家之事,所以不能享有此待遇。)

④ 赵某要求一次性支付58万抚恤金是无法律依据的。

(2)根据法律规定,赵某应享受什么样的工伤致残待遇?(12分)

① 因工负伤被鉴定为四级,应退出生产岗位,保留劳动关系。发给工伤伤残抚恤金证件。

② 按月发给伤残补助金,赵某为四级工伤,抚恤金标准为本人工资的75%,退休后赚养

老保险按剌梨支付,直到死亡。

③ 发给一次性伤残补助金,赵某为四级工伤,可得到 21 个月工资的伤残补助金。

④ 患病按医疗保险有关规定执行,对其中由个人负担的部分有困难时,由工伤保险基本酌情补助。

注:该题与 2010 年 5 月真题重复,只有四级一次性伤残补助金的从原来的 18 个月改为 21 个月

三、新增预测题

(一) 简答题

P362　员工满意度调查的基本程序(2009 年 5 月真题)

P364　企业劳动关系调整信息系统的设计【新增】

P365　员工沟通的程序【新增】

P365　员工沟通的注意事项

P365　注意沟通语言的选择

P375　工作时间的种类

P377　简要说明标准工作时间的定义以及限制延长工作时间的措施。(2012 年 5 月真题)

P380　确定和调整最低工资应考虑的因素(2008 年 11 月真题)

P382　工资支付的一般规则

P383　特殊情况下的工资支付

P386　内部劳动规则内容

P386　劳动合同管理制度内容

P388　用人单位内部劳动规则的程序

P397　集体合同的内容

P400　签订集体合同的程序(2009 年 11 月真题)

P410　劳动争议处理的程序【新增】

P411　劳动争议协商的具体步骤【新增】

P411　调解委员会调解的程序【新增】

P415　编制劳动安全卫生预算

P415　职业安全卫生预算编制程序

P415　建立职业安全卫生防护用品管理台账

P416　组织岗位安全教育

P418　认定为工伤的情形

P418　视同工伤的情形

(二) 案例分析

P378　标准工作时间计算案例【新增案例!!】

P389　用人单位内部劳动规则的法律效力及其认定标准【新增案例!!】

P402　集体合同相关案例 2008 年 5 月真题、2011 年 5 月真题
　　　　　2014 年 11 月真题、2014 年 5 月真题

P421　工伤认定和赔偿2010年5月真题、2015年5月真题
P423　原企业职工工伤复发的劳动争议案2013年11月真题
P425　非全日制劳动者上下班途中工伤认定的劳动争议案【新增案例!!】

<u>其他案例</u>
用人单位违反劳动安全生产法规,不对职工实施劳动安全保护而引发的纠纷;职业病鉴定2007年5月真题
劳动争议案件举证2012年11月真题
劳动合同试用期的约定,以及劳动合同解除的法律问题。2013年5月真题
试用期内员工工资待遇和择业主动权的法律问题。2010年11月真题

(三) 方案设计
1. P367员工满意度调查表:总体满意度、岗位满意度、对上满意度、组织满意度(薪酬和激励、培训与发展、考评与改进)
2. P370员工满意度调查制度说明:意义与作用、调查周期、问卷的设计、问卷的试验验证)

模块 4　基础知识

第一章　劳动经济学

一、考点梳理

1. ①P1　劳动力市场是研究市场经济制度中的劳动力市场现象和劳动力市场运行规律的科学。

　　劳动力资源三个属性：① 相对稀缺性；② 绝对性；③ 本质表现为支付手段和支付能力的稀缺。

2. P2　个人　追求的目标是效用最大化，即在个人可支配资源的约束条件下，使个人需要和愿望得到最大限度的满足。企业追求的是利润的最大化。

3. P2　① 劳动力市场是生产要素市场的重要组成部分。收入循环模型提示了劳动力市场的基本功能。② 在生产要素市场中，居民户是生产要素的供给者，企业是劳动力的需求方。　P3　① 就业量和工资的决定是劳动力市场的基本功能。② 劳动力市场的功能是通过商品的供给和需求来决定价格的机制，实现、调节资源的配置；解决生产什么，如何生产和为谁生产这一经济社会的基本课题。③ 劳动经济学的主要任务就是要认识劳动力市场的种种复杂现象，理解并揭示劳动力供给、劳动力需求，以及工资和就业决定机制对劳动力资源配置的作用原理。

4. P3 劳动经济学的研究方法有两种，主要是实证研究和规范研究。

　　实证研究是认识客观现象。向人们提供实在、有用、确定、精确的知识的方法。实证研究重点：研究现象本身"是什么"的问题。实证研究方法试图超越或排斥价值判断，只提示经济现实内在的构成因素间普遍联系，归纳概括现象的本质及其运行规律。

　　特点：① 实证研究方法的目的在于认识客观事实，研究现象自身的运动规律及内在逻辑；② 实证研究方法对经济现象研究所得的结论具有客观性，并可根据经验和事实进行检验。

　　主要步骤：确定研究对象，设定假定条件，提出理论假说，验证四个步骤

5. P4　规范研究方法特点：① 规范研究方法以某种价值判断为基础，说明经济现象及其运行应该是什么的问题；② 规范研究方法往往成为为政府制定社会经济政策服务的工具。

　　互惠交换障碍：① 信息障碍；② 体制障碍；③ 市场缺陷。

　　实践表明：规范研究方法脱离不开实证研究方法对经济现象的客观分析，实证研究方法也离不开价值判断的指导。

---

① 此处 P 代表《企业人力资源管理师（基础知识）》中对应的页码，下同

6. P5 劳动力是指在一定年龄之内,具有劳动能力与就业要求,从事或能够从事某种职业劳动的全部人口,包括**就业者与失业者**。

劳动力参与率是劳动力在一定范围内的人口的比率。是衡量、测度人口参与社会劳动程度的指标。它反映的人口参与社会劳动程度的指标,它本身不是影响人口参与社会劳动的因素。

总人口率参率=劳动力/总人口×100%

年龄(性别)劳参率=某年龄(性别)劳动力/该年龄(性别)人口×100%

7. P6 劳动力供给变量对工资率变动的反应程度被定义为劳动力供给的工资弹性,简称为**劳动力供给弹性**。

供给无弹性 E=0 无论工资率如何变动,劳动力供给量固定不变。

供给有无限弹性 E=∞ 工资率给定,劳动力供给量变动的绝对值大于0。

单位供给弹性 E=1 在这种情况下,工资率变动的百分比与劳动力变动的百分比相同。

供给富有弹性 E>1 劳动力变动百分比大于工资率变动百分比。

供给缺乏弹性 E<1 劳动力变动百分比小于工资率变动百分比。

8. P6 劳动力参与率的生命周期:

① 15~19岁年龄组的青年人口劳动参与率下降。

② 妇女劳动参与率上升。(女性教育水平提高;制度劳动时间缩短;人口出生率下降;科学技术不断进步)

③ 老年人口劳动率下降。(主要原因是收入保障制度和企业养老保险计划的完善和推广)

④ 25~55岁男性劳动参与率保持较高程度,没有什么变化。

9. P7 **经济周期**——经济运行过程中繁荣与衰退的周期性交替。

两种劳动参与假说——**附加性**劳动力假说与**悲观性**劳动力假说

附加性劳动力经济假说认为,在经济总水平下降的时候,由于衰退,一些一级劳动力处于失业状态。此时,为了保证家庭已有收入,二级劳动力走出家庭,以期寻找工作。因此,二级劳动参与率与失业率存在着正向关系:失业率上升,二级劳动参与率提高。

悲观性劳动力经济假说认为,失业率上升,二级劳动参与率下降。

10. P8 劳动力需求量变动对工资率变动的反应程度被定义为**劳动力需求的自身工资弹性**。

在假设其他条件不变的情况下,劳动力需求与工资率存在着如下关系:工资率上升,劳动需求减少,工资率下降,劳动需求增加。

需求无弹性:E=0 需求无限弹性:E=∞

单位需求弹性:E=1 需求富有弹性:E>1 需求缺乏弹性:E<1

11. P9 企业短期劳动力需求的决定

① 边际生产力递减规律——当把可变的劳动投入增加到不变的其他生产要素上,最初劳动投入的增加会使产量增加;但是当其增加超过一定限度时,增加的产量开始递减。

② 在完全竞争的市场结构中,资本等生产要素不变,唯一可变的生产要素是劳动投入,故可变的成本也就是工资。

短期企业劳动力需求决定的原则:$MRP = VMP = MP * P = MC = W$

12. **P11** 劳动力市场的**客体**是<u>劳动者的劳动力</u>。
P12 劳动力市场的含义 劳动力市场的性质：
① 劳动力市场是社会生产得以进行的条件。
② 劳动力是一种等价交换。
③ 劳动力市场的交换决定了劳动力的价值——工资。工资是实现和决定这种交换行为的必要手段。
④ 通过劳动力市场的交换，实现劳动要素和非劳动要素的最佳结合。

13. **P12** 劳动力市场的**本质属性**表现：
① 是在产权边界界定清晰的条件下的必然产物
② 是在社会主义市场经济中调节劳动力的配置，实现劳动要素与非劳动要素结合的最佳途径
③ 劳动力通过劳动力市场的劳动交换，离开流通领域进入生产领域后，所开始的劳动过程是商品生产者的劳动过程
局部均衡分析方法的代表人物是 A 马歇尔，一般均衡分析方法的代表人物是 L 瓦尔拉。

14. **P13** 劳动力市场均衡的意义：
① 劳动力资源的最优分配。② 同质劳动力获得同样的工资。③ 充分就业。

15. **P13** 人口对劳动力供给的影响
人口规模的不断扩大，使劳动力供给增加；劳动力需求不变，其结果必然是均衡工资率下降。
年龄结构——① 通过<u>劳动年龄组人口占人口总体</u>比重的变化，影响劳动力供给；② 通过<u>劳动年龄组内部年龄构成</u>的变动，影响劳动力供给内部构成的变化。
城乡结构——农村劳动力向非农业的转移，使劳动力供给弹性趋向增大。

16. **P14** 资本存量对劳动力需求的影响
资本存量的增加→改变劳动力与资本的配置比例→劳动生产率提高→劳动的边际产品价值增加→劳动力需求扩大→均衡工资率提高

17. **P14** 人口、资本存量与劳动力市场均衡
在人口增长、资本存量增加的条件下，资本存量的增长率高于人口的增长率，结果是均衡工资率得到提高，就业也在扩大。

18. **P15** 均衡价格论的一般原理及工资决定
① 均衡价格论——说明通过商品供给与商品需求的运动决定商品价格形成的理论。
② 工资——劳动力作为生产要素的均衡价格，即劳动力的需求与供给价格相一致的价格。
③ 工资作为劳动力要素的均衡价格是由劳动力的供给价格和需求价格的相互作用共同决定的。工资具有与劳动的净产品相等的趋势。所以工资决定是以劳动力价值为基础，最终取决于劳动的边际生产率和劳动力再生产费用及劳动的负效用。
④ 劳动力这一生产要素价格决定受社会的、历史的因素影响。

19. **P15** 生产要素分为四类：<u>土地，劳动，资本和企业家才能</u>。
要素对应的报酬是：土地/**地租**、劳动/**工资**、资本/**利息**、企业家才能/**利润**

按要素类别分配社会总产品或收入,称为**功能性收入分配**

工资形式的关键是以何种方式准确地反映和计量劳动者实际提供的劳动数量。

工资形式:基本工资+福利

20. P15 ① **基本工资**是以货币为支付手段,按照时间或产量计算的报酬,是工资构成的主要部分。② 工资率就是单位时间的劳动价格。

实际工资=货币工资/价格指数

21. P16 **计时工资和计件工资**是应用最普遍的基本工资支付方式。

① **计时工资**依据工作的工资标准与工作时间长度支付工资的形式

货币工资=工资标准×实际工作时间

计时工资包括**小时工资制、日工资制、周工资制**

小时工资制:货币工资=小时工资率×实际工作时间

日工资制:货币工资=小时工资率×标准工作日小时数

周工资制:货币工资=日工资率×标准工作周日数

② **计件工资**依据工人合格产品数量和计件工资率计算工资报酬的工资支付形式

货币工资=计件工资率(计件单价)×合格产品数量

计件工资是计时工资的转化形式。

计件工资的特点决定了:低生产率的风险主要由工人承担,劳动过程的控制成本较低;但产品数量统计、质量检验、定额标准、生产组织和劳动组织等的管理成本较大。

22. P17 ① 福利是工资的转换形式和劳动力价格的重要构成部分。② 福利和基本工资之和构成立了劳动报酬。③ 福利支付方式分为两大类:实物支付和延期支付。延期支付:保险支付、如退休金、失业保险等。

23. P17 福利实质上都是由工人自己的劳动支付的。其特征如下:① 福利支付以劳动为基础,不与个人劳动量直接相关;② 法定性;③ 自定性;④ 灵活性。

24. P17 实物支付优点:实物支付可以降低人工成本,变相地提高了个人所得税的纳税起点,从社会的角度看实物支付可以增加就业,改善居民的生活质量。延期支付当员工具备享受资格时,获得使用权。

延期支付优点:① 可使企业获得一种稳定的生产经营的外部条件;② 增加企业对劳动力市场的多种适应性;③ 自定性强;④ 可使若干社保基金实现积累

24. P18 所谓**就业或劳动就业**一般是指有劳动能力和就业要求的人,参与某种社会劳动,并通过劳动获得报酬或经营收入的经济活动。

总供给指一国在一定时期内生产的最终产品和服务按价格计算的货币价值总量。

总需求指社会在一定时期内对产品和服务需求的总和。

均衡国民收入=总需求=总供给=消费+储蓄=消费+投资

$Y=C+S=C+I$

25. P20 所谓**失业**是指劳动力供给与劳动力需求在总量或结构上的失衡所形成的,具有劳动能力并有就业要求的劳动者处于没有就业岗位的状态。

失业类型:摩擦性失业、技术性失业、结构性失业、季节性失业

摩擦性失业① 是一种正常性失业;② 一种岗位变换之间的失业;③ 它表明劳动力经常处于流动过程之中;④ 是动态性市场经济的一个自然特征;⑤ 是高效率利用劳动资源的

需要。
　　技术性失业——是效率提高的必然结果。解决办法:推行积极的劳动力市场政策,强化职业培训,普遍地实施职业技能开发。
　　结构性失业——在全部失业中占有很大比重。解决办法:超前的职业指导和预测、广泛的职业技术培训、低费用的人力资本投资。
　　季节性失业——表现为:① 气候对行业生产影响;② 气候对消费需求的影响。
　　26. P21　需求不足性失业的两种具体形式:增长差距性失业、周期性失业(最常见,最严重,最难对付)。
　　缓解需求不足性失业的对策:刺激总需求及扩大有效供给是解决需求不足性失业的根本方向。对非正常性失业,政府通过宏观财政政策,货币政策,结合产业政策,推行积极的劳动力市场政策,来缓解需求不足性失业,进而实现充分就业。
　　27. P21　① 失业率=(失业人数/社会劳动力人数)×100%
　　社会劳动力人数=就业人数+失业人数
　　② 平均失业持续期=(Σ失业者×周期)/失业人数(反映失业严重程度的重要指标)
　　③ 年失业率=该年度有失业经历的人占社会劳动力总额的比例 ×(平均失业持续期/52)
　　失业的负面影响:造成家庭生活困难;是劳动力资源浪费的典型形式;直接影响劳动者精神需求的满足程度。
　　28. P23　政府支出分为:政府购买和转移支付两类
　　劳动力市场的**制度结构要素**① 最低劳动标准:最低工资标准、最长劳动时间标准。② 最低社会保障。③ 工会。工会在其发展中承担着多重功能,最基本的是与雇主或雇主组织进行集体谈判,参与决定基本劳动条件,并对各项劳动条件标准的实施进行监督。
　　最低劳动标准、最低社会保障、工会权利义务等三个制度结构,以法律确定、保护。
　　29. P24　对就业总量影响最大的**宏观**调控政策是:财政、货币和收入政策
　　财政政策——扩张性的财政政策和紧缩性的财政政策(政府购买、转移支付、变动税率)
　　货币政策——扩张性的货币政策和紧缩性的货币政策(准备金率、贴现率、公开市场业务)
　　收入政策——有利于宏观经济的稳定、资源的合理配置、缩小不合理的收入差距
　　30. P26　收入差距指标——基尼系数:洛伦茨曲线、库兹涅茨比率、帕累托定律等。
　　基尼系数用来判断某种收入分配平等程度的一种指数,亦即社会居民或劳动者人数与收入量对应关系的计量指标。
　　当基尼系数接近0时,收入便接近与绝对平衡,接近1时,则接近绝对不平衡。基尼系数越大,表示收入越不平衡。通常基尼系数在0.2~0.4之间。
　　收入政策措施:① 调控收入与物价关系的措施:制定工资—物价指导线。冻结。以税收为基础的收入控制政策。② 收入平等化措施:个人所得税制度。其他税。发展社会保障事业。
　　劳动法律事件:指不以当事人的主管意志为转移,能够引起一定的劳动法律后果的客观现象。

二、强化题

(一) 单选题

1. 在市场经济环境下,企业追求的目标是(　　)。A　P2
   (A) 利润最大化　　(B) 差额最小化　　(C) 效用最大化　　(D) 差额最大化
2. (　　)模型提示了劳动力市场的基本功能。D　P2
   (A) 收支循环　　(B) 支出循环　　(C) 供需循环　　(D) 收入循环
3. 在生产要素市场,(　　)是生产要素的供给者。A　P2
   (A) 居民户　　(B) 市场　　(C) 劳动者　　(D) 企业
4. 劳动力市场的基本功能是(　　)。B　P3
   (A) 实现劳动资源的配置　　　　(B) 决定就业量与工资
   (C) 解决生产什么的问题　　　　(D) 解决如何生产的问题
5. 在劳动经济学的研究方法中。(　　)是认识客观现象,向人们提供实在、有用、确定、精确的知识的方法。B　P3
   (A) 观察研究方法　　(B) 实证研究方法　　(C) 对比研究方法　　(D) 规范研究方法
6. 实证研究方法重点是研究现象本身(　　)的问题。D　P3
   (A) 源自哪　　(B) 怎样好　　(C) 为什么　　(D) 是什么
7. 劳动力供给弹性是(　　)变动对工资率变动的反应程度。B　P6
   (A) 劳动力供给增加量　　　　(B) 劳动供给量
   (C) 劳动力需求增加量　　　　(D) 劳动力需求量
8. (　　)是指经济运作过程中繁荣与衰退的周期性交替。C　P7
   (A) 经济规律　　(B) 经济交替　　(C) 经济周期　　(D) 经济变动
9. 劳动力需求的自身工资弹性是(　　)变动对工资率变动的反应程度。C　P8
   (A) 劳动力供给量　　(B) 劳动力供给率　　(C) 劳动力需求量　　(D) 劳动力需求率
10. 劳动力市场的客体是(　　)。B　P11
    (A) 劳动力市场关系　　　　(B) 劳动者的劳动力
    (C) 劳动力的所有者个体　　(D) 使用劳动力的企业
11. 按要素类别分配社会总产品或收入称为(　　)收入分配。B　P15
    (A) 要素性　　(B) 功能性　　(C) 结构性　　(D) 成本性
12. 计时工资不包括(　　)。C　P16
    (A) 小时工资制　　(B) 日工资制　　(C) 月度工资制　　(D) 周工资制
13. 实际工资计算公式是(　　)。B　P16
    (A) 货币工资/价格　　　　(B) 货币工资/价格指数
    (C) 货币工资×价格　　　　(D) 货币工资×价格指数
14. 关于就业的说法不正确的是(　　)。C　P18
    (A) 就业主体必须有劳动能力
    (B) 就业者所从事的劳动是有酬劳动
    (C) 就业主体的所得不能是经济收入
    (D) 就业者所参加的劳动属于社会劳动

15. ( )是指国家在一定时期内生产的最终产品和服务按价格计算的货币价值总量。A P18
    (A) 总需求   (B) 总需求价格   (C) 总供给   (D) 总供给价格
16. 下列公式错误的是( )。A P19
    (A) 总供给＝消费＋收入   (B) 均衡国民收入＝消费＋储蓄
    (C) 总供给＝消费＋储蓄   (D) 均衡国民收入＝消费＋投资
17. 就业量所生产产品的总供给价格称为( )。B P19
    (A) 最低收益   (B) 最低预期收益   (C) 最低成本   (D) 最低预期成本
18. 劳动者在就业岗位之间的变换所形成的失业称为( )。A P20
    (A) 摩擦性失业 (B) 技术性失业   (C) 结构性失业 (D) 季节性失业
19. ( )是造成非正常失业的主要原因。D P21
    (A) 劳动生产率提高   (B) 气候的变化
    (C) 市场经济的动态性   (D) 总需求不足
20. 常用的反映失业程度的两项指标是失业率和失业( )。B P21
    (A) 稳定期   (B) 持续期   (C) 波动期   (D) 变化期
21. 关于平均失业持续期表述错误的是( )。A P22
    (A) 无论时间长短都属于非正常失业
    (B) 它的长度是反映失业严重程度的重要指标
    (C) 平均失业持续期相对较短,反映了经济的动态性
    (D) 平均失业持续期延长表明劳动力市场中存在长期失业者
22. ( )是政府通过调节利率来调节总需求水平,以促进充分就业、稳定物价和经济增长的一种宏观经济管理对策。B P25
    (A) 财政政策   (B) 货币政策   (C) 金融政策   (D) 收入政策
23. 收入差距的衡量指标是( )。B P26
    (A) 国民收入   (B) 基尼系数   (C) 人均 GDP   (D) 需求弹性

二、多选题
1. 资源的稀缺性的属性包括( )。BCE P1
    (A) 暂时的稀缺性   (B) 绝对的属性
    (C) 相对的稀缺性   (D) 永久的属性
    (E) 消费劳动资源支付手段的稀缺性
2. 规范研究方法的特点包括( )。CE P4
    (A) 目的在于认识客观事实   (B) 结论具有客观性
    (C) 以某种价值判断为基础   (D) 结论具有主观性
    (E) 目的在于为政府制定经济政策服务
3. 阻碍互惠交换实现的主要障碍包括( )。ABE P4
    (A) 体制障碍   (B) 市场缺陷
    (C) 诚信障碍   (D) 经济滞后
    (E) 信息障碍
4. 老年人口劳参率下降的主要原因是( )的完善和推广。AE P6

(A) 收入保障制度 (B) 绩效考核制度
(C) 薪酬管理制度 (D) 社会保险制度
(E) 企业养老保险计划

5. 女性劳动力参与率呈上升趋势的主要原因包括(　　)。ACDE　P6
(A) 女性教育水平提高 (B) 劳动法日益完善
(C) 制度劳动时间缩短 (D) 人口出生率下降
(E) 科学技术不断进步

6. 人口年龄结构对劳动力供给的影响主要表现在(　　)。BC　P13
(A) 就业人口总量 (B) 劳动年龄组内部年龄构成
(C) 劳动年龄人口占人口总体比重 (D) 劳动年龄组外部年龄构成
(E) 劳动年龄人口占失业人口比重

7. 劳动力市场均衡的意义有(　　)。ABD　P13
(A) 充分就业 (B) 同质劳动力获得同样的工资
(C) 体现工资差异 (D) 劳动力资源的最优分配
(E) 增大工资总额

8. 关于计时工资的计算公式正确的是(　　)。ABC　P16
(A) 小时工资率×实际工作时间 (B) 小时工资率×标准工作日小时数
(C) 日工资率×标准工作周日数 (D) 小时工资率×标准工作日数
(E) 日工资率×合格产品数量

9. 福利的特性包括(　　)。BCDE　P17
(A) 公平性 (B) 法定性
(C) 企业自定性 (D) 灵活性
(E) 福利支付不与个人劳动量直接相关

10. 均衡国民收入等于(　　)。ABDE　P19
(A) 消费与储蓄 (B) 总需求
(C) 投资与储蓄 (D) 总供给
(E) 消费与投资

11. 失业类型分为(　　)。ABCD　P20
(A) 摩擦性失业 (B) 技术性失业
(C) 结构性失业 (D) 季节性失业
(E) 阶段性失业

12. 社会就业总量取决于(　　)。AE　P20
(A) 总需求水平 (B) 总供给水平
(C) 国民生产总值 (D) 劳动力数量
(E) 均衡国民收入

13. 对摩擦性失业表述正确的是(　　)。ABCDE　P20
(A) 它是一种正常性失业
(B) 它是一种岗位变换之间的失业
(C) 它是高效率利用劳动资源的需要

(D) 它是动态性市场经济的一个自然特征
(E) 它表明劳动力经常处于流动过程之中

14. 对摩擦性失业表述正确的是（　　）。CDE　P20
    (A) 是一种非正常性失业　　　　　　(B) 是低效率利用劳动资源的需要
    (C) 是一种岗位变换之间失业　　　　(D) 是动态性市场经济的一个自然特征
    (E) 表明劳动力经常处于流动过程之中

15. 根据宏观经济学基本原理，社会就业总量取决于（　　）。CD　P20
    (A) 总供给水平　　　　　　　　　　(B) 工资
    (C) 总需求水平　　　　　　　　　　(D) 均衡国民收入
    (E) 劳动力数量

16. 失业率等于（　　）。CE　P21
    (A) 失业人数/就业人数　　　　　　 (B) 失业人数/人口总数
    (C) 失业人数/社会劳动力人数　　　 (D) 就业人数/失业人数
    (E) 失业人数/(就业人数＋失业人数)

17. 年失业率取决于（　　）。CE　P22
    (A) 失业周数　　　　　　　　　　　(B) 失业人数
    (C) 平均失业持续期　　　　　　　　(D) 就业人数
    (E) 失业人数所占社会劳动力的比例

18. 劳动力市场的制度结构要素有（　　）。ABD　P23-24
    (A) 工会　　　　　　　　　　　　　(B) 最低社会保障
    (C) 劳动力需求量　　　　　　　　　(D) 最低劳动标准
    (E) 劳动力供给量

19. 政府支出包括（　　）。BD　P23
    (A) 财政税收　　　　　　　　　　　(B) 政府购买
    (C) 政府赠与　　　　　　　　　　　(D) 转移支付
    (E) 政府呆坏账

20. 最低劳动标准包括（　　）。AE　P23
    (A) 最低工资标准　　　　　　　　　(B) 最低劳动条件
    (C) 最低社会保障　　　　　　　　　(D) 最差就业环境
    (E) 最长劳动时间标准

21. 政府购买的具体项目包括（　　）。BCDE　P23
    (A) 社会救济　　　　　　　　　　　(B) 公共管理服务
    (C) 政府雇员薪金报酬　　　　　　　(D) 公共工程项目
    (E) 事业组织中劳动者的薪金报酬

22. 下列对失业所造成的影响，表述正确的有（　　）。ADE　P23
    (A) 失业造成家庭生活困难
    (B) 失业有利于国民收入的增长
    (C) 失业造成劳动力资源的优化配置
    (D) 失业是劳动力资源浪费的典型形式

(E) 失业直接影响劳动者精神需要的满足程度
23. 财政政策的手段包括（　　）。BC　P24
    (A) 调节利率　　　　　　　　(B) 增减预算支出水平
    (C) 增减政府税收　　　　　　(D) 调节法定准备金库
    (E) 货币政策
24. **紧缩性财政政策**包括（　　）。ABE　P24
    (A) 减少政府购买　　　　　　(B) 提高税率
    (C) 增加公共工程开支　　　　(D) 降低贴现率
    (E) 减少政府转移支付
25. **扩张性财政政策**包括（　　）。ABCE　P24
    (A) 降低税率　　　　　　　　(B) 免税
    (C) 扩大政府购买　　　　　　(D) 退税
    (E) 增加政府转移支付
26. 在现代市场经济国家，政府实施**财政政策**的主要措施包括（　　）。ABD　P24-25
    (A) 变动税率　　　　　　　　(B) 调整政府购买水平
    (C) 公开市场业务　　　　　　(D) 调整政府转移水平
    (E) 调整货币供应量
27. 政府实施**货币政策**的主要措施包括（　　）。ACE　P25
    (A) 调整贴现率　　　　　　　(B) 调整税率
    (C) 公开市场业务　　　　　　(D) 调整利率
    (E) 调节法定准备金率

第二章 劳动法

一、考点梳理

1. P28 狭义的劳动法仅指劳动法律部门的核心法律。广义的劳动法则是调整劳动关系以及与劳动关系密切联系的其他一些社会关系的法律规范的总和。

2. P29 基本原则的内容与性质直接决定了各项**劳动法律制度**的内容与性质

劳动法的基本原则的特点：① **指导性、纲领性**的法律规范；② 反映了劳动法律部门的本质和特点；③ 高度的稳定性；高度的权威性。

基本原则的内容在明确性程度显然低于调整劳动关系的具体规定

3. P29 劳动法基本原则的作用：

① 指导劳动法的制定、修改和废止，保证各项劳动法律制度的统一、协调。

② 指导劳动法的实施，正确使用法律，防止出现偏差。

③ 劳动法的基本原则有助于劳动法的理解、解释，对于认识劳动法本质有指导意见。

在处理劳动争议时，可能出现没有准确适用的法律条款。此时劳动法基本原则可以直接适用。

劳动法的基本原则**明确性低**于调整劳动关系具体规定

劳动法的基本原则**覆盖范围大**于调整劳动关系具体规定

劳动法的基本原则**稳定性高**于调整劳动关系具体规定

4. P30 劳动法律基本原则：① 保障劳动者劳动权的原则。② 劳动关系民主化原则。③ 物质帮助权原则。

5. P30 **劳动权** 包括平等的劳动就业权、自由择业权、劳动报酬权、休息休假权、劳动保护权、职业培训权。**保障劳动者的劳动权**是劳动法的**首要原则**。

平等的就业权和自由择业权是劳动权的**核心**。劳动权受到国家的保障，这种劳动权保障具体的体现为**基本保护，全面保护，优先保护**等方面。

6. P31 保护劳动者劳动权时，应该优先保护在劳动关系中事实上处于**弱势地位**的劳动者。

7. P31 **劳动关系民主化原则**的具体内容包括：劳动关系当事人双方享有① 参加和组织工会的权利。② 平等协商的权利。③ 集体协商权共同决定权。④ 组织工会的权利。⑤ 三方原则：政府、工会和雇主协会。⑥ 工会享有参与权、知情权和咨询权。

8. P31 作为**公民的基本权利**，就劳动者而言，通过社会保险实现

物质帮助权的**特征**：社会性、互济性、补偿性。

9. P30-36 法律渊源的有：① 宪法（最高法律效力）；② 劳动法律；③ 国务院劳动行政法规；④ 劳动规章；⑤ 地方性劳动法规；⑥ 国际公约；⑦ 正式解释。

除上面以外还包括：① 内劳动规则；② 劳动合同；③ 集体合同；④ 习惯法；⑤ 法官法或判例法。

我国宪法规定了劳动者的基本权利,如劳动权、报酬权、休息休假权、劳动安全卫生保护权、物质帮助权、培训权、结社权等。

劳动法律包括《中华人民共和国工会法》、《中华人民共和国劳动法》。

国务院劳动行政法规:《工伤保险条例》、《企业劳动争议处理条例》、《职工奖惩条例》、《劳动保障监察条例》、《女职工劳动保护规定》、《国务院关于建立统一的企业职工基本养老保险制度的决定》等。

10. P30　**正式解释**:根据解释主体的不同,正式解释分为**立法解释**、**司法解释**、**行政解释**。

任意解释不具有法律效力

11. P37　组成劳动法的内容有:

(1) **就业促进**制度(规范<u>国家</u>、<u>各级政府</u>、<u>社会</u><u>特定人口群体</u>、促进妇女,<u>残疾和少数民族人员的就业措施</u>)

(2) **劳动合同和集体合同**制度(劳动合同<u>订立</u>、<u>履行</u>、<u>变更</u>、<u>解除</u>、<u>终止</u>;集体合同<u>协商</u>、<u>订立的程序</u>、<u>原则</u>、<u>履行</u>、<u>监督</u>等规则)

(3) **劳动标准**制度(工作时间、休息休假制度、工资制度、劳动安全卫生制度以及女职工和未成年工特殊保护制度)

(4) **职业技能开发**制度

(5) **社会保险与福利**制度

(6) 劳动争议处理制度

(7) 劳动监督检查制度

P39 表2-1劳动法体系:劳动关系法、劳动标准法、劳动保障法、劳动监督检查法。

12. P39　劳动法律关系是指劳动法律规范在调整劳动关系过程中所形成的劳动者(雇员)与用人单位(雇主)之间的权利义务关系,即雇员与雇主在实现现实的劳动过程中所发生的权利义务关系。

劳动关系转变为劳动法律关系的条件有:① 存在现实的劳动关系;② 存在着调整劳动关系的法律规范。

劳动法律关系的种类:劳动合同关系、劳动行政法律关系、劳动服务法律关系。

劳动法律关系的特征:(1) 劳动法律关系是劳动关系的现实形态。

(2) 劳动法律关系的内容是权利和义务。

(3) 劳动法律的**双务关系**。

(4) 劳动法律关系具有国家强制性。

13. P42　劳动法律关系的构成要素包括:① 主体;② 内容;③ 客体。

14. P43　各类用人单位成为劳动法律关系主体的前提条件是必须具有:① 用工权利能力;② 用工行为能力。

15. P44　劳动法律事实:劳动法律行为、劳动法律事件

劳动法律行为:是指以当事人的意志为转移,能够引起劳动法律关系产生、变更和消灭,具有一定法律后果的活动。

二、强化题

(一) 单选题

1. 劳动法的基本原则的特点不包括( )。D P29
   (A) 指导性　　(B) 权威性　　(C) 稳定性　　(D) 合理性

2. 在处理劳动争议时,如果没有准确适用的法律条款,( )可以直接适用。C P29
   (A) 劳动法的首要原则　　　　(B) 劳动法律规范
   (C) 劳动法的基本原则　　　　(D) 相关国际公约

3. 劳动法的基本原则直接决定了( )的性质。B P29
   (A) 劳动法律事实　(B) 劳动法律制度　(C) 劳动法律事件　(D) 劳动法律关系

4. 保护劳动者劳动权时,应该优先保护在劳动关系中事实上处于( )的劳动者。D P30
   (A) 特殊地位　(B) 优势地位　(C) 稀缺地位　(D) 弱势地位

5. 劳动法的首要原则是( )。C P30
   (A) 保障报酬权　　　　(B) 保障物质帮助权
   (C) 保障劳动者的劳动权　(D) 保障休息休假权

6. ( )是劳动权的核心。B P30
   (A) 择业权和劳动报酬权　　(B) 就业权和择业权
   (C) 休息休假权和劳动保护权　(D) 劳动保护权和职业培训权

7. 对劳动者而言,物质帮助权主要通过( )来实现。A P31
   (A) 社会保险　(B) 社会保障　(C) 社会救济　(D) 薪酬福利

8. 在劳动关系领域,工会不享有( )。B P31
   (A) 参与权　(B) 决定权　(C) 知情权　(D) 咨询权

9. 在劳动关系领域,工会不享有( )。D P31
   (A) 参与权　(B) 咨询权　(C) 知情权　(D) 单方决定权

10. 关于社会保险的说法不正确的是( )。A P31
    (A) 社会保险当事人可以自行选择缴费标准。
    (B) 社会保险当事人不能自行选择保险项目。
    (C) 社会保险当事人不能自行选择是否参加保险
    (D) 对劳动者而言,物质帮助权主要通过社会保险来实现。

11. 社会保险特征不包括( )。A P32
    (A) 自由性　(B) 社会性　(C) 互济性　(D) 补偿性

12. ( )是指具有法的效力作用和意义的法或法律的外在表现形式。A P32
    (A) 法律渊源　(B) 劳动法　(C) 劳动合同　(D) 劳动关系

13. ( )在国家的法律体系中具有最高法律效力。B P33
    (A) 劳动法　　　　(B) 宪法
    (C) 国务院劳动行政法规　(D) 劳动规章

14. ( )是当前我国调整劳动关系的主要依据。C P33
    (A) 宪法　　　　(B) 劳动法律

(C) 国务院劳动行政法规 　　　　(D) 劳动规章
15. ( )不具有法律效力。B　P34
　(A) 立法解释　(B) 任意解释　(C) 司法解释　(D) 行政解释
16. 劳动和社会保障部发布的规范性文件称为( )。D　P34
　(A) 劳动法规　　　　　　　　(B) 劳动法律
　(C) 国务院劳动行政法规　　　　(D) 劳动规章
17. ( )是指劳动法的各项具体劳动法律制度的构成和相互关系。A　P36
　(A) 劳动法的体系　　　　　　(B) 劳动法的渊源
　(C) 劳动法的原则　　　　　　(D) 劳动法的内容
18. ( )是以法律共同体的长期实践前提,以法律共同体的普通的法律确信为基础。C　P36
　(A) 法官法　(B) 判例法　(C) 习惯法　(D) 成文法
19. 正常情况下,每个月依照法定程序延长的工作时间不能超过( )。B　P37
　(A) 34 小时　(B) 36 小时　(C) 38 小时　(D) 40 小时
20. 劳动法所规定的劳动标准,属于强制性法律规范,是( )。A　P37
　(A) 最低劳动标准　　　　　　(B) 一般劳动标准
　(C) 最高劳动标准　　　　　　(D) 特殊劳动标准
21. 关于劳动法的监督检查制度的说法不正确的是( )。A　P38
　(A) 它规定了劳动关系的调整规则
　(B) 它是实施劳动监督检查的职权划分和行为规则
　(C) 它规定了以何种手段实现和保证各项劳动法律制度的实施
　(D) 各项劳动法律制度的范围与劳动监督检查制度的范围是一致的
22. 以下不属于劳动保障法的是( )。C　P39
　(A) 促进就业法　(B) 社会保险法　(C) 工作时间法　(D) 劳动福利法
23. ( )是指劳动法律规范在调整劳动关系过程中所形成的劳动者与用人单位之间的权利与义务关系。A　P39
　(A) 劳动法律关系　(B) 劳动合同关系　(C) 劳动行政关系　(D) 劳动雇佣关系
24. 在现代社会中,劳动关系是基于( )而建立的。A　P39
　(A) 劳动合同　(B) 事实劳动关系　(C) 集体合同　(D) 形式劳动关系
25. 以下不属于劳动标准法的是( )。A　P39
　(A) 劳动争议处理法　　　　　(B) 工资法
　(C) 劳动安全卫生标准法　　　(D) 工作时间法
26. 以下不属于劳动保障法的是( )。C　P39
　(A) 促进就业法　(B) 社会保险法　(C) 工作时间法　(D) 劳动福利法
27. ( )是雇员与雇主在劳动过程中的权利义务关系。A　P40
　(A) 劳动合同关系　　　　　　(B) 劳动行政法律关系
　(C) 劳动法律渊源　　　　　　(D) 劳动服务法律关系
28. 劳动法律关系的主要形态是( )。B　P40
　(A) 劳动行政法律关系　　　　(B) 劳动合同关系

(C) 劳动服务法律关系　　　　　　　(D) 劳动监督关系
29. 劳动法律关系的构成要素不包括（　）。D　P42
    (A) 主体　　　(B) 内容　　　(C) 客体　　　(D) 原则
30. 劳动法律关系是一种（　）。B　P42
    (A) 劳动关系　　(B) 双务关系　　(C) 正向关系　　(D) 法务关系

(二) 多选题

1. 下面属于劳动法律渊源的有（　）。ABCE　P23
   (A) 国务院劳动行政法规　　　　　(B) 劳动法律
   (C) 宪法中关于劳动问题的规定　　(D) 个案判例
   (E) 我国立法机关批准的相关国际公约
2. 劳动法基本原则的特点是（　）。ABCDE　P29
   (A) 是指导性的法律规范　　　　　(B) 高度的权威性
   (C) 反映劳动法律部门的特点　　　(D) 高度的稳定性
   (E) 反映调整的劳动关系特殊性
3. 关于劳动法的基本原则的说法正确的是（　）。ABC　P29
   (A) 具有指导性、纲领性的法律规范
   (B) 其权威性高于劳动法的具体规定
   (C) 其稳定性低于劳动法的具体规定
   (D) 其权威性低于劳动法的具体规定
   (E) 其稳定性高于劳动法的具体规定
4. 以下关于"劳动法的基本原则"和"调整劳动关系的具体规定"的说法正确的是（　）。CDE　P29
   (A) 前者的明确性高于后者　　　　(B) 前者所覆盖的事实状态小于后者
   (C) 前者的明确性低于后者　　　　(D) 前者所爱盖的事实状态大于后者
   (E) 前者的稳定性高于后者
5. 劳动法的基本原则包括（　）。ACE　P30-31
   (A) 物质帮助权原则　　　　　　　(B) 适用性原则
   (C) 劳动关系民主化原则　　　　　(D) 灵活性原则
   (E) 保证劳动者劳动权的原则
6. 劳动法基本原则包括（　）。ABCDE　P30
   (A) 物质帮助权原则　　　　　　　(B) 平等就业原则
   (C) 劳动关系民主化原则　　　　　(D) 自由择业原则
   (E) 保障劳动者劳动权的原则
7. 下面属于劳动权的是（　）。ABCDE　P30
   (A) 平等就业权　　　　　　　　　(B) 劳动报酬权
   (C) 自由择业权　　　　　　　　　(D) 休息休假权
   (E) 职业培训权
8. 劳动权保障具体体现为（　）。ACE　P30

(A) 基本保护 (B) 平等就业权
(C) 全面保护 (D) 自由择业权
(E) 优先保护
9. 政府制定或调整重大劳动关系标准应当贯彻"三方原则",其中三方指的是(　　)。ABD P31
(A) 雇主协会 (B) 政府
(C) 企业员工 (D) 工会
(E) 行业协会
10. 劳动关系民主化原则的具体内容包括:劳动关系当事人双方享有(　　)。ABCDE P31
(A) 参加工会的权利 (B) 集体协商权
(C) 组织工会的权利 (D) 共同决定权
(E) 平等协商的权利
11. 社会保险特征包括(　　)。BCD P34
(A) 自由性 (B) 社会性
(C) 互济性 (D) 补偿性
(E) 知情权
12. 社会保险的社会性是指(　　)的社会性。ABCE P32
(A) 保险范围 (B) 保险组织
(C) 保险目的 (D) 保险流程
(E) 保险管理
13. 下面属于法律渊源的有(　　)。ABCDE P33
(A) 正式解释 (B) 劳动法律
(C) 地方性劳动法规 (D) 劳动规章
(E) 国务院劳动行政法规
14. 根据解释主题的不同,正式解释分为(　　)。ABC P34
(A) 立法解释 (B) 司法解释
(C) 行政解释 (D) 任意解释
(E) 合同解释
15. 劳动法的内容极为丰富,包括(　　)。ACDE P36/39
(A) 劳动关系 (B) 劳动法律事件
(C) 劳动标准 (D) 劳动监督检查
(E) 社会保险
16. 劳动标准制度包括(　　)。ABCDE P37
(A) 工资制度 (B) 工作时间制度
(C) 劳动安全卫生制度 (D) 休息休假制度
(E) 女职工和未成年工特殊保护制度
17. 劳动合同和集体合同制度包括(　　)。ABCD P37
(A) 劳动合同的订立、履行

(B) 集体合同协商、订立的程序
(C) 劳动合同的变更、解除和终止
(D) 集体合同协商、订立的原则
(E) 因劳动合同发生争议的调解和处理

18. 劳动法的构成体系包括( )。ABCDE P39
   (A) 社会保险和福利制度   (B) 劳动合同制度
   (C) 劳动法的监督检查制度   (D) 集体合同制度
   (E) 工会和职工民主管理制度

19. 劳动关系法包括( )。ABCDE P39
   (A) 职工民主管理法   (B) 集体合同法
   (C) 劳动争议处理法   (D) 劳动合同法
   (E) 用人单位内部劳动规则制定法

20. 劳动法律关系包括( )。BDE P40
   (A) 劳动关系   (B) 劳动行政法律关系
   (C) 劳务派遣关系   (D) 劳动服务法律关系
   (E) 劳动合同关系

21. 法律通常将自然人分为( )。BCE P43
   (A) 丧失行为能力的人   (B) 限制劳动行为能力的人
   (C) 无劳动行为能力的人   (D) 部分劳动行为能力的人
   (E) 完全劳动行为能力的人

22. 各类用人单位成为劳动法律关系主体的前提条件是必须具有( )。AB P43
   (A) 用工权利能力   (B) 用工行为能力
   (C) 劳动休息权力   (D) 劳动权利能力
   (E) 劳动行为能力

23. 依据劳动法律事实是否以当事人的意志为转移,法律事实可分为( )。AD P44
   (A) 劳动法律行为   (B) 劳动法律渊源
   (C) 劳动法律体系   (D) 劳动法律事件
   (E) 劳动合同关系

第三章　现代企业管理

一、考点梳理

1. P45　企业战略是指企业为了适应未来环境的变化，寻求长期生存和稳定发展而制定的总体性和长远性的谋划与方略。企业战略具有**全局性、系统性、长期性、风险性和抗争性**。

2. P45　企业战略的实质是实现**外部环境、企业实力和战略目标**之间的动态平衡。

3. P45　**微观环境**是指市场和产业环境。**宏观环境**是指间接影响企业活动环境因素，包括经济环境、政治环境、法律环境、社会文化技术环境。

4. P46　企业外部环境调研的方法：① 获取口头信息（目前了解外部环境情况的主要方法）；② 获取书面信息；③ 专题性调研（针对性强、成本高）。

5. P47　经营环境的**微观分析**：现有竞争对手的分析、潜在竞争对手的分析、替代产品和服务威胁的分析、顾客力量的分析、供应商力量的分析。

6. P48　**顾客力量分析**包括企业产品消费群体分析、顾客购买动机分析、顾客消费承受能力。

7. P49　经营环境的**宏观分析**包括政治法律环境、经济环境、技术环境、社会文化环境。

8. P50　**资源**是企业拥有或控制的**有形资产和无形资产**。包括物质、人力、财务、技术、管理、无形资产等六方面内容。**企业资源优势**具有稀缺、难以模仿和被替代、相对性和时间性。

9. P50　**能力**是指企业将其资源进行组合、归集、整合形成产品和服务，以满足顾客需要的一种技能。资源的开发和利用活动分成两大类，即基本活动和支持活动。
   基本活动：生产加工，成品运输，市场营销，售后服务。
   支持活动：采购管理、技术开发、人力资源管理、企业基础设施。
   企业能力的**分析方法**：纵向分析、横向分析、财务分析。
   在分析企业能力时，**效率和效果**是两个重要的指标。所谓效率是指实际产出和实际投入的比率，所谓效果是指实际产出达到预计产出的程度。

10. P52　企业内部条件和外部条件的综合分析——运用SWOT分析方法。
    WO：扭转战略　　　　SO：增长战略
    WT：防御战略　　　　ST：多种经营战略

11. P54　企业总体战略有：**进入战略**（购并战略、内部创业战略、合资战略）、**发展战略**（单一产品或服务发展战略、横向发展战略、纵向发展战略）、**稳定战略**和**撤退战略**（特许经营、分包、卖断、管理层与杠杆收购、拆产为股/分拆、资产互换与战略贸易。
    【需要把相关定义对照教材看一遍】

12. P57　**一般竞争战略**：低成本战略（原则：领先、全过程低成本、总成本最低、持久等原则)、差异化战略(原则:效益、适当、有效等原则)、重点战略。

13. P58　**不同行业阶段的战略**:新兴行业(进入时机和竞争方式的选择)、成熟行业(明确竞争战略、合理组合产品、合理定价、工艺创新、扩大用户的产品范围、购买廉价资产、选择合适的买主、工艺流程的选择、参与国际竞争)、衰退行业(领导地位、合适定位、收获、迅速退出等战略)

14. P58　**差异化战略制定的原则**:效益原则、适当原则、有效原则。

15. P60　**企业经营战略的实施**:① 建立相应组织;② 合理配置资源,制定预算和规划;③ 调动群体力量实现战略计划;④ 建立行政支持系统,实施有效战略控制。

16. P61　**企业经营战略的控制**特点:① 战略系统是开放的;② 战略控制的标准是企业的总体目标(**成效标准、废弃标准**);③ 战略规划既有稳定性也有变化性。

17. P61　战略控制的**基本要素**:① 战略评价标准;② 实际成效;③ 绩效评价。

18. P61　**战略评价标准**是指预定的战略目标或标准,是战略控制的依据战略控制的方法分为事前控制、事中控制和事后控制。

19. P62　决策科学化的要求:① 合理的决策标准;② 有效的信息系统;③ 系统的决策观念;④ 科学的决策程序、决策方法科学性。

科学的**决策程序**:确定决策目标、探索可行方案、选优决策三个阶段。

决策方法科学化**两条基本途径**:① 按常规办事、不必事事重新决策;② 建立健全专门的组织机构,赋予其专门处理某类决策的权力和责任,分工明确。

新的方法:硬技术得到了迅速发展和广泛运用,软技术也使决策越来越科学化。

20. P63　**确定型决策方法**:量本利分析法,是将企业的总成本分为固定成本和变动成本,观察产品单价和单位变动成本的差额,若前者大于后者,则存在"边际贡献"。

量本利分析的主要问题是找出盈亏平衡点,寻找的方法有图解法和公式法。

安全余额=实际(预计)销售额与盈亏平衡点的差额

安全余额越大,经营越安全,销售额紧缩的余地越大。

经营安全率是安全余额与实际销售额的比值,经营安全率在0~1,越接近于1就越安全。当经营安全率低于20%的时候,企业就要作出提高经营安全率的决策。

21. P68　**风险性决策方法**:是一种随即决策,要具备5个条件:① 有一个明确的决策目标;② 存在2个以上可供选择的方案;③ 存在着不以人们的意志为转移的各种自然状态;④ 可测算不同方案在不同自然状态下的损益值;⑤ 可测算出各种自然状态发生的客观概率。

22. P68　风险型决策方法包括① 收益矩阵;② 决策树;③ 敏感性分析法。

23. P68　决策树的**构成要素**:决策点、方案枝、状态节点、概率枝。

24. P68　决策树的**分析程序**:绘制树形图,计算期望值,剪枝决策。(注意顺序)

25. P69　不确定性决策方法:

悲观决策标准——华德决策准则

乐观决策标准——赫威斯准则

中庸决策标准——中庸决策标准

最小后悔决策标准——萨凡奇决策标准

同等概率标准(机会均等标准)——拉普拉斯决策标准

26. P70　**企业计划职能作用**：① 使决策目标具体化；② 为控制提供标准；③ 提高企业工作效率。

27. P71　编制经营计划的方法：滚动计划法、PDCA 循环法、综合平衡法。
滚动计划法计划期可长可短，若是年度计划则按季度滚动，若是中长期计划在按年度滚动。

28. P70　PDCA 循环法就是按照计划（PLAN）、执行（DO）、检查（CHECK）、处理（ACTION）四个阶段的顺序，周而复始地循环进行计划管理的一种工作。（注意顺序）

29. P72　综合平衡法是指综合考虑企业生产经营活动中的各个因素，通过反复测算制定科学的计划，对企业经营活动进行指导、监督、控制和协调，从而实现企业综合平衡的要求，取得最佳经济效益。
企业综合平衡的**任务**① 最优比例；② 最优发展速度；③ 最优经济效果。

30. P72　目标管理的特点：① 它是一种系统化的管理模式。② 要求有明确完整的目标体系。③ 更富于参与性。④ 强调自我控制。⑤ 重视员工的培训和能力开发。

31. P73　建立合理有效的**目标体系**或目标网络是企业完成计划任务的关键。

32. P74 市场营销是关于构思、货物和服务的设计、定价、促销和分销的规划和实施过程，目的是创造能实现个人和组织目标的交换。市场营销是企业经营管理的**中心环节**。

33. P74　市场是**现实**购买者和**潜在**购买者的总和。
　　P74　市场的主要因素，包括**人口、购买力、购买欲望**。

34. P75　按**交换对象**不同可分为商品市场、服务市场、技术市场、金融市场、劳动力市场和信息市场等等。（服务市场提供的产品具有以下特性：不可储存、无法转售和不可触知）
　　P74　按**买方类型**可分为消费者市场和组织市场。
　　P74　按**活动范围和区域**不同可分为世界市场、全国性市场和地方市场等等。

35. P75　**消费者市场**是指为了**个人消费**而购买物品和服务的个人和家庭所构成的市场。
影响消费者购买行为的主要因素：**社会、文化、个人和心理**等因素。

36. P76　按照消费者在购买决策过程中的作用不同，角色可分为**倡议者、影响者、决策者、购买者、使用者。**

37. P76　根据参与者的介入程度和品牌间的差异程度，可将消费者的购买行为分为**习惯性购买行为、化解不协调的购买行为、寻求多样化的购买行为、复杂的购买行为**。

38. P77　在复杂的购买行为中，购买者的购买决策过程包括① 引起需求；② 收集信息；③ 评价方案；④ 决定购买；⑤ 买后行为。（注意顺序）

39. P77　组织市场是由各组织机构形成的对企业产品和劳务需求的总；三种类型：**产业市场、转卖者市场、政府市场。**

40. P77　产业市场与消费者市场具有相似性，但产业市场由一些显著的特点，包括购买者集中在少数地区、需求具体派生性、需求缺乏弹性、需求有较大的波动性、专业人员购买等。

41. P78　企业采购中心是指由所有参与购买决策的人员构成采购组织的决策单位，它通常包括的人员有① 使用者；② 影响者；③ 采购者；④ 决定者；⑤ 信息控制者。

42. P79　影响产业市场购买者的因素：**环境、组织、人际、个人因素**等等。

43. P80　市场营销的管理过程:分析市场机会;选择目标市场;设计市场营销组合;执行和控制市场营销计划。

44. P80　**企业营销机会**是指对本企业的营销具有吸引力的、能享受竞争的市场机会。

45. P80　市场营销的管理过程:分析市场机会;选择目标市场;设计市场营销组合;执行和控制市场营销计划。

46. P81　消费市场细分标准:地理、人口、心理、行为。
产业市场细分标准:最终用户、用户规模。

47. P81　目标市场选择:无差异市场营销、差异市场营销、集中市场营销。

48. P83　设计市场营销组合的四个基本变量(4PS):
产品(product)、价格(price)、地点(place)、促销(promotion)

49. P82　产品组合的关联性是指一个企业的各个产品大类在最终使用、生产条件、分销渠道等方面的密切关联程度。扩大产品组合、缩减产品组合、产品线延伸。

50. P83 营销控制:① 年度计划控制;② 盈利能力控制;③ 效率控制;④ 战略控制。

51. P85　品牌是用来识别商品或劳务的名称、记号、图案、颜色及其组合,包括品牌名称和品牌标志两部分。商标是指已获得专用权并受法律保护的一个品牌或一个品牌的一部分。
一般来说,对于不是以生产企业而是以规格划分质量的均质产品,如电力、钢材等产品,消费者习惯上不认商标。
常用的品牌与商标策略:品牌化策略、品牌使用者策略、品牌统分策略。

52. P86　包装策略:包装的作用主要是保护商品,便于运输、携带和保存。
相似包装、差别包装、组合包装、复用包装、附赠品包装策略。

53. P86　产品生命周期:产品生命周期分为投入期、成长期、成熟期、衰退期。

54. P87　投入期:快速掠取、缓慢掠取、快速渗透、缓慢渗透策略。

55. P87　成长期:改进和完善产品、开拓新市场、树立产品形象、增强销售渠道、适时降价。

56. P88　成熟期:市场改良、产品改良、市场营销组合改良。
产品改良包括① 品质改良;② 特色改良;③ 附加产品改良;④ 式样改良。

57. P89　衰退期:维持、集中、收缩、放弃、服务策略。

58. P90　定价策略:成本导向定价法、需求导向定价法、竞争导向定价法。

59. P90　成本导向定价法
① 成本加成:单位产品价格＝单位成品成×(1＋加成率)
② 盈亏平衡:单位产品价格＝单位固定成本＋单位变动成本
③ 目标收益:单位产品价格＝单位成本＋单位产品目标利润
　　　　　　单位产品目标利润＝投资总额×目标收益率÷预期销售量
　　　　　　目标收益率＝1/投资回收期×100%
④ 边际成本:单位产品价格＝单位产品变动成本＋单位产品边际贡献

60. P91　需求导向定价法:① 理解价值定价法;② 需求差别定价法;③ 逆向定价定价法。

61. P91　竞争导向定价法:① 随行就市定价法;② 密封投标定价法。

62. P92　确定产品的成交价格：① 新产品定价策略（撇油、渗透、满意定价策略）；② 折扣和折让定价策略（数量折扣、功能折扣、现金折扣、季节折扣、推广折让和补贴）；③ 心理定价策略（整数、尾数、声望、招徕、分级定价策略）。
63. P93　分销策略
　　最佳分销渠道的选择要解决三个问题，是否使用中间商、确定中间商的数目、中间商的选择。
64. P94　企业**实力**是指企业的声誉、人力、财力和物力。
65. P95　促销策略：<u>广告、人员推销、营业推广、公共关系</u>。

二、强化题

（一）单选题

1. 顾客力量分析不包括（　　）。C　P48
    (A) 顾客购买动机分析　　　　　(B) 顾客消费承受能力
    (C) 市场商品消费结构分析　　　(D) 企业产品消费群体分析
2. 企业资源优势具有（　　）的特点，企业要不断投入以保持和创新其优势。B　P50
    (A) 绝对性和时间性　　　　　　(B) 相对性和时间性
    (C) 绝对性和持久性　　　　　　(D) 相对性和持久性
3. 差异化战略的制定原则包括效益原则、适当原则和（　　）。B　P58
    (A) 领先原则　　(B) 有效原则　　(C) 经济原则　　(D) 持久原则
4. （　　）是指预定的战略目标或标准，是战略控制的依据。B　P61
    (A) 战略测评标准　　　　　　　(B) 战略评价标准
    (C) 战略实施标准　　　　　　　(D) 战略计划标准
5. 决策树的分析程序包括：① 剪枝决策② 计算期望值③ 绘制树形图 以下排序正确的是（　　）。B　P68
    (A) ①②③　　(B) ③②①　　(C) ③①②　　(D) ①③②
6. （　　）又称为"华德决策准则"。A　P69
    (A) 悲观决策标准　　　　　　　(B) 乐观系数决策标准
    (C) 中庸决策标准　　　　　　　(D) 最小后悔决策标准
7. PDCA循环法的四个阶段包括：① 检查② 执行③ 计划④ 处理，其正确排列顺序为（　　）。B　P71
    (A) ①②③④　　(B) ③②①④　　(C) ③①④②　　(D) ④①③②
8. 企业综合平衡的任务不包括（　　）。D　P72
    (A) 最优经济效果　(B) 最优比例　(C) 最优发展速度　(D) 最优战略
9. 建立合理有效的（　　）是企业完成计划任务的关键。C　P73
    (A) 计划体系　　(B) 决策体系　　(C) 目标体系　　(D) 营销体系
10. 市场营销活动是企业经营管理的（　　）。B　P74
    (A) 起步环节　　(B) 中心环节　　(C) 结束环节　　(D) 中间环节
11. 市场的主要因素，不包括（　　）。B　P74
    (A) 人口　　　(B) 产品偏好　　(C) 购买力　　(D) 购买欲望

12. 在市场营销学中,市场是( )购买者需求的总和。D　P74
    (A) 显性和隐性　　　　　　　　　(B) 男性和女性
    (C) 城市和农村　　　　　　　　　(D) 现实和潜在
13. ( )提供的产品不可储存、无法转售,且不可触知。A　P75
    (A) 服务市场　　(B) 商品市场　　(C) 技术市场　　(D) 金融市场
14. 市场按买方的类型可分为消费市场和( )。A　P75
    (A) 组织市场　　(B) 信息市场　　(C) 服务市场　　(D) 产品市场
15. 消费者市场是指所有为了( )而购买商品或服务的个人和家庭所构成的市场。B　P75
    (A) 家庭消费　　(B) 个人消费　　(C) 政府购买　　(D) 产业消费
16. 组织市场的类型不包括( )。A　P77
    (A) 垄断者市场　(B) 产业市场　　(C) 转卖者市场　(D) 政府市场
17. 影响产业购买者购买决定的主要因素不包括( )。A　P79
    (A) 社会因素　　(B) 环境因素　　(C) 组织因素　　(D) 人际因素
18. ( )是指对本企业的营销具有吸引力的、能享受竞争的市场机会。P80
    (A) 企业营销机会　(B) 企业竞争机会　(C) 企业优势机会　(D) 企业实践机会
19. 市场营销计划的控制不包括( )。A　P83
    (A) 季度计划控制　(B) 效率控制　　(C) 年度计划控制　(D) 战略控制
20. 在投入期不适宜采取的营销策略是( )。D　P87
    (A) 快速掠取策略　　　　　　　　(B) 缓慢渗透策略
    (C) 快速渗透策略　　　　　　　　(D) 公益宣传策略
21. 成熟期企业不适宜采取的营销策略是( )。D　P88
    (A) 市场改良　　　　　　　　　　(B) 市场营销组合改良
    (C) 产品改良　　　　　　　　　　(D) 增强销售渠道功效
22. ( )是指企业在一定地区、一定时间内只选择一家中间商经销或代理其产品。A　P94
    (A) 独家性分销　(B) 广泛性分销　(C) 选择性分销　(D) 密集性分销
23. 企业( )是指企业的声誉、人力、财力和物力。B　P94
    (A) 销售能力　　(B) 实力　　　　(C) 服务能力　　(D) 潜力

(二) 多选题

1. 企业战略的特点包括( )。BDE　P45
    (A) 前瞻性　　　　　　　　　　　(B) 系统性
    (C) 动态性　　　　　　　　　　　(D) 风险性
    (E) 抗争性
2. 企业战略的特点包括( )。ABCD　P45
    (A) 全局性　　　　　　　　　　　(B) 系统性
    (C) 长远性　　　　　　　　　　　(D) 风险性
    (E) 科学性
3. 企业战略的实质是实现( )之间的动态平衡。ACD　P45

(A) 外部环境 (B) 内部环境
(C) 企业实力 (D) 战略目标
(E) 长远发展

4. 企业的外部经营环境中的微观环境包括(　　)。CD　P45
   (A) 经济环境 (B) 法律环境
   (C) 产业环境 (D) 市场环境
   (E) 政治环境

5. 企业经营环境的微观分析包括(　　)。ABCDE　P47-48
   (A) 顾客力量分析 (B) 现有竞争对手分析
   (C) 供应商力量分析 (D) 潜在竞争对手分析
   (E) 替代产品或服务威胁的分析

6. 企业经营环境的微观分析包括(　　)。ABC　P47-48
   (A) 现有竞争对手分析 (B) 顾客力量分析
   (C) 潜在竞争对手分析 (D) 市场力量分析
   (E) 国际竞争对手分析

7. 为贯彻既定的战略所必须从事的工作包括(　　)。ABCE　P60
   (A) 建立相应组织 (B) 设置行政支持系统
   (C) 配置战略资源 (D) 实行薪酬支持计划
   (E) 调动群体积极性

8. 一般战略控制标准包括(　　)。AC　P61
   (A) 成效标准 (B) 品质标准
   (C) 废弃标准 (D) 能力标准
   (E) 行为标准

9. 企业战略控制的方法包括(　　)。BDE　P61
   (A) 全程控制 (B) 事前控制
   (C) 局部控制 (D) 事后控制
   (E) 事中控制

10. 决策科学化的要求包括(　　)。ABCDE　P62
    (A) 合理的决策标准 (B) 有效的信息系统
    (C) 系统的决策观念 (D) 科学的决策程序
    (E) 决策方法科学化

11. 风险型决策方法包括(　　)。ABE　P68
    (A) 收益矩阵 (B) 决策树
    (C) 线性规划法 (D) 微分法
    (E) 敏感性分析法

12. 选择风险型决策的前提包括(　　)。ABCDE　P68
    (A) 有一个明确的决策目标
    (B) 存在两个以上可供选择的方案
    (C) 可测算出种种自然状态发生的客观概率

(D) 可测算不同方案在不同自然状态下的损益值
(E) 存在着不以决策人意志为转移的各种自然状态

13. 决策树的构成要素包括（　　）。**ABCE**　P68
(A) 决策点 (B) 状态节点
(C) 方案枝 (D) 概率收益值
(E) 概率枝

14. 现代企业计划职能的作用包括（　　）。**BCD**　P70
(A) 科学决策程序化 (B) 使决策目标具体化
(C) 为控制提供标准 (D) 提高企业工作效率
(E) 决策方法科学化

15. 企业目标管理的特点主要包括（　　）。**ABCE**　P72
(A) 是一种系统化的管理模式 (B) 更富于参与性
(C) 具有明确完整的目标体系 (D) 强调组织控制
(E) 重视员工的培训和能力开发

16. 企业目标管理的特点主要包括（　　）。**ABCD**　P73
(A) 是一种系统化的管理模式 (B) 有明确的完整的目标体系
(C) 更富于参与性 (D) 强调自我控制
(E) 有完善的员工福利计划

17. 按照活动范围和区域的不同,可将市场分为（　　）。**ADE**　P75
(A) 行业性市场 (B) 世界市场
(C) 商品性市场 (D) 地方市场
(E) 全国性市场

18. 根据参与者的介入程度和品牌间的差异程度,可将消费者的购买行为分为（　　）。**ABDE**　P76
(A) 习惯性购买行为 (B) 化解不协调的购买行为
(C) 个性化购买行为 (D) 寻求多样化的购买行为
(E) 复杂的购买行为

19. 按照在购买决策过程中的作用不同,消费者角色可分为（　　）。**ADE**　P76
(A) 倡议者 (B) 需求者
(C) 供给者 (D) 购买者
(E) 使用者

20. 与消费者市场相比,产业市场具有的显著特点包括（　　）。**CDE**　P78
(A) 供给具体派生性 (B) 供给缺乏弹性
(C) 需求有较大的波动性 (D) 专业人员购买
(E) 购买者集中在少数地区

21. 企业采购中心的成员通常包括（　　）。**BCDE**　P78-79
(A) 生产者 (B) 影响者
(C) 采购者 (D) 决定者
(E) 信息控制者

22. 包装策略主要包括( )。ABCDE P86
    (A) 相似包装策略　　　　　　(B) 差别包装策略
    (C) 组合包装策略　　　　　　(D) 复用包装策略
    (E) 附赠品包装策略

23. 成熟期企业可以采取的营销策略有( )。ABC P88
    (A) 市场改良　　　　　　　　(B) 市场营销组合改良
    (C) 产品改良　　　　　　　　(D) 增强销售渠道功效
    (E) 服务改良

24. 产品改良包括( )。ACDE P88
    (A) 品质改良　　　　　　　　(B) 特色市场改良
    (C) 特色改良　　　　　　　　(D) 附加产品改良
    (E) 式样改良

25. 常见的定价方法包括( )。ACE P90-91
    (A) 成本导向定价法　　　　　(B) 战略导向定价法
    (C) 需求导向定价法　　　　　(D) 利润导向定价法
    (E) 竞争导向定价法

26. 企业促销策略包括( )。ABCE P95
    (A) 人员推销　　　　　　　　(B) 广告
    (C) 营业推广　　　　　　　　(D) 宣传
    (E) 公共关系

第四章 管理心理与组织行为

一、考点梳理

1. P97 **能力差异**：心理学所指的能力，其一是指个人在某方面所表现出的实际能力，即"所能为者"，其二是指个人将来有机会通过学习，在行为上表现出的能力，即"可能为者"。前者称为实际能力或"成就"，后者称为潜在能力或性向。

2. P98 **人格**包括动机、情绪、态度、价值观、自我观念。

3. P98 **大五人格特质**：情绪稳定性、外向、开放性、宜人性、责任感。

4. P98 **责任感**与工作绩效有最强的正相关。

5. P99 **态度**是人对某种事物或特定对象所持有的一种肯定或否定的心理倾向。

6. P100 **工作满意度**指员工对自己的工作所持有一般的满足与否的态度。
   工作满意度来源于：富有挑战性的工作，公平的报酬，支持性的工作环境，融洽的人际关系，个人特征与工作的匹配在组织水平上满意导致生产率。

7. P101 阿伦和梅耶三种形似的承诺：感情承诺、继续承诺、规范承诺。
   组织承诺与缺勤率和流动率呈负相关。

8. P102 **社会知觉**是指个体对其他个体的知觉，即我们如何认识他人。包括：首应效应、光环效应、投射效应、对比效应、刻板效应。
   ① **首应效应**是指最先的印象对人的知觉产生的强烈影响。
   ② **光环效应**是指当对一个人的某些特性形成好或坏的印象之后，人们就倾向于据此推论其他方面的特性。
   ③ **投射效应**是指在知觉他人时，知觉者以为他人也具备与自己相似的特性。
   ④ 教师连续提问两个学生都不能回答某个问题，而第三个学生则对问题进行了分析和解释，尽管他的回答并不完全正确，可是教师还是会认为第三个学生更加出色些。这种现象属于**对比效应**
   ⑤ **刻板印象**是指对某个群体形成一种概括而固定的看法后，会据此去推断这个群体的每个成员的特征

9. P103 **归因**是利用有关的信息资料对认的行为进行分析，从而推论其原因的过程。包括：内因、外因、稳因和非稳因。
   内因是指导致行为或事件的行为者本身可以控制的因素。
   外因包括行为者所处的各种环境和机遇，所从事的工作的特点和难度，以及工作与人的相互作用，他人对行为者的强制或约束、鼓励的作用等。
   稳因是指导行为或事件的相对不容易变化的因素。如人格、品质、工作难度、职业要求等。
   非稳因，如情绪、努力程度、机遇等。

10. P104 人的多重需要和组织的报酬形式。

关键的社会性心理需求和动机:成就、权力、亲和、安全、地位等需要。

11. P105　表4-2　满足**成就需要**的行为包括:① 比竞争者更出色;② 实现或者超越一个难以达到的目标;③ 解决一个复杂问题;④ 发现和使用更好的方法完成工作。

12. P105　表4-2满足**权力需要**的行为包括:① 影响他人改变他人的态度和行为;② 控制他人和活动控制他任何活动;③ 占据高于别人权威性的位置;④ 对资源进行控制;⑤ 战胜对手或敌人。

13. P105　表4-2满足**亲和需要**的行为有:① 受到许多人的喜欢;② 成为团队的一份子;③ 友好、合作地与同事一起工作;④ 保持和谐关系,避免冲突;⑤ 参加社交活动。

14. P105　表4-2满足**安全需要**的行为有:① 有一份稳定的工作;② 免受失业和经济危机的威胁;③ 免受疾病和残疾的威胁;④ 避免受到伤害或处于危险的环境;⑤ 避免任务或者决策失败的风险。

15. P105　表4-2满足**地位需要**的行为可以是:① 拥有舒适的轿车以及合体的穿着打扮;② 为合适的公司工作,并拥有合适的职位;③ 居住在合适的地区,参加俱乐部;④ 具有执行官的特权。

16. P106　组织公正与报酬分配:分配公平、程序公平、互动公平。

公平公正是组织报酬体系设计和实施的**第一原则**

17. P108　期望理论与绩效薪资

弗洛姆认为:人之所以努力工作,是因为他觉得这种工作行为可以达到某种结果,而这种结果对他有足够的价值。即人们是否努力工作,一是要判断自己的努力是否能够导致良好的业绩和评价;二是判断自己良好的工作绩效能否带来组织的奖励;三是判断组织的奖励是否符合个人的需要。

绩效薪资的最大特点:它不是根据工作时间或工作资历来决定的,而是由个人或群体或组织的绩效水平决定的。

群体和组织层面的绩效薪资:如收益共享、利润共享、员工持股等。

18. P109　第一个对学习中的强化做出理论分析的是**爱德华·桑代克**

强化的学习的三大法则:① 在对相同环境做出的几种反应中,那些能引起满意的反应,将更有可能再次发生(强化原则);② 那些随后能引起不满意的反应,将不太可能再次发生(惩罚原则);③ 如果行为之后没有任何后果,既没有正性的也没有负性的事后结果,在若干时间后,这种行为将会逐渐消失(消退原则)。

有效的行为管理的黄金法则:为了改变行为(学习),我们应付出不懈的努力去强化而不是惩罚。

19. P110　认知学习理论的先驱托尔曼

20. P111　社会学习理论的创始人是班杜拉

21. P111　组织行为矫正的具体步骤:① 识别和确认对绩效有重大影响的关键行为;② 对这些关建行为进行基线测量;③ 做功能性分析;④ 干预行为。

22. P113 团队的有效性由四个要素构成:<u>绩效、成员满意度、团队学习、外人的满意度</u>。

23. P114 **团队学习**　是团队生存、改进和适应变化着的环境的能力。

24. P114　边界管理:指一个团队与自己团队之外的人们进行合作的方法。边界管理是团队运作的主要范畴之一,在创造和维护团队有效性方面起着关键性的作用。

25. P115　**团队过程**主要范畴是沟通、影响、任务和维护的职能、决策、冲突、氛围和情绪问题。

26. P115　**团队维护职能**关注于人际关系，它使团队成员们紧密结合，使大家能继续相处甚至获得某种乐趣。

27. P117　**群体决策优点**：① 提供比个体更为丰富和全面的信息；② 提供比个体更多的不同的决策方案；③ 增加决策的可接受性；④ 增加决策过程的民主化。

　　缺点：① 比个体决策浪费时间；② 从众心理会妨碍不同意见的表达；③ 易产生个人倾向；④ 对决策结果的责任不清。

　　影响群体决策的群体因素：群体多样性、群体熟悉度，群体的认知能力，群体成员的决策能力，参与决策的平等性、群体规模、群体决策规则。

28. P118　人际关系发展阶段：选择或定向阶段、试验和探索阶段、加强阶段、融合阶段、盟约阶段。把人们联结在一起的共同基础是承诺和沟通。

29. P120　周哈利窗模型是对沟通风格进行评估与分类时最常用的模型。根据周哈利窗，要想提高沟通的有效性，就要从两方面进行努力。一方面时增加自我暴露的程度，缩小隐藏区，扩大开放区，让对方了解自己多些，诚实坦率地与对方分享信息；另一方面，提高他人对自己的反馈程度，缩小盲区，扩大开放区。

30. P120　根据这种分析，可以把**个体的沟通风格**划分成四种类型：<u>自我克制型、自我保护型、自我暴露型、自我实现型</u>。

　　沟通风格与个性有关。决定沟通风格的另一重要方面是沟通环境。

31. P122　<u>人际关系类角色、信息类角色、决策类角色</u>(亨利·明茨伯格)

32. P123　领导的特质：① 内驱力，即对成就的渴望，并且精力充沛；② 自信心；③ 创造性；④ 领导动机；⑤ 随机应变能力。

33. P123　管理者的领袖魅力：自信、远见、又清楚表达目标的能力、对目标的坚定信念、行为不循规蹈矩、变革的代言人、对环境敏感。

34. P123　对领导行为的早期研究显示出以下两个维度：<u>关怀维度、结构维度</u>。

　　关怀维度是领导者尊重和关心下属的看法和情感，更愿意与下属建立相互信任的工作关系。

　　结构维度是指领导者更愿意界定自己和下属的工作任务和角色，以完成组织目标。

　　在常规性任务为主的生产部门，高结构的领导行为与生产效率成正比，关怀的领导结构与生产效率成反比。而在非生产部门情况则刚刚相反。

35. P125　**费德勒的权变模型**：任何一种领导行为可能是有效的也可能是无效的，关键是看它是否适合于特定的领导环境。

　　决定领导行为有效性的关键：领导者与被领导者的关系，任务结构，领导者的职权。

　　在非常有利和非常不利的情境下，"工作取向"的领导都会比"关系取向"的领导更有效。"关系取向"的领导者在中等有利的情境中工作绩效会更好。

36. P125　费德勒认为，决定领导行为有效性的关键情境因素包括① <u>任务结构</u>；② <u>领导者的职权</u>；③ <u>领导与被领导者的关系</u>。

37. P126　**领导情境理论**被领导者的成熟度包括以下两个方面：<u>工作成熟度</u>(被领导者的知识和技能)、<u>心理成熟度</u>(工作的意愿和动机)。

38. P126　**路径—目标理论**领导者的主要任务是提供必要的支持以帮助下属达到他们的目标,并确保他们的目标与群体和组织的目标相互配合、协调一致。

路径—目标理论四种领导行为:指导型、支持型、参与型、成就导向型

39. P127　**领导者参与模型**是将领导行为风格与下属参与决策相联系,讨论如何选择领导方式和参与决策的形式以及参与的程度。

40. P128　领导理论中的新观点

（1）情商与领导效果

（2）领导替代论

（3）领导技能和职业发展计划(辅导、按需培训、加速站、确定领导技能的范畴)

41. P132　心理测验是心理测量的工具。测验是测量的一个行为样本的系统程序。

心理测验的类型:

按测验的内容可分为:能力测验,人格测验

按测验的方式:<u>口头、纸笔、操作、情境</u>

按测验的人数:个体、团体

按测验的目的:<u>描述性、诊断性、预测性</u>

按测验应用领域:教育测验、职业测验、临床测验

心理测验的技术指标:信度、效度、难度、标准化和常模

信度越高,测验越可靠。通常信度在 0.90 以上的能力测验,0.80 以上的人格测验视为是好的测验。

42. P134　心理测验对应聘者进行评价和筛选时有三种策略:<u>择优策略,淘汰策略,轮廓匹配策略。</u>

43. P136　测量方法在培训与开发中的作用主要体现在:① 它是培训需求分析的必要工具。② 为培训内容和培训效果提供依据。③ 是员工职业生涯管理的重要步骤。

二、强化题

(一) 单选题

1. (　　)是人对某种事物或特定对象所持有的一种肯定或否定的心理倾向。B　P99
　　(A) 认知　　　　(B) 态度　　　　(C) 智慧　　　　(D) 感觉

2. (　　)指员工对自己的工作所持有一般的满足与否的态度。C　P100
　　(A) 工作成就感　(B) 工作绩效　　(C) 工作满意度　(D) 工作态度

3. 影响工作满意度的因素不包括(　　)。D　P100
　　(A) 富有挑战性的工作　　　(B) 公平的报酬
　　(C) 支持性的工作环境　　　(D) 合理的分工

4. (　　)与缺勤率和流动率呈负相关。B　P101
　　(A) 组织效率　(B) 组织承诺　　(C) 工作绩效　(D) 工作分析

5. 阿伦和梅耶所进行的综合研究提出的承诺不包括(　　)。D　P101
　　(A) 感情承诺　(B) 继续承诺　　(C) 规范承诺　(D) 口头承诺

6. (　　)是指最先的印象对人的知觉产生的强烈影响。C　P102
　　(A) 光环效应　(B) 投射效应　　(C) 首因效应　(D) 刻板印象

7. （　　）是指当对一个人的某些特性形成好或坏的印象之后，人们就倾向于据此推论其他方面的特性。A　P102
   (A) 光环效应　　　(B) 投射效应　　　(C) 首因效应　　　(D) 刻板印象

8. 教师连续提问两个学生都不能回答某个问题，而第三个学生则对问题进行了分析和解释，尽管他的回答并不完全正确，可是教师还是会认为第三个学生更加出色些。这种现象属于（　　）。D　P103
   (A) 首因效应　　　(B) 光环效应　　　(C) 投射效应　　　(D) 对比效应

9. （　　）是指利用有关的信息资料对人的行为进行分析，从而推论其原因的过程。C　P103
   (A) 引申　　　(B) 总结　　　(C) 归因　　　(D) 归纳

10. （　　）是指导致行为或事件的行为者本身可以控制的因素。B　P103
    (A) 归因　　　(B) 内因　　　(C) 外因　　　(D) 知觉

11. （　　）包括行为者所处的各种环境和机遇，所从事的工作的特点和难度，以及工作与人的相互作用，他人对行为者的强制或约束、鼓励的作用等。C　P103
    (A) 知觉　　　(B) 内因　　　(C) 外因　　　(D) 归因

12. （　　）是指导行为或事件的相对不容易变化的因素。C　P103
    (A) 内因　　　(B) 外因　　　(C) 稳因　　　(D) 非稳因

13. 满足成就需要的行为不包括（　　）。C　P105
    (A) 发现和使用更好的方法完成工作　　　(B) 比竞争者更出色
    (C) 影响他人并改变他们的态度的行为　　　(D) 解决一个复杂问题

14. 满足地位需要的行为不包括（　　）。D　P105
    (A) 拥有舒适的轿车，合体的穿着　　　(B) 具有执行官的特权
    (C) 居住在合适的社区，参加俱乐部　　　(D) 影响他人并改变他们的态度和行为

15. 满足权力需要的行为不包括（　　）。A　P105
    (A) 解决了复杂问题　　　(B) 控制他人和活动
    (C) 战胜对手或敌人　　　(D) 对资源进行控制

16. （　　）是组织报酬体系设计和实施的第一原则。A　P106
    (A) 公平公正　　　(B) 适当激励　　　(C) 效率优先　　　(D) 成本节约

17. 组织公正与报酬分配的原则不包括（　　）。A　P106-107
    (A) 法律公平　　　(B) 分配公平　　　(C) 互动公平　　　(D) 程序公平

18. 第一个对学习中的强化做出理论分析的是（　　）。C　P109
    (A) 弗洛姆　　　(B) 莱文泽尔
    (C) 爱德华·桑代克　　　(D) 赫兹伯格

19. 社会学习理论的创始人是（　　）。C　P111
    (A) 弗洛姆　　　(B) 莱文泽尔
    (C) 班杜拉　　　(D) 爱德华·桑代克

20. 森德斯罗姆和麦克英蒂尔认为，团队的有效性要素构成不包括（　　）。D　P114
    (A) 团队学习　　　(B) 成员满意度　　　(C) 绩效　　　(D) 薪酬

21. 团队生存、改进和适应变化着的环境的能力是（　　）。C　P114

(A) 绩效成果　　　　　　　　　(B) 成员满意度
(C) 团队学习　　　　　　　　　(D) 外人满意度

22. (　　)是团队生存、改进和适应变化着的环境的能力。C　P114
    (A) 团队成长　　(B) 团队建设　　(C) 团队学习　　(D) 团队发展

23. (　　)关注于人际关系,它使团队成员们紧密结合,使大家能继续相处甚至获得某种乐趣。C　P115
    (A) 团队沟通职能　(B) 团队任务职能　(C) 团队维护职能　(D) 团队决策职能

24. 群体决策的优点是(　　)。B　P117
    (A) 群体讨论时不易产生个人倾向　　(B) 能增加决策的可接受性
    (C) 要比个体决策需要更少的时间　　(D) 对决策结果的责任清晰

25. 个体的沟通风格不包括(　　)。A　P120
    (A) 自我实践型　(B) 自我保护型　(C) 自我暴露型　(D) 自我实现型

26. 在亨利·明茨伯格提出的经理人角色理论中,管理者的角色不包括(　　)。D　P122-123
    (A) 决策类角色　　　　　　　　(B) 人际关系类角色
    (C) 信息类角色　　　　　　　　(D) 沟通协调类角色

27. (　　)是指领导者尊重和关心下属的看法和情感,更愿意与下属建立相互信任的工作关系。A　P124
    (A) 关怀维度　(B) 认可维度　(C) 结构维度　(D) 尊重维度

28. (　　)是指领导者更愿意界定自己和下属的工作任务和角色,以完成组织目标。A　P124
    (A) 结构维度　(B) 认可维度　(C) 关怀维度　(D) 尊重维度

29. (　　)把下属作为权变的变量,即认为下属的成熟水平是选择领导风格的依赖条件。B　P125
    (A) 参与模型　　　　　　　　　(B) 领导情境理论
    (C) 费德勒的权变模型　　　　　(D) 路径—目标理论

30. 费德勒认为,决定领导行为有效性的关键情境因素不包括(　　)。D　P125
    (A) 任务结构　　　　　　　　　(B) 领导者的职权
    (C) 领导与被领导者的关系　　　(D) 领导者的特质

31. 领导者的主要任务是提供必要的支持以帮助下属达到他们的目标,并确保他们的目标与群体和组织的目标相互配合、协调一致(　　)。A　P126
    (A) 路径目标理论　　　　　　　(B) 情境领导理论
    (C) 费德勒的权变模型　　　　　(D) 参与模型

32. 领导情境理论中关于选择领导方式的权变因素主要包括两个方面的内容:一是心理成熟度,二是(　　)。A　P126
    (A) 工作成熟度　(B) 心理承受度　(C) 精神成熟度　(D) 精神承受度

33. 领导情境理论中选择领导方式的权变因素,主要包括工作成熟度和(　　)。A　P126
    (A) 心理成熟度　　　　　　　　(B) 心理承受度

(C) 精神成熟度　　　　　　　　　(D) 精神承受度
34. (　　)是将领导行为风格与下属参与决策相联系,讨论如何选择领导方式和参与决策的形式以及参与的程度。D　P127
　　(A) 费德勒权变模型　　　　　　(B) 情境领导理论
　　(C) 路径目标理论　　　　　　　(D) 领导者参与模型
35. (　　)是把领导行为风格与下属参与决策相联系,并在具体情境和工作结构下讨论如何选择领导方式和参与决策的形式以及参与的程度。B　P127
　　(A) 费德勒权变模型　　　　　　(B) 参与模型
　　(C) 路径目标理论　　　　　　　(D) 情境领导理论
36. 心理测验按测验的内容可分为两大类,一类是人格测验,一类是(　　)。A　P132
　　(A) 能力测验　　(B) 成就测验　　(C) 性向测验　　(D) 情商测验
37. 心理测验按测验的内容可分为两大类,一类是能力测验,一类是(　　)。A　P132
　　(A) 人格测验　　(B) 成就测验　　(C) 性向测验　　(D) 情商测验

(二) 多选题
1. 人格很复杂,包括(　　)。ACDE　P98
　　(A) 动机　　　　(B) 行为　　　　(C) 价值观　　　(D) 态度
　　(E) 自我观念
2. 影响工作满意度的因素包括(　　)。ABC　P100
　　(A) 富有挑战性的工作　　　　　(B) 公平的报酬
　　(C) 支持性的工作环境　　　　　(D) 优良的条件
　　(E) 岗位职务不断提升
3. 满足安全需要的行为可以是(　　)。ACDE　P105
　　(A) 免受失业和经济危机的威胁　(B) 比其他的竞争者更出色
　　(C) 避免任务或者决策失败的风险　(D) 免受疾病和残疾的威胁
　　(E) 避免受到伤害或处于危险的环境
4. 满足成就需要的行为可以是(　　)。BCD　P105
　　(A) 对资源进行控制　　　　　　(B) 比竞争者更出色
　　(C) 发现和使用更好的方法完成工作　(D) 实现或者超越一个难以达到的目标
　　(E) 影响他人并改变他们的态度和行为
5. 满足成就需要的行为包括(　　)。ABCD　P105
　　(A) 发现和使用更好的方法完成工作　(B) 比竞争者更出色
　　(C) 实现或者超越一个难以达到的目标　(D) 解决一个复杂问题
　　(E) 影响他人并改变他们的态度和行为
6. 满足亲和需要的行为可以是(　　)。ABDE　P105
　　(A) 参加社交活动　　　　　　　(B) 受到许多人的喜欢
　　(C) 影响并改变他人的态度和行为　(D) 成为团队的一份子
　　(E) 友好、合作地与同事一起工作
7. 满足地位需要的行为可以是(　　)。ABDE　P105

（A）具有执行官的特权
（B）居住在合适的地区，参加俱乐部
（C）影响他人并改变他们的态度和行为
（D）拥有舒适的轿车以及合体的穿着打扮
（E）为合适的公司工作，并拥有合适的职位

8. 组织公正与报酬分配要求（　　）。ABC　P106
  （A）分配公平　　　　　　　　　（B）程序公平
  （C）互动公平　　　　　　　　　（D）法律公平
  （E）组织公平

9. 群体决策的优点有（　　）。BCDE　P117
  （A）能比个体决策需要更少的时间
  （B）能提供比个体决策更为丰富和全面的信息
  （C）能提供比个体决策更多的不同的决策方案
  （D）能增加决策的可接受性
  （E）能增加决策过程的民主性

10. 群体决策的缺点有（　　）。BCDE　P117
  （A）降低了决策的可接受性
  （B）对决策结果的责任不清
  （C）比个体决策需要更多的时间
  （D）群体讨论时易产生个人倾向
  （E）从众心理妨碍不同意见表达

11. 亨利·明茨伯格认为管理者的角色主要有（　　）。BCE　P122-123
  （A）计划类角色　　　　　　　　（B）人际关系类角色
  （C）信息类角色　　　　　　　　（D）改革创新类角色
  （E）决策类角色

12. 领导者与众不同的特质包括（　　）。ABCDE　P123
  （A）自信心　　　　　　　　　　（B）领导动机
  （C）内驱力　　　　　　　　　　（D）随机应变的能力
  （E）创造性

13. 领导者与众不同的特质包括（　　）。ABCD　P123
  （A）自信心　　　　　　　　　　（B）创造性
  （C）领导动机　　　　　　　　　（D）内驱力
  （E）人格健全

14. 有领袖魅力的管理者的关键特征包括（　　）。ABCDE　P123
  （A）是变革的代言人　　　　　　（B）自信和远见
  （C）行为不循规蹈矩　　　　　　（D）对环境敏感
  （E）有清楚表达目标的能力

15. 路径-目标理论认为的领导行为主要包括（　　）。BCDE　P126
  （A）反馈型　　　　　　　　　　（B）指导型

(C) 支持型 (D) 参与型
(E) 成就导向型

16. 培训和发展领导者技能的理论和方法有（　　）。ABCD　P129
    (A) 辅导 (B) 按需培训
    (C) 加速站 (D) 确定领导技能的范畴
    (E) 制定培训发展规划

17. 心理测验按测验目的可分为（　　）。ABE　P133
    (A) 描述性测验 (B) 诊断性测验
    (C) 综合性测验 (D) 个体性测验
    (E) 预测性测验

18. 心理测验按测验的方式可分为（　　）。BCDE　P132
    (A) 情商测验 (B) 纸笔测验
    (C) 操作测验 (D) 头测验
    (E) 情境测验

19. 在使用心理测验对应聘者进行评价和筛选时，可选择的策略有（　　）。BCE　P134
    (A) 首因策略 (B) 择优策略
    (C) 淘汰策略 (D) 晋升策略
    (E) 轮廓匹配策略

第五章　人力资源开发和管理

一、考点梳理

1. P137　人具有自然属性(生物属性)和心理属性。自然属性是指人生来就有的先天之性。心理属性即人的感觉、知觉、记忆、思维、想象、意志、需要、动机等一切心理现在的总和。这是人性的重要构成部分,是人性的本质。

2. P137　心理属性总括为四个方面:心理过程、心理状态、个性心理特征和个性意识倾向

3. P138　图 5-1 心理属性内容图

4. P139　人性的特征:能动性、社会性、整体性、两面性、可变性、个体差异性。

5. P140　"经济人"(X 理论)

    主要观点:① 人天生懒惰,总想少干工作;② 一般人无进取心,受人引导;③ 以我为中心,无目标与要求;④ 缺乏理性,本质上不能自律;⑤ 为满足生理安全需要才工作。

    管理措施:① 重点是完成生产任务,不关心人的感情和愿望;② 以金钱刺激员工的积极性,严惩消极怠工者;③ 制定严格的管理制度和工作规范,加强各种法规管制;④ 员工的责任是干活,管理是少数人的事情。

6. P141　**社会人**(20 世纪二三十年代,美国哈佛大学教授埃尔顿·梅奥提出了社会人假说)

    主要观点:① 人是社会的人,影响人的生产积极性包括物质条件、社会和心理因素;
    ② 人对工作失去乐趣后,便从社会关系中寻求乐趣和意义;
    ③ 士气决定生产率,而士气取决于家庭和社会生活及人与人的关系;
    ④ 非正式组织群体具有的特殊行为规范对其成员产生很大影响;
    ⑤ 领导者要善于了解员工,使正式与非正式组织的需求取得平衡。

    管理措施:① 管理人员除关心生产任务外还要关心员工,满足员工的需求;
    ② 管理者要高度重视员工之间关系,培养员工的企业归属感;
    ③ 提倡集体奖励制度,不主张个人奖励制度;
    ④ 管理职能不断地完善和变化;
    ⑤ 实施员工参与管理的新型管理方式。

7. P142　"自我实现人"(Y 理论)

    主要观点:① 人是勤奋的,乐于工作;
    ② 人具有自我指导和自我控制力;
    ③ 人对工作的态度取决于对工作的理解和感受;
    ④ 人具有相当程度的想象力、智谋和创造力;
    ⑤ 人体之中蕴藏着极大潜力;
    ⑥ 如有机会,员工会自动把个人目标与组织目标相结合。

管理措施：① 重视人的作用和人际关系，物质因素置于次要地位；② 管理者根据不同人分配其富有意义和挑战性工作；③ 采用更深刻、持久的内在激励。

8. P142　复杂人

主要观点：① 人的需求和动机多种多样；② 同一时间内，人的需要和动机相互作用，可以结合统一；③ 人是可变的。

管理措施：① 善于发现员工之间的差异，因人而异管理；② 根据工作采取不同的组织形式或固定组织形式或灵活多样的组织形式。

9. P144　对以上几种人性假设应当予以正确的评价：

① 四种人性假设是历史发展的必然，它随着历史的发展而先后出现，反映了对人和人性认识的逐步深化和社会的进步。

② 四种人性及以其为基础所提出的许多管理主张、措施有其合理性、科学性的一面，至今仍有借鉴意义。

③ 四种人性假设也有其片面性、非科学性的一面。

④ 四种人性假设虽然随历史进步依次产生，但是我们不能武断地完全否定前者，以后者取代之，应当科学、审慎地分析每一种人性假设，构建现代企业人力资源管理模式。

10. P144　所谓人本管理，即以人为根本的管理。基本含义：① 企业中的人是首要因素，企业是以人为主体而组成的。② 企业为人的需要而存在，为人的需要而生产，为人的需要而管理。③ 人本管理不是企业管理的又一项工作，而是现代企业管理（包括人力资源管理）的一种理念、指导思想、管理意识。

11. P144　**人本管理原则**：① 人的管理第一。② 满足人的需要，实施激励。③ 优化教育培训，完善人、开发人、发展人。④ 以人为本，以人为中心构建企业的组织形态和机构。⑤ 和谐的人际关系。⑥ 员工个人和组织共同发展。

12. P148　人本管理的机制：① 动力机制；② 约束机制；③ 压力机制；④ 保障机制；⑤ 环境优化机制；⑥ 选择机制。

13. P151　**人力资本**，是指通过费用支出（投资）于人力资源，而形成和凝结于人力资源体中，并能带来价值增值的智力、知识、技能及体能的总和。

14. P151　**人力资本的含义**：① 人力资本是活的资本，人力资本凝结于劳动者体内。② 直接由投资转化而来，没有费用投入于劳动者，就没有人力资本的形成。③ 独特的本质功能是与物质资源要素相结合，转移价值、创造价值并产生新的价值增值。④ 人力资本内含一定的经济关系。

15. P152　**人力资本特征**：① 人力资本存在人体之中，它于人体不可分离。

② 人力资本以一种无形的形式存在，必须通过生产劳动方能体现出来。

③ 人力资本具有时效性。

④ 人力资本具有收益性。

⑤ 人力资本具有无限的潜在创造性。

⑥ 人力资本具有积累性。

⑦ 人力资本具有个体差异性。

16. P152　**人力资本投资**，是指投资者通过对人进行一定的资本投入（货币资本或实物),增加或提高人的智能和体能,这种劳动能力的提高最终反映在劳动产出增加上的一种投资行为。

17. P153　**人力资本投资的特征**:① 连续性、动态性;② 投资主体和客体具有同一性;③ 人力资本的投资者与受益者不完全一致;④ 投资收益形式多样。

18. P154　**人力资本投资支出**:① 实际支出或直接支出;② 放弃的收入或时间支出;③ 心理损失。
其他概念:机会成本,社会成本和私人成本,边际成本,沉淀成本。

19. P155　**人力资本投资的支出结构**:主体结构、形式结构、时间结构

20. P156　**教育投资成本支出**:教育投资的直接成本支出、教育投资的社会成本

21. P158　**人力资本投资支出**——培训投资:支出发生在三个层面上,国家对公共服务系统人员的培训支出、企业为增进人力资本投资的培训支出和个人培训支出。

22. P159　人力资本流动投资的成本:区域流动、职业流动、社会流动

23. P159　**人力资本投资的收益率**
私人收益与私人收益率
影响因素:个体偏好及资本化能力、资本市场平均报酬率、货币的时间价值及收益期限、劳动力市场的工资水平、国家政策。

24. P161　社会收益与社会收益率
分类:近邻效应或地域关联收益、收益的职业关联、社会收益。
社会收益是社会收益与投资总成本的比例。
影响因素:投资成本与收益的大小及其变动关系、宏观经济水平及国家的财政政策、货币政策和分配政策、人力资本投资类型。

25. P161　人力资本投资收益率变化规律
① 投资和收益之间的替代和互补关系。
② 人力资本投资的内生收益率递减规律:随着受教育年限延长,技能与知识边际增长率下降,从而使边际增长速度放慢,因而影响到内部收益率;边际教育成本的快速增长;人力资本投资与人的预期收益时间有关。
③ 人力资本投资收效变动规律与最优人力资本投资决策:最优的投资规模、最优的投资结构、最优人力资本积累的时间路径。

26. P163　**人力资源开发目标特性**:① 开放目标的多元性;② 开发目标的层次性;③ 开发目标的整体性。

27. P165　人力资源开发的**总体目标**:促进人的发展是人力资源开发的最高目标;开发并有效运用人的潜能是根本目标。

28. P165　**人的潜能**包括生理潜能和心理潜能。人的心理潜能是有限的,而人的心理潜能却是无比巨大的。

29. P166　人力资源开发的**具体目标**:国家人力资源开发的目标、**劳动人事部门**人力资源开发的目标、**教育部门**人力资源开发的目标、**卫生医疗部门**人力资源开发的目标、**企业**人力资源开发的目标。

30. P166　人力资源开发是以提高效率为**核心**,以挖掘潜力为**宗旨**,以立体开发为**特征**,形成一个相对独立的理论体系。包括心理开发、生理开发、伦理开发、智力开发、技能开

发和环境开发。

31. P168　**创新**包括引进新产品、引用新技术、开辟新市场、控制原材料的新供应来源和实现企业的新组织。

32. P169　影响人力资源**创新能力**的因素：天赋、知识和技能、个人的努力、文化、经济条件。

33. P170　人力资源创新能力运营体系分为：创新能力开发体系、创新能力激励体系和创新能力配置体系。

34. P171　**创新能力的激励机制**有三种：市场激励机制、社会激励机制和企业激励机制。

35. P171　人力资源教育开发的重点是职业教育。**职业教育**包括就业前的职业教育，就业后的职业教育和农村职业技术教育。

36. P172　职业开发**意义**：① 有助于对员工进行全面分析；② 有助于分析组织中不同的职业及其相互作用的方式；③ 扩大了组织发展的内涵；④ 有助于分析和理解组织气氛或组织文化。
职业开发主体的**作用**：① **组织作用**：（1）为了增加组织的自我洞察力而设计的活动；（2）促使员工更多地参与职业生涯设计和发展活动；（3）为了提高组织对不同个人需要反应的灵活性而设计的活动；② **个人的作用**；③ **外部机构作用**。

37. P174　**组织从事的职业开发活动包括**：① 为了增加组织的自我洞察力而设计的活动；② 促使员工更多地参与职业生涯设计和发展活动；③ 为了提高组织对不同个人需要反应的灵活性而设计得活动。

38. P176　**组织开发**：在正常的情况下，组织开发的重点是组织的协作能力，开发的基本出发点是改善整个组织的职能。**基本目标**是改变组织氛围、组织环境和组织文化。
组织开发的**基本出发点**是改善整个组织的职能。
组织开发的目标 ① 提高组织的能力；② 提高适应环境的能力；③ 改善组织内部行为方式提高组织内成员的工作热情、积极性和满意程度；④ 提高个人与群体在计划和执行中的责任程度。
组织开发的主要方法。① 三步模式：解冻、改变、重新冻结。② 过程顺序步骤模式。③ 相互作用变量模式。

39. P178　管理开发的基本手段包括法律手段、行政手段、经济手段、宣传教育手段和目标管理手段，等等。

40. P179　人力资源开发活动的环境包括：社会环境、自然环境、工作环境和国际环境。

41. P180　人力资源是指在一定时间和空间条件下，劳动力数量和质量的总和。
人力资源作为一种特殊的资源，有以下几个**特点**：时间性、消费性、创造性、主观能动性。

42. P181　**人力资源管理的活动**是人力资源管理理论的**前提和基础**
从人力资源管理对象来看，人力资源管理的活动表现为以下两个方面的内容：对人力资源外在要素——量的管理。对人力资源内在要素——质的管理。现代企业人力资源管理理论是以企业人力资源为中心，研究如何**实现企业资源合理配置**的学问。
现代企业人力资源管理就是一个**获取**、**整合**、**保持**、**激励**、**控制**、**调整**和开发企业人力资源的活动过程。通俗的说,现代企业人力资源管理主要包括**求才**、**用才**、**育才**、**激才**、**留才**等一系列工作任务。

43. P183　现代人力资源管理的特征:

(1) 在管理**内容**上,传统的劳动人事管理以事为中心,现代的人力资源管理则以人为中心。

(2) 在管理**形式**上,传统的劳动人事管理属于静态管理,现代人力资源管理属于动态管理,强调整体开发。

(3) 管理**方式**上,传统的劳动人事管理主要采取制度控制和物质刺激手段;现代人力资源采取人性化管理。

(4) 管理**策略**上,传统的劳动人事管理侧重于近期或当前人事工作;现代人力资源管理更注重人力资源的整体开发、预测与规划。

(5) 管理**技术**上,传统的劳动人事管理按章办事,机械呆板;而现代人力资源管理追求科学性和艺术性。

(6) 管理**体制**上,传统的劳动人事管理多为被动反应型,现代人力资源管理多为主动开发型。

(7) 管理**手段**上,传统的劳动人事管理手段单一,以人工为主;现代人力资源管理的软件系统由计算机自动生成结果。

(8) 在管理层次上,传统的劳动人事管理部门往往只是上级的执行部门;现代人力资源管理部门则处于决策层。

44. P185　人力资源管理是现代企业管理的核心。人力资源管理有如下重要作用:
科学化的人力资源管理是推动企业发展的内在动力
现代化的人力资源管理能够使企业赢得人才的**制高点**。(人才、资本、技术、产品和市场)

所谓**高素质人才**包括**三类**:一是有经营战略头脑的企业家人才;二是掌握并具有开发能力的管理和技术人才;三是一大批训练有素,具有敬业精神的员工队伍。

45. P186　人力资源管理哲学:一种哲学是将员工看成单一的技术要素,另一种是把员工看成组织中"活"的要素,是最具主动性、积极性和创造性的一种特殊资源。

46. P186　现代人力资源管理的基本原理
① **同素异构**原理:总体组织系统的调控机制;② **能位匹配**原理:人员招聘、选拔与作用机制;③ **互补增值、协调优化**原理:员工配置运行与调节机制;④ **效率优先、激励强化**原理:员工酬劳与激励机制;⑤ **公平竞争、相互促进**原理:员工竞争与约束机制;⑥ **动态优势**原理:员工培训开发、绩效考评与人事调整机制。

47. P190　员工的动态特征:① 员工激励;② 员工自我保护机制;③ 员工的成熟和发展。

48. P191　企业人力资源管理的职能:吸收、录用、保持、发展、评价、调整。

49. P192　现代人力资源管理的三大基石:定编定岗定员定额、员工的绩效管理、员工技能开发。

50. P196　现代人力资源管理的两种测量技术:工作岗位研究、人员素质测评。

二、强化题

(一) 单选题

1. 基于"经济人"假说的管理是运用（　　）来调动人的积极性。A　P141
   (A) 物质刺激　　(B) 满足社会需要　　(C) 内部激励　　(D) 搞好人际关系

2. 人本管理认为：企业为人的需要而存在，其中"人的需要"不包括（　　）。B　P145
   (A) 社会的人的需要　　　　　　　　(B) 企业管理者的需要
   (C) 企业投资者的需要　　　　　　　(D) 企业全体员工的需要

3. 人力资本是经济资本中的核心资本，其原因在于人力资本的（　　）。B　P152
   (A) 时效性　　(B) 创造性　　(C) 收益性　　(D) 累积性

4. 以下有关人力资本投资的表述错误的是（　　）。D　P153
   (A) 投资主体可以是国家或个人　　　(B) 投资对象是人
   (C) 投资直接提高人的劳动生产能力　(D) 是一种非生产性投资

5. 现代人力资源管理以（　　）为中心。D　P153
   (A) 劳动环境　　　　　　　　　　　(B) 劳动对象
   (C) 劳动资料　　　　　　　　　　　(D) 劳动者

6. 人力资本投资收益率的变化规律不包括（　　）。C　P161
   (A) 人力资本投资收益的变动规律
   (B) 投资和收益之间的替代和互补关系
   (C) 人力资本投资的社会收益变化规律
   (D) 人力资本投资的内生收益率递减规律

7. 人力资本投资收益率变化规律不包括（　　）。C　P162
   (A) 人力资本投资的内生收益递减
   (B) 投资和收益之间的替代与互补关系
   (C) 人力资本投资的预期收益递减
   (D) 人力资本投资收益变动与最优投资决策

8. 人力资源开发目标的整体性不包括（　　）。D　P164
   (A) 目标制定的整体性　　　　　　　(B) 目标实施的整体性
   (C) 各个目标间不孤立　　　　　　　(D) 目标设计的针对性

9. （　　）是人力资源开发的最高目标。A　P165
   (A) 人的发展　　(B) 社会发展　　(C) 企业发展　　(D) 组织发展

10. 下面对人力资源开发的表述错误的是（　　）。D　P167
    (A) 以立体开发为特征　　　　　　　(B) 以提高效率为核心
    (C) 以挖掘潜力为宗旨　　　　　　　(D) 是一个完全独立理论体系

11. （　　）不属于人力资源创新能力运营体系。C　P170
    (A) 创新能力开发体系　　　　　　　(B) 创新能力激励体系
    (C) 创新能力结构体系　　　　　　　(D) 创新能力配置体系

12. 组织开发的基本目标不包括（　　）。D　P176
    (A) 改变组织氛围　　　　　　　　　(B) 改变组织环境

(C) 改变组织文化　　　　　　　　　(D) 改变组织结构

13. 职业教育不包括( )。 D　P171
   (A) 就业前的职业教育　　　　　　(B) 农村职业技术教育
   (C) 就业后的职业教育　　　　　　(D) 城市职业技术教育

14. 职业教育不包括( )。 D　P171
   (A) 就业前的职业教育　　　　　　(B) 农村职业技术教育
   (C) 就业后的职业教育　　　　　　(D) 特殊职业技术教育

15. 人力资源教育开发的重点是( )。 A　P171
   (A) 职业教育　　(B) 专业培训　　(C) 技术教育　　(D) 技能培训

16. 组织开发的基本出发点是改善整个组织的( )。 B　P176
   (A) 结构　　　　(B) 职能　　　　(C) 文化　　　　(D) 制度

17. 以下不属于人力资源特点的是( )。 D　P180
   (A) 时间性　　　(B) 创造性　　　(C) 消费性　　　(D) 规律性

18. ( )是现代人力资源管理理论的基本前提和基础。 C　P181
   (A) 人力资源管理目标　　　　　　(B) 人力资源管理对象
   (C) 人力资源管理活动　　　　　　(D) 人力资源管理概念

19. 在管理机制上,现代人力资源管理属于( )。 A　P183
   (A) 主动开发型　(B) 以事为中心　(C) 被动反应型　(D) 以人为中心

20. 现代人力资源管理的内容应( )。 C　P183
   (A) 以事为中心　　　　　　　　　(B) 以企业为中心
   (C) 以人为中心　　　　　　　　　(D) 以社会为中心

21. 在管理形式上,现代人力资源管理是( )。 C　P183
   (A) 静态管理　　(B) 权变管理　　(C) 动态管理　　(D) 权威管理

22. 在管理技术上,现代人力资源管理( )。 B　P183
   (A) 照规章办事　　　　　　　　　(B) 追求科学性和艺术性
   (C) 以事为中心　　　　　　　　　(D) 追求精确性与科学性

23. 员工激励的特点不包括( )。 C　P190
   (A) 任何一种激励方法都不是万能的　(B) 激励不一定达到满意效果
   (C) 员工做出相应反应需要一定时间　(D) 激励不一定会产生直接反应

24. 以下不属于员工动态特征的是( )。 A　P190
   (A) 员工学习　　　　　　　　　　(B) 员工自我保护机制
   (C) 员工激励　　　　　　　　　　(D) 员工的成熟和发展

25. 员工的基本特征不包括( )。 D　P190
   (A) 生理性行为与生理性需要　　　(B) 社会性行为与社会性需要
   (C) 道德性行为与道德性需要　　　(D) 自我性行为与自我性需要

26. 员工自我保护机制的特点不包括( )。 D　P191
   (A) 大多数为满足个人需求　　　　(B) 它是一种动态表现
   (C) 压力会使员工做出不同程度反应　(D) 增强了自主自立性

27. 现代人力资源管理的三大基石不包括( )。 C　P192

(A) 定编定岗定员定额　　　　　　(B) 员工的绩效管理
(C) 员工的引进与培养　　　　　　(D) 员工的技能开发

28. 绩效管理活动的首要和关键环节是(　　)。A　P193
    (A) 绩效计划　　(B) 绩效诊断　　(C) 绩效沟通　　(D) 绩效考评
29. 绩效考评是绩效管理活动的(　　)。C　P193
    (A) 首要环节　　(B) 关键环节　　(C) 中心环节　　(D) 结束环节
30. 对员工而言,绩效管理不具有的功能是(　　)。D　195
    (A) 互相沟通　　(B) 互相促进　　(C) 互相激励　　(D) 互相竞争
31. 对组织而言,绩效管理的功能不包括(　　)。B　195
    (A) 组织发展的有力措施　　　　(B) 规范员工的手段
    (C) 提高生产效率的途径　　　　(D) 人事决策的基础
32. (　　)是人力资源规划、人员招聘、员工薪酬等日常人事管理活动的重要前提和依据。C　P196
    (A) 岗位调查　　(B) 岗位评价　　(C) 岗位分析　　(D) 岗位分类分级
33. (　　)是岗位调查、岗位分析、岗位评价与岗位分类分级等项活动的总称。A　P196
    (A) 岗位研究　　(B) 工作研究　　(C) 工作分析　　(D) 定岗定员
34. 人力资源的(　　)是企业竞争优势的根本。B　P168
    (A) 技能开发　　(B) 创新能力　　(C) 培训开发　　(D) 管理能力

(二) 多选题

35. 人的心理属性包括(　　)。ABDE　P137
    (A) 心理过程　　　　　　　　　(B) 个性心理特征
    (C) 心理素质　　　　　　　　　(D) 个性意识倾向
    (E) 心理状态
36. 人性的特征包括(　　)。ABCE　P139
    (A) 能动性　　　　　　　　　　(B) 社会性
    (C) 整体性　　　　　　　　　　(D) 多面性
    (E) 可变性
37. 人本管理原则包括(　　)。ABCE　P145
    (A) 人的管理第一　　　　　　　(B) 和谐人际关系
    (C) 员工和组织共同发展　　　　(D) 满足社会需要
    (E) 构建以人为中心的组织机构
38. 根据人本管理思想,应当构建具有(　　)等特征的企业组织形态或结构。ABCE　P147
    (A) 明确组织宗旨和目标　　　　(B) 管理幅度合理
    (C) 组织集权和分权的平衡与适宜　(D) 目标不同但能接纳
    (E) 确立企业员工参与管理的制度和渠道
39. 人本管理机制具体包括(　　)。BCDE　P147

(A) 目标机制 (B) 压力机制
(C) 约束机制 (D) 保障机制
(E) 选择机制

40. 下列对人力资本不理解的是( )。ABCDE P152
    (A) 人力资本具有创造性 (B) 人力资本具有时效性
    (C) 人力资本具有累积性 (D) 人力资本具有收益性
    (E) 人力资本具有个体差异性

41. 人力资本投资的特性有( )。BDE P153
    (A) 收益形式单一化 (B) 动态性
    (C) 谁投资，谁收益 (D) 连续性
    (E) 收益形式多样化

42. 人力资本是( )共同投资的结果。ABDE P153
    (A) 国家 (B) 企业
    (C) 社会 (D) 家庭
    (E) 个人

43. 人力资本投资支出包括( )。ABCE P154
    (A) 实际支出 (B) 心理损失
    (C) 直接支出 (D) 间接支出
    (E) 时间支出

44. 人力资源开发的根本目标包括( )。BC P165
    (A) 有效促进人发展 (B) 有效运用人的潜能
    (C) 有效开发人的潜能 (D) 有效促进组织的发展
    (E) 有效开发组织的潜能

45. 人的发展特征包括( )。ACE P165
    (A) 充分发展的可能性 (B) 全面发展的阶段性
    (C) 发展方向的多样性 (D) 充分发展的长期性
    (E) 发展结果的差异性

46. 人力资源开发的具体目标，包括( )。BCDE P166
    (A) 个体人力资源开发 (B) 企业人力资源开发
    (C) 劳动人事部门人力资源开发 (D) 教育部门人力资源开发
    (E) 卫生医疗部门人力资源开发

47. 人力资源理论体系包括( )。ABC P167
    (A) 心理开发 (B) 伦理开发
    (C) 生理开发 (D) 技能开发
    (E) 环境开发

48. 创新是把一种从没有过的生产要素和生产条件的"新组合"引入生产体系，包括( )。ABCD P168
    (A) 引进新产品 (B) 引用新技术
    (C) 实现企业新组织 (D) 开辟新市场

（E）改进生产装备设施
49. 创新能力的激励机制包括（　　）。CDE　P171
　　（A）团队激励机制　　　　　　　　（B）个人激励机制
　　（C）市场激励机制　　　　　　　　（D）社会激励机制
　　（E）企业激励机制
50. 企业为赢得经营战略上的先机，要占领的制高点包括（　　）。BCD　P185-186
　　（A）政策制高点　　　　　　　　　（B）资本制高点
　　（C）技术制高点　　　　　　　　　（D）市场制高点
　　（E）法律制高点
51. 现代人力资源管理的基本测量技术包括（　　）。AE　P196
　　（A）工作岗位研究　　　　　　　　（B）KPI 技术
　　（C）关键事件访谈　　　　　　　　（D）BSC 技术
　　（E）人员素质测评

模块 5　职业道德

一、考试时间把握

共有 25 道题目，选择（包括单选与多选）答题的时间绝对不要超过 15 分钟，否则挤占基本理论的时间，从分值上这部分只占到 10% 的分数。职业道德的题目难度并不高，关键是结合自己的实际情况，以一个具有良好就业心态的人的身份回答。

二、考试主题与考试维度

职业道德的主题有以下几个方面：
1）职业道德概述
2）职业道德与企业的发展
3）职业道德与人自身的发展
4）文明礼貌
5）爱岗敬业
6）诚实守信
7）办事公道
8）勤劳节俭
9）遵纪守法
10）团结互助
11）开拓创新
12）职业道德修养
13）奉献

职业道德考试有两个维度：
其一职业道德基础理论与知识部分（参照知识提纲、以公共道德心态去答题）
其二，职业道德个人表现部分（以正确的价值观选择，选"好的"答案，不需要复习）

三、考试题型详解

其一，职业道德基础理论与知识部分（参照知识提纲、以公共道德心态去答题）

（一）单项选择题

1. 强化职业责任是（　　）职业道德规范的具体要求。D
　　A. 团结协作　　　B. 诚实守信　　　C. 勤劳节俭　　　D. 爱岗敬业
2. 党的十六大报告指出，认真贯彻公民道德建设实施纲要，弘扬爱国主义精神，以为人民服务为核心，以集体主义为原则，以（　　）为重点。C
　　A. 无私奉献　　　B. 爱岗敬业　　　C. 诚实守信　　　D. 遵纪守法
3. 下面关于以德治国与依法治国的关系的说法中正确是（　　）。D

A. 依法治国比以德治国更为重要
B. 以德治国比依法治国更为重要
C. 德治是目的,法治是手段
D. 以德治国与依法治国是相辅相成,相互促进

4. 办事公道是指职业人员在进行职业活动时要做到( )。C
A. 原则至上,不徇私情,举贤任能,不避亲疏
B. 奉献社会,襟怀坦荡,待人热情,勤俭持家
C. 支持真理,公私分明,公平公正,光明磊落
D. 牺牲自我,助人为乐,邻里和睦,正大光明

5. 关于勤劳节俭的说法,你认为正确的是( )。C
A. 阻碍消费,因而会阻碍市场经济的发展
B. 市场经济需要勤劳,但不需要节俭
C. 节俭是促进经济发展的动力
D. 节俭有利于节省资源,但与提高生产力无关

6. 以下关于诚实守信的认识和判断中,正确的选项是( )。B
A. 诚实守信与经济发展相矛盾
B. 诚实守信是市场经济应有的法则
C. 是否诚实守信要视具体对象而定
D. 诚实守信应以追求利益最大化为准则

7. 要做到遵纪守法,对每个职工来说,必须做到( )。D
A. 有法可依
B. 反对"管"、"卡"、"压"
C. 反对自由主义
D. 努力学法,知法、守法、用法

8. 下列关于创新的论述,正确的是( )。C
A. 创新与继承根本对立
B. 创新就是独立自主
C. 创新是民族进步的灵魂
D. 创新不需要引进国外新技术

9. 下列关于爱岗敬业的说法中,你认为正确的是( )。B
A. 市场经济鼓励人才流动,再提倡爱岗敬业已不合时宜
B. 即便在市场经济时代,也要提倡"干一行、爱一行、专一行"
C. 要做到爱岗敬业就应一辈子在岗位上无私奉献
D. 在现实中,我们不得不承认,"爱岗敬业"的观念阻碍了人们的择业自由

10. 下列说法中,不符合从业人员开拓创新要求的是( )。B
A. 坚定的信心和顽强的意志　　B. 先天生理因素
C. 思维训练　　　　　　　　　D. 标新立异

11. 《公民道德建设实施纲要》提出,要充分发挥社会主义市场经济机制的积极作用,人们必须增强( )。C

A. 个人意识、协作意识、效率意识、物质利益观念、改革开放意识

B. 个人意识、竞争意识、公平意识、民主法制意识、开拓创新精神

C. 自立意识、竞争意识、效率意识、民主法制意识、开拓创新精神

D. 自立意识、协作意识、公平意识、物质利益观念、改革开放意识

12. 现实生活中,一些人不断地从一家公司"跳槽"到另一家公司。虽然这种现象在一定意义上有利于人才的流动,但它同时也说明这些从业人员缺乏( )。B

　　A. 工作技能　　　　　　　　B. 强烈的职业责任感

　　C. 光明磊落的态度　　　　　D. 坚持真理的品质

13. 职业道德活动中,符合"仪表端庄"具体要求的是( )。B

　　A. 着装华贵　　B. 鞋袜搭配合理　　C. 饰品俏丽　　D. 发型突出个性

14. 以下关于"节俭"的说法,你认为正确的是( )。D

　　A. 节俭是美德,但不利于拉动经济增长

　　B. 节俭是物质匮乏时代的需要,不适应现代社会

　　C. 生产的发展主要靠节俭来实现

　　D. 节俭不仅具有道德价值,也具有经济价值

(二) 多项选择题

1. 爱岗敬业的具体要求是( )。ABC

　　A. 树立职业理想　　　　　　B. 强化职业责任

　　C. 提高职业技能　　　　　　D. 抓住择业机遇

2. 坚持办事公道,必须做到( )。AD

　　A. 坚持真理　　　　　　　　B. 自我牺牲

　　C. 舍己为人　　　　　　　　D. 光明磊落

3. 在企业生产经营活动中,员工之间团结互助的要求包括( )。BCD

　　A. 讲究合作,避免竞争

　　B. 平等交流,平等对话

　　C. 既合作,又竞争,竞争与合作相统一

　　D. 互相学习,共同提高

4. 关于诚实守信的说法,你认为正确的是( )。ABC

　　A. 诚实守信是市场经济法则

　　B. 诚实守信是企业的无形资产

　　C. 诚实守信是为人之本

　　D. 奉行诚实守信的原则在市场经济中必定难以立足

5. 创新对企事业和个人发展的作用表现在( )。ABC

　　A. 是企事业持续、健康发展的巨大动力

　　B. 是企事业竞争取胜的重要手段

　　C. 是个人事业获得成功的关键因素

　　D. 是个人提高自身职业道德水平的重要条件

6. 职业纪律具有的特点是( )。AB

A. 明确的规定性
B. 一定的强制性
C. 一定的弹性
D. 一定的自我约束性

7. 无论你人事的工作有多么特殊,它总是离不开一定的(　　)的约束。ACD
   A. 岗位责任　　　B. 家庭美德　　　C. 规章制度　　　D. 职业道德

8. 关于勤劳节俭的正确说法是(　　)。CD
   A. 消费可以拉动需求,促进经济发展,因此提倡节俭是不合时宜的
   B. 勤劳节俭是物质匮乏时代的产物,不符合现代企业精神
   C. 勤劳可以提高效率,节俭可以降低成本
   D. 勤劳节俭有利于可持续发展

9. 下列说法中,符合:语言规范"具体要求的是(　　)。BD
   A. 多说俏皮话　　　　　　　　　B. 用尊称,不用忌语
   C. 语速要快,节省客人时间　　　　D. 不乱幽默,以免客人误解

10. 职业道德主要通过(　　)的关系,增强企业的凝聚力。ABC
    A. 协调企业职工间　　　　　　　B. 调节领导与职工
    C. 协调职工与企业　　　　　　　D. 调节企业与市场

11. 创新对企事业和个人发展的作用表现在以(　　)。BCD
    A. 对个人发展无关紧要
    B. 是企事业持续、健康发展的巨大动力
    C. 是企事业竞争取胜的重要手段
    D. 是个人事业获得成功的关键因素

12. 下面关于"文明礼貌"的说法正确的是:(　　)。AC
    A. 是职业道德的重要规范
    B. 是商业、服务业职工必须遵循的道德规范与其他职业没有关系
    C. 是企业形象的重要内容
    D. 只在自己的工作岗位上讲,其他场合不用讲

13. 职工个体形象和企业整体形象的关系是:(　　)。ABDE
    A. 企业的整体形象是由职工的个体形象组成的
    B. 个体形象是整体形象的一部分
    C. 职工个体形象与企业整体形象没有关系
    D. 没有个体形象就没有整体形象
    E. 整体形象要靠个体形象来维护

14. 市场经济是:(　　)。ABD
    A. 高度发达的商品经济
    B. 信用经济
    C. 是计划经济的重要组成部分
    D. 法制经济

15. 在日常商业交往中,举止得体的具体要求包括(　　)。BC

A. 感情热烈　　　B. 表情从容　　　C. 行为适度　　　D. 表情肃穆
16. 关于办事公道的说法,你认为不正确的是(　　)。ABD
   A. 办事公道就是要按照一个标准办事,各打五十大板
   B. 办事公道不可能有明确的标准,只能因人而异
   C. 一般工作人员接待顾客时不以貌取人,也属办事公道
   D. 任何人在处理涉及他朋友的问题时,都不可能真正做到办事公道
17. 在下列选项中,不符合平等尊重要求的是(　　)。ABD
   A. 根据员工工龄分配工作
   B. 根据服务对象的性别给予不同的服务
   C. 师徒之间要平等尊重
   D. 取消员工之间的一切差别
18. 在职业活动中,要做到公正公平就必须(　　)。ABD
   A. 按原则办事　　　　　　B. 不徇私情
   C. 坚持按劳分配　　　　　D. 不惧权势,不计个人得失
19. 关于爱岗敬业的说法中,你认为正确的是(　　)。ACD
   A. 爱岗敬业是现代企业精神
   B. 现代社会提倡人才流动,爱岗敬业正逐步丧失它的价值
   C. 爱岗敬业要树立终生学习观念
   D. 发扬螺丝钉精神是爱岗敬业的重要表现
20. 职业道德的价值在于(　　)。ABCD
   A. 有利于企业提高产品和服务的质量
   B. 可以降低成本、提高劳动生产率和经济效益
   C. 有利于协调职工之间及职工与领导之间的关系
   D. 有利于企业树立良好形象,创造著名品牌
21. 以下说法正确的是(　　)。BC
   A. 办事公道是对厂长、经理职业道德要求,与普通工人关系不大
   B. 诚实守信是每一个劳动者都应具有的品质
   C. 诚实守信可以带来经济效益
   D. 在激烈的市场竞争中,信守承诺者往往失败
22. 下列说法中,符合"语言规范"具体要求是(　　)。BD
   A. 多说俏皮话　　　　　　B. 用尊称,不用忌语
   C. 语速要快节省客人时间　　D. 不乱幽默,以免客人误解
23. 爱岗敬业的具体要求是(　　)。ABC
   A. 树立职业理想　B. 强化职业责任　C. 提高职业技能　D. 抓住择业机遇
24. 企业文化的功能有(　　)。ABCD
   A. 激励功能　　B. 自律功能　　C. 导向功能　　D. 整合功能
25. 下列说法中,你认为正确的有(　　)。ABCD
   A. 岗位责任规定岗位的工作范围和工作性质
   B. 操作规则是职业活动具体而详细的次序和动作要求

C. 规章制度是职业活动中最基本的要求

D. 职业规范是员工在工作中必须遵守和履行的职业行为要求

其二，职业道德个人表现部分(**以正确的价值观选择，选"好的"答案**)

1. 当你写完一份公司年终工作总结后，你通常会采取哪一种做法？（A）

    A. 反复检查，确认没有错误才上交

    B. 确信自己已做得很好，不再检查就上交

    C. 先让下级或同事检查，然后自己检查后再上交

    D. 先交给上司，视领导意见而定

2. 在工作中当你业绩不如别人时，你通常会采取哪一种做法？（B）

    A. 顺其自然　　　　　　　　B. 努力想办法改变现状

    C. 请同事帮忙　　　　　　　D. 换个工作

3. 作为一名职工，我可以将自己描述为：清廉公正（D）

    A. 从不　　　B. 较少　　　C. 较多　　　D. 总是

4. 你认同以下哪一种说法？（D）

    A. 现代社会提倡人才流动，爱岗敬业正逐步削弱它的价值

    B. 爱岗与敬业在本质上具有统一性

    C. 岗与敬业在本质上具有一定的矛盾

    D. 爱岗敬业与社会提倡人才流动并不矛盾

四、知识提纲

职业道德概述

1. 道德的内涵

道德是随着社会经济不断发展变化而不断发展变化的，没有什么永恒不变的抽象的道德。

道德：是一定社会、一定阶级向人们提出的处理人与人之间、个人与社会、个人与自然之间各种关系的一种特殊的行为规范。

2. 道德是做人的根本

3. 道德是调节社会关系的重要手段

人类社会在其长期发展的过程中，就逐渐形成了两大规范：道德规范和法律规范法律规范是保障个人与社会正常秩序的第二道防线。

4. 道德规范和法律规范的区别：

① 从生产、发展来看，道德比法律产生的早得多，而且最终将替代法律，成为唯一的规范。道德在原始社会就有了，而经过了几十万年以后，社会分裂为统治阶级才产生了法律。任何被统治阶级都不可能有自己的法律。阶级社会的历史上：一种法律体系独立，多种道德体系并行。

② 从依靠的力量来看，法律是依靠国家强制执行的，道德是依靠社会舆论、人们良心、教育感化、典型示范等唤起人们的知耻心，培养人们的道德责任感和善恶判断力来进行调控的。

③ 道德和法律作用的范围不同。法律只干涉人们的违法行为，而道德对人行为所干

涉的范围要广泛得多、深入的多。

5. 把道德和法律、以德治国和依法治国结合起来

道德与法律的联系：

① 从道德和法律的作用来看，德治与法治，以德治国和依法治国是相辅相成、相互促进的。

② 从道德和法律的内容来看，二者有相互重叠的部分。

③ 道德和法律有相互转换、相互作用的关系。从道德和法律的产生发展来看，奴隶社会刚出现时，有些法律规范就是从原始社会的道德习惯转化来的，在现实社会中，这种互相转化的现象更为普遍。

道德和法律的区别：

在调节范围上，道德适用范围广，法律适用范围相对窄。

在调节主体上，道德调节主体比法律广泛。

在调节方式上，法律调节具有强制性、滞后性特点，而道德调节主要是通过改变人们的内心信念和思想觉悟，具有事前性和自觉性的特点。

6. 马克思主义关于道德的论述：

① 一个社会的道德性质、内容，是由社会生产方式、经济关系（即物质利益关系）决定的；有什么样的生产方式、经济关系，就有什么样的道德体系。

② 道德是以善与恶、好与坏、偏私与公正等作为标准来调整人们之间的行为的。

③ 道德是属于社会上层建筑领域，是一种特殊的社会现象。

7. 道德的表现形式：家庭美德、社会公德、职业道德。

8. 道德评价具有扩散性和持久性的特点。

9. 中华民族传统美德的主要内容：

① 父慈子孝，尊老爱幼。② 立志勤学，持之以恒。③ 自强不息，勇于革新。④ 仁以待人，以礼敬人。⑤ 诚实守信，见利思义。⑥ 公忠为国，反抗外族侵略。⑦ 修身为本，严于律己。

10. 社会主义市场经济与资本主义市场经济区别：

① 从社会性质上看，资本主义市场经济从属于资本主义基本制度的一种体制一种手段。社会主义市场经济从属于社会主义基本制度的一种体制服种手段。

② 从所有制来看，资本主义条件下的市场经济其主体是私有制经济，社会主义条件下的市场经济是以公有制为主体的。

③ 从分配制度上看，资本主义条件下的市场经济实行的是以按资分配为主体的分配形式；社会主义条件下的市场经济是以按劳分配为主体的多种分配形式。

④ 从生产目的来看，资本主义市场经济是以获取最大利润为自己的最终目的社会主义市场经济虽然也国获得最大利润，但它的最终目的是满足社会需要，即服从于社会主义生产的目的。

11. 职业具有三个方面的含义：① 职业是人谋生的手段和方式。

② 通过职业劳动使自己的体力、智力和技能水平不断得到发展和完善。

③ 通过自己的职业劳动，履行对社会和他人的责任。

12. 职业是责任、权利、利益的有机统一，现如今职业朝精细化和专业化方向发展。

职业道德的含义：职业道德是指从事一定职业的人们在职业活动中应该遵守的，依靠社会舆论、传统习惯和内心信念来维持的行为规范的总和。

13. **职业道德的内涵和特征**

    职业道德：它是指从事一定职业劳动的人们，在特定的工作和劳动中以其内心信念和特殊社会手段来维系的，以善恶进行评价的心理意识、行为原则和行为规范的总和，它是人们在从事职业的过程中形成的一种内在的、非强制性的约束机制。

14. **职业道德的基本要素**：职业理想、职业态度、职业义务、职业纪律、职业良心、职业荣誉、职业作风。

15. **职业道德的特征**：鲜明的行业性、适用范围上的有限性、表现形式的多样性、一定的强制性、相对稳定性、利益相关性。

16. **职业道德的具体功能**：导向功能、规范功能整合功能、激励功能。

17. **职业道德的社会作用**：① 有利于调整职业利益关系，维护社会生产和生活秩序；② 有助于提高人们的社会道德水平，促进良好社会风尚的形成；③ 有利于完善人格，促进人的全面发展。

18. **我国传统职业道德的精华**：① 公忠为国的社会责任感（达则兼济天下，穷则独善其身）；② 恪尽职守的敬业精神（专心致志，以事其业）；③ 自强不息，勇于革新的拼搏精神（天行健，君子以自强不息）；④ 以礼待人的和谐精神（仁者，爱人）；⑤ 诚实守信的基本要求；⑥ 见利思义、以义取利的价值取向（富贵不能淫，贫贱不能移，威武不能屈）。

19. 西方发达国家职业道德精华：① 社会责任至上；② 敬业；③ 诚信；④ 创新。

20. 当代西方发达国家职业道德建设主要做法和经验：① 加强道德立法工作；② 注重信用档案体系的建立；③ 严格岗前和岗位培训。

21. 社会主义职业道德以为人民服务为核心，以集体主义为原则，以爱祖国、爱人民、爱劳动、爱科学、爱社会主义为基本要求，以爱岗敬业、诚实守信、办事公道、服务群众、奉献社会为主要规范和主要内容，以社会主义荣辱观为基本行为准则。

22. 社会主义职业道德的特征：① 继承性与创造性的统一；② 阶级性和人民性相统一；③ 先进性和广泛性相统一。

职业道德与企业的发展

23. 社会主义**核心价值体系的基本内容**：马克思主义指导思想，中国特色社会主义共同理想，以爱国主义为核心的民族精神和以改革创新为核心的时代精神，社会主义荣辱观。

24. 用社会主义核心价值体系统领**职业道德建设**具体表现在：① 引领职业道德建设的目标方向；② 确立职业道德建设的共同理想；③ 保持职业道德建设的时代特点；④ 体现了对职业道德建设的原则指导。

25. **职业道德的"五个要求"**：爱岗敬业、诚实守信、办事公道、服务群众、奉献社会（服务群众是为人民服务在职业道德中的具体表现，是从业人员职业行为的本质，服务群众是公民道德建设的核心，也是职业道德建设的核心）、（奉献社会是职业道德中的最高境界）

26. **社会公德和职业道德的区别和联系** ① 适用范围不同，社会公德调节全体公民，职业道德调节从业人员；② 反映的利益不同，职业道德反映的是特定职业组织的利益，社会公德反映的是全体公民的共同利益；③ 二者之间还存在着相通性，是个别和一般的关系。

27. 以下几个方面既是职业道德的要求又是社会公德的要求：① 文明礼貌；② 勤俭节

约;③ 爱国为民;④ 崇尚科学。

28. **集体主义的内涵**:是指一切从集体出发,把集体利益放在个人利益之上,在二者发生冲突时,坚持集体利益高于个人利益的价值观念和行为准则。(坚持集体主义并不否认个人利益)。

29. **集体主义的内涵具体表现在**:① 坚持集体利益和个人利益的辩证统一;② 坚持维护集体利益的原则;③ 集体利益要通过个人利益的满足来实现。

30. **集体主义的要求**:① 正确处理集体利益和个人利益的关系;② 正确处理"小集体"与"大集体"的关系(提倡个人利益服从集体利益、局部利益服从整体利益、当前利益服从长远利益);③ 反对形形色色的错误思想(极端个人主义、享乐主义、拜金主义)。

31. 职业活动内在的道德准则(忠诚、审慎、勤勉):① 忠诚,即从业人员忠实于服务对象并对自己的委托人认真担负职责、以寻求实现职责的最优效果的强烈态度和意向。② 审慎,即选择最佳的手段以实现职责最优的结果,并努力规避风险。③ 勤勉,即从业者在规定的时间范围内非常投入,集中精力做好事情,不分心,不偷懒,不三心二意。

32. **企业文化的功能和价值**:自律功能、导向功能、整合功能、激励功能。

33. **职业道德在企业文化中占据重要地位**:
   表现在:① 企业环境需要由职工来维护和爱护。② 职工没有严格遵守规章制度的觉悟,企业的规章制度就形成虚设。③ 实现企业价值观、经营之道和企业发展战略目标的主体是职工。④ 企业作风和企业礼仪本来就是职工职业道德的表现。⑤ 职业道德对职工提高科学文化素质和职业技能具有推动作用。⑥ 企业形象是企业文化的综合表现。

34. 职业道德是**协调职工同事关系**的法宝
   同事关系构成了企业内部人际关系的主体:① 正常工作形成的交往关系。② 工作闲暇时的非正式交往。③ 由个人意愿而进行的工作以外的交往关系。④ 因工作接触而结交的知心朋友。

35. 道德有利于协调职工与企业之间的关系:职工与企业的关系协调与否,**主要责任在企业**。

36. 职业道德有利于企业**提高产品和服务质量**。
   企业要提高产品质量,给顾客提供优质的服务就必须重视职工职业道德的教育和提高:
   (1) 掌握扎实的职业技能和相关专业知识是提高产品和服务质量的前提。
   (2) 工作的认真态度和敬业精神是提高产品和服务质量的直接表现。
   (3) 忠于企业,维护企业形象,是提高产品和服务质量的内部精神动力。
   (4) 严格遵守企业的规章制度,服从企业安排是提高产品和服务质量的纪律保证。
   (5) 奉献社会,真正以顾客为"上帝",全心全意为顾客服务是提高产品和服务质量的外部精神动力。

37. **职业道德可以降低产品成本、提高劳动生产率和经济效益**
   ① 职工具备良好的职业道德有利于减少厂房、机器、设备的损耗,节约原材料,降低次品率。
   ② 职工具备良好的职业道德,职工与职工之间,职工与领导之间,职工与企业之间就会保持协调、融洽、默契的关系,从而降低企业作为整体的协调管理费。
   ③ 职工具备良好的职业道德,提高产品和服务的质量,从而降低了企业与政府、社会和

顾客的谈判交易费用。

④ 职工具备良好的职业道德,有较强的时间观念,工作中惜分珍秒,有利于提高劳动生产率。

38. 职业道德可以**促进企业技术进步**因为:

① 具有良好的职业道德是职工提高创新意识和创新能力的精神动力。

② 具有良好的职业道德是职工努力钻研科学文化技术、革新工艺、发明创造的现实保证。

③ 职工具有良好的职业道德是企业保守科技机密的重要条件。

39. 职业道德有利于**企业摆脱困难,实现企业阶段性的发展目标**。

40. 职业道德有利于**企业树立良好的形象、创造企业著名品牌**因为:

① 企业形象是企业文化的综合反映,其本质是企业信誉,商品品牌是企业形象的核心内容。职工具有良好的职业道德有利于企业形象和创造著名品牌。② 在现代媒体十分发达的今天,企业职工的表现直接影响企业形象和品牌。

职业道德与人自身的发展

41. **职业**是指人们由于社会分工而从事具有专门业务和特定职责并以此作为主要生活来源的工作。人总要在一定的职业中工作生活,因为:① 职业是人谋生的手段;② 从事一定的职业是人的需求;③ **职业活动**是人的全面发展的最重要条件:A. 首先职业活动是人生历程的重要环节。B. 职业活动是人获得全面发展的重途径。

42. **职业道德是事业成功的保证**因为:① 没有职业道德的人干不好任何工作。② 职业道德是人事业成功的重要条件。③ 每一个成功的人往往都有较高的职业道德(职业品格包括:职业理想、进取心、责任感、意志力、创新精神等)。

43. **人的职业道德品质反映着人的整体道德素质**

① 人的道德素质是人的综合素质的一个方面,它自身包含丰富的内容。从道德的结构来看,人的道德素质包括:道德认识、道德情感、道德意志、道德行为等内容。从道德可能涉及的领域来看,则包含恋爱、婚姻、家庭道德、职业道德。

② 人内在的根本的道德价值观念,在人的整个道德素质中,居于核心和主导的地位。

44. 人的职业道德的提高有利于**人的思想道德素质的全面提高**。

45. 提高职业道德水平是**人格升华最重要的途径**。

46. 在**家庭道德、公共道德和职业道德**三个领域中,一直以家庭道德为中心。

47. 代替以"孝"为核心的道德体系,"服务意识"将成为新的核心理念。

48. 从职业道德的角度来讲,"服务意识"表现为服务态度和服务质量。

(1) 只有经过严格职业训练和生活磨练的人才能获得有用的知识和智慧。

(2) 一个想成就事业的人必须经受得住诱惑以及考验。

(3) 最伟大的人物无一不是经过严格职业训练,无一不是历经千辛万苦取得辉煌成就的。

49. **职业化**也称为专业化,是一种自律性的工作态度,是一种按照职业道德要求的工作状态的标准化、规范化、制度化,即以严格的职业道德标准,在合适的时间、合适的地点,用合适的方法、说合适的话、做合适的事,并圆满完成自己所承担的工作职责。

50. **职业化的三个层次的内容**:① 职业化素养(核心层)。② 职业化技能(中间层)。

③ 职业化行为规范（职业化在行为标准方面的体现）（职业化行为规范包括职业思想、职业语言、职业动作三个方面的内容）。

51. 职业化是提升企业人才素质的核心，职业化的人才是企业真正的核心竞争力，职业化是提高个人和组织竞争力的必由之路，职业化是新型劳动观的核心内容。职业化是全球职场的通用语言和职场文化，它促进了新型劳动观的产生。

52. **尊重自己所从事的职业并愿意付出**，是现代职业观念的基本价值尺度。

53. **职业精神**一方面是指职业态度和职业道德，另一方面表现为对自己的严格要求，或者是说体现"慎独"，即在任何时间、任何地点都以达到职责高标准来严格要求自己，在无人监督时，仍能严格按照道德规范的要求做事。以职业化的职业精神来从事自己的职业并持续追求体现工作的最优效果，是现代职业观和职业人的理想境界。

54. **职业化的内涵**——德才兼备（对职业道德和职业才能的重视是职业化的核心）

55. **职业道德的准则**：忠诚（最基本的准则）、诚信、敬业、追求卓越、正直、纪律。

56. 促进职业化对各个层级的人力资源管理都有积极的提升作用。

57. 实现职业化的两个方面：自我职业化和职业化管理。
① 职业化管理在文化上的体现是重视标准化和规范化，还包含着方法的标准化和规范化。
② 职业化管理的意义主要在于提高。

58. 建立职业化标准是实施职业化管理的关键步骤。
企业员工的职业化就是按照系统化的标准和规范建设的管理制度，包括自我规范管理和企业的规范管理。

59. 职业化管理是一种建立在职业道德和职业精神基础上的法治，**这个法制化的管理制度**包含以下各个系统：① 职业文化是一个复合的系统。② 战略管理和决策管理是一个宏观的制度。③ 科学的生产流程和产品开发流程，以及质量管理是另一个决定企业经营规范的重要标准体系。④ 在从业人员的技能管理和行为管理方面实施标准化。⑤ 职业化的标准要建立评价体系和纠错系统。

60. 重视职业道德和科学管理的统一，是职业化的核心，也是促进企业从业人员职业化素质和行动的根本保障。

61. **职业技能的内涵**：是指从业人员从事职业劳动和完成岗位工作应具有的业务素质，包括职业知识、职业技术和职业能力。职业知识包含基础知识、专业知识，以及包括人文素养在内的其他知识。职业技术是指驾驭本职业或岗位的科学技术。职业能力包括一般能力和特殊能力。**职业知识**、**职业技术**、**职业能力**三者有机联系，密不可分，共同构成从业人员职业技能的素质体系。

62. 职业技能的特点：① 时代性；② 专业性；③ 层次性；④ 综合性。

63. 职业技能的作用：① 职业技能促进和保障企业的发展（职业技能是企业开展生产经营活动的前提和保证；企业技能关系到企业的核心竞争力）。② 职业技能是人们谋生和发展的必要条件和重要保障（职业技能是就业的保障；职业技能有助于增强竞争力；职业技能是履行职业责任、实现自身价值的手段）。

64. 职业技能有效发挥需要职业道德保障，具体表现在：① 职业道德对职业技能具有统领作用；② 职业道德对职业技能的发挥具有支撑作用；③ 职业道德对职业技能的提高具有促进作用。

65. **怎样通过提高职业道德以提升职业技能**(脚踏实地、勇于进取、永无止境)：

文明礼貌

66. **文明礼貌**的涵义：所谓文明是同"野蛮"相对的,指的是人类社会的进步状态。它包括物质文明和精神文明,有时专指精神文明。

67. 礼貌一词,在中国古代指"礼仪""礼""礼节"等,是维护奴隶社会和封建社会的典章制度和道德规范。在社会主义条件下,礼貌是社会主义人与人平等友爱、互相尊重的新型社会关系的体现。因此,我们今天的礼貌一词是指人们在一切交往中,语言举止谦虚、恭敬,彬彬有礼。

68. 文明礼貌指人们的行为和精神面貌符合先进文化的要求。

69. 文明礼貌是**从业人员的基本素质**。

文明礼貌是职业道德的重规范,是作业人员上岗的首要条件和基本素质：
① 文明礼貌是《服务公约》和《职工守则》的内容之一。② 文明礼貌是从业的基本条件。
③ 文件礼貌是一生一世的事情。

70. 文明礼貌是塑造企业形象的需要。
① 文明礼貌是企业形象的重要内容。一般地说,企业形象包括企业的道德形象、内部形象、外部形象。
② 内部形象主要指企业的内部管理形象,包括：企业员工的整体素质、企业管理风格、企业经营目标、企业经营作风、企业竞争观念、企业进取精神等。外部形象是指企业的公众形象、经营形象、社会评价等。

71. 职工个体形象对整体形象的影响
(1) 文明职工是指在社会主义精神文明建设中起模范带头作用,自觉做有理想、有道德、有文化、有纪律的先进职工。
* 文明职工的基本要求：① 热爱祖国、热爱社会主义、热爱共产党,努力提高政治思想水平；② 模范遵守国家法律和各纪律；③ 讲究文明。
* 社会主义制度下,文明生产要做到：① 生产的组织者和劳动者要语言文雅、行为端正、技术熟练,以主人翁态度从事生产活动。② 工序与工序之间,车间与车间之间,企业与企业之间要发扬共产主义协作精神,互相学习,取长补短,互相支援,共同提高。③ 管理严密,纪律严明。④ 企业环境卫生整洁、优美无污染。⑤ 生产达到优质、低耗高效。

72. 仪表端庄是指一定职业从业人员的外表要端正庄重。
仪表端庄的具体要求：① 着装相互大方。② 鞋袜搭配合理。③ 饰品和化妆要适当。④ 面部、头发和手指要整洁。⑤ 站姿端正。

73. 语言规范或称规范语言,是人们在特定的职业活动中形成的或明文规定的语言标准或规则,是职业用语的基本要求。

74. **职业用语**的基本要求：① 语感自然；② 语气亲切；③ 语调柔和；④ 语流适中；⑤ 语言简练；⑥ 语意明确。

75. 职工上岗以后,在接待服务对象时必须说好三声：即招呼声、询问声、道别声。

76. 讲究语言艺术要求:和婉、让步、幽默。

77. **举止得体**是指从业人员在职业活动中行为、动作要适当,不要有过分或出格的行为。具体要求:① 态度恭敬;② 表情从容;③ 行为适度;④ 形象庄重。

78. **待人热情**是指上岗职工在接待服务对象时,要有热烈的情感。是与人交往的首要条件,基本要求是:① 微笑迎客;② 亲切友好;③ 主动热情。

爱岗敬业

79. 敬业作为一种职业精神,是职业活动的灵魂,是从业人员安身立命之本,在职业活动中,敬业是最根本、最核心的要求。

80. **敬业的重要性**
(1) 敬业是从业人员在职场立足的基础(敬业与否成为单位选人用人的重要标准,例如,在IBM公司,是否具有敬业精神就是选人、用人的重要标准)。
(2) 敬业是从业人员事业成功的保证 ① 强烈的敬业精神是从业人员做好工作的前提(如李素丽);② 敬业是人生的关键,是人生制胜的法宝;③ 敬业意味着工作和生活的乐趣。
(3) 敬业是企业发展壮大的根本(① 敬业促进企业效率提高;② 敬业提升企业生产力水平;③ 敬业提高员工的工作绩效。)

81. **敬业的内涵**:敬业就是尊重、尊崇自己的职业和岗位,以恭敬和负责的态度对待自己的工作,做到工作专心,严肃认真,精益求精,尽职尽责,要有强烈的职业责任感和职业义务感,具体而言,敬业包含四层含义:① 恪尽职守;② 勤奋努力;③ 享受工作;④ 精益求精。

82. 敬业的特征:主动、务实、持久。

83. 敬业的要求(践行规范):强化职业责任(了解职业责任、强化责任意识)
坚守工作岗位(遵守规定、履行职责、临危不退)
提高职业技能(要勇于实践、要开拓创新)

84. 爱岗敬业作为最基本的职业道德规范,是对人们工作态度的一种普遍工求。爱岗就是热爱自己的工作岗位,热爱本职工作,敬业就是要用一种恭敬严肃的态度对待自己的工作。敬业可以分为两个层次:功利的层次和道德的层次。

85. **爱岗敬业是中华民族的传统美德**从业人员踏上工作岗位以后,碰到第一个问题就是职业态度问题。

86. 所谓职业态度是指人们在职业地位、思想觉悟、道德品质、价值目标影响下形成的对自己所从事工作的认识及其劳动态度。中国历史上,第一个提出爱岗敬业的当属孔子。

87. 爱岗敬业是现代企业精神劳动者素质是一个多内容、多层次的系统结构,主要包括:职业道德素质和专业技能素质。

88. 市场经济条件下职业选择的意义
职业选择是指个人对所从事工作的选择,它是职业活动的前提。职业选择包括从业以前的选择和从来后的选择,前者通过选择实现就业,后者通过选择实现职业变换。

89. 职业选择有以下几个方面的意义:① 有利于实现生产资料与劳动力的较好结合;② 有利于取得较大的经济效益;③ 职业选择有利于优化社会风气;④ 有利于促进人的全面发展。

90. 劳动力市场的开放为人们的职业选择提供了有利条件。

91. 劳动力市场:指通过市场机制调节劳动力供求关系矛盾,以实现劳动者与生产资料相结合的市场。

92. 职业选择是人们从自己的职业能力意向出发,从社会现有空闲岗位中选择其一的过程。我国倡导职业选择的"自己原则"。

93. 当前严峻的就业现实要求人们爱岗敬业因为:① 求职者是否具有爱岗敬业精神是用人单位挑选人才的一项非常重要的标准;② 爱岗敬业是企业对从业人员的职业要求。

94. 在社会主义市场经济条件下,爱岗敬业的具体要求主要是:树立职业理想、强化职业责任、提高职业技能。

95. 所谓职业理想是指人们对未来工作部门和工作种类的向往和对现行职业发展将达到什么水平、程度的憧憬。

96. 职业理想的三个层次:初级、中级或高级。

① 初级层次职业理想:大部分人的工作目的首先是为了维持自己家庭的生存,过安定的生活,这是人对职业的最初动要机、最低要求、是职业理想的基本层次。初级层次的职业理想具有普遍性。

② 中级层次职业理相:主要是通过特定的职业,施展个人的才智,这是职业理想的中级层次。中级层次职业表现出因人而异的多样性。

③ 高级层次职业理想:人们工作的目的是承担社会义务,通过社会分工把自己的职业同为社会、为他人服务联系起来,同人类的前途和命运联系起来。即三个层次分别:谋求生存、发展个性、承担社会义务。

97. 职业理想形成的条件

职业理想形成的内在因素:年龄增长、环境的影响和受教育程度。职业理想形成的客面依据:社会发展的需要职业理想形成的重要基础:个人自身所具备的条件。

98. 职业责任是指人们在一定职业活动中所承担的特定的职责,它包括人们应该做的工作和应该承担的义务。

99. 职业活动是人一生中最基本的社会活动,职业责任是由社会分工决定的,是职业活动的中心,也是构成特定职业的基础,往往通过行政的甚至法律方式加以确定和维护。

100. 职业责任的特点:① 明确的规定性。② 职业责任与物质利益存在直接关系。③ 具有法律及其纪律的强制性。

101. 职业道德责任就是以什么态度并如何对待和履行自己的职业责任,是完成职业责任的道德评价。

102. 任何一种职业都把忠实地对待、圆满地履行职业责任作为从业人员或集团最基本的职业道德要求。

103. 如何强化职业责任:① 对企业集团来说,应加强员工的职业责任教育和培训。② 对企业员工来说,应自觉明确和认定自己的职业责任,树立职业责任。

104. *企业对员工职业责任教育主要通过以下途径:① 以质量观念促责任意识。② 完善各项岗位规章制度。③ 建立健全评价体系。

105. *从业人员的职业责任修养。

职业责任修养通过用一定的职业道德原则和规范对自己的职业责任意识进行反省、对照、检查和实际锻炼,提高自己的职业责任感。

106. 从业人员的职业责任修养活动包括以下两个方面的内容：① 学习与自己有关的岗位责任制度，形成责任目标。② 在职业实践中不断比照特定的责任规定对自己的思想和行为进行反省和检查。

107. 职业技能也称职业能力，是人们进行职业活动、履行职业责任的能力和手段。包括：实际操作能力、所谓职业教育是指通过教育和培训使从业人员掌握相应的职业知识和技能。

108. 广义的职业教育是指：按照社会的需要，开发智力，发展个性，培养职业兴趣，训练职业能力。

109. 狭义的职业教育是指：对全体劳动者在不同水平的普通教育的基础上所给予的不同水平的专业技能教育，培养能够掌握特定职业的基本知识、实用知识和技能技巧的人才。

前者重点反映教育本身的任务和作用，后者则是反映教育事业内部的结构和分工。

110. 职业技能是发展自己和服务人民的基本条件。

诚实守信

111. 诚信的重要性（诚信是企业集体和从业人员个体的道德底线）：

(1) 诚信关系着企业的兴衰　① 诚信是企业形成持久竞争力的无形资产（企业生产和经营要真实反映消费者的需要；企业的产品必须货真价实；企业要认真履行各种承诺和契约）。② 诚信是企业树立良好形象的需要。③ 诚信是企业组织绩效的保证。

(2) 诚信是个人职业生涯的生存力和发展力：① 遵守诚信之规是人的社会化的必需。② 遵守诚信之规是人们谋得职业的必需。

(3) 遵守诚信之规是人们职业发展的必需。

112. 诚实守信是市场经济法则

诚，就是真实不欺，尤其是不自欺，主要是个人内持品德；信，就是真心实意地遵守履行诺言，特别是注意不欺人，它主要是处理人际关系的准则和行为。二者的关系：诚实是守信的心理品格基础，也是守信表现的品质；守信是诚实品格必然导致的行为，也是诚实与否的判断依据和标准。诚实守信作为一种职业道德就是指真实无欺、遵守承诺和契约的品德和行为。自利追求与道德操守是共生共存的社会现象，因为：

① 市场经济默认的基本前提是经济活动的第一个参与者都是自利的行为者经济行为的目标和动力是利益和对利益的追求。② 市场行为的参与者对利益的追求是通过有效地协调一定的人际关系来实现的。③ 自利追求与道德操守协调契合的基本点主要是建立交易双方稳固、可靠的信用关系。

113. 如何才能确保使建立中的市场经济真正成为信用经济：

① 推进和深化经济体制改革，加快建立和完善社会主义市场经济体制，早日走出转轨期。

② 大力开展职业道德教育和岗前、岗上培训，把强化诚实守信观念作为社会主义市场经济道德建设的重要内容。

③ 加强党风廉政建设，加大反腐败的力度，切实扭转党风、政风和社会风气，为社会主义市场经济健康发展提供良好的外部环境。

114. 诚实守信是企业的无形资本

企业如何变诚实守信为企业的无形资本:(1)企业内部,要苦练内功,企业上下要努力形成三种共识:客户至上、质量第一、严守承诺。(2)在企业外部,还要多做外功,重视企业形象设计、广告策划和宣传以及新闻媒体对企业的深度报道等,形成企业特色,扩大企业知名度。

115. **诚实守信是为人之本**

做人为什么要诚实守信呢:① 做人是否诚实守信是一个人品德修养状况和人格高下的表现。② 做人是否诚实守信,是能否赢得别人尊重和友善的重要前提条件之一。

116. **怎样成为一个诚实守信的人?**

① 要能够正确利益问题:首先是正确对待自我利益与他人利益关系;其次是正确处理眼前利益和长远利益的关系问题。② 要开阔自己的胸襟,培养高尚的人格。③ 要对树立进取精神和事业意识。

117. **诚实守信是从业之要**:

(1) 从个人角度讲是个体品德、人格问题,只关系到个人成长、心理健康和人格完善。

(2) 从个人与他人、与社会关系角度来讲,关系到社会信任问题。

(3) 从个人与他人、与社会关系的角度来讲,关系到社会关系的稳定问题。

118. **诚信的内涵**:诚信的本质内涵是真实、守诺、信任,即尊重实情、有约必履、有诺必践、言行一致、赢得信任。其中,诚是一切德行的基础和根本,只有内心诚才有信,否则就会沦为空伪,诚实是信用的一种保证。

119. **诚信的特征**:通识性、智慧性、止损性、资质性。

120. **诚信的要求(践行规范)**:

尊重事实:① 坚持正确原则,不为个人利害关系左右;② 澄清事实,主持公道;③ 主动担当,不自保推责。

真诚不欺:① 诚实劳动,不弄虚作假;② 踏实肯干,不搭便车;③ 以诚相待,不欺上瞒下。

讲求信用:① 择业信用;② 岗位责任信用;③ 离职信用。

信誉至上:① 理智信任;② 积淀个人信誉;③ 维护职业集体荣誉。

121. **不诚实劳动包括**:① 出工不出力。② 以次充好,缺斤少两。③ 专造假冒伪劣产品。

122. **诚实劳动十分重要**:① 它是衡量一个劳动者素质高低的基本尺度。② 它是一个劳动者人生态度、人生价值和人生理想的外在反映。③ 它直接关涉到一个劳动者人生追求和价值的实现。④ 它直接影响企业的形象和企业的兴衰成败,从而间接影响个人利益的实现。⑤ 会影响一个民族、一个国家产品的国际竞争力,影响该国家该民族的发展,间接影响每个劳动者利益的实现。

123. **为什么要遵守合同和契约**:① 可以维护从业人员的各项合法权益。② 是企业持续稳定发展重要保障。③ 免于受到制裁或处罚,避免必要的经济损失。

124. 企业信誉和形象的树立主要依赖以下三个要素:① 产品质量;② 服务质量;③ 信守承诺因此职业人员要自觉维护企业信誉,就必须从这三个方面着手,身体力行。

125. 优质服务就是在尽可能的范围内,满足顾客的各种需求,不管是分内之事还是分外之事。

办事公道

126. 公道的重要性

(1) 公道是企业发展的重要保证：① 公道是企业构建和谐外环境的保证；② 公道是企业构建和谐内环境的保证。

(2) 公道是员工和谐相处，实现团队目标的保证：① 公道正派是从业人员建立合作关系的重要品质；② 公道正派是外资企业用人的重要标准。

(3) 公道是确定员工薪酬的一项指标。

(4) 公道与否影响到员工职业发展的前景。

127. 公道的内涵：公道的制度（公道是制度的灵魂）、公道的行为、公道的品德。

128. 公道的特征：公道标准的时代性、公道观念的多元性、公道意识的社会性。

129. 办事公道是正确处理各种关系的准则：

办事公公道的涵义办事公道就是指我们在办事情、处理问题时，要站在公正的立场上，对当事双方公平合理、不偏不倚，不论对谁都是按照一个标准办事。

130. 办事公道是企业活动的**根本要求**：① 办事公道是企业能够正常运行的基本保证；② 办事公道是企业赢得市场，生存和发展的重要条件；③ 办事公道是抵制行业不正之风的重要内容；④ 办事公道是职业劳动者应该具有的品质。

131. 办事公道的**具体要求**：① 坚持真理；② 公私分明；③ 公平公正；④ 光明磊落。

132. 坚持真理必须做到：① 在大是大非、腐朽思想等面前立场坚定；② 积极改造世界观；③ 要做到照章办事，按原则办事；④ 要敢于说"不"。

133. 公是指社会整体利益、集体利益和企业利益。私是指个人利益。公私分明原意是指要把社会整体利益、集体利益与个人私利明确和区别开来，不以个私利损害集体利益。

134. 职业实践中讲公利分明是指不能凭借自己手中的职权谋取个人私利，损害社会利益和他人利益。

135. 如何做到公私分明：① 正确认识公与私的关系，增强整体意识，培养集体精神；② 要富有奉献精神；③ 要从细微处严格要求自己；④ 在劳动创造中满足和发展个人的需要。

136. 公平公正指按照原则办事，处理事情合情合理，不徇私情。

如何做到公平公正：① 坚持按原则办事；② 要不徇私情；③ 不怕各种权势，不计个人得失。

137. 光明磊落是指做人做事没有私心，胸怀坦白，行为正派。

如何做到光明磊落：① 把社会、集体利益放在首位；② 说老实话，办老实事，做老实人；③ 坚持原则，无私无畏；④ 敢于负责，敢担风险。

勤劳节俭

138. 勤劳节俭是中华民族的传统美德。

所谓勤劳，就是辛勤劳动，努力生产物质财富和精神财富。

139. 为什么要做到勤劳：① 是人生存在的必要条件；② 是人致富的铺路石；③ 是事业成功的重要保证。

140. 为什么要节俭：① 是维护人类生存的必需；② 节俭是持家之本；③ 是安邦定国的法宝。

141. 节约的重要性 ① 节约是企业兴盛的重要保证（节约是企业制度的重要内容；节约使企业增强成本意识；节约使企业重视产品质量；节约促使企业创新技术）。

② 节约是从业人员立足企业的品质（企业要求从业人员重视节约，不但是制度上的规范，而且是职业道德的需要）。

③ 节约是从业人员事业成功的法宝（节约使员工珍惜时间资源，将全部精力投入到工作当中；节约使员工珍惜物质资源，做到节约有度；节约使员工产生创新的动机）。

142. 节约的内涵：职业活动中的节约是指从业人员爱惜和节制、节省使用企业财务及社会资源的行为。

143. 节约与消费的关系：消费是必要的，消费是人类生存的基础，消费并不等于浪费，我们所提倡的节约，即要求对资源"取之有度"、"用之有节"，这正是一种正确的消费观，节约不是限制消费，消费是节约原则下的消费，节约是满足消费前提下的节约。

144. 节约的特征：时代表征性、社会规定性、价值差异性。

145. 节约的要求（践行规范）：

爱护公物：① 强化按户公物意识；② 对公物要爱护使用；③ 不占用公物。

节约资源：① 具备节约资源意识；② 明确节约资源责任；③ 创新节约资源方法。

艰苦奋斗：① 正确理解艰苦奋斗；② 树立不怕困难的精神；③ 永远保持艰苦奋斗的作风。

146. 勤劳节俭有利于停止腐败。

为什么：① 中国古人对勤劳节俭的颂扬不外是两个层面：个体层面和社会层面。从个体层面分析，勤劳节俭能对各种自发的物质欲望进行节制，奠定道德自律的基础。从社会层面分析，节俭能造就社会良好的道德风尚。

② 艰苦奋斗是中华民族勤俭美德的高度升华。

147. 勤俭节约是创业家的成功修养如何做到勤俭节俭：

① 有高度的事业心，对祖国对人民的深深的热爱；② 要不怕劳苦。

148. 勤劳节俭有利于增产增效：① 勤劳促进效率的提高；② 节俭降低生产的成本。

149. 节俭具有道德价值和经济价值：① 生产过程中的节俭，直接降低了成本，提高了效益；② 节俭既是一种道德规范，也是一种道德理念、道德价值观，它为效率的提高提供了精神动力。

150. 成本领先取决于三个基本环节：① 能否稳定地获得相对低廉的资源供给；② 能否相对低廉地生产出质量稳定的产品；③ 能否相对低廉地储运或向不同区域市场分配产品。

151. 勤劳节俭的现代意义则是：俭而有度，合理消费。

随着现代化的进程，节俭之德的意义：① 现代化的进程有赖于经济效率的提高和经济增长方式的集约化，这两者都离不开勤劳、节俭的精神作为精神动力；② 现代化的进程把生产资源的节约问题尖锐地担提上日程。

新时代的节俭首先意味着"节用有度"即合理地有节制地使用、消费物质资料。

152. 勤劳节俭有利于可持续发展现代社会上流行的"绿色"的意义"① 节约能源的支出；② 再生利用；③ 尽可能不影响环境的自然状态。

遵纪守法

153. 所谓**遵纪守法**指的是每个从业人员都要遵守纪律和法律,尤其要遵守职业纪律和与职业活动有关的法律法规。

154. 与职业活动相关的我国社会主义法律

经济法包括"① 关于市场主体的经济法律、法规,例如《企业法》《公司法》等;② 关于市场运行管理的经济法律法规。例如《产品质量法》《济合同法》等;③ 关于宏观调控的经济法律、法规,例如《统计法》《会计法》;④ 关于劳动和社会保障的经济法律、法规,《国有企业职业待业保险规定》。

155. **职业纪律的涵义**:职业纪律产生于职业分工,是在特定的职业活动范围内从事某种职业的人们必须共同遵守的行为准则,它包括劳动纪律、组织纪律、财经纪律、保密纪律、宣传纪律、外事纪律等纪律要求及各行各业的特殊纪律要求。

职业纪律的**特点**:① 明确的规定性;② 一定的强制性。

156. 遵纪守法是从业人员的基本要求。

157. 遵纪守法是从业人员的基本义务和必备素质。

158. 遵守职业纪律是每个人员的基本要求:职业纪律是每个从业人员开始工作前就应明确的,在工作中必须遵守,必履行的职业行为规范。

159. 职业规范包括:岗位责任;操作规则;规章制度。

职业纪律是最明确的职业规范,它以行政命令的方式规定了职业活动中最基本的要求,明确规定了职业行为的内容,指示从业人员应该做什么。

160. 遵纪守法是从业人员的必要保证

① 社会分工越来越广,行业与行业之间的联系更加密切。② 当代新的科学和技术可以给社会带来好处也可以带来祸害,这是由主体控制的,合理地制定有关的规章制度、职业法规。③ 社会主义市场经济条件下,要进行正常的经济生活,就必须建立一定秩序和规则,否则社会就会处理混乱状况。④ 改革开放20年,加入WTO以后,必须按国际惯例动作,走依治国、依法治企之路已是当务之急。⑤ 邓小平说:我们这样大一个国家,怎样才能组织起来呢?一靠理想,二靠纪律。这句话深刻地阐明了纪律的重要性。

161. 学法、知法,增强法制意识**首先**要增强法律意识。

法制意识大体包括:① 法治观念;②"法律面前一律平等"观念;③"权利与义务"观念。

注:学法知法首先要求认真学习和掌握宪法,通常把宪法称为"母法",而把依据宪法制定的其他法律称为"子法"。

其次要有针对性地学习和掌握自己所从事的职业的相关的法律法规,以及岗位规范。

162. 遵纪守法,做个文明公民法制的核心在于守法。

守法是指遵守一切法规,即遵守宪法、法律、法令、条例、章程、决议等。

在公民守法问题上,最重要的一点在于:弄清个人利益和人民整体利益的一致性。

163. 遵守企业纪律和规范职业纪律的内容从大的方面看,主要表现为国家机关、人民团体和企事业单位根据国家的宪法和法律结合职业活动的实际所制定的各种规章制度;从小的方面讲,则相当具体详细,如作息时间、操作规程、安全规则等。这些纪律都有强制性和自觉性。

164. **纪律的重要性**

① 职业纪律影响到企业的形象（制定和执行纪律是树立企业形象的现实需要。职业纪律是维系企业组织健康，保持良好企业形象的基本规矩；职业纪律折射着员工的劳动态度和敬业精神；严格的纪律等于优质的产品、严格的纪律等于优质的服务，它直接影响到企业的形象和企业的市场竞争力。）

② 职业纪律关系到企业的成败（遵守纪律能提高工作效率）。

③ 遵守职业纪律是企业选择员工的重要标准。

④ 遵守职业纪律关系到员工个人事业成功与发展（严守职业纪律，是职业成功与发展的基础；严守职业纪律，是正确职业发展观的反映；严守职业纪律，有助于提高人们的工作能力）。

165. 纪律的内涵：职业纪律是指在特定的职业活动范围内，从事某种职业的人们所必须共同接受、共同遵守的行为规范。它要求劳动者在职业活动中遵守秩序、执行命令，履行自己的职责。可以说，纪律是规范从业人员与工作、与企业、与他人及社会关系的重要手段，是评价职业活动状况的基本行为尺度。从领域上看，职业纪律包括劳动纪律、财经纪律、保密纪律等。

166. 纪律的特征：社会性、强制性、普遍适用性、变动性。

167. 纪律与道德的关系：从一定意义上看，职业纪律是职业道德规范的具体化，职业道德的许多要求恰恰是职业纪律的要求，职业纪律是职业道德的底线，二者之间也存在差别，职业道德一般以社会舆论、人们内在良心作为发生作用的基本机制，自觉、自动、自发、自励是职业道德的要求。

168. 员工树立纪律观念，要从以下几个方面入手调整自己：

① 以积极的心态看待和适应制度、纪律，不无视制度和纪律的存在。

② 以平和的心态看待制度和纪律，不做不值得做的事情。

③ 以科学的心态对待制度、纪律，通过合理合法途径提出改进制度和纪律的意见和建议。

④ 以坦诚的心态接受违纪行为的处罚，并勇于改正自己的不足。

169. 纪律的要求（践行规范）：

学习岗位规则① 原原本本学习岗位规则；② 完整、准确、细致把握岗位规则；③ 反复研读岗位规则。

执行操作规程① 牢记操作规程；② 演练操作规程；③ 坚持操作规程。

遵守行业规范（所谓行业规范是指从事某一行业的企业和从业人员必须遵守的行为准则）

严守法律法规（做到学法、知法、守法、用法）

170. ① 遵守**劳动纪律**：现行法律、法规的规定和劳动争议仲裁实践表明，用人单位对严重违反劳动纪职工的处理共有四种情况：开除、除名、辞退、解除劳动合同。

② 遵守**财经纪律**：财经纪律是用制度形式规定的人们在财经领域内必须遵守的行为规范。主要是要求从业人员，尤其是财经人员必须按其规范要求自己，廉洁奉公，正确处理好财经管理过程中的各种关系。

③ 遵守**保密纪律**。

④ 遵守**组织纪律**其主要内容是执行民主集中制原则。

⑤ **遵守群众纪律**:主要体现在职业活动中热爱群众、尊重群众,随时随地维护群众利益,保护群众的合法权益。基本要求是"为人民服务,对人民负责"。

171. 如何做到遵纪守法:

① 必须了解与自己所从事的职业相关的岗位规范、职业纪委和法律法规。

② 要严格要求自己,在实践中养成遵纪守法的良好习惯。

③ 还要敢于同不良现象做斗争。

团结互助

172. 团结互助的重要性:① 团结互助营造人际和谐氛围;② 团结互助增强企业内聚力。

173. 团结互助的基本要求:① 平等尊重;② 顾全大局;③ 互相学习;④ 加强协作。

174. 平等尊重是指在社会生活和人们的职业活动中,不管彼此之间的社会地位、生活条件、工作性质有多大差别,都应一视同仁,互相尊重,互相信任。其中:平等尊重、相互信任是团结互助的基本和出发点。

175. 要做到平等尊重,以诚相待,要注意遵循以下道德要求:① 上下级之间平等尊重;② 同事之间相互尊重:同事关系是从业活动中最常见的人际关系;③ 师徒之间相互尊重;④ 尊重服务对象。

176. 顾全大局是指在处理个人和集体利益的关系上,要树立全局观念,不计较个人利益,自觉服从整体利益的需要。

177. 互相学习是团结互助道德规范的中心一环。

178. 加强协作是指在职业活动中,为了协作从业人员之间,包括工序之、工种之间、岗位之间、部门之间的关系,完成职业工作任务,彼此之间互相帮助、互相支持、密切配合,搞好协作。

179. 要做到加强协作,注意处理以下两个问题:① 正确处理好主角与配角的关系;② 正确看待合作与竞争。竞争的基本原则既是竞争又协作。

开拓创新

180. 创新是指人们为了发展的需要,动作已知的信息,不为突破常规,发现或产生某种新颖、独特的有社会价值或个人价值的新事物、新思想的活动。创新的本质是突破,即突破旧的思维定势,旧的常规戒律。它追求新异、独特、最佳、强势,并必须有益于人类的幸福、社会的进步。创新活动的核心是新。创新在实践活动上的表现为"开拓性"。

181. 根据美国经济学家"熊彼特的说法,创新是指企业实行对生产要素的新组合,它包括 5 种情况:① 引入一种新产品;② 采用一种新的生活方法;③ 开辟一个新的市场;④ 获得一种原料或半成品之新的供给来源;⑤ 实行一种新的企业组织形式。

182. 没有创新的企业是没有希望的企业开拓创新的重要性突出体现在两个方面:

(1) 优质高效需要开拓创新。① 服务争优要求开拓创新;② 盈利增加仰仗开拓创新;③ 效益看好需要开拓创新。

(2) 事业发展依靠开拓创新。① 创新是事业发展的动力;② 创新是事业竞争取胜的最佳手段;③ 创新是个人事业成功的关键因素。

183. 服务优质包括:服务态度、服务手段、服务策略、服务质量。
184. 开拓创新要有创造意识和科学思维。
185. 强化创造意识
(1) 创造意识要在竞争中培养。
(2) 要敢于标新立异:① 要有创新精神;② 要有敏锐的发现问题的能力;③ 要有敢于提出问题的勇气。这是标新立异的关键。
(3) 要善于大胆设想:① 要敢想;② 要会想。
186. 确立科学思维。现代思维方式的表现形式主要有:① 相似联想;② 发散思维;③ 逆向思维;④ 侧向思维;⑤ 动态思维。
187. 开拓创新要有坚定的信心和意志。① 坚定信心,不断进取;② 坚定意志,顽强奋斗。
188. 坚强的意志对创新活动的作用:① 当困难重重时,可以推动人去启动;② 创新活动需要深入的时候,它能够给人以勇气和力量;③ 创新活动入歧途时,它能够强迫自己转向或紧急刹车。
189. 意志作为创新成功心理条件的体现:① 自觉性;② 果断性;③ 顽强性。

职业道德修养

190. 职业道德修养就是指从事各种职业活动的人员,按照职业道德基本原则和规范,在职业活动中所进行的自我教育、自我锻炼、自我改造和自我完善,使自己形成良好职业道德品质和达到一定的职业道德境界。
191. 职业道德修养的过程:自我教育、自我改造、自我磨练、自我完善＝良好道德品质。
192. 良好道德品质主要取决于:自我教育和自我改造。
193. 加强职业道德修养的必要性:从业人员形成良好道德品质的必要手段、个人成才的重要条件。
194. 职业道德修养方法:学习、反省、慎独。
195. 职业道德修养的途径:树立正确的人生观是前提、从培养良好行为习惯入手、用先进人物的优秀品质激励自己、与旧思想、旧意识和不良现象作斗争。
196. 职业道德修养的重要性:① 加强职业道德修养有利于职业生涯的拓展;② 加强职业道德修养有利于职业境界的提高;③ 加强职业道德修养有利于个人成长成才。
197. 职业道德修养的途径和方法:① 加强职业道德修养要端正职业态度;② 加强职业道德修养要强化职业情感;③ 加强职业道德修养要注重历练职业意志。

奉献

198. 奉献是企业健康发展的保障(奉献是企业立足社会的道德资本)。
① 奉献是企业发展的道德要求;② 奉献提升企业的道德境界。
199. 奉献是从业人员履行职业责任的必由之路。
200. 奉献有助于创造良好的工作环境。
201. 奉献是从业人员实现职业理想的途径。
① 具有奉献精神能,把职业当事业来做;② 具有奉献精神,对工作积极主动,总会有成

才的机会;③ 具有奉献精神,能使个人价值融入集体价值之中。

202. 奉献的内涵:对从业人员而言,奉献是在职业活动中,不以追求报酬为最终目的而付出劳动、付出时间,以创造成果的思想和行为。

203. 奉献的特征:非功利性、普遍性、可为性。

204. 奉献的要求(践行规范):

尽职尽责:① 要明确岗位职责;② 要培养职责情感;③ 要全力以赴的工作。

尊重集体:① 以企业利益为重;② 正确对待个人利益;③ 要树立职业理想。

为人民服务:① 树立为人民服务的意识;② 培育为人民服务的荣誉感;③ 提高为人民服务的本领。

2015年5月人力资源管理师三级真题及答案

卷册一：理论知识

第二部分 理论知识

一、单项选择题(26~82题，分题1分，共60分，每小题只有一个最恰当的答案，请在答题卡上将所选答案的相应字母涂黑)

26. 在现代市场经济中，作为市场主体的个人追求的目标是（　　）。
    A. 利润最大化　　　　　　　　B. 效率最大化
    C. 效用最大化　　　　　　　　D. 差额最大化

27. 劳动力市场的客体是（　　）。
    A. 社会劳动力资源　　　　　　B. 劳动者的劳动力
    C. 劳动力的所有者　　　　　　D. 使用劳动者的企业

28. 劳动法的基本原则直接决定了（　　）的性质
    A. 劳动法律　　　　　　　　　B. 劳动法律制度
    C. 劳动法律事件　　　　　　　D. 劳动法律关系

29. （　　）在国家的法律体系中具有最高法律效力。
    A. 劳动法律　　　　　　　　　B. 宪法
    C. 国务院劳动行政法规　　　　D. 劳动规章

30. 企业战略的实质是实现外部环境，（　　）和战略目标三者之前的动态平衡。
    A. 企业实力　　　　　　　　　B. 管理水平
    C. 经营环境　　　　　　　　　D. 市场环境

31. 企业的进入战略不包括（　　）。
    A. 合资战略　　　　　　　　　B. 内部创业战略
    C. 购并战略　　　　　　　　　D. 发展创新战略

32. 消费者市场是指所有为了（　　）而购买商品或服务的个人和家庭所构成的市场。
    A. 家庭消费　　B. 个人消费　　C. 集团消费　　D. 社会消费

33. 人格很复杂，但不包括（　　）。
    A. 动机　　　　B. 情绪　　　　C. 能力　　　　D. 态度

34. 团队的有效性要素构成不包括（　　）。
    A. 团队学习　　B. 绩效　　　　C. 成员满意度　　D. 薪酬

35. （　　）认为，领导者的主要任务是提供必要的支持以帮助下属达到他们的目标，并确保他们的目标与群体和组织的目标相互配合，协调一致。
    A. 费德勒权变模型　　　　　　B. 情境领导理论

C. 路径一目标理论　　　　　　D. 参考模型

36. 人力资本投资的内生收益率递减规律不包括(　　)。
   A. 受教育年限延长
   B. 边际教育成本快速增长
   C. 技能与知识边际增长率上升
   D. 人力资本投资与人的预期收益时间相关

37. 组织从事的职业开发活动不包括(　　)。
   A. 为了提高员工自身素质而设计的活动
   B. 为了增加组织的自我洞察力而设计的活动
   C. 促使员工更多地参与职业生涯设计和发展活动
   D. 为了提高组织对不同个人需要反应的灵活性而设计得活动

38. (　　)是对企业人力资源开发和利用的大政方针、政策与策略的规定。
   A. 人力资源培训规划　　　　B. 人力资源费用计划
   C. 人力资源战略规划　　　　D. 人力资源制度规划

39. 组织结构设计后的实施要则不包括(　　)。
   A. 管理系统一元化的原则
   B. 严格监督与检查原则(先定岗再定员)
   C. 合理分配职责的原则
   D. 明确责任的权限的原则

40. 以下关于工作岗位分析作用的说法，不正确的是(　　)。
   A. 为岗位评价提供重要的依据
   B. 激发员工积极性与主动性
   C. 使员工明确自己的工作职责
   D. 能揭示出工作中的薄弱环节

41. 关于下列工作说明书和岗位规范的说法，不确定的是(　　)。
   A. 工作说明书内容可繁可简
   B. 岗位规范的结构形式呈现多样化
   C. 岗位规范和工作说明说的一些内容有交叉
   D. 工作说明说是以岗位的"事"和"物"为中心

42. 通过(　　)相比，能反映生产员工实际完成劳动定额的情况。
   A. 实耗工时和定额工时　　　B. 实耗工时和制度工时
   C. 实测工时和定额工时　　　D. 实耗工时和出清工时

43. 以下关于企业定员的说法，不正确的是(　　)。
   A. 定员和编制两个概念大相径庭
   B. 企业定员亦称劳动定员或人员编制
   C. 企业定员是劳动定额的一种重要发展趋势
   D. 定员是对劳动力使用的一种数量和质量界限

44. 制定企业定员的标准，核定各类人员用人数量的基本依据是制度时间内规定的总工作任务量和各类人员的(　　)。

A. 工作成效　　B. 工作工时　　C. 劳动效率　　D. 生产效率
45. (　　)亦称详细定员标准,是以某类岗位、设备、产品或工序为对象制订的标准。
　　A. 效率定员标准　　　　　　B. 岗位定员标准
　　C. 单项定员标准　　　　　　D. 设备定员标准
46. (　　)能够给员工提供发展的机会,强化员工为组织工作的动机。
　　A. 内部招聘　　B. 社会招聘　　C. 校园招聘　　D. 定期招聘
47. 通过测试应聘者基础知识和素质能力的差异,判断其对岗位适应性的招聘筛选的方式是(　　)。
　　A. 面试　　　B. 笔试　　　C. 调查　　　D. 档案
48. 外部招聘的主要方法不包括(　　)。
　　A. 招聘洽谈会　B. 人才交流会　C. 布告法　　D. 猎头公司
49. 难以随机应变,所收集信息的范围有限的面试类型是(　　)。
　　A. 初步面试　B. 结构化面试　C. 诊断面试　D. 非结构化面试
50. "你的同事当众批评你的时候,你怎么办?"属于(　　)提问技巧。
　　A. 开放式　　B. 封闭式　　C. 清单式　　D. 假设式
51. (　　)评估是鉴定招聘效率的一个重要指标。
　　A. 招聘预算　　　　　　　　B. 招聘管理成本
　　C. 招聘费用　　　　　　　　D. 招聘成本效益
52. (　　)大于等于100%时,说明在数量上完成或超额完成了招聘任务。
　　A. 录用比　　B. 招聘完成比　C. 应聘比　　D. 总成本效用
53. (　　)是企业中最基本的协作关系和协作形式。
　　A. 作业组　　B. 管理组　　C. 执行组　　D. 操作组
54. (　　)是进行培训评估的基础,对企业的培训工作至关重要。
　　A. 培训需求分析　　　　　　B. 培训效果评估
　　C. 培训计划设计　　　　　　D. 培训方法的选择
55. 对于员工层面的培训需求调查与分析的方法以(　　)为主。
　　A. 问卷调查和观察法　　　　B. 问卷调查和面谈法
　　C. 问卷调查和测试法　　　　D. 问卷调查和咨询法
56. 层次评估法的主要特点不包括(　　)。
　　A. 层次分明循序渐进
　　B. 考虑因素全面客观
　　C. 定性和定量分析方法相结合
　　D. 将评估转移到对整体组织绩效提高的评估上
57. 培训课程内容应以(　　)为出发点去选择并组合。
　　A. 满足培训需求　　　　　　B. 实现培训课程目标
　　C. 满足个人和组织绩效　　　D. 有效利用培训资源
58. 培训课程内容应以(　　),是使培训工作取得成功的关键之举。
　　A. 讲求授课效果　　　　　　B. 实现培训课程目标
　　C. 做好充分准备　　　　　　D. 调动学员参与的积极性

59. (　　)以工作中的时间情况为基础,将实际工作在可利用的资源,约束条件和工作过程模型化。
    A. 模拟训练法　　　　　　　　B. 事件处理法
    C. 角色扮演法　　　　　　　　D. 行动学习法

60. (　　)不属于培训前对培训师的基本要求。
    A. 做好准备工作
    B. 觉得如何在学员之间分组
    C. 要求培训师结合实际培训
    D. 对"培训者指南"中提到的材料进行检查

61. (　　)是企业单位组织实施绩效管理活动的准则和行为规范。
    A. 绩效管理制度　　　　　　　B. 绩效管理目标
    C. 绩效管理方法　　　　　　　D. 绩效管理内容

62. 在一些大公司中,总经理,管理人员或专业人员的绩效考评宜采用(　　)。
    A. 结果导向型　　　　　　　　B. 行为导向型主观
    C. 品质导向型　　　　　　　　D. 行为导向型客观

63. (　　)是保证考评者和被考评者正常活动的前提和条件。
    A. 企业成本管理体系　　　　　B. 企业绩效管理体系
    C. 企业文化管理体系　　　　　D. 企业薪酬管理体系

64. 行为导向型的主观考评方法不包括(　　)。
    A. 选择排列法　　　　　　　　B. 关键事件法
    C. 成对比较法　　　　　　　　D. 强制分布法

65. 以下关于行为观察法的说法,不正确的是(　　)。
    A. 首先确定工作行为出于何种水平
    B. 是在关键事件法的基础上发展起来
    C. 与行为锚定等级评价法的量表的结构上不同
    D. 评价者根据工作某一行为发生频率对被评者打分

66. 提高绩效面谈的质量必须采取有效的信息反馈方式,并且使其具有针对性和(　　)。
    A. 系统性　　B. 全面性　　C. 多样性　　D. 适应性

67. (　　)是指以工时或完成产品的件数计算员工应当获得的劳动报酬。
    A. 薪酬　　　B. 工资　　　C. 薪资　　　D. 薪金

68. 直接形式的薪酬不包括(　　)。
    A. 基本工资　　B. 绩效工资　　C. 年终分红　　D. 额外津贴

69. 影响企业整体薪酬水平的主要因素,不包括(　　)。
    A. 工作条件　　　　　　　　　B. 劳动市场供求关系
    C. 薪酬策略　　　　　　　　　D. 地区,行业工资水平

70. 支付相当于与岗位价值的薪酬,体现了企业薪酬管理的(　　)原则。
    A. 对外具有竞争力　　　　　　B. 对员工具有激励性
    C. 对内具有公正性　　　　　　D. 对成本具有控制性

71. 工作岗位评价的对象是(　　)。

A. 岗位工作　　B. 岗位工资　　C. 岗位员工　　D. 岗位职责

72. (　　)指标,评价的是岗位劳动组织安排对劳动者身体的影响程度。
 A. 工作班制　　B. 工时利用率　　C. 劳动姿势　　D. 体力消耗强度

73. (　　)是指评价要素和评价标准体系反映岗位特征的有效程度。
 A. 内容效度　　B. 统计效度　　C. 过程效度　　D. 结果效度

74. (　　)是一种最简单的岗位评价方法。
 A. 关键事件法　　　　　　B. 评分法
 C. 因素比较法极性　　　　D. 排列法

75. (　　)是由企业职工经过民主选举产生的职工代表组成的,代表全体职工实行民主管理权利的机构。
 A. 工会　　B. 董事会　　C. 监事会　　D. 职工代表大会

76. 正式通报的优点不包括(　　)。
 A. 信息不易受到歪曲　　　B. 信息传递准确
 C. 沟通内易于保存　　　　D. 便于双向沟通

77. (　　)是由国家法律制度的规定,在正常情况下劳动者从事工作或劳动的时间。
 A. 标准工作时间　　　　　B. 正常工作时间
 C. 计件工作时间　　　　　D. 日常工作时间

78. 以下关于用人单位内部劳动规则的说法,不正确的是(　　)。
 A. 是劳动者单方的行为规范
 B. 是企业规章制度组成部分
 C. 以用人单位为主体制定的
 D. 是企业劳动关系调节的重要形式

79. 在没有成立工会组织的企业中,集体合同有(　　)与企业签订。
 A. 职工代表　　　　　　　B. 企业人事部门
 C. 企业法人　　　　　　　D. 职工所在部门负责人

80. 劳动行政部门在收到集体合同后的(　　)内为未提出异议的,集体合同即行生效。
 A. 7日　　B. 10日　　C. 15日　　D. 30日

81. 在工伤事故分类中,按照伤害而致休息的时间长度划分,(　　)以上的失能伤害为重伤。
 A. 90日　　B. 100日　　C. 105日　　D. 125日

82. (　　)是指造成10人以上30人以下,或者50人以上100人以下重伤(包括急性工业中毒)或者5000万元以上1亿元以下直接经济损失的工伤事故。
 A. 重大事故　　　　　　　B. 较大事故
 C. 特别重大事故　　　　　D. 一般事故

二、多选题

83. 基于经济周期变动的劳动参与假说包括(　　)。
 A. 乐观性劳动力假说
 B. 相对性劳动力假说
 C. 悲观性劳动力假说

D. 绝对性劳动性假说 E 附加性劳动力假说

84. 有效解决技术性失业的办法有(   )。
   A. 强化职业培训
   B. 引进先进技术
   C. 普遍的实施职业技能开发
   D. 鼓励技术创新
   E. 推行积极劳动力市场政策

85. 以下关于劳动法的基本原则与调整劳动关系具体规定的说法,正确的有(   )。
   A. 前者的明确性高于后者
   B. 前者的稳定性高于后者
   C. 前者的明确性低于后者
   D. 前者所覆盖事实状态小于后者
   E. 前者所覆盖事实状态大于后者

86. 促进就业法律制度的内容包括(   )。
   A. 规范国家在促进就业方面的职责
   B. 规范各级政府在促进就业的职能
   C. 促进社会特定人口群体的就业措施
   D. 对未成年人及其他人员的就业措施
   E. 促进妇女,残疾和少数民族人员的就业措施

87. 企业经营战略的实施工作包括(   )。
   A. 建立相应组织
   B. 合理配置战略资源
   C. 设置行政支持系统
   D. 实行有效战略控制
   E. 调动群体力量实现战略计划

88. 企业采购中心的成员通常包括(   )。
   A. 生产者   B. 影响着   C. 采购者   D. 决定者
   E. 信息控制者

89. 群体决策的缺点包括(   )。
   A. 对决策结果的责任不清
   B. 无法增加决策的可接受性
   C. 要比个体决策需要更多时间
   D. 群体讨论时易产生个人倾向
   E. 从众心理会妨碍不同意见的表达

90. 人的心理属性是人的(   )等一切心理现象的总和。
   A. 感觉   B. 思维   C. 记忆   D. 需要
   E. 观念

91. 从规划的期限上看,人力资源规划可以区分为(   )。
   A. 长期计划   B. 中长期计划   C. 中期计划   D. 中短期计划

E. 短期计划

92. 组织结构图绘制的基本图示主要包括（　　）。
    A. 组织机构图　　　　　　　　B. 组织职能图
    C. 组织职务图　　　　　　　　D. 组织功能图
    E. 组织关系图

93. 工作说明书在有关岗位的基本资料部分，一般包括（　　）。
    A. 岗位名称　　　　　　　　　B. 工作权限
    C. 岗位等级　　　　　　　　　D. 定员标准
    E. 岗位编码

94. 企业统计产品实耗工时指标，一般应以（　　）等数据为基础。
    A. 原始记录　　　　　　　　　B. 测时写实
    C. 厂内报表　　　　　　　　　D. 抽样调查
    E. 工时统计台账

95. 按设备定员，需要根据（　　）来计算定员人数。
    A. 出勤率　　　　　　　　　　B. 设备需要开动班次
    C. 工人看管定额　　　　　　　D. 设备需要开动台数
    E. 生产任务总量

96. 内部招聘的主要方法包括（　　）。
    A. 工作轮换　　　　　　　　　B. 内部晋升
    C. 工作调换　　　　　　　　　D. 人员重聘
    E. 公开招聘

97. 发布广告的关键问题在于（　　）。
    A. 广告媒体如何计费　　　　　B. 招募结果如何反馈
    C. 广告媒体如何选择　　　　　D. 广告内容是否合法
    E. 广告内容如何设计

98. 面试可以使用人单位全面了解应聘者（　　）。
    A. 社会背景　　　　　　　　　B. 反映能力
    C. 个人修养　　　　　　　　　D. 逻辑思维能力
    E. 语言表达能力

99. 心理测试类型主要包括（　　）。
    A. 人格测试　　　　　　　　　B. 能力测试
    C. 兴趣测试　　　　　　　　　D. 道德测试
    E. 情境模拟测试

100. 信度评估系数主要包括（　　）。
    A. 稳定系数　　　　　　　　　B. 外在一致性系数
    C. 随机系数　　　　　　　　　D. 内在一致性系数
    E. 等值系数

101. 一个单位或组织的工作，一般可分为（　　）。
    A. 决策层　　　　　　　　　　B. 管理层

C. 执行层　　　　　　　　D. 操作层
E. 监督层

102. 下列关于 GolDstEin 组织培训需求分析模型的说法，正确的有（　　）。
    A. 建立在未来需求的基点上
    B. 组织分析是任务分析和人员分析的前提
    C. 该模型提供了一个连续性的反馈信息流
    D. 任务分析更侧重于职业活动的理想状况
    E. 人员分析更侧重于员工个人的主观特征方面的分析

103. 内部培训师的培养方式包括（　　）。
    A. 专门培训　　　　　　　B. 模拟授课
    C. 外部培训师助手制度　　D. 共同研讨
    E. 内部培训师俱乐部

104. 目标导向模型法的精髓在于（　　）。
    A. 关注的是受训者而非培训者的动机
    B. 评估受训者个人素质能力的提高
    C. 优先考虑培训效果的测量和确定
    D. 简单使用的分级评估标准和策略
    E. 培训者和公司的其他人员是培训的执行者和评估者

105. 学习型组织的培训战略制定可归结为（　　）等几个原则。
    A. 尽量遵循人的认知规律
    B. 系统的从过去和当前培训项目与经营中学习
    C. 应将参与者的支持作为培训的一部分和进步的依据
    D. 促进各个培训参与主体之间的联系
    E. 使用数理化测量标准和衡量基准进行培训信息反馈和改进

106. 案例分析培训方法中，案例编写的信息来源一般为（　　）。
    A. 自己的经历　　　　　　B. 培训方面的资料
    C. 内部的文件资料　　　　D. 有关人员的叙述
    E. 公开发行的报刊书籍

107. 绩效管理程序的设计可以分为（　　）。
    A. 绩效管理制度设计　　　B. 具体考评标准设计
    C. 管理的总流程设计　　　D. 具体考评程序设计
    E. 考评信息系统设计

108. 绩效管理系统由多个子系统组成，具体包括（　　）。
    A. 绩效管理制度设计　　　B. 绩效管理流程设计
    C. 绩效管理工作开发　　　D. 绩效管理组织构建
    E. 管理信息系统设计

109. 行为观察法也称（　　）。
    A. 行为观察评价法　　　　B. 行为观察量表法
    C. 行为观察量表法评价法　D. 行为锚定等级评价法

E. 行为锚定法

110. 综合型绩效考评方法包括（   ）。
    A. 合成考评法   B. 强迫选择法
    C. 加权选择量表法   D. 结构式叙述法
    E. 图解式评价量表法

111. 薪酬的表现形式包括（   ）。
    A. 精神的与物质的   B. 稳定的与非稳定的
    C. 有形与无形的   D. 货币的与非货币的
    E. 内在的与外在的

112. 企业薪酬管理的基本原则包括（   ）。
    A. 对社会具有贡献性   B. 对内具有公正性
    C. 对员工具有激励性   D. 对外具有竞争力
    E. 对成本具有控制性

113. 企业人工成本也称人事费用，主要包括（   ）。
    A. 劳动报酬总额   B. 福利费用
    C. 社会保险费用   D. 教育经费
    E. 人员招聘费用

114. 工作岗位评价的功能包括（   ）。
    A. 明确岗位在企业所处地位
    B. 为实现内部公平提供依据
    C. 量化表现出岗位的综合特征
    D. 为岗位归级列等奠定基础
    E. 在定量分析的基础上定性测评

115. 合理确定人工成本的方法包括（   ）。
    A. 销售净额基准法   B. 附加值基准法
    C. 损益分歧点基准法   D. 净利润基准法
    E. 劳动分配率基准法

116. 福利管理的主要原则包括（   ）。
    A. 合理性原则   B. 协调性原则
    C. 必要性原则   D. 整体性原则
    E. 计划性原则

117. 职工通过本岗位的工作和自治实现对管理的参与，具体形式包括（   ）。
    A. 质量管理小组   B. 提出合理化建议
    C. 职工代表大会制度   D. 各类岗位责任制
    E. 班组自我管理小组

118. 企业实施员工满足度调查的目的包括（   ）。
    A. 增强企业凝聚力
    B. 诊断公司潜在的问题
    C. 找出本阶段出现问题的主要问题的原因

D. 评估组织变化和企业政策对员工的影响
E. 促进公司内部各部门之间的沟通和交流

119. 限制延长工作时间的措施包括（　　）。
A. 条件限制　　　　　　　　B. 时间限制
C. 人员限制　　　　　　　　D. 行政命令
E. 报酬限制

120. 集体合同的特征包括（　　）。
A. 合法性　　　　　　　　　B. 主体平等性
C. 意思表示一致性　　　　　D. 法律约束性
E. 定期的书面合同

121. 以下属于劳动保护费用的有（　　）。
A. 工伤认定费用　　　　　　B. 工伤医疗费用
C. 工伤评残费用　　　　　　D. 工伤保险费用
E. 工伤人工费用

卷册二：操作技能

一、简答题(14分/题,共28分)

1. 简述培训信息效果收集的方法。

2. 简述员工绩效管理总系统的设计流程。

二、计算题(18分)

某车间产品装配组有成成、辉辉、毛毛、三位员工，现有A、B、C、D四项任务，在现有生成技术组织条件下，每位员工完成每项工作所需要的工时如表1所示。由于现在有四项任务，而只有三个员工，可让一名效率较高的员工完成2项任务。

请运用匈牙利法求出员工与任务的配置情况，以保证完成任务的总时间最短，并求出完成成任务的最短时间。

表1　每位员工完成四项工作任务的工时统计表单位工时

	成成	辉辉	毛毛
A	13	8	13
B	16	21	9
C	5	6	4
D	21	19	13

三、综合分析题(本题共2题,每题18分,共36分)

某公司是一家有色金属产品加工企业,近年来,由于外部市场激烈的竞争,特别是人工成本的大幅度上升,使企业盈利水平出现了急剧下降的趋势。公司总经理在审定人力资源部2015年度工作计划时,做出如下批复:"人力资源部应将人工成本核算问题作为本年度的工作重点之一,通过人工成本核算全面掌握劳动力使用成本,找出适合的人工成本投入产出点,既达到以最新投入换取最佳利益,又能激发员工积极性的目的。"人力资源部张经理根据总经理的要求,随即专门召开了专题工作会,围绕人工成本核算等问题进行了深入的讨论。

请结合本案例,回答下列问题:

(1) 企业核算人工成本时,首先需要核算哪些基本指标?（14分）

(2) 核算人工成本投入产出指标时,需要核算哪些指标?（4分）

2. 2012年10月,19岁的赵某从农村来到某经济开发区,经朋友介绍到某机械公司当了一名冲压工。2014年10月,已有两年多工作经验的李某,在工作中不慎将左手卷进及其,虽经医院紧急抢救,仍没有保留住李某的左手。在医院治疗期间,劳动社会保障部门认定了李某的工伤。2015年3月刘某治疗终结后,被制定的工伤鉴定机构确定为工伤致残四级。身为农民工的赵某失去了劳动能力,给其今后生活带来了许多困难。在其家人的陪同下,他向印刷厂提出按国家规定支付一次性伤残补助金、异地安家费,并按社会平均寿命70岁计算,一次性支付他抚恤金58万元。

请回答下列问题:

1) 赵某的要求是否有法律依据?（8分）

2) 根据法律规定,赵某应享受什么样的工伤致残待遇?（12分）

四、方案设计题(18分)

某大型企业集团主要生产和经营机械电子产品,该集团总部设立了战略规划部、市场开发部、技术创新部、行政事务部、人力资源部和财务审计部等六大职能部门,负责研究和制定集团重大方针政策,掌握投资、重要人事任免。市场经营和监督检查等方面的管控。根据产品的不同,该集团还敲门了六个事业部:通用机械事业部、起重设备事业部、充电设备事业部、化工机械带来部、家用电器带来部和农用机械事业部。各事业部实行独立核算、自负盈亏,并可根据经营需要设置相应的职能部门,各事业部下均设有研发、生产和销售三大部门。

请根据该集团上述组织机构设置的情况,绘制出组织结构框架图。(18分)

2015年5月助理人力资源管理师三级真题参考答案

卷册一：理论知识

一、单选题

基础知识部分

26. C　基础　P2　个人追求的目标是<u>效用最大化</u>。
27. B　基础　P11　劳动力市场的客体是<u>劳动者的劳动力</u>。
28. B　基础　P29　基本原则的内容与性质直接决定了各项<u>劳动法律制度</u>的内容与性质。
29. B　基础　P33　<u>宪法</u>在国家的法律体系中具有最高法律效力。
30. A　基础　P45　企业战略的实质是实现外部环境、<u>企业实力</u>和战略目标之间的动态平衡。
31. D　基础　P54　进入战略：<u>购并战略、内部创业战略、合资战略</u>
32. B　基础　P75　消费者市场指为了<u>个人消费</u>而购买物品和服务的个人和家庭所构成的市场。
33. C　基础　P98　人格包括<u>动机、情绪、态度、价值观、自我观念</u>。
34. D　基础　P113　团队的有效性由四个要素构成：<u>绩效、成员满意度、团队学习、外人的满意度</u>。
35. C　基础　P126　<u>路径—目标理论</u>：领导者的主要任务是提供必要的支持以帮助下属达到他们的目标，并确保他们的目标与群体和组织的目标相互配合、协调一致。
36. C　基础　P162　随着受教育年限延长，技能与知识边际增长率下降，从而使边际增长速度放慢，因而影响到内部收益率；边际教育成本的快速增长；人力资本投资与人的预期收益时间有关。
37. A　基础　P174　组织从事的职业开发活动包括：① 为了增加组织的自我洞察力而设计的活动；② 促使员工更多地参与职业生涯设计和发展活动；③ 为了提高组织对不同个人需要反应的灵活性而设计得活动。

第一章　人力资源规划

38. C　P1　39. B　P8　40. B　P14　41. B　P18　42. A　P29　43. A　P42　44. C　P46　45. C　P55

第二章　人员招聘与配置

46. A　P69　47. B　P78　48. C　P75　49. B　P86　50. D　P88　51. D　P96　52. B　P97　53. A　P110

第三章　培训与开发

54. A　P131　55. B　P138　56. B　P154　57. D　P153-158　58. B　P176　59. D　P185　60. A　P192　61. C　P204

第四章　绩效管理

62. A　P219　63. C　P224　64. B　P231　65. B　P245　66. A　P251　69. D　P273

第五章　薪酬管理

70. B　P283　71. D　P283　72. A　P284　73. C　P285　74. A　P308　75. D　P314　76. A　P317　77. D　P328

第六章　劳动关系管理

78. D　P355　79. D　P361　80. A　P375　81. A　P385　82. A　P395　83. C　P403　84. C　P417　85. A　P417

二、多选题

基础知识部分

86. CE　基础 P7　附加性劳动力假说与悲观性劳动力假说

87. ACD　基础 P20　技术性失业解决办法：推行积极的劳动力市场政策,强化职业培训,普遍地实施职业技能开发。

88. BCE　基础 P29　① 劳动法的基本原则明确性低于调整劳动关系具体规定；② 劳动法的基本原则稳定性高于调整劳动关系具体规定；③ 劳动法的基本原则覆盖范围大于调整劳动关系具体规定。

89. ABCE　基础 P37　规范国家、各级政府、社会特定人口群体、促进妇女,残疾和少数民族人员的就业措施。

90. ABCDE　基础 P60　企业经营战略的实施：① 建立相应组织；② 合理配置资源,制定预算和规划；③ 调动员工积极性；④ 建立行政支持系统；⑤ 实施有效战略控制。

91. BCDE　基础 P78　企业采购中心的成员通常包括(① 使用者；② 影响者；③ 采购者；④ 决定者；⑤ 信息控制者。)

92. ACE　基础 P117　群体决策的缺点包括：① 比个体决策浪费时间；② 会妨碍不同意见的表达；③ 易产生个人倾向；④ 对决策结果的责任不清。

93. ABCD　基础 P137　心理属性即人的感觉、知觉、记忆、思维、想象、意志、需要、动机等一切心理现在的总和。这是人性的重要构成部分,是人性的本质。

第一章　人力资源规划

94. ACE　P1　95. ABCD　P9　96. ACDE　P17　97. ACE　P38　98. ABCD　P47

第二章　人员招聘与配置

99. ABCD　P69　100. CE　P75　101. ABCDE　P82　102. ABCE　P90　103. ADE　P98　104. ABCD　P106

第三章　培训与开发

105. BDE　P132　106. ABCDE　P144　107. ABCE　P158　108. BCDE　P175　109. ACDE　P199

第四章　绩效管理

110. CD　P219　111. AB　P219　112. ABC　P251　113. AE　P257

第五章　薪酬管理

114. ACDE　P282　115. BCDE　P285　116. ABCDE　P337　117. ABCD　P310　118. ACE　P344　119. ABCE　P346

第六章　劳动关系管理

120. ADE　P356　121. ABCDE　P361　122. ABCE　P377　123. ABCDE　P395　124. ACD　P415

卷册二：操作技能

一、简答题(14分/题,共28分)

1. 简述培训信息效果收集的方法。P160

(一)通过**资料**收集信息。主要应收集以下资料：

(1)培训方案的资料；(2)有关培训方案的领导批示；

(3)有关培训的录音；(4)有关培训的调查问卷及相关统计分析资料；

(5)有关培训的录像资料；(6)有关培训实施人员写的会议纪要、现场记录；

(7)编写的培训教材等。

(二)通过**观察**收集信息,主要包括：

(1)培训组织准备工作观察；(2)培训实施现场观察；

(3)培训对象参加情况观察；(4)培训对象反映情况观察；

(5)观察培训后一段时间内培训对象的变化。
(三)通过**访问**收集信息,主要包括:
(1)培训需求调查;(2)培训组织调查;(3)培训内容及形式调查;(4)培训讲师调查;(5)培训效果综合调查。

2. 简述员工绩效管理总系统的设计流程 P221
(一)准备阶段
(1)明确绩效管理的对象。
(2)提出企业各类人员的绩效考评要素(指标)和标准体系。
(3)正确选择考评方法。
(4)对绩效管理的运行程序实施步骤提出具体要求。
(二)实施阶段
(1)严格执行绩效管理制度的有关规定,认真完成各项工作任务。
(2)通过提高员工的共组绩效增强核心竞争力。
(3)收集信息并注意资料的累积。
(三)考评阶段
做好考评准确性、公正性、考评结果的反馈方式。
(四)总计阶段
各个管理单元之间需要完成绩效管理考评的总结工作。
(五)应用开发阶段
重视考评者绩效管理能力的开发、被考评者的绩效开发、绩效管理的系统开发统一区特组织的绩效开发。

二、计算题(18分)P118

某车间产品装配组有成成、辉辉、毛毛、三位员工,现有 A、B、C、D 四项任务,在现有生成技术组织条件下,每位员工完成每项工作所需要的工时如表1所示。由于现在有四项任务,而只有三个员工,可让一名效率较高的员工完成2项任务。

请运用匈牙利法求出员工与任务的配置情况,以保证完成任务的总时间最短,并求出完成成任务的最短时间。

表1 每位员工完成四项工作任务的工时统计表 单位工时

	成成	辉辉	毛毛
A	13	8	13
B	16	21	9
C	5	6	4
D	21	19	13

解:
1)因为员工数小于任务数(四项任务,而只有三个员工),必有一名员工需要完成2项任务,故此将每个员工虚设为2人,即使虚拟的成成′,辉辉′,毛毛′。
2)现在为6名员工,4项任务,任务数小于员工数,故此需虚拟2项E和F任务,完成这两项任务的时间为0。
3)现在为6名员工6个任务,可以使用匈牙利法求解,故此构成以下表格:

	成成	成成′	辉辉	辉辉′	毛毛	毛毛′
A	13	13	8	8	13	13
B	16	16	21	21	9	9
C	5	5	6	6	4	4
D	21	21	19	19	13	13
E	0	0	0	0	0	0
F	0	0	0	0	0	0

使用匈牙利法解：

1）构成矩阵

13　13　 8　 8　13　13
16　16　21　21　 9　 9
 5　 5　 6　 6　 4　 4
21　21　19　19　13　13
 0　 0　 0　 0　 0　 0
 0　 0　 0　 0　 0　 0

2）使每行每列至少包含一个零

用每行或每列的数分别减该行或该列的最小数即可，得以下矩阵

5　5　 0　 0　4　4
7　7　12　12　0　0
1　1　 2　 2　0　0
8　8　 6　 6　0　0
0　0　 0　 0　0　0
0　0　 0　 0　0　0

3）画盖零的直线数等于维数

a. 首先从零最多的行或列画盖零的直线

5　5　 0　 0　4　4
7　7　12　12　0　0
1　1　 2　 2　0　0
8　8　 6　 6　0　0
0　0　 0　 0　0　0
0　0　 0　 0　0　0

b. 直线数<维数，将进行数据转换

（找未被直线盖的最小数 1；所有未被直线盖的数－1；两直线相交点＋1）

构成以下矩阵

5　5　 0　 0　5　5
6　6　11　11　0　0
0　0　 1　 1　0　0
7　7　 5　 5　0　0
0　0　 0　 0　1　1
0　0　 0　 0　1　1

4）求最优解

a. 找只有一个零的行或列(因为有3名员工虚拟的,故与员工本人数相同,即同一人的两个零可看成一个零),将其打√
b. 将其对应的行或列的其他零打×
c. 将最后打√的零对应的数(表格中)相加,即为最少工作时间

```
 5    5    0√   0         5
 6    6   11   11   0×   0√
 0√   0    1    1   0×   0×
 7    7    5    5   0√   0
 0×   0×   0×   0×   1    1
 0×   0×   0×   0×   1    1
```

通过与表格数据对照,工作分配如下:
成成负责 c 任务(5小时),辉辉负责 A 任务(8小时),毛毛负责 B 任务(9小时)与 D 任务(13小时),共完成所有任务最小时间为 5+8+9+13=35 小时

三、综合分析题(本题共2题,每题18分,共36分)

【解析】 1) 核算人工成本时,需要核算哪些基本指标 P341
① 企业从业人员年平均人数 ② 企业从业人员年人均工作时数
③ 企业销售收入(营业收入) ④ 企业增加值(附加值)
生产法=总产出=中间投入
收入法=劳动者报酬+固定资产折旧+生产税净额+营业盈余
⑤ 企业利润总额 ⑥ 企业成本(费用)总额 ⑦ 企业人工总本总额
2) 核算人工成本投入产出指标,需要核算哪些指标 P341
① 销售收入(营业收入)与人工费用比率
人工费用率=人工成本(费用)/销售收入(营业收入)
② 劳动分配率=人工成本(费用)/增加值(纯收入)

【解析】 1) 赵某的要求是否有法律依据?
(1) 赵某的要求中部分是有法律依据的。
(2) 赵某要求印刷厂一次性支付伤残补助金有法律依据。
(3) 赵某要求支付安家费用有法律的依据不予以支持。(因赵某是外地人,不存在安家之事,所以不能享有此待遇。)
(4) 赵某要求一次性支付58万抚恤金是无法律依据的。
2) 根据法律规定,赵某应享受什么样的工伤致残待遇?
(1) 因工负伤被鉴定为四级,应推出生产岗位,保留劳动关系。发给工伤伤残抚恤金证件。
(2) 按月发给伤残补助金,赵某为四级工伤,抚恤金标准为本人工资的75%,退休后赚养老保险支付,直到死亡。
(3) 发给一次性伤残补助金,赵某为四级工伤,可得到21个月工资的伤残补助金。
(4) 患病按医疗保险有关规定执行,对其中由个人负担的部分有困难时,由工伤保险基本酌情补助。

四、方案设计题(18分)

请根据该集团上述组织机构设置的情况,绘制出组织结构框图。
提示:绘制组织结构图的基本方法
1. 一般画4层:1中心层最大,上1层稍小,下2层渐小;
2. 功能、职责、权限相同的机构,大小一致,水平并列;
3. 命令指挥系统线从上一层垂下来,位置高表示级别高;
4. 命令指挥系统线用实线,协作服务关系用虚线;

5. 参谋机构用横线与上一层垂线相连，放左、右上方。

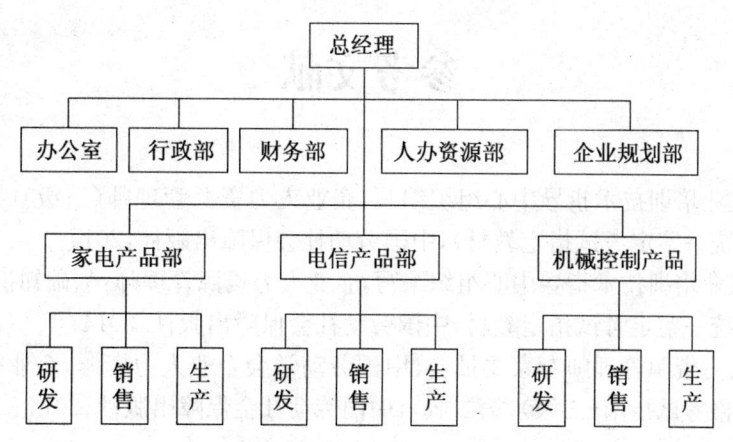

```
                        总经理
          ┌──────┬──────┬───┴──┬──────────┐
        办公室  行政部  财务部  人办资源部  企业规划部
                        │
          ┌─────────────┼─────────────┐
       家电产品部    电信产品部    机械控制产品
        ┌─┼─┐        ┌─┼─┐        ┌─┼─┐
       研 销 生      研 销 生      研 销 生
       发 售 产      发 售 产      发 售 产
```

参考文献

1. 中国就业培训技术指导中心组织编写,企业人力资源管理师(三级)(第三版)(国家职业资格全国统一鉴定考试指定教材),中国劳动社会保障出版社,2014
2. 中国就业培训技术指导中心组织编写,企业人力资源管理师:基础知识第三版(国家职业资格全国统一鉴定考试指定教材)中国劳动社会保障出版社,2014
3. 企业人力资源管理师专家委员会、中国劳动学会企业人力资源,企业人力资源管理师国家职业资格考试指南(三级)(第二版),中国劳动社会保障出版社,2015